Rowohlt Verlag GmbH, Kirchenallee 19, 20099 Hamburg

Kontaktadresse nach EU-Produktsicherheitsverordnung:
produktsicherheit@rowohlt.de

Wir alle haben unsere persönlichen Schwächen, Ängste, inneren Blockaden und seelischen Probleme, die uns das Leben schwermachen. Doch wer will schon viel Zeit und Geld für eine langwierige Psychotherapie aufbringen, um diese Dinge anzugehen? Jetzt gibt es eine neue Methode, um sich schnell und endgültig von emotionalen Belastungen zu befreien: die Emotional Freedom Techniques, kurz EFT. Mit ihrer Hilfe lassen sich innerhalb kurzer Zeit Sorgen, Ängste, Phobien, Kopfschmerzen, Wut, Schuldgefühle, Sucht, sexuelle Probleme und selbstzerstörerische Verhaltensweisen auflösen – ohne Therapeuten. Lernen Sie die hier dargestellten Techniken und fangen Sie einfach an. Der Erfolg wird nicht lange auf sich warten lassen.

David Feinstein, Donna Eden und Gary Craig sind die anerkanntesten Autoritäten auf dem Gebiet der Energetischen Psychologie.

DAVID FEINSTEIN   DONNA EDEN   GARY CRAIG

Klopf die Sorgen weg!

Emotionale Befreiung durch EFT und Energetische Psychologie

Illustrationen von Mike Bowen

Deutsch von Margarethe Randow-Tesch

Rowohlt Taschenbuch Verlag

Die Originalausgabe erschien 2005 unter dem Titel «The Promise of Energy Psychology» bei Jeremy P. Tarcher, Penguin Group (USA) Inc., New York.

5. Auflage Mai 2024

Deutsche Erstausgabe
Veröffentlicht im Rowohlt Taschenbuch Verlag,
Reinbek bei Hamburg, Mai 2007
Copyright © 2005 by David Feinstein, Donna Eden, and Gary Craig
Illustrationen © Copyright Michael J. Bowen, Bowen Imagery,
www.bowenimagery.com
Umschlaggestaltung ZERO Werbeagentur, München
(Abbildung: David Epperson/Getty Images)
Satz Minion und Rotis PostScript (InDesign)
bei CPI books GmbH, Leck
Printed in Germany
ISBN 978-3-499-62271-7

Für Jean Houston, ein überragender Geist in unserer Mitte

Die Zelle ist eine mit Energie betriebene Maschine. Man kann sich ihr daher entweder durch die Untersuchung der Materie oder die der Energie nähern. In jeder Kultur und medizinischen Tradition vor der unseren heilte man, indem man Energie bewegte.

ALBERT SZENT-GYÖRGYI *Nobelpreisträger in Medizin*

Inhalt

Vorwort 11

Einleitung: Ein revolutionärer Ansatz zur persönlichen Veränderung? 15

1 Die elektrische Aktivität des Gehirns 29

2 Die Grundtechnik 47

3 An Problemen arbeiten 93

4 An Potenzialen arbeiten 155

5 «Emotionale Intelligenz» ausbilden 207

6 Die körpereigenen Energien 255

7 Die Kreisläufe der Freude 307

Epilog: Die Zukunft der Energetischen Psychologie 349

Anhang 1: Die Grundtechnik im Überblick 361
Anhang 2: Wenn das Programm Verunsicherung auslöst 365
Anhang 3: Forschungsberichte 373

Über die Autoren 395
Literaturhinweise und Adressen 397
Anmerkungen 398
Ein Bild der Wirkungen der Energetischen Psychologie 413

Vorwort

Unsere Fähigkeit, Menschen zu helfen, negative emotionale Muster zu überwinden, ein höheres Niveau psychischen Wohlbefindens zu erreichen und ihre spirituellen Antennen zu entwickeln, hat rasant zugenommen. Dieses Buch macht Sie mit einer beeindruckenden Entwicklung auf diesem Sektor bekannt.

Die biochemischen Grundlagen des Bewusstseins sind mittlerweile entschlüsselt worden – von Lust- und Schmerzempfindungen über Triebe, wie Hunger und Durst, und Emotionen, wie Wut und Freude, bis hin zu den «höheren» Zuständen der Ehrfurcht und spirituellen Inspiration. Substanzen, die als Informationsträger fungieren, wie Hormone, Peptide und Neurotransmitter, docken nach einem höchst beeindruckenden Plan der Natur an Rezeptormolekülen an, die sich auf der Oberfläche jeder Körperzelle befinden.

Diese «Emotionsmoleküle» legen die Stimmung und das Denken fest. Signifikanterweise ist es ein Prozess, der in zwei Richtungen verläuft. Emotionen und Gedanken initiieren chemische und zelluläre Kettenreaktionen – darunter auch die Bildung neuer Neurone –, die wiederum die Grundlage für weitere Emotionen und Gedanken bilden. Einige Studien deuten in der Tat darauf hin, dass Meditation eine neurologische Veränderung hervorrufen kann, die Angst und Depression ebenso wirksam behebt wie die stärksten Medikamente.

Klopf die Sorgen weg bietet eine Synthese von Verfahren, die insbesondere auf die Veränderung der Emotionsmoleküle abzielen. Diese Verfahren haben gegenüber Psychopharmaka drei entscheidende Vorteile: Sie sind nichtinvasiv, sie sind genau auf das Problem zugeschnitten, und sie haben keine Nebenwirkungen. Energetische Behandlungen beeinflussen die Elektrochemie des Körpers wie auch die feinstofflicheren Energien. Dieser Begriff gehört zu einem Modell, das immer noch den Rahmen des wissenschaftlichen Denkens im Westen sprengt, obwohl es seit langem im Mittelpunkt der Medizin und spirituellen Disziplinen des Ostens steht.

Diese Praktiken beschäftigen sich mit energetischen Systemen, die sich von unseren wissenschaftlichen Instrumenten nicht messen lassen, obwohl sie den meisten sensitiven Heilern und Weisen aller Kulturen bekannt sind. In diesem Buch werden Sie lernen, diese natürlichen Energien so zu beeinflussen, dass Sie gestörte oder einfach nur einschränkende Muster von Emotionen, Gedanken und Verhalten ändern können.

Dieses Buch führt in ein neues Gebiet ein. Es vermittelt bislang unbekannte Methoden im Bereich der Therapie und Selbsthilfe und zielt mit Hilfe des Klopfens von Akupunkturpunkten und des gesprochenen Wortes auf energetische Veränderungen ebenso wie auf Einsicht ab. Die Verfahren können mitunter recht seltsam erscheinen. Das Spektrum der Einsatzmöglichkeiten in Therapie und Selbsthilfe ist noch nicht endgültig geklärt, aber mein persönlicher Eindruck aufgrund eigener Erfahrungen lautet, dass es enorm breit ist.

Klopf die Sorgen weg ist aus einem für professionelle Psychotherapeuten konzipierten Lehrgang in Energetischer Psychologie hervorgegangen, der von einem Team aus 27 Ärzten und Psychologen unter Führung von David Feinstein entwickelt wurde. Das vorliegende Buch ist für interessierte Laien gedacht.

Als ich in den 70er Jahren an der medizinischen Fakultät der Johns Hopkins University meine frühe Arbeit über Opiatrezeptoren schrieb, leitete Dr. Feinstein dort Untersuchungen über psychotherapeutische Innovationen. 30 Jahre später liegt sein Schwerpunkt auf der Schnittstelle von Psychotherapie und energetischer Medizin. In der Zwischenzeit hat er nicht nur als klinischer Psychologe praktiziert und eine eigene therapeutische Methode, seine sogenannte «persönliche Mythologie», entwickelt, sondern auch für einen Psychologen eher ungewöhnliche Referenzen erworben. Unter anderem ist er mit einer der bekanntesten energetischen Heilerinnen der Welt verheiratet, Donna Eden, Koautorin dieses Buches.

Gemeinsam mit Gary Craig, dem Begründer von EFT, des am weitesten verbreiteten Verfahrens innerhalb der Energetischen Psychologie, ist ein Buch entstanden, das maßgeblich und erfrischend lesefreundlich in diese hilfreichen Methoden einführt.

Es wird Ihnen als inspirierender Begleiter zur Seite stehen, wenn Sie diese beeindruckend machtvollen Methoden in Ihr Leben einbauen.

PROF. DR. CANDACE PERT
Medizinische Fakultät der Georgetown University

Einleitung
Ein revolutionärer Ansatz zur persönlichen Veränderung?

DAVID FEINSTEIN

> Jede Wahrheit durchläuft drei Stadien:
> Zuerst ist sie lächerlich.
> Zweitens wird ihr gewaltsam Widerstand geleistet.
> Drittens wird sie als selbstverständlich angenommen.
> ARTHUR SCHOPENHAUER

Emotionales Wohlbefinden, Erfolg und Lebensfreude lassen sich durch eine Beeinflussung der Energien, von denen sie reguliert werden, außerordentlich steigern. So lautet das Versprechen des faszinierenden neuen Zweigs der Energetischen Psychologie.

Mit ihrer Hilfe schwinden Phobien und hartnäckige Ängste oft in Minuten dahin. Ein frühes Trauma verliert häufig in nur ein oder zwei Sitzungen seine lebenslange Macht. Der Umgang mit Wut wird besser. Depressionen klingen oft ohne Tabletten ab. Leistungen in Sport, Schule, Musik und Beruf können einen beträchtlichen Schub erhalten. Andere komplexe Probleme lassen sich in ein Geflecht von begrenzenden Überzeugungen und gestörten emotionalen Reaktionen zerlegen, die der Reihe nach beseitigt werden. Selbst unklare körperliche Beschwerden, bei denen andere Behandlungen versagt haben, sprechen manchmal auf die Methode an.[1]

Als klinischer Psychologe, der die Entwicklungen auf seinem Fachgebiet seit über 30 Jahren genau verfolgt, bin ich der Ansicht, dass die in dem vorliegenden Buch dargestellte energetische Methode die Innovation ist, die meinen Klienten die größte Hilfe geboten hat. Energetische Psychologie kann problematische Überzeugungen, Verhaltensweisen und Emotionen so rasch verändern, weil sie dem Therapeuten erlaubt, die zerebrale Chemie des Klienten mit einer in der Psychotherapie beispiellosen Präzision und gleichzeitigen Sanftheit zu verändern. Auch wenn die energetischen Methoden ein erstaunliches Werkzeug in den Händen des Fachmanns sind, liegt ihre vielleicht wichtigste Einsatzmöglichkeit jedoch in der Selbsthilfe.

Was ist Energetische Psychologie?

Als James Reston, ein Reporter der *New York Times*, der Henry Kissinger im Juli 1971 bei einem Besuch ins kommunistische China begleitete, an einer akuten Blinddarmentzündung erkrankte, unterzogen ihn chinesische Ärzte einer Notoperation. Reston litt an postoperativen Bauchschmerzen, die mit Akupunktur behandelt wurden, einer Routinemaßnahme in vielen chinesischen Krankenhäusern. Der öffentlichen Aufmerksamkeit, die Restons erfolgreiche Akupunkturbehandlung aufgrund einer Titelgeschichte in der *Times* erfuhr, ist es zu verdanken, dass sich das westliche Denken für die Akupunktur geöffnet hat. Im Jahre 2005 verzeichnete die amerikanische Academy of Medical Acupuncture unter ihren Mitgliedern bereits über 1600 Ärzte, und die Weltgesundheitsorganisation führte mehr als 50 Krankheitsbilder auf, bei denen Akupunktur als wirksam eingestuft wurde.

Seit den frühen 80er Jahren des 20. Jahrhunderts suchen westliche Psychotherapeuten nach Wegen, um die Prinzipien der Akupunktur auf psychische Probleme anzuwenden, wobei sie sich ursprünglich an der Arbeit des kalifornischen Psychologen Roger Callahan und des australischen Psychiaters John Diamond orientierten. Während bei der Akupunktur gewöhnlich Nadeln gesetzt werden, können auch weniger invasive Verfahren – wie das Klopfen oder das Massieren bestimmter Punkte auf der Haut – die erwünschten Wirkungen herbeiführen. Das erlaubt es Therapeuten, die im Gebrauch von Akupunkturnadeln nicht ausgebildet sind, die Prinzipien der Akupunktur dennoch anzuwenden, und Ihnen ist es möglich, sie zu Selbsthilfezwecken zu nutzen.

Energie bildet den Bauplan, die Infrastruktur, die unsichtbare Grundlage für die Gesundheit unseres Körpers. Der Körper besteht aus Energiebahnen und Energiezentren, die in einer dynamischen Wechselwirkung mit den Zellen, Organen, Stimmungen und Gedanken stehen. Gelingt es Ihnen, diese Energien zu verändern, können Sie damit Einfluss auf Ihre Gesundheit, Ihre Gefühle und Ihre seelische Verfassung nehmen. Zu diesen Energien gehören neben elektromagnetischen Impulsen, wie etwa solchen, die durch die Magnetresonanztomographie oder das EEG aufgezeichnet werden, auch feinstofflichere Energien, die sich mit dem bisherigen wissenschaftlichen Instrumentarium nicht erfassen lassen. Stärker naturverbundene Kulturen haben jedoch Verfahren entwickelt – wie etwa Akupunktur, Yoga und Qi Gong –, um mit diesen Energien zu arbeiten. Der junge Zweig der Energetischen Psychologie lässt sich von diesen traditionellen Systemen inspirieren, während er gleichzeitig auf dem Boden der Erkenntnisse der modernen westlichen Wissenschaft und Psychologie steht.

Tatsächlich baut die Energetische Psychologie auf der konventionellen Psychotherapie auf. Sie bewegt sich im Rahmen anerkannter psychologischer Grundsätze, wie der entscheidenden Rolle, die konditionierten Reaktionen im menschlichen Handeln zugeschrieben wird, und der Überzeugung, dass frühe Erfahrungen aktuelle Muster auf der Ebene der Emotionen und des Verhaltens prägen. Aber die Energetische Psychologie hat noch einen Trumpf im Ärmel. Mit Hilfe der Anregung energetischer Punkte auf der

Haut kann sie zusammen mit bestimmten mentalen Verfahren die Biochemie Ihres Gehirns umgehend so beeinflussen, dass

➥ unerwünschte Emotionen wie Angst, Schuld, Scham, Neid oder Wut überwunden,
➥ unerwünschte Gewohnheiten und Verhaltensweisen verändert und
➥ Ihre Fähigkeit, zu lieben, Erfolg zu haben und das Leben zu genießen, gesteigert werden.

Das Verfahren erlaubt praktisch jedem, der es anzuwenden lernt, mehr emotionale Kontrolle, inneren Frieden und Effektivität in der Welt. Das war jedoch nicht immer meine Einschätzung dieser Methode.

Der Weg eines Skeptikers

Mein persönlicher Weg zu dieser Sichtweise nahm mehrere Jahre in Anspruch und war von großen Widerständen begleitet. Zufällig heiratete ich eine Frau, Donna Eden, die eine der bekanntesten Heilerinnen der Welt werden sollte. In ungefähr den ersten 19 Jahren unserer Beziehung wusste ich nicht recht, was von ihrer Arbeit zu halten war. Ich hatte am Anfang meiner Laufbahn sieben Jahre dem Lehrkörper der medizinischen Fakultät der Johns Hopkins University angehört, einer Wiege der Innovation auf dem Gebiet der Heilkunde, aber etwas Derartiges hatte ich nie zu Gesicht bekommen. Als ich erlebte, wie Menschen aus allen Teilen der Welt mit schweren Erkrankungen nach ein oder zwei Sitzungen bei Donna von Besserungen berichteten, erklärte ich mir diese Ergebnisse als Folge von Donnas Einfühlungsvermögen und Charisma, ihrem Glauben an die Wirksamkeit ihrer Methoden und vielleicht einer eigentümlichen Heilbegabung. Ich glaubte keinesfalls, dass es sich um ein erlern- oder wiederholbares System handelte, und die Erklärungen von «feinstofflicher Energie», die von alternativen Heilern gegeben wurden, erschienen mir eher verwirrend als erhellend.

Als Donna Anfragen erhielt, ein Buch zu schreiben, bat sie mich trotz meiner Skepsis, ihr dabei zu helfen. In der nächsten Phase, die sich über zwei Jahre hinzog, fand ein erstaunlicher Wandel statt. Ich führte Tag für Tag Gespräche mit Donna. Ich konnte keine Frage stellen, die sie im Rahmen ihres energetischen Modells nicht überzeugend zu beantworten vermochte. Zugegebenermaßen hatte sie eine seltsame Fähigkeit, die sich schwer beweisen ließ: ihre von Kindheit an bestehende Gabe, Energie «wahrzunehmen», als wäre sie so sichtbar wie die Buchstaben auf dieser Seite. Wiederholt hatte sie nur aufgrund der Betrachtung des Körpers Diagnosen über den Gesundheitszustand eines Menschen abgegeben, die sich bei medizinischen Untersuchungen später bestätigten. Während ihre Fähigkeit, Energie zu sehen und zu lesen, weit über das hinausging, was ich je persönlich erlebt hatte, blieben ihre Erklärungen schlüssig, ganz gleich, wie sehr ich versuchte, sie zu zerpflücken. Das, verbunden mit ihren zutreffenden medizinischen Einschätzungen und ihrer beeindruckenden Heilungsquote, ließ mich zu der Schlussfolgerung kommen, dass ihr «energetischer» Ansatz auf irgendeine Weise wirksame Heilkräfte mobilisierte.

Sobald man akzeptiert, dass es die Fähigkeit gibt, aus dem Lesen der Körperenergien sinnvolle Informationen abzuleiten, hat Donnas Methode eine bestechende innere Logik. Menschen, die Energie sehen können – und Donna ist bei weitem nicht die Einzige –, berichten, dass die materielle Welt nach dem «Muster energetischer Formen» gebildet ist. Medizinisch Hellsichtige, die Probleme im Fluss der Körperenergien erkennen können (mit einer neuen Art von elektronischen Instrumenten lassen sich solche Unregelmäßigkeiten ebenfalls feststellen[2]), sind imstande, akkurat die Art von körperlichen Problemen vorherzusagen, die wahrscheinlich auftreten werden, noch bevor sich irgendwelche Symptome oder sonstige Anzeichen bemerkbar gemacht haben. Sie können überdies die in der Entstehung begriffene Krankheit verhindern, indem sie den Energiefluss wiederherstellen. In vielen heilkundlichen Traditionen ist dieser Zusammenhang bekannt. In einigen Provinzen im alten China, wo die Arbeit mit Körperenergien hoch verfeinert war, bezahlte man den Arzt dafür, dass er Menschen gesund erhielt. Das Erkennen von energetischen Störungen vor dem Auftauchen der Symptome erlaubte es, diese Störungen zu korrigieren, bevor sie zunahmen und sich schließlich in Form von Krebs, Herzversagen oder nervösen Beschwerden manifestierten. Wurde man krank, erhielt man intensivere Behandlungen, die jedoch kostenlos waren.

Durch die Gespräche mit Donna, die zur Entstehung ihres Buches führten, begriff ich schließlich, dass sie nach höchst empirischen Grundsätzen verfuhr, eine Tatsache, die mir beinahe 20 Jahre lang entgangen war. Ihr Ansatz gründet auf Beobachtung (wenn auch durch eine ungewöhnliche Brille) und Experiment. Sie sieht und fühlt, wo die Energien nicht im Fluss, nicht im Gleichgewicht oder in Harmonie sind, versucht mit ihren Händen oder anderen Mitteln, das Problem zu korrigieren, und überlegt sich auf der Grundlage dessen, was geschieht, den nächsten Schritt. Die Hände aller Menschen sind von einem elektromagnetischen Feld umgeben, das über die Fingerkuppen hinausreicht, sodass es bereits therapeutisch wirksam sein kann, die Hände über den betroffenen Körperteil zu halten, und dasselbe gilt für das Massieren, Klopfen oder Drücken bestimmter energetischer Punkte auf der Haut. Andere Techniken können beinhalten, dass der Klient aufgefordert wird, sich auf eine bestimmte Art zu bewegen, zu strecken oder anzuspannen.

Donna, die ihren Ansatz auf solche Methoden gründet und sich ebenso von alten wie auch neueren Verfahren hat inspirieren lassen – darunter Akupunktur, Angewandte Kinesiologie und Touch for Health –, hatte Hunderte von therapeutischen Maßnahmen formuliert, um bestimmte Störungen im Energiehaushalt zu korrigieren. Warum sollten sie nicht systematisiert und allen zugänglich gemacht werden, die sich dafür interessierten, ganz gleich, ob diese Menschen über die besondere Gabe verfügten, Körperenergien wahrzunehmen oder nicht? Das war eines unserer zentralen Anliegen, als wir *Energy Medicine* schrieben. Seitdem das Buch eine weite Verbreitung gefunden hat (es wurde über 100 000-Mal in den USA verkauft und in ein Dutzend Fremdsprachen übersetzt) und viele Interessierte in seinen Methoden ausgebildet worden sind, ist uns oft bestätigt worden, dass die Methoden wirken, unabhängig davon, ob sie von Menschen auf der Selbsthilfebasis oder von Therapeuten angewendet werden, die nicht über Donnas Sehfähigkeit verfügen.

Nach dem Erscheinen von *Energy Medicine* im Januar 1999 unternahmen wir eine sechsmonatige Workshop- und Lesetour. Ich schloss vorübergehend meine Privatpraxis als klinischer Psychologe in Ashland, Oregon. Am Ende der sechs Monate schien es uns, dass das Buch einen Nerv der Zeit getroffen hatte, und mindestens ein Kritiker bezeichnete es bereits als das «Standardwerk» auf seinem Gebiet. Wir erhielten aus der ganzen Welt Anfragen nach weiteren Vorträgen und Seminaren. Ich kehrte nach Ashland zurück und gab mit starken Bedenken meine psychologische Praxis auf, die mich sehr erfüllt hatte, um Donna bei diesem neuen Abschnitt auf ihrem Weg zu unterstützen.

Trotz aller spannenden Entwicklungen trauerte ich dennoch um den Verlust meiner Praxis und begriff, dass ich vielleicht für immer einen Beruf aufgab, den ich liebte. Ich war bereits in den Fünfzigern und hatte keine Ahnung, wohin mich die energetische Medizin führen würde. Sie führte mich direkt zur Psychologie zurück. Viele von Donnas Schülern waren Psychotherapeuten, die energetische Behandlungsmethoden auf psychische Probleme anwandten. Aufgrund ihres Einflusses begann ich bei einigen der Pioniere auf diesem Gebiet in die Lehre zu gehen. Die Energetische Psychologie hatte sich unabhängig von Donnas Arbeit entwickelt, obwohl beide zum selben Zeitgeist gehören. Wenn ich nun auch für das energetische Modell offen war, entdeckte ich jedoch, als ich mich in Energetischer Psychologie weiterbildete, dass es auf diesem relativ neuen Gebiet bereits von Kontroversen, unvereinbaren Erklärungen und tiefen Spaltungen hinsichtlich der Verfahren und dessen, was sie leisten konnten, wimmelte. Das ließ meine Skepsis wieder aufflammen; und diese erhielt noch weitere Nahrung dadurch, dass die in der Energetischen Psychologie verwendeten Techniken ausgesprochen seltsam aussahen.

Doch die merkwürdigen Verfahren und der Mangel an schlüssigen Erklärungen wurden für mich durch etwas anderes aufgewogen: Die Ergebnisse, deren Zeuge ich war, schienen bemerkenswert. Bei einer relativ großen Bandbreite von Störungen brachte die Energetische Psychologie raschere und beständigere Resultate als alles, was ich bis dahin in meinen 30 Jahren klinischer Praxis erlebt hatte.

Eines der ersten Male, an denen ich die Methode öffentlich demonstrierte, nachdem ich selbst eine Ausbildung darin gemacht und ein Zertifikat erworben hatte, war bei einem sechstägigen Seminar, das ich in Südafrika hielt. Viele der Teilnehmer hatten öffentliche Führungspositionen und waren gekommen, um etwas über die unbewussten Glaubenssätze und Motivationen zu erfahren, die das Leben eines Menschen prägen und die ich die «persönliche Mythologie»[3] nenne. Ich hatte mir überlegt, wie ich die energetische Behandlung in das persönliche Mythologiemodell integrieren könnte, aber ich war mir darüber nicht völlig im Klaren. Am Ende des ersten Abends zeigte sich ein Anknüpfungspunkt. Eine der Teilnehmerinnen gestand der Gruppe mit großer Verlegenheit, dass sie Angst vor Schlangen hatte und sich fürchtete, über ein Stück Grasland vom Tagungsraum in ihre ungefähr 30 Meter entfernt liegende Hütte zu gehen. Mehrere Teilnehmer boten ihr an, sie zu begleiten. Ich spürte, dass ich der Frau bei dieser Phobie rasch helfen konnte und damit gleichzeitig eine glaubwürdige Einführung in energetische Methoden haben würde. Mit ihrer Erlaubnis, die sie mir angespannt, aber vertrauensvoll gab, ließ ich am nächsten Morgen um 10 Uhr einen Tierpfleger mit einer Schlange in den Seminarraum des Wildreservats kommen, in dem wir den Workshop abhielten. (Die Schlange war nicht notwendig, damit die Behandlung wirkte, ich wollte nur demonstrieren, dass sie wirkte.)

Ich stellte die Stühle so auf, dass sich die Schlange und ihr Betreuer etwa sechs Meter von der Teilnehmerin entfernt, aber in ihrem Blickfeld befanden. Ich erkundigte mich, was sie dabei empfand, dass eine Schlange im Raum war. Sie erwiderte: «Mir geht es gut, solange ich nicht hinschaue, aber ehrlich gesagt, habe ich vor zwei Minuten meinen Körper verlassen.» Sie bediente sich der Dissoziation oder Spaltung, eines psychologischen Abwehrmechanismus, mit dem man bestimmte angstauslösende Gedanken, Emotionen oder physische Empfindungen aus dem Bewusstsein ausblendet. In weniger als einer halben Stunde war die Teilnehmerin mit Hilfe von Methoden, die Sie in diesem Buch kennenlernen werden, in der Lage, sich vorzustellen, dass sie sich in der Nähe einer Schlange aufhielt, ohne Angst zu haben. Ich fragte sie, ob sie nun auf die Schlange am anderen Ende des Raums zugehen könne. Als sie den Raum durchquerte, machte sie einen zuversichtlichen Eindruck. Die Zuversicht verwandelte sich bald in Begeisterung, und sie begann, Bemerkungen über die Schönheit der Schlange zu machen. Sie fragte den Tierpfleger, ob sie sie berühren dürfe. Sie tat es zögernd, aber triumphierend. Dabei berichtete sie, dass sie voll und ganz in ihrem Körper war. Ein paar Tage später schloss sie sich der Gruppe auf einer Wanderung durch die Natur an, und als sich jemand am Ende bei ihr erkundigte, ob sie sich bei ihrer Schlangenphobie mit der Wanderung nicht schwergetan habe, zeigte sich Erstaunen in ihrem Gesicht. Sie hatte nicht einmal mehr daran gedacht. Ihre Angst, die sie ein Leben lang gequält hatte, war verschwunden und auch bei einer Nachfrage zwei Jahre später nicht zurückgekehrt.

Ich habe inzwischen viele ähnlich dramatische Fälle erlebt und Dutzende von Ärzten befragt, deren klinische Berichte buchstäblich Tausende von Beispielen enthalten, die meine persönlichen Erfahrungen untermauern. Das hat zwar keine wissenschaftliche Beweiskraft – das haben Fallberichte nicht –, aber es zeigt, dass es sich nicht um einen Einzelfall handelt.

Die Behauptungen klären

Die widersprüchlichen Behauptungen und Theorien, die von den auf diesem Gebiet tätigen Therapeuten verbreitet wurden, bereiteten mir nach wie vor Kopfschmerzen. Hier hatten wir eine Methode, die alle gängigen wissenschaftlichen Erklärungen überholte. Es war vielleicht noch nie da gewesen, dass es bei einer Methode mit so geringer theoretischer oder wissenschaftlicher Untermauerung zigtausend Berichte über verblüffende klinische Resultate gab, die von Hunderten von ausgewiesenen Fachleuten stammten, die das ganze Spektrum der beruflichen Hintergründe und theoretischen Orientierungen abdeckten. Was ging da vor?

Um die Behauptungen und Verwirrungen auf dem Gebiet zu klären, lud ich gemeinsam mit Donna und Dr. Fred Gallo (Autor von *Energetische Psychologie*, dem ersten wissenschaftlichen Buch, das Fachleute in das Thema einführte) eine Kommission von 24 Pionieren und anerkannten Köpfen auf dem Gebiet der Energetischen Psychologie zu einem Projekt ein, bei dem es nur um eine einzige Frage ging: Worin bestanden die wesentlichen Prinzipien und Verfahren, die Psychotherapeuten, die neu auf dem Gebiet der

Energetischen Psychologie waren, beherrschen sollten, bevor sie die Methoden in ihrer eigenen Praxis einführten?

Das Projekt verwandelte meinen Computer in einen Blitzableiter für die auf dem Gebiet tobenden Kontroversen. Nach vier Jahren, in denen wir um die zentralen Fragen rangen, kam ein Konsens zustande, und Anfang 2004 erschien *Energy Psychology Interactive*, eine umfassende Einführung für Fachleute. Sie bestand aus einem vierzigstündigen Lehrgang auf CD-ROM, einem Begleitbuch und einem Selbsthilfe-Leitfaden für Klienten. Auch wenn das energetische Modell in therapeutischen Kreisen nur langsam Anklang fand, erhielt unser Lehrgang überraschend positive Besprechungen. In einer dieser Besprechungen bezeichnete die Zeitschrift *Clinical Psychology* die Energetische Psychologie als «spannendes und rasch wachsendes Gebiet» und kam, nachdem sie einige Kontroversen im Umfeld dargestellt hatte, zu dem Schluss, dass «diese Methoden, wie die neuere Forschung nahelegt, in der Tat sehr effektiv, extrem rasch und von Grund auf sanft»[4] sind. In einer weiteren Besprechung, die als Meilenstein gewertet werden muss, nannte die American Psychological Association die Energetische Psychologie «ein neues Verfahren, das aufgrund seiner Geschwindigkeit und Effektivität bei schwierigen Fällen die Aufmerksamkeit auf sich gezogen hat»[5]. Die Association for Comprehensive Energy Psychology, ein Berufsverband mit 700 Mitgliedern, ehrte unsere Einführung mit einer Auszeichnung für außerordentliche Leistungen.

Wie das vorliegende Buch entstanden ist

Ein Buch, das auf der Seriosität der professionellen Einführung gründete, aber die neuen Methoden Laien vermitteln sollte, erschien als der natürliche nächste Schritt. Das brachte einige besondere Herausforderungen mit sich. *Energy Psychology Interac-*

tive führte Ärzte und Psychologen in das Thema ein, und damit existierte ein Puffer in Form der persönlichen professionellen Einschätzung des jeweiligen Therapeuten, bevor die Methoden bei irgendjemandem angewandt wurden. Bei einem populärwissenschaftlichen Buch war ein solcher Puffer nicht vorhanden.

Derjenige, der mit Abstand die größte Erfahrung darin besaß, die Methoden der Energetischen Psychologie Laien zu vermitteln, war Gary Craig. Gary ist kein ausgebildeter Psychotherapeut, aber ich hatte während der Recherchen für *Energy Psychology Interactive* festgestellt, dass viele der führenden Köpfe auf dem Gebiet ihn regelmäßig bei verschiedenen fachlichen Fragen um seine Meinung baten oder mich an ihn verwiesen. Seine freundlichen Reaktionen auf meine Anfragen boten immer eine kenntnisreiche und praktische Hilfe, die auf Erfahrung gründete. Überdies hatte er persönlich oder durch seine Fernlehrgänge mehr Fachleute und Laien in die grundlegenden Methoden der Energetischen Psychologie eingeführt als irgendjemand sonst. Seine Ausbildungshandbücher, Videos, elektronischen Rundschreiben und seine Website stellten einen beträchtlichen Teil der Literatur dar, die es auf diesem Gebiet gab.

Der Gedanke, Gary für das Team zu gewinnen, kam mir fast umgehend. Als Ingenieur mit einer Ausbildung in Stanford hat Gary ein beträchtliches Gespür dafür, was funktioniert und was nicht, und er war einer der Ersten, die NLP (Neurolinguistisches Programmieren), Selbsthypnose und andere Methoden persönlichen Wachstums in einem System zusammenfassten. Als er sich eingehend mit Roger Callahans «Thought Field Therapy» (TFT) beschäftigte, stellte er verblüfft fest, dass einfache physische Behandlungen Menschen helfen konnten, unerwünschte emotionale Reaktionen und Zustände rasch, wirksam und mit dauerhaftem Erfolg zu beseitigen. Er arbeitete Callahans Methode in die Emotional Freedom Techniques (EFT) um, indem er die Methoden für Laien anwendbar machte. Seit über zehn Jahren tritt er unermüdlich für den Gedanken ein, dass jeder Mensch ein Grundrecht auf emotionale Freiheit hat und sie wieder erreichen kann, indem er korrekt die einfachen Verfahren von EFT anwendet, die wirksame neurologische Folgen haben. Der missionarische Eifer eines Menschen, der für ein Produkt wirbt, kann mich nicht sonderlich beeindrucken. Doch je genauer ich hinschaute, desto fasziniertr war ich davon, wie Garys Training, Website und Rundschreiben Menschen halfen, die Methode effektiv und bei einer Vielzahl von Problemen einzusetzen.

Mittlerweile hatte Donna seit 25 Jahren auf ihre eigene Art Energetische Psychologie in Amerika betrieben, und ihre Methoden unterschieden sich beträchtlich von TFT und seinen Abkömmlingen. Zum einen trennte sie bei ihrem Ansatz nicht Körper und Seele. Zum anderen beschäftigte sich Donna mit dem *Körper als Energiesystem* im Unterschied zu TFT, EFT und vielen anderen Methoden der Energetischen Psychologie, die sich gleich zu Beginn auf ein bestimmtes Ziel oder Problem konzentrieren – gewöhnlich erwünschte Veränderungen in einem Verhaltens-, Denk- oder Gefühlsmuster. Doch Donnas Resultate hatten oft auch einen starken psychologischen Nebeneffekt.

Ich fragte Donna, ob sie bereit sei, ihre Erfahrung mit der *Wahrnehmung* des Energieflusses im Rahmen psychologischer Fragestellungen in das Buch einzubringen, die Vorstellungen und Verfahren in diesem Buch an ihren eigenen Beobachtungen zu überprüfen und Methoden aus der Energetischen Medizin beizusteuern, die den eher konventionellen Ansatz der Energetischen Psychologie erweitern würden. (Daraus wurde das 6. und 7. Kapitel.) Sie war Feuer und Flamme, und damit stand der Plan für das Buch. Ich habe auf der Grundlage der Gespräche mit meinen beiden Koautoren und der Lektüre ihrer Bücher, kombiniert mit meiner eigenen klinischen Erfahrung, eine Erstfassung jedes Kapitels geschrieben, die von ihnen anschließend durchgesehen und revidiert wurde.

Das ist ein Buch, dem Sie offen und unvoreingenommen entgegentreten sollten. Experimentieren Sie mit den hier dargelegten Methoden. Immer mehr Menschen finden sie wirksam und lohnend.

1
Die elektrische Aktivität des Gehirns

> Die Informationen, die von einem Neuron übertragen und von einem anderen empfangen werden, nehmen die Form von elektrischen Signalen an, die von geladenen Teilchen erzeugt werden.
> JEFFREY M. SCHWARTZ, *The Mind and the Brain*

Alle Gedanken oder Emotionen, die wir erleben, verursachen Reaktionen in bestimmten Gehirnarealen. Freude oder Trauer, Liebe oder Eifersucht – sie alle haben charakteristische Gegenstücke in der Art, wie unsere Neuronen feuern; die modernen elektronischen bildgebenden Verfahren gestatten uns, den komplizierten Tanz der Energien in unserem Gehirn zu sehen, der alle Gedanken und Gefühle, die wir haben, begleitet. Wenn Sie auf den Bildschirm eines Apparats, der Bilder des Gehirns zeigt, wie etwa eines PET-Scanners, blicken könnten, während Sie unter starkem Stress oder Angst stehen, würden Sie sehen, dass bestimmte Areale Erregungssignale empfangen, die den Bildschirm so hell aufleuchten lassen wie einen Weihnachtsbaum.

Wenn unser Gehirn eine Ähnlichkeit zwischen einer beängstigenden Situation in der Vergangenheit und etwas feststellt, was wir im Augenblick gerade sehen oder hören – selbst wenn keine akute Bedrohung oder Gefahr gegeben ist –, werden bisweilen dieselben Stresssignale, die wir in der vergangenen Situation erlebt haben, wieder aktiviert. Auch wenn die emotionale Reaktion unvernünftig erscheinen mag, kann sie überwältigend sein. Manchmal ist sie aber auch subtiler. Vielleicht trifft die Stimme Ihres Ehepartners genau die Tonlage der Stimme Ihrer Eltern, bevor Sie versohlt wurden, und Sie werden plötzlich wütend auf Ihren Partner und verteidigen heftig Handlungen, die gar nicht kritisiert wurden. Obwohl sich Menschen dessen oft gar nicht bewusst sind, ist diese grundlegende Kette, bei der eine aktuelle Situation eine überholte Reaktion hervorruft, der eigentliche Grund vieler ihrer Schwierigkeiten, angefangen von gestörten Beziehungsmustern über unsinnige Entscheidungen im Beruf bis hin zu undefinierbaren Ängsten, grundlosen Anfällen von Depression und irrationaler Eifersucht, Angst oder Wut.

Die Energetische Psychologie zeigt, wie Sie bestimmte Punkte auf der Haut anregen können, die auf direktem Wege elektrochemische Signale an Ihr Gehirn senden. Wenn Sie dabei gleichzeitig an eine Situation denken, die eine unerwünschte emotionale Reaktion auslöst, können Sie *die Reaktion Ihres Gehirns* auf diese Situation *verändern*. Es ist eine unkonventionelle Methode, aber sie führt häufig zu einer unbestreitbaren Besserung in nur einer Sitzung und funktioniert oft da, wo andere Methoden versagen. Sie können auch Punkte stimulieren, wenn Sie bestimmte persönliche Ziele erreichen wollen, wie etwa positiver zu denken, selbstbewusster zu sprechen oder vernünftiger zu essen. Dieses Buch zeigt Ihnen, wie es geht.

Rascher Erfolg, wo jahrelange Therapie versagt hatte

Trotz einer siebzehnjährigen Psychotherapie wegen einer posttraumatischen Belastungsstörung (PTBS) nach dem Vietnamkrieg hatte Rich[1] solche massiven Schlafstörungen, dass er sich vor zwei Monaten nochmals in stationäre Behandlung im Veteran's Administration Hospital in Los Angeles begeben hatte. Wenn er zu schlafen versuchte, kam irgendeine von Hunderten quälender

Kriegserinnerungen hoch. Diese überwältigenden Bilder hielten ihn in Atem, und es graute ihm vor den Nächten, die nicht enden zu wollen schienen. Die Tage waren von Erschöpfung und weiterer Angst überschattet. Rich war zu nichts zu gebrauchen. Außerdem litt er unter einer massiven Höhenangst, die sich im Laufe seiner etwa 50 Fallschirmsprünge während des Krieges entwickelt hatte.

Rich war einer von 20 Patienten, die von Gary Craig und seiner Kollegin Adrienne Fowley behandelt wurden auf die Einladung eines Mitarbeiters der Klinikverwaltung hin, eine Woche lang die Wirkungen der energetischen Therapie auf emotionale Traumata zu demonstrieren. Der Schwerpunkt bei Richs Behandlung lag zunächst auf der Höhenangst. Rich wurde gebeten, sich eine Situation vorzustellen, die mit Höhen zu tun hatte. Sein Angstpegel schoss sofort nach oben. Er trug Shorts und machte darauf aufmerksam, dass ihm buchstäblich die Haare auf den Beinen zu Berge standen. Während er sich seine Höhenpanik vergegenwärtigte, wurde er gleichzeitig angewiesen, eine Reihe von elektromagnetisch sensiblen Punkten auf der Haut zu stimulieren, indem er sie mit den Fingerkuppen klopfte. Nachdem er dieses Verfahren 15 Minuten lang praktiziert hatte, berichtete er, dass die Angstreaktion ausblieb, wenn er an Situationen dachte, die mit Höhen zu tun hatten. Als Test ließ Gary ihn durch eine Feuertür im dritten Stock des Gebäudes nach draußen treten und nach unten schauen. Erstaunt stellte Rich fest, dass er keine Angst mehr hatte.

Anschließend konzentrierte sich Gary mit demselben Klopfverfahren auf mehrere von Richs stärksten Kriegserinnerungen. Auch sie wurden innerhalb einer Stunde auf dieselbe Weise «neutralisiert». Die Erinnerungen blieben natürlich erhalten, doch waren die damit einhergehenden lähmenden Emotionen verschwunden. Gary brachte Rich eine Technik zur Stimulierung energetischer Punkte bei, die er zu Hause auf seine übrigen Erinnerungen anwenden konnte. Er machte seine Hausaufgaben und behandelte mehrere der intensivsten Erinnerungen. Schließlich kam es zu einem «Übertragungseffekt»: Nachdem eine bestimmte Anzahl von traumatischen Erinnerungen neutralisiert worden war, hatten die anderen ihre überwältigende emotionale Wirkung verloren. Rich wurde von da an nicht mehr von quälenden Erinnerungen verfolgt, auch nachts nicht. Innerhalb weniger Tage war seine Schlaflosigkeit verschwunden, und er setzte seine Medikamente ab. Kurze Zeit danach verließ er das Krankenhaus. Bei einer telefonischen Nachfrage zwei Monate später waren die Höhenangst, die Schlaflosigkeit und die beängstigenden Erinnerungen an Kriegserlebnisse nicht wiedergekommen.

Die meisten der 20 Patienten im Veteranenhospital, die von Gary und Adrienne behandelt worden waren, erlebten einen fast umgehenden, deutlichen Rückgang ihrer PTBS-Symptome, die in den meisten Fällen jahrelang therapieresistent gewesen waren. Sitzungen mit sechs dieser Männer, darunter auch die Arbeit mit Rich, wurden auf Video aufgezeichnet und können angefordert werden.[2]

Energetische Behandlungen führten in einer Vielzahl schwieriger Situationen zum Erfolg. Nachdem ein internationales Team 105 Opfer von ethnischer Gewalt im Kosovo im Jahre 2000 mehrere Monate lang mit Energetischer Psychologie (hauptsächlich TFT) behandelt hatte, erfuhren sie nach eigenen Angaben eine vollständige Genesung von posttraumatischen emotionalen Wirkungen bei 247 von 249 aufgeführten Erinnerungen, die Folter, Vergewaltigungen und Massaker an nahestehenden Menschen beinhalteten.[3] Auch wenn solche Berichte von Einzelfällen wissenschaftlich keine Beweiskraft haben, hinterließen sie dennoch tiefe Spuren bei der lokalen Bevölkerung, und der leitende Sanitätsoffizier des Kosovo (der unserem Sanitätsinspekteur entspricht), Dr. Skellen Syla, schrieb in einem Dankesbrief:

> Viele gutbemittelte Hilfsorganisationen haben den posttraumatischen Stress hier im Kosovo behandelt. Einige unserer Landsleute erlebten eine begrenzte Genesung, aber es gab im Kosovo keine größere Veränderung oder wirkliche Hoffnung, bis ... wir unsere schwierigsten Patienten an [das internationale Behandlungsteam] überwiesen. TFT hatte bei allen Patienten hundert Prozent Erfolg, und sie haben ihr Lächeln bis auf den heutigen Tag nicht verloren [und tatsächlich waren in formellen Nachuntersuchungen durchschnittlich fünf Monate nach der Behandlung alle Patienten rückfallfrei].

Wenn Sie sich in einer ähnlich schwierigen Lage wie Rich oder eines der Opfer der ethnischen Säuberungen im Kosovo befinden oder vielleicht mit noch schwierigeren Dingen konfrontiert sind, sollten Sie die Methode nur nach Rücksprache mit einem Psychotherapeuten anwenden. Wenn Ihre Traumata nicht so schwerwiegend sind, sollten Sie dennoch ein paar wichtige Dinge beachten. Lesen Sie bitte unbedingt sorgfältig die Hinweise, die Sie am Ende dieses Kapitels unter der Überschrift: «Möglichkeiten und Grenzen dieses Buches» finden, bevor Sie die Methoden anwenden.

Rasche Ergebnisse, langsame Akzeptanz

Nach den hier angeführten Ergebnissen zu urteilen, sollte man meinen, dass alle Hilfsorganisationen und Veteranenhospitäler in den USA mit diesen Methoden experimentieren. Doch weit gefehlt. In der professionellen psychologischen Praxis wie auch in der Geschichte der Menschheit wird eine bewährte Methode nicht unbedingt gleich deshalb über Bord geworfen, weil eine bessere auftaucht, besonders wenn sich die neue Methode nicht mit Hilfe der bekannten Vorstellungen nachvollziehen lässt. Die meisten Katastrophenhelfer haben noch nichts von den Methoden der Energetischen Psychologie gehört oder sich zumindest nicht mit ihnen befasst. Bei Veteranenhospitälern zeichnet sich eine interessante Entwicklung ab. Ursprünglich schien es *überhaupt kein* Interesse aufseiten der Therapeutenteams zu geben. Trotz der auffällig raschen Hilfe, die die eben erwähnten Männer bei ihren hartnäckigen Symptomen von PTBS erfuhren, nahm keiner der Therapeuten die Einladung an, den Therapiesitzungen beizuwohnen. Es gab auch keine Resonanz auf Angebote, die Videos anzuschauen. Und obwohl die meisten Patienten große Begeisterung und Dankbarkeit äußerten, zeigte niemand vom Klinikpersonal ein Interesse daran, mehr darüber zu hören oder zu erfahren.

Die mangelnde Resonanz der Veteranenhospitäler bildete im kleinen Maßstab die anfängliche Reaktion psychotherapeutischer Fachkreise auf die Energetische Psychologie und ihre unkonventionellen Techniken ab.[4] Obwohl bedauerlich – denn Menschen wie Rich, denen geholfen werden könnte, haben keine Hilfe erfahren –, ist sie dennoch nachvollziehbar. Gestandene Praktiker haben durch harte Erfahrung gelernt, misstrauisch gegenüber neuen Methoden zu sein, bevor sie nicht wissenschaftlich untermauert sind, und die hier dargelegten Methoden sind gerade erst dabei, die Aufmerksamkeit seriöser Forscher auf sich zu ziehen. Auch wenn die Aufgeschlossenheit in Fachkreisen langsam größer wird[5] – eine Reihe von Veteranenhospitälern haben ihr Klinikpersonal beispielsweise zehn Jahre später regelmäßig und mit guten Resultaten in diesen Methoden ausgebildet[6] –, sind Psychotherapeuten natürlich skeptisch, wenn sie die Behauptung hören, dass merkwürdige und unbekannte Methoden eine fast umgehende Heilung bei schon lange bestehenden Problemen herbeiführen. Neben dem Misstrauen, das die seltsam anmutenden Verfahren in der Energetischen Psychologie auslösen, glaubt man überdies nicht, dass Therapien so rasch zum Erfolg führen. Es braucht Zeit, um ein Vertrauensverhältnis aufzubauen, die Vorgeschichte des

Problems zu untersuchen, die Bedeutung der Symptome im Leben des Patienten zu erforschen, einzuschätzen, welches therapeutische Vorgehen sich am besten für diese spezielle Problematik eignet, es anzuwenden, zu beobachten und zu revidieren.

Wie lässt sich der Gegensatz zwischen den konventionellen Ansichten über den therapeutischen Prozess und den Behandlungsmitschnitten im Veteranenhospital erklären, die von zigtausend ähnlichen Fallberichten seitens einer zunehmenden Anzahl energetisch orientierter Psychotherapeuten gestützt werden? Wenn wir versuchen, die Resultate mit Hilfe der Standardkonzepte der Psychotherapie zu erklären – wie Einsicht, kognitive Restrukturierung, Belohnung und Bestrafung, positive Erwartung oder die heilende Kraft der Beziehung –, ergeben sie wenig Sinn. Wenn wir jedoch biochemische Veränderungen im Gehirn untersuchen, bedingt durch die Stimulation von Punkten auf der Haut, die für ihre elektrische Leitfähigkeit bekannt sind, beginnt sich eine schlüssige Erklärung für die raschen Veränderungen schon lange bestehender Muster im Denken, in den Emotionen und dem Verhalten abzuzeichnen.

Die Aufnahmen vom Gehirn, die auf der letzten Seite des Buches abgebildet sind, bieten dazu visuelles Anschauungsmaterial. Sie zeigen die Fortschritte eines Patienten im Lauf von zwölf Behandlungen, die sich über einen Zeitraum von vier Wochen erstreckten. Die Behandlung umfasste das Klopfen biochemisch sensibler Hautbezirke, während der Patient sich angstbesetzte Bilder ins Gedächtnis rief. Der Patient wurde wegen einer generalisierten Angststörung behandelt. Während Furcht oder eine Phobie eine Reaktion auf eine bestimmte Art von Situation darstellt (wie Richs Höhenangst), ist eine generalisierte Angststörung gekennzeichnet durch anhaltende, *frei flottierende* Angst, begleitet von Symptomen wie Spannungen, Schweißausbrüchen, Zittern, Verwirrtheit oder Reizbarkeit (wie die anhaltende Nervosität, Schlaflosigkeit und körperliche Anspannung, die Teil von Richs PTBS waren). Die Aufnahmen des Gehirns zeigen, dass sich die gestörte Hirnwellenaktivität, die bei dem Patienten mit der generalisierten Angststörung am Anfang der Behandlung vorhanden war, am Ende der Behandlung normalisiert hatte.

Im Vergleich dazu wiesen Aufnahmen von Gehirnen ähnlicher Patienten in derselben Klinik, die erfolgreich mit kognitiver Verhaltenstherapie – einer konventionellen therapeutischen Methode bei generalisierter Angststörung – behandelt worden waren, eine ähnliche Entwicklung auf, aber es waren mehr Sitzungen notwendig, bis sich das Muster der Gehirnwellen normalisiert hatte, und bei einer Kontrolluntersuchung nach einem Jahr hatte die Besserung weniger gut angehalten. Auch bei Patienten, die Medikamente bekamen, ließen die Symptome nach, aber die Aufnahmen des Gehirns zeigten keine signifikanten Veränderungen im Muster der Gehirnwellen, was die Schlussfolgerung nahelegt, dass die Medikamente die Störung eher zugedeckt als behandelt hatten. Neben der Tatsache, dass bei der Medikamenteneinnahme häufig Nebenwirkungen auftraten, kehrten die Symptome tendenziell zurück, wenn die Medikamente abgesetzt wurden.

Wie funktionieren energetische Behandlungen?

Ein besseres Verständnis der Beziehung zwischen elektromagnetischer Energie und den Molekülen, die Informationen durch den Körper befördern, führt zurzeit dazu, dass die Schulmedizin rasch die alte Sicht revidiert, wonach der Mensch primär ein aus chemischen Substanzen und Organen bestehendes Gefüge ist. EEG, EKG, PET und MRT sind Diagnoseinstrumente, die uns einen Einblick in die imponierende Intelligenz des Körpers als elektrisches System erlauben. Unser Gehirn besteht beispielsweise aus einigen hundert Milliarden Neuronen, von denen sich jedes *auf elektrochemischem Wege* mit bis hin zu zehntausend anderen Neuronen verbindet, um jede unserer Bewegungen, Gefühle und Gedanken zu steuern. Trotz dieser ungeheuren Komplexität ist man dabei, wirksame Behandlungen zu entwickeln, die die elektrische Aktivität des Gehirns so beeinflussen sollen, dass eine Vielzahl von psychiatrischen und anderen medizinischen Störungen behoben werden können.

➥ Die magnetische Stimulation bestimmter Gehirnareale hat sich beispielsweise bei starken Depressionen, die auf andere Therapien[7] nicht ansprachen, sowie bei bipolaren Störungen[8] bewährt.
➥ Die chirurgische Implantation von Tiefenhirnstimulatoren – Apparate, die sehr gezielt elektrische Impulse an das Gehirn abgeben – hat Tausenden von Parkinson-Patienten geholfen, ihre Symptome in den Griff zu bekommen. Diese «Hirnschrittmacher» werden auch mit einigem Erfolg bei der Behandlung schwerer Depressionen, Zwangsstörungen und anderer neurologischer Erkrankungen eingesetzt, um den Vagusnerv zu stimulieren.[9]
➥ Enger verwandt mit dem hier geschilderten Ansatz ist das Neurofeedback-Training, das die eigenen Bemühungen des Klienten mit einbezieht. Indem man Patienten mit Hilfe des EEG-Biofeedbacks beibringt, ihre Gehirnwellenmuster zu ändern, erreicht man eine Besserung bei einer großen Bandbreite von psychischen Störungen, darunter ADS (Aufmerksamkeitsdefizitstörung), Hyperaktivität, Depression, Angst, Migräne, Panikattacken, PTBS, Krampfanfälle, Impulsivität und kognitive Leistungsfähigkeit.[10] Für das Neurofeedback-Training ist jedoch eine teure Ausstattung notwendig, und es hat eine längere Lernkurve als das Stimulieren von Punkten auf der Haut.

Abgesehen von diesen immer noch seltenen und manchmal invasiven Verfahren hat die westliche Medizin jedoch bislang sehr wenige Behandlungsmethoden entwickelt, die sich voll und ganz die Lenkung der körpereigenen Energien zunutze machen, um auf den komplexen Fluss der biologischen Informationen einzuwirken, die die Gesundheit beeinflussen. Die Energetische Psychologie hingegen ist Teil einer bevorstehenden Welle solcher Methoden.

Während die westliche Medizin die feinstofflichen Energien des Körpers nur langsam versteht und noch langsamer akzeptiert, dass diese Energien im Dienste der Heilung eingesetzt werden können, arbeiten andere Kulturen schon seit Jahrtausenden mit energetischem Heilen. Von Stammesheilern überall auf der Welt über die Yoga-Praktiken der Hindus bis hin zur traditionellen chinesischen Medizin gibt es Vorbilder im Überfluss, die direkt mit dem Körper als Energiesystem arbeiten. Eines der ausgeklügeltsten Systeme, das dem prüfenden Blick der westlichen Wissenschaft relativ gut standhält, ist die Akupunktur. Die etwa 5000 Jahre alte Akupunktur gehört nicht nur zu den ältesten bekannten medizinischen Behandlungsmethoden, sondern ist auch eines der am weitesten verbreiteten Heilverfahren auf dem Planeten.

Bei der Akupunktur werden zur Behandlung von Schmerzen oder Krankheiten in spezielle Punkte auf der Haut Nadeln gestochen. Ein Akupunkturpunkt ist ein kleiner Hautbezirk mit signifikant geringerem elektrischem Widerstand als andere Hautbezirke.[11] Akupunkturpunkte weisen auch eine höhere Konzentration von Rezeptoren auf, die auf mechanische Stimulation ansprechen; und wenn bestimmte Punkte angeregt werden, senden sie auf direktem Wege Signale an jene Gehirnareale, die mit Emotionen in Verbindung stehen. Die elektromagnetischen Eigenschaften der Akupunkturpunkte können durch Klopfen, Massieren oder Drücken ebenso wie durch invasivere Maßnahmen aktiviert werden, wie beispielsweise das Setzen von Nadeln, elektrische Stimulation oder Hitzeanwendung. Mindestens 360 Akupunkturpunkte sind auf einem Netz von Energiebahnen, dem sogenannten Meridiansystem, auf dem Körper verteilt. Eine zutreffendere Übersetzung des Begriffs (aus dem Mandarin) ist «Delle» oder «Vertiefung»; und aufgrund ihres geringeren elektrischen Widerstands werden Akupunkturpunkte auch als «Fenster» zum energetischen System des Körpers bezeichnet.[12]

Diese Eingänge in das energetische System des Körpers können dazu dienen, die physische und mentale Gesundheit wiederherzustellen.[13] Durch die Stimulation eines Akupunkturpunkts gelangen Impulse an Körperstellen, die von dem eigentlichen Punkt weit entfernt sind. Eine Akupunkturnadel, die beispielsweise an einem bestimmten Punkt des Zehs eingestochen wird, kann, wie bei der funktionellen Magnetresonanztomographie sichtbar wird, die Durchblutung des Gehirns beeinflussen,[14] obwohl zwischen den Stellen keine Nerven-, Gefäß- oder anderweitig bekannten Verbindungen bestehen. Eine andere Studie mit Hilfe der MRT belegte, dass die Stimulation bestimmter Punkte auf der Haut nicht nur die Hirnaktivität *veränderte; sie deaktivierte auch Gehirnareale, die am Angst- und Schmerzempfinden beteiligt sind.*[15] Die Stimulation gewisser Akupunkturpunkte bewirkt auch die Ausschüttung von Serotonin,[16] eines Neurotransmitters, der, wenn nicht in genügender Höhe vorhanden, mit Depression, Angst und Sucht in Verbindung steht.

Eine grundlegende Hypothese

Diese Ergebnisse haben eine enorme Bedeutung für die Arbeit mit psychischen Problemen. Sie liefern eine *vorläufige* Erklärung für die umgehenden und dauerhaften Resultate im Fall der Schlangenphobie, den ich in der Einleitung erwähnt habe, und den PTBS-Fällen, von denen am Anfang dieses Kapitels die Rede war. Es folgt eine grobe Darstellung der bekannten biologischen Kettenreaktion, die in Gang gesetzt wird, wenn eine typische gestörte emotionale Reaktion auf eine Bedrohung ausgelöst wird:

1. Der Mandelkern (Amygdala), eine Instanz im Gehirn, die Bedrohungen identifiziert, stellt eine Ähnlichkeit zwischen einem harmlosen Anblick, Geruch oder Gedanken, Geräusch oder Gefühl (dem Auslöser) und einer früheren Erfahrung fest, die mit physischer Gefahr oder emotionaler Bedrohung einherging.
2. Der Mandelkern sendet Impulse an das autonome Nervensystem, die den Kampf-, Flucht- oder Erstarrungsreflex auslösen. Hormone, wie Adrenalin, Noradrenalin und Cortisol, werden ans Blut abgegeben, was zur Folge hat, dass die Herzfrequenz, der Blutdruck und andere Körperabläufe sich drastisch verändern. Gleichzeitig steuern primitive Gehirnareale, deren Aufgabe es ist, auf Bedrohung zu reagieren, die Wahrnehmung und das Denken. Der rationale Verstand ist an diesem Ablauf so gut wie nicht beteiligt.
3. Die physischen Empfindungen der Alarmreaktion äußern sich in Form von wutähnlichen Gefühlen (Kampf), angstähnlichen Gefühlen (Flucht) oder als Unfähigkeit zu handeln (Erstarrung).

Im Folgenden möchte ich in groben Zügen darstellen, wie energetische Behandlungen die eben beschriebene Kettenreaktion unserer Ansicht nach *unterbrechen*:

1. Man vergegenwärtigt sich den Auslöser, während man gleichzeitig physisch eine Reihe von Akupunkturpunkten anregt, von denen direkte Impulse an den Mandelkern gesendet werden, sodass die Alarmreaktion gehemmt wird.
2. Diese Impulse sorgen im Mandelkern auch für eine Verringe-

rung der Anzahl der neuralen Verbindungen zwischen dem Auslöser und der Alarmreaktion.
3. Nach mehrfacher Wiederholung des ersten Schrittes kann man sich den Auslöser vergegenwärtigen oder die Situation direkt erleben, ohne dass es zu einer Alarmreaktion kommt.

Diese Erklärung zeigt, auf welche Weise die Anregung von Akupunkturpunkten eine Hilfe bei der Überwindung psychischer Probleme sein kann.[17] Andere Forschungen liefern Anhaltspunkte dafür, wie man mit energetischen Behandlungsmethoden Spitzenleistungen und das Erreichen von Zielen unterstützen kann. In der Sportpsychologie gilt es beispielsweise als allgemein anerkannt, dass mentales Training die Leistung verbessern kann. Sich lebhaft 50 erfolgreiche Freiwürfe vorzustellen, setzt neurologische Veränderungen in Gang[18] und erhöht die Treffsicherheit beim Spiel.[19] Berichte von Therapeuten, die mit Energetischer Psychologie arbeiten, lassen darauf schließen, dass die Kombination solcher mentaler Übungen mit der Stimulation von Akupunkturpunkten die Wirkung sogar noch verstärkt. Aufgrund dieser Beobachtungen und der eben angestellten Spekulationen über die Rolle des Mandelkerns bei der Behandlung kann eine vorläufige Hypothese aufgestellt werden, mit der sich die rasche Besserung erklären lässt, von der nach energetischen Behandlungen so oft berichtet wird.

> **Hypothese:** Die Stimulation bestimmter elektromagnetisch sensibler Punkte auf der Haut unter gleichzeitiger Vergegenwärtigung eines psychischen Problems oder eines angestrebten Ziels kann Menschen infolge der Veränderung der Chemie im Mandelkern und in anderen Gehirnarealen helfen, Probleme zu überwinden oder Ziele zu erreichen.

Sind Furcht und Angst die Hauptstörungen, die man mit Energetischer Psychologie behandeln kann?

Kann man mit energetischen Methoden außer Phobien und Angststörungen im weitesten Sinn auch andere psychische Probleme erfolgreich behandeln? Es wurden bisher noch keine Untersuchungsergebnisse zu dieser Frage veröffentlicht, aber es gibt Anhaltspunkte seitens verschiedener klinischer Psychologen. Bei der einzigen zurzeit verfügbaren systematischen Untersuchung darüber, bei welchen Beschwerden eine energetisch orientierte Psychotherapie am effektivsten und am wenigsten effektiv ist (Indikationen und Kontraindikationen), handelt es sich um eine Substudie einer Untersuchung, die über 14 Jahre in elf südamerikanischen Kliniken mit etwa 31 400 Patienten durchgeführt wurde (Einzelheiten auf S. 386, Anhang 3).

Nicht an der Behandlung beteiligte Therapeuten bewerteten das Ergebnis energetischer Behandlungen bei einer Auswahl von Patienten mit einer großen Bandbreite klinischer Störungen. Sie gaben jedem Fall eine subjektive Bewertung zwischen 1 und 5 Punkten, mit der sie die Wirksamkeit der energetischen Behandlung im Vergleich zu einer möglichen konventionellen Behandlung einschätzten (eine 5 bedeutete, dass der Bewerter den energetischen Ansatz für weitaus effektiver, eine 1, dass er ihn für weitaus weniger effektiv als die herkömmliche Behandlung hielt).

Obwohl höchst subjektiv, sollten diese Einschätzungen die südamerikanischen Kliniken bei der Entwicklung von Richtlinien zur Einführung energetischer Techniken unterstützen. Nach Aussagen der Mitarbeiter waren die Resultate verwaltungstechnisch nützlich und klinisch vertrauenswürdig. Dennoch handelt es sich weitestgehend um subjektive Eindrücke, und es lässt sich nicht sagen, inwieweit die Einschätzungen auf andere Rahmenbedingungen übertragbar sind. Doch zumindest geben sie einen ersten

Einblick in die Schlussfolgerungen, die eine Gruppe von Praktikern gezogen hat.

Die meisten Angststörungen erhielten eine 4 oder 5. Darunter waren Panikstörungen, Agoraphobie, spezifische Phobien, soziale Phobien, Trennungsangst, posttraumatische Belastungsstörungen, akute Stressstörungen, Zwangsstörungen und generalisierte Angststörungen. Die Bewerter hielten die energetischen Behandlungen für effektiver oder weitaus effektiver als andere verfügbare Behandlungsmethoden. Mit 5 wurden auch – und das ist für das vorliegende Buch von besonderer Bedeutung – viele der alltäglichen emotionalen Schwierigkeiten bewertet, von unberechtigter Angst und Wut bis hin zu übertriebenen Gefühlen von Schuld und Scham über Trauer, Neid, Zurückweisung, Isolation und Frustration bis hin zu Liebeskummer. Zu den weiteren Problemen, die der Einschätzung zufolge eher auf einen energetischen Ansatz ansprachen, gehörten Anpassungsstörungen, die Aufmerksamkeitsdefizitstörung (ADS), Ausscheidungsstörungen, Impulskontrollstörungen, Probleme im Zusammenhang mit Missbrauch oder Vernachlässigung, Lernstörungen und Kommunikationsstörungen.

Eine 3 bedeutete, dass die energetische Intervention nach Ansicht des Bewerters ein Ergebnis herbeiführte, das dem anderer verfügbarer psychologischer Behandlungen in etwa gleichkam. Das würde darauf hindeuten, dass man durch die Kombination des energetischen Ansatzes mit einer konventionellen Therapie einen maximalen klinischen Nutzen erreichen könnte. Unter Störungen dieser Kategorie fielen leichte bis mittelschwere exogene Depressionen, Lernstörungen, motorische Störungen, das Tourette-Syndrom, Süchte und Essstörungen.

Zu den Fällen, bei denen die konventionelle Behandlung als effektiver als die energetische Behandlung eingeschätzt wurde, gehörten schwere endogene Depressionen, Persönlichkeitsstörungen, dissoziative Störungen, bipolare Störungen, Psychosen, Delirien und Demenz. Es sei darauf hingewiesen, dass all diese Erkrankungen eine massive genetische oder biologische Grundlage haben. Inzwischen gibt es jedoch auch Berichte, wonach man mit energetischen Behandlungen Menschen mit diesen Diagnosen erfolgreich bei der Bewältigung von Lebensproblemen helfen konnte, die als Begleiterscheinung solcher Erkrankungen auftreten.[20] Erfahrene Therapeuten bemühen sich, die energetischen Methoden so abzuwandeln, dass auch die Primärerkrankungen behandelt werden können. Aber der gewöhnliche Anwender, der sich nur in der rudimentären Praxis der Klopfakupressur auskennt, sollte zumindest über eine besondere Ausbildung und Erfahrung in der Arbeit mit diesen Erkrankungen verfügen, bevor er energetische Behandlungen zur Unterstützung geläufigerer Methoden einsetzt.

Möglichkeiten und Grenzen dieses Buches

Die energetische Behandlung hat noch nicht ihren endgültigen Platz innerhalb der Psychotherapie gefunden. Bei einigen Problemen, wie unkomplizierten Phobien und vielen geringfügigen bis mittelgroßen Ängsten, lässt sich das Problem oft allein durch energetische Maßnahmen beheben. Bei psychiatrischen Störungen können energetische Behandlungen mit traditionelleren Ansätzen kombiniert werden, und eine zunehmende Anzahl von klinischen Berichten deutet darauf hin, dass sie die Effektivität der Standardmethoden beträchtlich erhöhen. Die wesentlichen Bestandteile einer Therapie bleiben weiterhin Einsicht, Absicht, positives Denken, kognitives Restrukturieren und die heilende Kraft der Beziehung, aber sollte es gelingen, durch die Beeinflussung der Energien auf die Neurologie einzuwirken, die psychische Probleme aufrechterhält, liegt darin eine zusätzliche Hilfe.

Dieses Buch basiert auf einem in *Energy Psychology Interactive* integrierten Selbsthilfe-Leitfaden, der von Therapeuten an ihre Klienten weitergegeben werden sollte, um die Verfahren in der Therapie zu unterstützen und zu verstärken. Als sich die Hinweise mehrten, dass sich diese Methoden auch in Eigenregie effektiv auf eine Vielzahl von Alltagsproblemen anwenden ließen, machten wir den *Selbsthilfe-Leitfaden* einem allgemeinen Publikum zugänglich. Das vorliegende Buch ist eine Erweiterung dieser ursprünglichen Arbeit. Die Methoden können Ihnen bei vielen psychischen und emotionalen Herausforderungen des Alltags helfen, aber Sie sollten sich einiger entscheidender Grenzen bewusst sein.

Klopf deine Sorgen weg gibt Ihnen wirkungsvolle Mittel zur Persönlichkeitsentwicklung an die Hand. Es lehrt Sie jedoch nicht, Psychotherapeut zu werden, und es ist nicht für die Arbeit mit psychiatrischen Störungen ohne Hilfe eines qualifizierten und ausgebildeten Therapeuten gedacht. Bei einem geringen Prozentsatz der Bevölkerung besteht eine so gravierende physische oder emotionale Labilität, dass Menschen, die in diese Kategorie fallen, wirksame Heilbehandlungen *nur* im Beisein und unter Anleitung ausgebildeter Fachleute unternehmen sollten. Dieses Buch eignet sich auch nicht als alleiniges Mittel der Selbsthilfe bei Erkrankungen wie größeren Depressionen, schweren Angstzuständen, Persönlichkeitsstörungen, bipolaren Störungen, dissoziativen Störungen, den Folgen schwerer Traumata oder massiver körperlicher Verletzungen, Sucht oder psychotischen Störungen. Bitte nehmen Sie Kontakt zu einem qualifizierten Psychotherapeuten auf, wenn Sie unter einer dieser Erkrankungen leiden. Eine kompetente Hilfe ist für Sie verfügbar (siehe «Literaturhinweise und Adressen», S. 397). Bei schweren psychischen Problemen können die in diesem Buch dargelegten Techniken die psychotherapeutische Behandlung ergänzen, ohne sie jedoch zu ersetzen.

Sie eignen sich aber zur Bewältigung der Höhen und Tiefen des Alltags und zum Erreichen von Zielen, die Sie bislang nicht erreicht haben. Mit ihrer Hilfe können Sie negative Gedanken oder Verhaltensmuster ändern. Die Methoden können Ihnen auch helfen, störende oder irrationale Emotionen abzustellen, wie etwa unangemessene Wut, Kummer, Schuld, Eifersucht, Angst, Abhängigkeit, Selbstverurteilung, Sorge, Trauer oder Scham. Sie eignen sich dazu, viele persönliche Ziele zu erreichen, von gesünderen Essgewohnheiten über größere rhetorische Sicherheit bis hin zu Spitzenleistungen in einer von Ihnen gewählten Sportart. Unter ihrer Anleitung gehen Sie kompetenter mit Ihren Gefühlen um und erlangen größere Harmonie im Innern und Erfolg im Äußeren. Sie bekommen wirksame Werkzeuge an die Hand, um den Herausforderungen des Lebens gekonnter, effektiver und mit mehr Freude zu begegnen.

> **In Kurzform:** Energetische Psychologie ist eine moderne Variante von Methoden, die über 4500 Jahre alt sind. Durch die Anregung bestimmter Punkte auf der Haut können unterschiedliche neurologische Wirkungen erzielt werden, und mit Hilfe dieses Prinzips lässt sich ein breites Spektrum von psychischen Problemen beheben. Auch wenn die Forschung, die diese Methode unterstützt, noch in den Kinderschuhen steckt, geben die Berichte von erfolgreichen Behandlungen, die von vielen hundert Therapeuten sämtlicher klinischer Orientierungen stammen, Anlass zum Nachdenken. Dieses Buch stellt Ihnen die notwendigen Mittel zur Verfügung, um mit diesen Methoden in Ihrem eigenen Leben zu experimentieren.

2

Die Grundtechnik

> Durch die Anregung des Energieflusses kann das körpereigene
> Netzwerk der Heilung aktiviert werden.
> ROGER CALLAHAN, *Tapping the Healer within*

In diesem Kapitel werden Sie eines der elementarsten Verfahren der Energetischen Psychologie zum Stressabbau kennenlernen[1] und es einüben, indem Sie es auf eine unangenehme Erinnerung anwenden. Zu Beginn werden Sie den Stress, den Sie empfinden, wenn Sie sich die Erinnerung wieder vergegenwärtigen, auf einer Skala einordnen, und am Ende der Übung werden Sie mit Hilfe der Skala einschätzen, wieweit Sie imstande waren, den Stress zu reduzieren. Sobald Sie gelernt haben, den von einer unangenehmen Erinnerung verursachten Stress abzubauen, werden die folgenden zwei Kapitel Ihnen zeigen, wie Sie dieselben Methoden auf praktisch jedes psychische Problem oder von Ihnen angestrebte Ziel anwenden können (im Rahmen der am Ende des 1. Kapitels genannten Einschränkungen).

Sollten bei Ihnen an irgendeinem Punkt in der Verwendung der in diesem Buch vorgestellten Techniken Unbehagen, Unsicherheit oder starke Verwirrung auftreten, lesen Sie bitte den Abschnitt «Wenn das Programm Verunsicherung auslöst» (Anhang 2). Sie können auch sofort einen Blick darauf werfen. Denken Sie bei der Durchführung der Übungen daran, dass Sie diesen Abschnitt jederzeit konsultieren können. Merken Sie sich auch bitte folgenden Grundsatz: Wenn Sie Akupunkturpunkte klopfen, um sich von einer emotional besetzten Erinnerung zu befreien, müssen Sie lediglich *wissen*, worum es geht. Die klinische Erfahrung hat gezeigt, *dass es weder notwendig noch nützlich ist*, erneut in eine traumatische Erinnerung einzutauchen oder dasselbe Trauma noch einmal zu durchleben, um von den Methoden der Energetischen Psychologie zu profitieren.

Fangen wir an. Vergegenwärtigen Sie sich eine Kindheitserinnerung, die mit unangenehmen Gefühlen besetzt ist. Vielleicht wurden Sie vor Ihrer Klasse beschämt. Vielleicht endete eine Beziehung, oder Sie zogen mit Ihren Eltern an einen neuen Ort, der Ihnen fremd war. Vielleicht wurden Sie verraten oder gedemütigt, vielleicht starb Ihr Haustier, vielleicht haben Sie etwas sehr Dummes angestellt oder mussten jemandem wehtun, den Sie liebhatten. Beim ersten Mal sollten Sie kein schweres traumatisches Ereignis nehmen, wie etwa einen verheerenden Verlust oder eine Erinnerung an sexuellen Missbrauch. Dennoch können der Verlust, Verrat, die Beschämung oder der Schnitzer beträchtlich sein. Wenn Ihnen kein Ereignis aus der Kindheit einfällt, wählen Sie eins, das noch nicht so lange zurückliegt. Jeder Mensch hat ein paar solcher Erinnerungen, auch wenn Sie vielleicht ruhig werden und in sich gehen müssen, um eine solche zu finden. Sie werden einen Zettel brauchen. Schildern Sie die Erinnerung kurz in ein oder zwei Sätzen.

Einleitende Bemerkungen

In diesem Kapitel werden Sie eine neue Idee kennenlernen. Fast alle Psychotherapeuten sind sich darüber einig, dass sich negative Emotionen oft auf frühkindliche Erfahrungen zurückführen lassen, die emotionale Schäden verursacht haben. Wenn eine solche frühe Erfahrung durch ein aktuelles Ereignis aktiviert wird, ist eine emotionale Abwehrreaktion die Folge, die falsche Entscheidungen und selbstbehindernde Lebensmuster nach sich zieht. Der neue Gedanke lautet, dass zwischen der Erinnerung und der Emotion noch ein Zwischenschritt liegt, nämlich die *Störung der Körperenergien*. Die biochemischen Vorgänge, die von der Erinnerung im Mandelkern ausgelöst werden, werden detailliert in Anhang 3 auf S. 383–390 beschrieben. Um es ganz einfach auszudrücken:

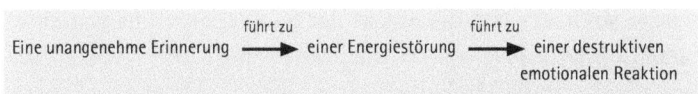

In der herkömmlichen Psychotherapie beschäftigt man sich mit der Erinnerung. Die Energetische Psychologie beschäftigt sich sowohl mit der energetischen Störung als auch mit der Erinnerung. Wenn man sich auf die Erinnerung konzentriert, ohne die damit einhergehenden Energien zu verändern, wird das emotionale Problem bisweilen sogar in Gang gehalten statt gelöst, etwa wenn Menschen in der Psychotherapie ein immer tieferes Verständnis für die Ursachen ihrer Schwierigkeiten erwerben, ohne dass irgendwelche signifikanten Veränderungen in ihrem Verhalten oder Lebensstil die Folge sind. Die Aufhebung der Energiestörung, wie Sie es in diesem Kapitel lernen werden, kann hingegen eine so rasche Lösung des emotionalen Problems herbeiführen, dass es Ihnen möglicherweise schwerfallen wird zu glauben, Sie seien wirklich davon befreit. Die in der Einleitung geschilderte Frau, die nach einer lebenslangen Schlangenphobie auf die Schlange zuging und sie berührte, war erstaunt, dass es genügte, eine halbe Stunde lang bestimmte Punkte zu klopfen, um ihre Phobie aufzulösen. Sie hätte über ihre Angst unaufhörlich weiterreden und sie analysieren können, aber wahrscheinlich hätte sich nichts verändert. Als Rich nach ein paar Minuten des Klopfens durch die Feuertür ins Freie trat und angstfrei war, wurde seine Verblüffung nur von seiner Erleichterung übertroffen.

Wir kennen diese Skepsis aufgrund unserer gemeinsamen

Arbeit mit Tausenden von Menschen und möchten an dieser Stelle darauf eingehen. Werden die Veränderungen bei einem Workshop vorgeführt, zweifeln Menschen sie nicht an. Sie sehen, wie ein Freund, der Angst vor öffentlichen Auftritten hat, sich nach einer Behandlung von nur ein paar Minuten ruhig vor eine große Gruppe stellt. Aber sie erklären es sich mit Konzepten, die ihnen vertraut sind: «Es war die Macht der Suggestion»; «Es war eine Ablenkungstechnik»; «Es wurde durch positives Denken bewirkt»; «Es war die Macht des Geistes über die Materie»; «Es war die Begeisterung und Überzeugungskraft des Therapeuten»; «Der Betreffende glaubte, dass es funktionieren würde, also hat es funktioniert.» Die Menschen kennen gewöhnlich keinen Denkansatz, der ihnen die Schlussfolgerung erlaubt: «Das energetische System des Betreffenden wurde ins Gleichgewicht gebracht, während er sich auf das Problem eingestimmt hat. Dadurch wurde die unerwünschte emotionale Reaktion abgestellt.» Doch genau das geschieht. Glücklicherweise müssen Sie nicht daran glauben, damit es funktioniert. Tatsächlich «glauben» Menschen *selten* an diese Techniken, bis sie öfter gesehen haben, dass sie funktionieren. Wir bitten Sie also nicht, Vertrauen zu den Methoden zu haben oder an sie zu glauben, sondern sie nur exakt so, wie angegeben, auszuführen. Sie sollten sich streng an die Vorgaben halten, denn zunächst einmal gilt es, die grundlegenden Verfahren zu verinnerlichen. Weiter hinten im Buch werden wir Abwandlungen und Abkürzungen behandeln.

Ein weiterer Grund, aus dem Menschen den Methoden der Energetischen Psychologie skeptisch gegenüberstehen, ist, dass sie merkwürdig aussehen. Und damit meinen wir: *wirklich* merkwürdig. Bei dem Verfahren, das Sie im Begriff sind zu erlernen, müssen Sie mit sich selbst sprechen, mit den Augen rollen und eine Melodie summen, während Sie verschiedene Körperpartien beklopfen. Diese Methoden ähneln auch nicht im Entferntesten dem, was man sich gewöhnlich unter Psychotherapie vorstellt.

Wahrscheinlich erscheint Ihnen die Behauptung, dass diese Vorgehensweisen eine beeindruckende Wirkung haben, wenig plausibel. Doch sobald Sie ihre neurologische Grundlage verstehen (siehe letzte Seite des Buches), fragen Sie sich vielleicht, warum sie nicht eher entdeckt wurden (was sogar der Fall ist: von chinesischen Ärzten vor etwa 5000 Jahren).

Das Problem auswählen

Auch wenn Sie zunächst mit der störenden Erinnerung arbeiten werden, die Sie bereits ausgewählt haben, könnten Sie eine Vielzahl von tagtäglichen Zielen zum Gegenstand der Behandlung machen, darunter:

➥ **emotionale Reaktionen:** «Meinen Groll auf meine Mutter überwinden» oder «Ruhig und entspannt bleiben, wenn mein Ehepartner mich gefühllos behandelt»,
➥ **physische Reaktionen**: «Die stressbedingten Kopfschmerzen loswerden, die ich bei der Arbeit bekomme» oder «Nicht mehr so starkes Herzklopfen haben, wenn ich jemanden um eine Verabredung bitte»,
➥ **Denkgewohnheiten**: «Mich mehr auf die Stärken und Leistungen meines Sohnes statt auf seine Schwächen konzentrieren» oder «Aufhören, an unerledigte Aufgaben zu denken, sobald ich einen Augenblick der Entspannung habe»,
➥ **Verhaltensmuster**: «Langsamer kauen» oder «Aufhören, zum Kühlschrank zu laufen, wenn ich aufgeregt bin».

Das Problem bewerten

Sobald Sie die Angelegenheit oder Erinnerung ausgewählt haben, an der Sie arbeiten wollen, besteht der nächste Schritt darin, sie auf einer Skala von 0 (kein Stress) bis 10 (extremer Stress) zu bewerten, je nach dem Ausmaß des Unbehagens, das sie bei Ihnen auslöst, wenn Sie daran denken. Bei der Verwendung von energetischen Techniken ist es für eine erfolgreiche Behandlung weder notwendig noch wünschenswert, ein vergangenes Trauma noch einmal zu durchleben. Wenn das Problem, auf das Sie sich konzentrieren, besonders massiv ist, können Sie die Erinnerung, die Situation oder das Gefühl mit verschiedenen Techniken «auf Abstand halten». Sie könnten die Erinnerung oder Situation bei der Bewertung beispielsweise durch einen langen Tunnel hindurch betrachten. Sie könnten sich auch einfach nur vorstellen, *wie es wäre*, an dieses Problem zu denken. Oder Sie könnten die Technik des «Traumas ohne Tränen» benutzen, bei der Sie einfach *raten*, wie hoch die emotionale Intensität auf einer Skala von 0 bis 10 wäre, *wenn* Sie sich den traumatischen Vorfall lebhaft vorstellen würden.

Wenn es Ihnen hingegen schwerfällt, sich überhaupt auf das Problem zu konzentrieren oder zu den dazugehörenden Gefühlen Zugang zu finden, sollten Sie sich mehr Zeit nehmen, sich innerlich darauf einzustimmen, indem Sie an das Problem denken und dabei tief ein- und ausatmen. Sie könnten sich Umstände vor Augen rufen, die das Problem aktivieren, oder in Ihrer Vorstellung nochmals eine Situation durchspielen, in der Sie das Problem in der Vergangenheit erlebt haben oder es zukünftig erleben könnten. Noch einmal: Es ist weder notwendig noch wünschenswert, emotional in die Erinnerung einzutauchen; Sie müssen mit ihr lediglich leicht in Kontakt kommen. Das genügt, damit sie neurologisch aktiv ist, während Sie klopfen. Rufen Sie sich jetzt beispielsweise einen Gruselfilm ins Gedächtnis mitsamt den Gefühlen, die Sie dabei hatten. Wenn der Film Ihre traumatische Erinnerung wäre,

wäre das die gesamte Aktivierung, die notwendig ist. Sie müssen den Film nicht Szene für Szene wieder erleben.

Unabhängig davon, ob Sie die Erinnerung, mit der Sie arbeiten, emotional auf Abstand halten oder sie eher aktivieren müssen, besteht Ihre nächste Aufgabe darin, die Intensität des Unbehagens zu bewerten, das die Erinnerung in Ihnen hervorruft, wenn Sie sich *jetzt* auf sie einstimmen (im Gegensatz zu dem, was Sie Ihrer *Meinung* nach empfinden würden, wenn Sie wieder in der Situation wären). Notieren Sie auf einem Stück Papier eine Zahl zwischen 0 und 10, die das Ausmaß Ihres Stresses angibt, wenn Sie an die Erinnerung denken, wobei 10 größtmöglicher Stress und 0 überhaupt kein Stress bedeutet. Diese Bewertung wird Ihnen während der Übungssequenz als Maßstab für Ihren Fortschritt dienen. Bei einigen Menschen, besonders Kindern, empfiehlt sich eine konkretere Methode der Bewertung; sie können beispielsweise den Grad des Stresses angeben, indem sie eine entsprechend längere oder kürzere Linie zeichnen oder die Hände in einem bestimmten Abstand auseinanderhalten.

Wenn Ihre Erinnerung mehrere negative Höhepunkte enthält, konzentrieren Sie sich nur auf einen davon. Diese *Schockeindrücke* müssen möglicherweise einzeln für sich als separate Aspekte des Ereignisses behandelt werden. Angenommen, es handelt sich bei Ihrer Erinnerung um einen Autounfall. Zu den Schockeindrücken könnte gehören, dass Sie das Quietschen der Reifen wahrnehmen, begreifen, dass sich gleich ein Unfall ereignen wird, dass Sie den Augenblick des Aufpralls erleben, wahrnehmen, dass Sie verletzt sind, oder andere Verletzte auf der Straße liegen sehen. Sie sollten jede Einzelheit jeweils als separate Erinnerung behandeln, aber sobald Sie Ihre physiologische Reaktion auf einige Erinnerungen neutralisiert haben, werden Sie feststellen, dass die übrigen vermutlich ziemlich leicht verblassen werden. Wenn Ihre Erinnerung mehrere negative Höhepunkte enthält, wählen Sie im Augenblick nur einen aus.

Messen Sie die Intensität der Emotionen, die Sie empfinden, während Sie *in diesem Augenblick* an die Erinnerung denken, und nicht jene, die Ihrer Meinung nach in der tatsächlichen Situation auftreten *würde*. Der Grund dafür liegt darin, dass durch die Behandlung die energetischen und neurologischen Störungen korrigiert werden, die auftreten, *während Sie sich das Problem oder die Erinnerung vergegenwärtigen*. Ist die unangenehme Emotion auf diese Weise neutralisiert, findet erfahrungsgemäß eine mühelose Übertragung auf jene Situationen statt, die die Emotion in der Vergangenheit hervorgerufen haben.

Wenn eine Begegnung mit einem Polizisten bei Ihnen beispielsweise eine starke und irrationale Wut auslöst, könnten Sie die Augen schließen und sich ins Gedächtnis rufen, wann Sie zum ersten Mal auf einen Polizisten wütend waren. Anschließend bewerten Sie auf einer Skala von 0 bis 10 die Heftigkeit des Ärgers, *den Sie jetzt empfinden*, wenn Sie diese Erinnerung zulassen. Bewerten Sie ihn beispielsweise mit 9, haben Sie einen Anhaltspunkt, an dem Sie Ihre Fortschritte in jeder Behandlungsrunde messen können. Sind Sie bei 0 angelangt, könnten Sie mit einer ähnlich gelagerten Erinnerung fortfahren. Sobald die mit dem Polizisten verknüpften Erinnerungen nicht mehr emotional besetzt sind, werden Sie wahrscheinlich feststellen, dass die nächste Begegnung mit einem Polizisten bei Ihnen entweder keinen oder höchstens nur noch leichten Ärger hervorruft. Natürlich wird damit nicht Ihre Erinnerung an vergangenes Unrecht oder anderweitige Gründe für Ihren Ärger getilgt, doch verliert sie an emotionaler Ladung, und Sie werden das ungute Gefühl nicht weiter auf andere Situationen übertragen, nur weil sie ihr oberflächlich ähneln.

Eine Grundtechnik zur Veränderung emotionaler Reaktionen

Ziel dieses Kapitels ist es, Ihnen eine einfache Technik an die Hand zu geben, die Sie benutzen können, um Stress abzubauen, den Sie als Reaktion auf eine Erinnerung, eine aktuelle Situation oder eine zukünftige Situation, die Sie in Gedanken vorwegnehmen, auftritt. Das Verfahren, das sich aus den Emotional Freedom Techniques (EFT) ableitet, dient dazu, Ihren inneren Frieden und Ihre emotionale Freiheit zu erhöhen. Bei einer Technik sind bestimmte Schritte notwendig, die in einer bestimmten Reihenfolge durchgeführt werden müssen. Unsere Technik besteht aus nur vier Schritten, von denen zwei identisch sind. Sobald Sie sich die Schritte eingeprägt haben, können Sie eine Behandlungssequenz in etwa einer Minute durchführen. Sie umfasst folgende Schritte:

1. Die Eröffnung
2. Die Klopfsequenz (mit Erinnerungssatz)
3. Die 9-G-Folge
4. Die Klopfsequenz (mit der Wiederholung des Erinnerungssatzes)

Wir empfehlen Ihnen, die Schritte genau nach Vorgabe durchzuführen, sodass Sie die grundlegenden Verfahren auswendig beherrschen. Mit einer Einschränkung: Selbst in der Lernphase sollten Sie die Methode nicht so mechanisch anwenden, dass Sie keine emotionale Verbindung zu dem Prozess haben. Besser, Sie weichen von unseren Instruktionen ab und suchen sich eigene Bilder oder Formulierungen, wenn Ihnen das hilft, mit den Vorgehensweisen emotional stärker verbunden zu bleiben.

Schritt 1: Die Eröffnung

Mit dem ersten Schritt, der Eröffnung, stellen Sie eine psychische und energetische Empfänglichkeit für die Veränderung her. Sobald Sie beschließen, ein Denk-, Verhaltens- oder emotionales Muster zu verändern, hintertreibt der Teil von Ihnen, der das Muster ursprünglich *geschaffen* hat, wahrscheinlich Ihre Bemühungen. Gewohnheiten sind oft schwer erkämpfte Kompromisse, und sie verwurzeln sich in Ihrem energetischen und neurologischen System und Ihrem Lebensstil. Sobald Sie eines dieser Muster ändern wollen, kann eine energetische Störung auftreten, die, falls sie nicht effektiv angegangen wird, unter Umständen alle weiteren Bemühungen vereitelt, das Problem zu überwinden.

Jedem Psychotherapeuten ist die Dynamik vertraut, bei der ein innerer Konflikt über das Behandlungsziel die Schritte zum Therapieerfolg blockiert. Ein Therapeut muss Mittel und Wege finden, mit diesem Konflikt umzugehen, wenn die Arbeit mit dem Klienten Früchte tragen soll. Einer der ersten Therapeuten, die sich über die energetischen Grundlagen dieses Konflikts ausgelassen haben, war Roger Callahan.[2] Callahan schildert die Therapie der ersten Patientin, bei der er mit diesem Problem konfrontiert wurde.[3] Die Patientin wollte nach jahrelangen fruchtlosen Versuchen mit Hilfe der Therapie abnehmen.

Callahan experimentierte mit einem Verfahren, das Angewandte Kinesiologie heißt. Dabei prüft man den relativen Widerstand verschiedener Muskeln, um Auskünfte über den Gesundheitszustand eines Menschen zu erhalten, woraus sich anschließend die Behandlung ergibt. Der Therapeut drückt den Arm oder das Bein des Patienten gegen dessen Muskelwiderstand hinunter und liest daran den Zustand des Energiesystems ab. Fließt die Energie, die zu einem bestimmten Organ gelangen soll, ungehindert, was sich in der relativen Stärke des Muskels äußert, der auf der Energiebahn zu diesem Organ liegt, oder ist die Energie auf irgendeine Weise gestört? Fließt beispielsweise die Energie zu den Nieren richtig? Auf diese Weise kann man körperliche Behandlungen vornehmen, die präzise das Ungleichgewicht im Energiesystem eines Menschen korrigieren. Die Vorzüge dieses Ansatzes zur Förderung der Gesundheit sprengen den Rahmen dieses Buches.[4]

In unserem Zusammenhang ist wichtig, dass man mit diesem Test auch eine unterschwellige psychische Dynamik aufdecken kann. Wenn die Versuchsperson einen Satz sagt, den sie für wahr hält, ist der Muskel beim Test gewöhnlich stark. Wenn eine Frau Nancy heißt und sagt: «Ich heiße Nancy», bleibt der Muskel fest. Stimmt man einem Satz jedoch bewusst oder unbewusst nicht zu, erschlafft der Muskel. Wenn Nancy sagt: «Ich heiße Mary», tritt eine vorübergehende Störung in den Meridianenergien ein, und der Muskel hält unter gleicher Druckbelastung nicht stand.[5] Die Anwendung für die Therapiesituation ist leicht ersichtlich; es ist eine Art Lügendetektor für unbewusste Konflikte.

Callahan bat die Frau, die abnehmen wollte, sich vorzustellen, dass sie ihr Wunschgewicht erreicht hatte, und machte anschließend den Muskeltest. Zu seinem und ihrem Erstaunen gab der Muskel nach, als sie sich mit ihrem Idealgewicht sah, was auf einen inneren Konflikt hindeutete. Er begann, mit verschiedenen Varianten zu experimentieren; beispielsweise ließ er sie den Satz sagen: «Ich will abnehmen.» Wieder zeigte der Test einen unbewussten Konflikt bezüglich dieses Satzes an. Vielleicht ist das nicht verwunderlich. Jemand, der viele Diäten hinter sich hat, hat bisweilen keine Lust mehr, sich wieder mit dem Abnehmen herumzuquälen, nur um anschließend wieder zuzunehmen. Bei einigen Frauen wird der aufrichtige Wunsch, abzunehmen, auch von der Angst gebremst, dass man ihnen nach erfolgreichem Gewichtsverlust unerwünschte sexuelle Avancen machen könnte. Andere empfinden es als Trost oder Schutz, einen molligen Körper zu haben. Callahan entdeckte, dass solche Konflikte über das erwünschte Ziel von einer energetischen Störung begleitet waren.

Er begann, den Test mit anderen Patienten durchzuführen. Zeigten sie ebenfalls eine Energiestörung bei dem Gedanken, ihre Therapieziele zu erreichen? «Ich möchte meine Angstattacken überwinden.» – «Ich möchte eine bessere Beziehung zu meiner Frau.» – «Ich möchte ein erfolgreicher Musiker sein.» – «Ich möchte meine Impotenz überwinden.» Er ließ sie auch das Gegenteil des Ziels formulieren, beispielsweise: «Ich *möchte* meine Angstattacken *nicht* überwinden.» Zu seiner Überraschung stellte er beim Muskeltest fest, dass viele seiner Klienten bei dem Gedanken, es würde ihnen besser gehen, beim Muskeltest *schwächer* abschnitten als bei dem Gedanken, es würde ihnen *nicht* besser gehen. Er nannte dies eine *psychische Umkehrung*.

Die psychische Umkehrung beinhaltet einen unbewussten Widerstand gegen das Ergebnis, das man sich auf der bewussten Ebene wünscht. Ein Teil von uns scheint das Gegenteil dessen zu wollen, was wir uns bewusst wünschen, oder wir tun das Gegenteil dessen, was wir beabsichtigen. Und je mehr Mühe wir uns geben, desto mächtiger wird der Widerstand, der die Bemühungen konterkariert. Dieser Widerstand wird noch verstärkt durch eine Störung im Energiesystem unseres Körpers, sobald wir das Ziel benennen. Vielleicht kennen Sie das Spiel, bei dem Sie einen Finger in jedes Ende eines dicken Strohhalms stecken, und je mehr Sie versuchen, Ihre Finger herauszuziehen, desto mehr bleiben sie stecken. So fühlt sich eine psychische Umkehrung an. Ihre Bemühungen führen zum Gegenteil des beabsichtigten Resultats. Alle guten Therapien setzen sich auf irgendeine Weise mit der psychischen Umkehrung auseinander. Solange sie bestehen bleibt, ist die Wahrscheinlichkeit, dass weitere therapeutische Maßnahmen eine tiefgreifende oder anhaltende Wirkung haben, sehr viel geringer.

Callahans Erkenntnis, dass eine energetische Komponente an den Konflikten über das Behandlungsziel beteiligt war, half ihm, einen Weg zu entdecken, sie auf der energetischen Ebene anzugehen, und er ist entwaffnend einfach. Er ist das Gegenteil einer langen, komplizierten Analyse, die zwar oft ein größeres Verständnis, aber geringe Resultate bringt. Callahan entwickelte folgende Methode: Sie sagen einen Satz, mit dem Sie anerkennen, dass Sie das Problem haben, das Sie lösen wollen (z.B. «Auch wenn ich dieses unerwünschte Gewicht habe»), und mit dem Sie gleichzeitig ausdrücken, dass Sie sich trotz dieses Problems akzeptieren (z.B. «... liebe und akzeptiere ich mich selbst von ganzem Herzen»). Während Sie den Satz sagen, massieren Sie einige energetisch sensible Punkte. Aus nicht ganz geklärten Gründen scheint dies in den meisten Fällen die psychische Umkehrung aufzulösen. Genauer gesagt: Der oder die Betroffene ist dann gewöhnlich imstande, ein Therapieziel zu formulieren, wie etwa «Ich will mit dem Rauchen aufhören», ohne dass es zu einer energetischen Störung kommt, wie der Muskeltest beweist. Vor allem aber ist es anschließend möglich – und das belegt Callahans Erfahrung und die Tausender anderer Therapeuten seither –, dem Ziel mit Hilfe weiterer energetischer Maßnahmen näher zu kommen, selbst wenn der Fortschritt vorher blockiert war.

Der erste Schritt der Grundtechnik, die Eröffnung, erlaubt Ihnen, die meisten psychischen Umkehrungen beim Behandlungsziel energetisch zu entschärfen. Sie sagen einen präzise formulierten Satz, während Sie bestimmte energetische Punkte anregen. Er besteht aus zwei Teilen:

1. Auch wenn ich diese/s _____ habe,
2. liebe und akzeptiere ich mich von ganzem Herzen.

In die Leerzeile kommt eine Kurzbeschreibung des Problems, um das es geht. Zum Beispiel:

➥ *Auch wenn ich Groll gegen meine Mutter hege, liebe und akzeptiere ich mich selbst von ganzem Herzen.*

> *Auch wenn ich dazu neige, bei der Arbeit Kopfschmerzen zu bekommen, liebe und akzeptiere ich mich selbst von ganzem Herzen.*
> *Auch wenn die Unzulänglichkeiten meines Sohns mich verrückt machen, liebe und akzeptiere ich mich selbst von ganzem Herzen.*
> *Auch wenn ich anfange zu essen, wenn ich ängstlich bin, liebe und akzeptiere ich mich selbst von ganzem Herzen.*

Sie können jedes Problem oder Ziel, von Heißhunger auf Schokolade bis hin zur Verbesserung Ihres Tennisaufschlags, in dieses Schema übersetzen. Während viele Menschen daran gewöhnt sind, nur mit positiven Affirmationen zu arbeiten, beschreiben Sie bei dieser Methode die unerwünschte Reaktion genauso, wie Sie sie erleben. Für Ihre unangenehme Erinnerung könnte der Eröffnungssatz beispielsweise lauten: «Selbst wenn mich der Gedanke, dass Maria mich zurückweist, schmerzt, liebe und akzeptiere ich mich selbst von ganzem Herzen» oder «Selbst wenn mich überwältigende Schuldgefühle plagen wegen dem, was ich Robert angetan habe, liebe und akzeptiere ich mich selbst von ganzem Herzen».

Am besten sprechen Sie den Satz laut, mit Gefühl und Nachdruck. Auch alternative Formulierungen könnten dem gleichen Zweck dienen; es geht darum, das Problem anzuerkennen, während Sie trotz des vorhandenen Problems gleichzeitig Ihren Wert bejahen. Weitere Strategien im Umgang mit psychischen Umkehrungen werden am Ende des Kapitels behandelt. Das in den obigen Beispielen verwendete Schema ist jedoch leicht zu merken und wird häufig mit guten Ergebnissen angewendet. Schreiben Sie auf den Zettel also Ihren Eröffnungssatz in Form von «Auch wenn ich [Ihre emotionale Reaktion auf die Erinnerung] habe, liebe und akzeptiere ich mich selbst von ganzem Herzen». Dieser Wortlaut ist gewöhnlich wirksam, ganz gleich, ob Sie daran glauben oder nicht.

Auch wenn die Formulierung «Ich liebe und akzeptiere mich

selbst von ganzem Herzen» wie eine vereinfachte und ziemlich triviale Selbstbejahung wirken könnte, scheint sie zusammen mit der Anerkennung des Problems eine Aufhebung der energetischen Störung zu bewirken. Jede tiefe Suggestion, die die Selbstakzeptanz trotz des unerwünschten Musters begünstigt und die konzentriert und mit vollem Willen gesprochen wird, hilft Menschen allem Anschein nach, das Problem ohne Einmischung einer energetischen Störung bearbeiten zu können. Der Satz «Ich liebe und akzeptiere mich selbst von ganzem Herzen» ist gewöhnlich wirksam. Doch wenn er Ihnen nicht passend erscheint, tun es auch andere stark positive und bejahende Aussagen, wie «Ich weiß, dass ich mein Bestes tue», «Ich verdiene es, mich gut zu fühlen» oder «Ich weiß tief im Innern, dass ich ein guter und würdiger Mensch bin».

Die energetische Einstimmung

Die energetische Einstimmung wird durchgeführt, während Sie gleichzeitig den Eröffnungssatz sprechen. Man kann auf das Energiesystem des Körpers einwirken, indem man bestimmte Punkte oder Bereiche auf der Haut massiert, klopft, dehnt, drückt oder mit der Hand abfährt. Die Wirksamkeit der Eröffnungsaussage lässt sich beträchtlich steigern, wenn Sie die Punkte im oberen Brustbereich ausfindig machen und massieren, die schmerzempfindlich sind. Drücken Sie einfach auf verschiedene Punkte, bis Sie einen oder mehrere finden, die wehtun. Das sind die Stellen, die Sie massieren, während Sie dreimal Ihren Satz sprechen. Suchen Sie einen «wunden Punkt» auf jeder Seite, und massieren Sie beide Stellen gleichzeitig. Punkte, die bei den meisten Menschen wehtun, befinden sich an der Seite der Brust entlang des Armansatzes. Sie können diese Punkte mit drei Fingern gleichzeitig entlang der Vertiefung (siehe Abbildung 1) massieren. Diese Punkte liegen auf dem Hauptmeridian, sie stehen mit emotionalen Problemen in

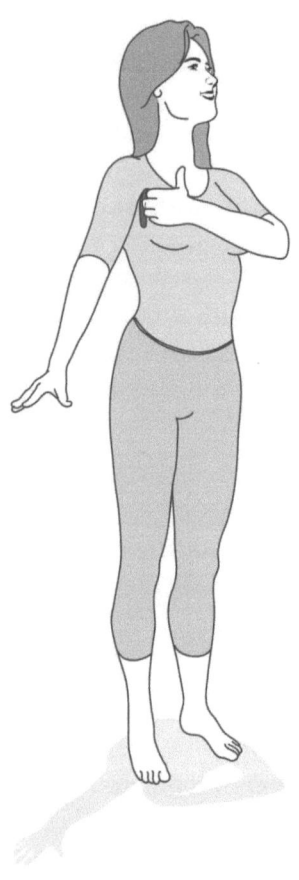

Abbildung 1
Hauptmeridianreflexpunkte
Das Massieren oder Klopfen der neurolymphatischen Reflexpunkte des Zentralmeridians hilft bei verschiedenen Arten von energetischem Ungleichgewicht und löst manchmal den inneren Widerstand auf, der das Kennzeichen der psychischen Umkehrung ist.

Verbindung und sind besonders nützlich, wenn man psychische Umkehrungen auflösen will.

Bei den empfindlichen Stellen handelt es sich um neurolymphatische Reflexpunkte. Das Lymphsystem ist der «zweite» Körperkreislauf. Wie das Blut zirkuliert auch die Lymphe als Flüssigkeit durch den Körper. Die Lymphe enthält weiße Blutkörperchen und beseitigt Schadstoffe. Sie fließt durch das Lymphsystem, das in den Hohlräumen zwischen Körpergewebe und Organen liegt.

Aber im Unterschied zum Blut, das vom Herzen durch den Körper gepumpt wird, verfügt die Lymphe nicht über eine Pumpe. Sie wird durch den Körper «gepumpt», wenn wir gehen, laufen oder uns anderweitig bewegen. Die normale Bewegung im Alltag sorgt für den Fluss der Lymphe. Schadstoffe hingegen können zu einem Stau oder einer Beeinträchtigung des Lymphflusses führen.

Damit werden gleichzeitig auch Energien im Körper blockiert. Das Massieren oder Klopfen der lymphatischen Reflexpunkte bewirkt, dass die Lymphe besser fließt. Diese Punkte tun manchmal weh, wenn die Lymphflüssigkeit, die sie regulieren, nicht abfließen kann. Wenn Sie die lymphatischen Reflexpunkte anregen, geben Sie auch Ihren Energien einen Schub. Das Massieren schmerzender Lymphpunkte auf der Brust setzt Schadstoffe, die das Lymphsystem blockieren, zur Ausscheidung frei, sodass die Energie wieder ungehindert durch das Herz, den Brustkorb und den ganzen Körper fließen kann. Auch wenn einige energetische Therapeuten die Lage bestimmter Punkte genau angeben, sind neurolymphatische Reflexpunkte über den ganzen Körper verteilt, und wenn Sie irgendeinen, der wehtut, massieren, aktivieren Sie den Energiefluss. Zusammen mit der Ausschwemmung physischer Schadstoffe scheinen dadurch auch die Energien beseitigt zu werden, die mit überholten Gewohnheiten, Gedanken und emotionalen Reaktionen in Verbindung stehen (was nach dem «Auch wenn» in der Affirmation folgt), sodass Platz für Neues geschaffen wird.

Das Massieren eines schmerzenden Punktes sollte Ihnen nur ein klein wenig Unbehagen bereiten. Andernfalls sollten Sie weniger Druck ausüben. Hatten Sie in diesem Bereich der Brust eine Verletzung oder Operation oder dürfen Sie einen bestimmten Bereich aus anderen Gründen nicht massieren, arbeiten Sie mit unproblematischen Bereichen. Wenn Sie schmerzende Stellen im Brustbereich aus medizinischen Gründen nicht massieren sollten oder keinen Punkt finden, der wehtut, können Sie als Alternative die Karatepunkte auf den Handkanten behandeln. Der Teil, mit

Abbildung 2
Die Karatepunkte
Als Alternative zum Massieren der schmerzenden Punkte auf der Brust können Sie den Punkt auf der Handkante klopfen oder die ganze Handseite unterhalb des kleinen Fingers.

dem Sie einen Karateschlag ausführen würden, liegt in der Mitte der Handkante zwischen Handgelenk und kleinem Finger (siehe Abbildung 2). Sie können den Punkt mit den Spitzen des Zeigefingers und Mittelfingers der anderen Hand kräftig klopfen oder mit allen vier Fingern an der gesamten Handkante entlangklopfen. Alternativ können Sie die Punkte an beiden Händen gleichzeitig anregen, indem Sie die Kanten beider Hände gegeneinanderklopfen.

Um die psychische Empfänglichkeit für die erwünschte Veränderung zu erhöhen, wiederholen Sie dreimal einen Satz in der Art von «Auch wenn ich [benennen Sie das Problem, beispielsweise die emotionale Reaktion auf eine Erinnerung], liebe und akzeptiere ich mich selbst von ganzem Herzen». Massieren Sie dabei gleichzeitig zwei schmerzende Punkte auf der Brust, die Vertiefungen auf beiden Seiten entlang des Armansatzes oder klopfen Sie die Karatepunkte, während Sie gleichzeitig den Satz dreimal sagen. Führen Sie die Übung nun durch.

Schritt 2: Die Klopfsequenz

Die Klopfsequenz soll für die Wiederherstellung eines optimalen Energieflusses in den «Meridianen» oder Energiebahnen des Körpers sorgen. Es gibt vierzehn große Meridiane, von denen jeder in Verbindung mit Akupunkturpunkten auf der Haut steht; werden diese geklopft oder anderweitig stimuliert, trägt es dazu bei, dass die Energie durch das gesamte Meridiansystem fließt. Da die Meridiane untereinander verbunden sind und das Stimulieren eines Meridians andere beeinflussen kann, hat es sich als ausreichend erwiesen, mit nur einer Auswahl von Punkten zu arbeiten, um den Fluss im gesamten Meridiansystem so weit in Gang zu bringen, dass psychische Probleme gelöst werden können. Mit verschiedenen Kombinationen wurden gute Ergebnisse erzielt. Die Sequenz, die Sie hier erlernen werden, beinhaltet acht in Abbildung 3 dargestellte Punkte, die als effektive Kombination gelten:

1. Augenbrauenpunkt – die zur Nase hin gelegene Seite der Augenbraue am Übergang zwischen Augenbraue und Nasenbein.
2. Seitlich des Auges – auf dem knöchernen Rand der Augenhöhle.
3. Jochbein – unter dem Auge auf dem Jochbein etwa 2,5 cm unter der Pupillenmitte.
4. Unterhalb der Nase – zwischen Nase und Oberlippe.
5. Kinn – in der Mitte zwischen Kinn und Unterlippe.
6. Der Ni-27-Punkt – im Winkel zwischen Schlüsselbein und Brustbein, der 27. Punkt auf dem Nierenmeridian – beeinflusst viele Körperenergien. Um diesen Punkt zu lokalisieren, legen Sie Ihre Zeigefinger auf das Schlüsselbein und schieben Sie sie in Richtung Halsgrube (ungefähr dorthin, wo ein Mann seine Krawatte binden würde). Bewegen Sie Ihre Finger durch den Boden des U. Dann gehen Sie etwa 2,5 cm nach links und rechts und klopfen Sie.

7. Unter den Armen – ungefähr 10 cm unterhalb der Armgrube: etwa auf Höhe der Brustwarze.
8. Karatepunkte – in der Mitte der Handkante, zwischen dem Handgelenksknochen und dem Ansatz des kleinen Fingers (die Stelle, mit der Sie einen Karateschlag ausführen würden). Sie

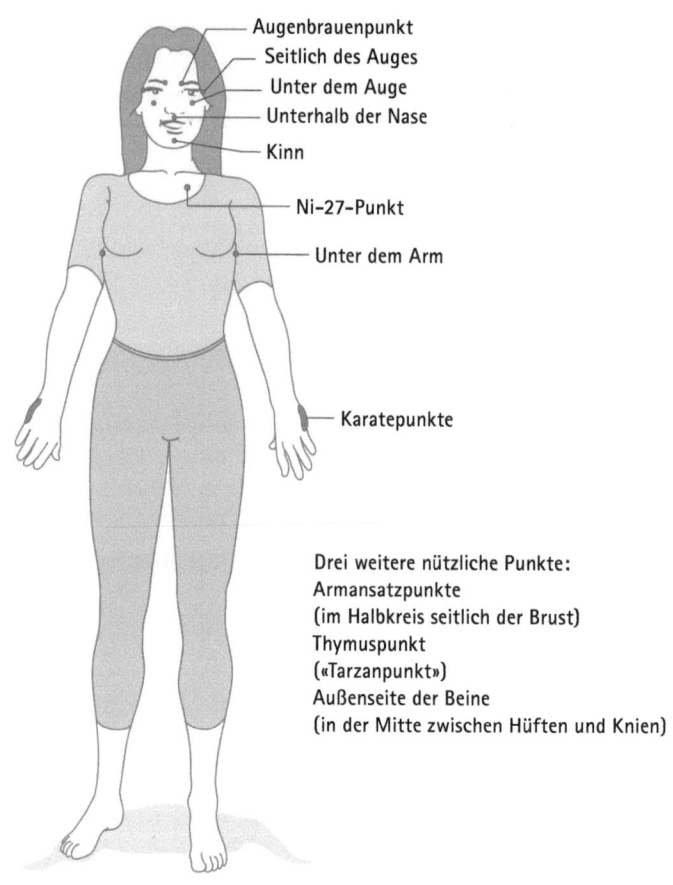

Abbildung 3
Die acht EFT-Klopfpunkte

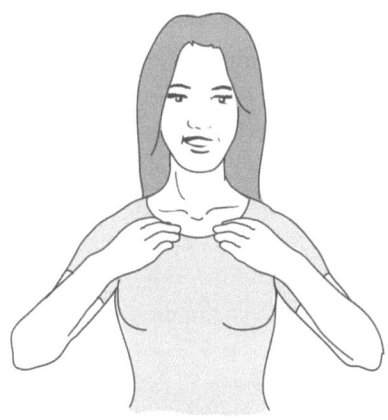

Abbildung 4
Die Ni-27-Punkte

können auch die ganze Handkante mit allen vier Fingern der anderen Hand klopfen oder die beiden Handkanten gegeneinanderklopfen).

Die Punkte verlaufen von oben nach unten. Jeder Punkt befindet sich in einer Linie unterhalb des vorhergehenden. Daher kann man sie sich leicht merken. Wenn Sie diese Sequenz ein paar Mal wiederholen, sollten Sie sie beherrschen.

Wie man klopft

Das Klopfen kann mit einer Hand, mit beiden Händen gleichzeitig oder nacheinander erfolgen. Sie können mit der Kuppe Ihres Zeige- und Mittelfingers klopfen oder einen Ring aus drei Fingern bilden, indem Sie den Daumen dazunehmen. Klopfen Sie kräftig, aber niemals so stark, dass Sie sich verletzen oder blaue Flecken bekommen.

Klopfen Sie etwa siebenmal auf jeden Punkt. Während des Klopfens werden Sie einen «Erinnerungssatz» (siehe unten) wiederholen, deshalb können Sie nicht zählen. Es spielt keine Rolle, ob Sie ein paar Mal mehr oder weniger klopfen. Die meisten Klopfpunkte befinden sich auf beiden Körperhälften. Es ist nicht von Belang, welche Körperhälfte Sie wählen. Manche Therapeuten halten es für vorteilhaft, beide Seiten gleichzeitig zu klopfen.

Es gibt noch andere Methoden, um die energetischen Punkte zu stimulieren. Eine besteht darin, die Punkte zu massieren. Bei einer anderen, dem sogenannten Touch and Breathe,[6] berühren Sie den Punkt leicht mit ein oder zwei Fingern, während Sie in Ihrem eigenen Rhythmus einmal entspannt ein- und ausatmen (gewöhnlich durch die Nase). Anschließend fahren Sie mit dem nächsten Punkt fort. Für die meisten Menschen ist jedoch das Klopfen das Mittel der Wahl, obwohl bei einem geringen Prozentsatz der Anwender Alternativen notwendig sind (siehe «Wenn das Klopfen nicht wirkt» auf S. 282). Gehen Sie jetzt die acht Klopfpunkte durch, wobei Sie jeden etwa siebenmal klopfen. Atmen Sie dabei entspannt.

Der Erinnerungssatz

Erinnerungen, Gedanken oder Umstände, die «negative» Emotionen hervorrufen, führen nicht nur zu Störungen im Gehirn, sondern auch im Energiesystem des Körpers. Um ein Problem durch Stimulation von Akupunkturpunkten zu behandeln, muss die energetische Störung gedanklich aktiviert sein. Handelt es sich bei dem Problem, von dem Sie sich befreien wollen, beispielsweise um unbegründeten Ärger auf Ihren Chef, sind Sie mit diesem Ärger nicht in Kontakt, während Sie überlegen, was Sie zu Mittag essen wollen. Wenn Sie die in Abbildung 3 dargestellten Punkte klopfen, während Sie an das Problem denken, wird nicht nur das energetische System im Augenblick ins Gleichgewicht gebracht, Ihr Körper lernt auch wieder, den Gedanken zu denken (oder in der Situation zu sein), ohne dass eine energetische Störung und damit die unerwünschte emotionale Reaktion auftritt.

Es könnte Ihnen allerdings schwerfallen, sich während der Klopfsequenz bewusst auf das Problem zu konzentrieren. Indem Sie beim Klopfen ständig einen Erinnerungssatz wiederholen, können Sie mit der Situation, die die Störung in Ihrem energetischen System ausgelöst hat, psychologisch in Kontakt bleiben.

Der Erinnerungssatz ist ein Wort oder ein kurzer Satz zur Beschreibung des Problems. Sie wiederholen ihn jedes Mal laut, wenn Sie bei der Klopfsequenz einen der Punkte klopfen. Dieses Stichwort aktiviert das Problem so weit, dass eine Reaktion sowohl in Ihrem energetischen System als auch in Ihrem Gehirn hervorgerufen wird. Der Erinnerungssatz ist oft identisch mit dem Satz, der bei der Eröffnungsaussage benutzt wurde, oder ihm zumindest sehr ähnlich. Wenn Sie sich beispielsweise auf eine Erinnerung konzentrieren, bei der es darum geht, dass Sie als Kind bei einer Aufführung gedemütigt wurden, könnte die Eröffnungsaussage lauten:

> Auch wenn ich mich gedemütigt fühle aufgrund dessen, was bei der Theateraufführung in der achten Klasse passiert ist, liebe und achte ich mich selbst von ganzem Herzen.

Bei dieser Eröffnungsaussage eignet sich die Formulierung «Demütigung bei der Theateraufführung in der achten Klasse» als Erinnerungssatz. Verkürzte Versionen wie «Demütigung bei der Aufführung» oder nur «Demütigung» genügen auch, solange Ihnen ihre volle Bedeutung klar ist. Der Erinnerungssatz (zu den weiter vorn aufgeführten Beispielen) könnte einfach lauten:

- «Groll auf meine Mutter» (oder einfach «Groll» oder «Mutter»)
- «Kopfschmerzen bei der Arbeit» (oder einfach «Kopfschmerzen» oder «Arbeit»)
- «übertriebene Sorge wegen der Unzulänglichkeiten meines Sohnes» (oder einfach «übertriebene Sorge» oder «Steves Unzulänglichkeiten»)
- «essen, wenn ich Stress habe» (oder einfach «Essen bei Stress»)

Die folgenden zusätzlichen Beispiele zeigen das Spektrum der möglichen Anwendungen energetischer Einstimmungen: meine Rolle beim Unfall, Kreuzschmerzen, mein Ärger auf meine Schwester, der Gerichtstermin, ständiger Hunger, ambivalente Gefühle gegenüber meinem Freund, Kündigung, Angst vor Fahrstühlen, Trauer um Maria, Verluste an der Börse, Terrorangriffe, Scheidung. Je konkreter der Erinnerungssatz oder je konkreter für Sie das Problem in Ihrem Kopf ist, für das er steht, desto wirksamer wird der Satz sein.

Menschen, die gelernt haben, wie man eine Autosuggestion oder eine positive Affirmation formuliert, wundern sich manchmal darüber, dass man in der Energetischen Psychologie einen Satz verwendet, der die *unerwünschte* Emotion oder Reaktion aktiviert. Doch genau das ist notwendig, wenn man versucht, eine problematische emotionale Reaktion aufzulösen, da die energetische Behandlung das unerwünschte Gefühl nur neu programmieren kann, solange es aktiv ist. Sich dieses Prinzip vor Augen zu halten, wird Ihnen helfen, Ihren Erinnerungssatz so effektiv wie möglich zu gestalten. Wenn das Problem, mit dem Sie kämpfen, beispielsweise Ihr Heißhunger auf Schokolade ist, wäre das Stichwort «meine Liebe zu Schokolade» weniger wirksam als eine Formulierung, die das Gefühl weckt, keine Schokolade zu haben, wie etwa «mein starkes Verlangen nach Schokolade».

Formulieren Sie den Erinnerungssatz, den Sie als Gedächtnisstütze benutzen wollen, und notieren Sie ihn. Dann klopfen Sie die acht in Abbildung 3 dargestellten Punkte und wiederholen Sie den Erinnerungssatz bei jedem Punkt.

Schritt 3: Die 9-G-Folge

Aktivitäten, die bestimmte Bereiche des Gehirns stimulieren, erhöhen offenbar die Wirksamkeit der anschließenden energetischen Behandlung. Spezielle Teile des Gehirns werden durch die Augenbewegung angeregt – ein Prinzip, das sich verschiedene Therapien zunutze machen. Die am häufigsten verwendete Technik der Augenbewegung in der Energetischen Psychologie ist die 9-G-Folge (9-G = Abkürzung für *Nine Gamut*) von Roger Callahan, eine Abwandlung von Techniken, die in der Angewandten Kinesiologie benutzt werden. Sie wird auch als «die Brücke» oder «Handrückenserie» bezeichnet. Es ist eine Vorgehensweise innerhalb der Energetischen Psychologie, die eher ungewöhnlich aussieht. Das Klopfen, die Augenbewegungen, das Summen und das Zählen dienen sämtlich dazu, bestimmte Teile des Gehirns anzuregen.

Bei der 9-G-Folge, bei der man weder den Erinnerungssatz benutzt noch sich direkt auf das Problem konzentriert, klopft man unablässig einen der energetischen Punkte des Körpers, den «Gamut-Punkt», während man neun einfache Schritte ausführt. Der Gamut-Punkt liegt auf dem rechten und linken Handrücken zwischen Ringfinger und kleinem Finger etwas unterhalb der Fingerknöchel.

Führen Sie unter ständigem Klopfen des Punktes die folgenden neun Schritte aus:

1. Schließen Sie die Augen.
2. Öffnen Sie die Augen.
3. Bewegen Sie die Augen nach unten und zur rechten Seite.

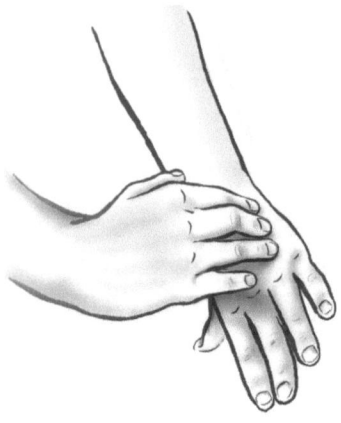

Abbildung 5
Der Gamut-Punkt

4. Bewegen Sie die Augen nach unten und zur linken Seite.
5. Lassen Sie die Augen in eine Richtung kreisen.
6. Lassen Sie die Augen in die entgegengesetzte Richtung kreisen.
7. Summen Sie einige Sekunden lang eine Melodie («Happy Birthday» etc.)
8. Zählen Sie bis fünf.
9. Summen Sie noch einmal.

Manchmal beendet man die 9-G-Folge so: Schauen Sie nach unten; anschließend bewegen Sie die Augen langsam und sehr bewusst vom Boden an die Decke. Dabei schicken Sie Ihren Blick und die «alte» Energie in die Ferne, während Ihre Augen nach oben wandern. Führen Sie die 9-G-Folge nun durch.

Schritt 4: Die Wiederholung der Klopfsequenz

Beim zweiten Mal wiederholen Sie die Klopfsequenz exakt wie beim ersten Durchgang. Führen Sie die Wiederholung nun durch. Die drei Schritte nach der Eröffnung bilden ein Sandwich:

➥ die Klopfsequenz (mit dem Erinnerungssatz)
➥ die 9-G-Folge
➥ die Klopfsequenz (mit dem Erinnerungssatz)

Das Problem noch einmal betrachten

Nach dem zweiten Klopfdurchgang bewerten Sie erneut die Intensität des Problems: Schließen Sie die Augen, vergegenwärtigen Sie sich die ursprüngliche Erinnerung und weisen Sie ihr eine Zahl zwischen 0 und 10 zu, je nach dem Ausmaß an Stress, das Sie *jetzt* empfinden, wenn Sie daran denken.

Wenn Sie keine Spur mehr von der früheren emotionalen Intensität finden können, besteht ein letzter Schritt darin, die Resultate zu überprüfen (siehe unten). Bewerten Sie Ihre Reaktion beispielsweise mit einer 4, führen Sie noch weitere Runden durch, bis Sie im Idealfall eine 0 erreichen (oft genügt eine 1 oder auch eine 2, damit das Problem im Wesentlichen erledigt ist). Selbst wenn Sie die Verfahren bei der Lektüre nicht ausprobiert haben, steht Ihnen jetzt alles zur Verfügung, um mit Ihrer unangenehmen Erinnerung arbeiten zu können. Für jeden Durchgang brauchen Sie ungefähr eine Minute. Benennen Sie Ihre Erinnerung und bewerten Sie sie, sprechen Sie den Eröffnungssatz, während Sie gleichzeitig einige der schmerzempfindlichen Punkte auf der Brust stimulieren. Wählen Sie einen Erinnerungssatz und führen Sie anschließend die «Sandwich»-Behandlung, genau wie oben angegeben, durch.

Weitere Durchgänge

Manchmal hat sich ein Problem schon nach einer einzigen Behandlungsrunde aufgelöst. Öfter jedoch wird nur eine partielle Besserung erreicht, und weitere Runden sind erforderlich. Für diese weiteren Durchgänge sind zwei kleine Änderungen nötig.

1. Den Eröffnungssatz anpassen

Ein mögliches Hindernis für den Erfolg während der ersten Behandlungsrunde ist ein erneutes Aufflackern von *psychischen Umkehrungen*, jenen inneren Konflikten, die durch den Eröffnungssatz aufgelöst werden sollten.

Nachdem die Behandlung begonnen hat und schon gewisse Fortschritte erzielt wurden, nimmt die psychische Umkehrung eine etwas andere Qualität an. Eine psychische Umkehrung vor der Behandlung wird *jeglichen* Fortschritt verhindern. Eine psychische Umkehrung, die nach Behandlungsbeginn auftaucht, stört den *weiteren* Fortschritt. Das muss sich im Wortlaut der Eröffnungsaussage niederschlagen. Die Eröffnungsaussage ist eine Autosuggestion, die auf das Unterbewusste abzielt, das alles meist sehr wörtlich nimmt. Deshalb sollte der Wortlaut das Problem abbilden, das jetzt noch besteht. Das wird durch eine leichte Änderung – das Hinzufügen von zwei oder drei Wörtern – erreicht. Das abgewandelte Schema für die Eröffnungsaussage lautet:

*Auch wenn ich **immer noch** eine(n) **leichte(n)**
_____, liebe und akzeptiere ich mich selbst von ganzem Herzen.*

Die Wörter «immer noch» und «eine(n) leichte(n)» verlagern den Schwerpunkt auf das Problem, das jetzt noch vorhanden ist. Die Abwandlung ist einfach. Die Sätze unten zeigen die Veränderungen der weiter vorne in diesem Buch aufgelisteten Eröffnungssätze.

➦ *Auch wenn ich **immer noch** einen **leichten** Groll auf meine Mutter hege, liebe und akzeptiere ich mich selbst von ganzem Herzen.*
➦ *Auch wenn ich mir **immer noch leichte** Sorgen um meine Kopfschmerzen mache, wenn ich zur Arbeit gehe, liebe und akzeptiere ich mich selbst von ganzem Herzen.*

➥ *Auch wenn ich **immer noch leicht** überbesorgt bin wegen Stefans Unzulänglichkeiten, liebe und akzeptiere ich mich selbst von ganzem Herzen.*
➥ *Auch wenn ich **immer noch** die **leichte** Tendenz habe, zu essen, wenn ich gestresst bin, liebe und akzeptiere ich mich selbst von ganzem Herzen.*

2. Den Erinnerungssatz anpassen

Setzen Sie einfach die Formulierung «leicht» oder «Spuren von» vor den ursprünglichen Erinnerungssatz. Es folgen Beispiele mit den veränderten Versionen der weiter vorn im Buch aufgeführten Erinnerungssätze:

➥ ***leichten** Groll auf meine Mutter (oder einfach «**leichten** Groll»)*
➥ ***leichte** Kopfschmerzen bei der Arbeit (oder einfach «**leichte** Kopfschmerzen»)*
➥ ***leichte** Überbesorgtheit wegen Stefans Unzulänglichkeiten (oder einfach «**leichte** Überbesorgtheit»)*
➥ ***eine Spur von** Essen bei Stress (oder einfach «**Spuren von** Stressessen»)*

Nach jedem Durchgang sollten Sie auf der Skala von 0 bis 10 erneut den Stress bewerten, den Sie jetzt bei der Erinnerung an das ursprüngliche Problem empfinden. Wenn der Stress langsam sinkt, machen Sie weitere Durchgänge, bis Sie 0 erreichen oder er nicht mehr weiter abnimmt. Führen Sie jetzt eine weitere Runde mit Ihrer störenden Erinnerung durch und wiederholen Sie den Eröffnungssatz, während Sie je nach Bedarf die Wörter «immer noch» und «leicht» benutzen und, wenn nötig, die Formulierung «Spuren von» in Ihren Erinnerungssatz einfügen (manchmal müssen auch andere Formulierungen leicht revidiert werden). Vergegenwärtigen Sie sich die Erinnerung erneut und bewerten Sie sie von 0 bis 10. Wenn die Erinnerung oder das Problem immer noch beunruhigende Gefühle in Ihnen auslöst, fahren Sie so lange fort, die Eröffnung und das Sandwich zu wiederholen, bis die Erinnerung keinen Stress mehr auslöst oder Sie den Stress, den Sie empfinden, nicht weiter senken können. Damit ist dieses kleine Experiment beendet. Wenn Sie eine signifikante Abnahme Ihres Stresses festgestellt haben, werden Sie die Methoden in den folgenden Kapiteln erfolgreich einsetzen können. Wenn nicht, finden Sie im nächsten Abschnitt vielleicht einige Empfehlungen, die Ihnen dabei helfen, das Vorgehen für Sie effektiver zu gestalten.

Manchmal sinkt der Stress auf eine 2 oder eine 1 und stagniert dann. Das ist nicht unbedingt ein schlechtes Ergebnis. Vielleicht können Sie sich bei einigen Problemen gar nicht vorstellen, dass die Bewertung auf 0 sinkt, und eine 1 oder 2 ist, subjektiv gesehen, im Grunde genommen eine Genesung. In einigen Situationen, etwa bei einer Prüfung, erhöht eine leichte Angst Ihre Leistungsfähigkeit. Auch wenn man eine 0 als Idealfall betrachten könnte, ist sie nicht immer realistisch oder notwendig.

Wenn Ihre Bewertung nach fünf Durchgängen immer noch nicht bei 0 oder nahe 0 liegt, müssen Sie vielleicht Ihren Schwerpunkt oder Ihren Wortlaut ändern, oder Sie haben ein Problem, bei dem Sie Unterstützung von außen brauchen. Es gibt viele mögliche Gründe, warum sich die Besserung verzögert. Ein geringer Prozentsatz von Menschen reagiert nicht auf das Klopfen der energetischen Standardpunkte (wenn Sie vermuten, dass Sie dazugehören, versuchen Sie, die Punkte zu massieren oder einfach jeden Punkt zu berühren, während Sie tief ein- und ausatmen). Vielleicht müssen Sie auch das Problem konkreter oder völlig anders formulieren. Vielleicht muss ein innerer Konflikt mit der Lösung des Problems genauer untersucht werden. Vielleicht müssen Sie nicht berücksichtigte *Aspekte* des Problems erkennen und behandeln. Dieser Begriff wird im Anschluss beschrieben. Wenn

Sie die Aspekte verstehen und mit ihnen arbeiten, können Sie die Techniken so gezielt einsetzen, dass der Stress, den Sie bei der Aktivierung des Problems erleben, noch stärker reduziert wird. Weitere Methoden, um die Grundtechnik effektiver zu machen, werden ebenfalls weiter unten behandelt.

Sobald Sie Ihren subjektiven Stress mit 0 oder nahezu 0 bewerten, besteht ein letzter Schritt darin, den Erfolg zu überprüfen. Versuchen Sie, sich die Situation so zu vergegenwärtigen oder zu visualisieren, dass Ihr früherer Stress heraufbeschworen wird. Wenn das gestörte Energiemuster und die neurologische Sequenz korrigiert worden sind – das heißt, wenn die frühere Erinnerung, der Gedanke oder die Situation in Ihrem Gehirn und Energiesystem nun mit einer stabilen Reaktion gekoppelt sind –, werden Sie nicht imstande sein, Ihre früheren Gefühle wieder wachzurufen. Die Geschwindigkeit, mit der sich dies oft erreichen lässt, gehört zu den auffälligsten Vorteilen der Energetischen Psychologie. Sie erkennen weiterhin die mit einer schwierigen Situation einhergehenden Gefahren, Verletzungen oder Ungerechtigkeiten, ohne dass die an die Situation gekoppelte Stressreaktion in Ihrem autonomen Nervensystem ausgelöst wird.

Wenn Sie keine Spur der ursprünglichen emotionalen Reaktion mehr wachrufen können, haben Sie das Problem mit hoher Wahrscheinlichkeit deaktiviert. Zur Erhöhung des Nutzens könnte es vorteilhaft sein, die Grundtechnik in den folgenden Tagen ein paar Mal zu wiederholen. Sie können davon ausgehen, dass sich die inneren Veränderungen auf andere Situationen in Ihrem Leben übertragen. Wenn das nicht der Fall ist oder Sie einen Ausrutscher erleben, können Sie ein oder zwei weitere Behandlungsrunden durchführen, sobald die Situation auftritt. Mehr ist oft nicht erforderlich, um die Veränderungen in Ihrem Leben zu verankern. Es kann auch bedeuten, dass Sie Ihr Augenmerk noch auf einen weiteren Aspekt des Problems richten müssen; davon wird später in diesem Kapitel die Rede sein.

Wenn beim Klopfen Probleme hochkommen

Einer unserer Kollegen demonstrierte vor einer großen Gruppe die Klopftechnik an einer Frau, die unter Anwandlungen extremer Schüchternheit und der Tendenz litt, in bestimmten Situationen mit Menschen zu verstummen. Als sie vor der Gruppe stand, sackten ihre Schultern zusammen, als wollte sie sich unsichtbar machen, und ihre Stimme wurde piepsig. Durch die Klopfbehandlung sank ihre Stressbewertung von einer ursprünglichen 8 auf eine 6, doch nach den nächsten beiden Durchgängen stagnierte sie bei 6. Da erinnerte sich die Frau an einen Vorfall aus der Kindheit. Als sie und ihre Mutter einmal nach Hause gekommen waren, ertappten sie einen Einbrecher auf frischer Tat. Ihre Mutter fing an zu schreien, worauf der Einbrecher heftig auf sie einzuschlagen begann. Das kleine Mädchen lief weg und versteckte sich hinter einem Vorhang. Sie war sich sicher, dass der Einbrecher nach ihr suchte, und unterdrückte mit aller Macht ihre Tränen und Angstschreie. Obwohl sie dieses Erlebnis bis zu diesem Zeitpunkt völlig vergessen hatte (später konnte ihre Mutter es bestätigen, auch wenn sie sich nur ungern daran erinnerte), musste sie, sobald sie auch nur den geringsten Stress vor anderen Menschen empfand, sich sehr anstrengen, damit sie etwas sagen konnte.

Als die Erinnerung nun in allen Einzelheiten hochkam, durchlebte sie dieselbe physiologische Reaktion wie an dem Tag, als sich der Einbruch ereignete. Sie zitterte heftig, wurde kreidebleich, hatte starkes Herzklopfen und atmete mühsam. Unser Kollege nahm die Symptome wahr, ohne die Geschichte zu kennen. Er sprach beruhigend auf sie ein, während er sie beharrlich bat, weiter zu klopfen. Nach dem zweiten Durchgang hatte sich ihr Atem wieder normalisiert, und das Zittern war verschwunden. Nach weiteren Durchgängen (die, ohne Eröffnungssatz und 9-G-Folge, nur als erste Hilfe für ihren emotionalen Zustand gedacht waren, indem die mit Stressreaktionen in Verbindung stehenden Akupunkturpunkte angeregt wurden) war sie imstande zu berichten, was sie erlebt hatte. Unser Kollege ließ dann einen seiner Assistenten ungefähr eine halbe Stunde lang privat mit ihr weiterarbeiten, wobei sie sich auf verschiedene Aspekte der Erinnerung und des Problems konzentrierten. Danach schilderte sie mit selbstbewusster Haltung und normaler Stimme der Gruppe, was sie erlebt hatte.

Die Energetischen Methoden, die Sie hier kennenlernen, werden keine neuen emotionalen Probleme hervorrufen, aber möglicherweise emotionalen Aufruhr zutage fördern, der latent vorhanden war. Im Anhang 2 (S. 365) finden Sie Hinweise, was Sie tun können, wenn die Methoden Angst an die Oberfläche bringen. Auch wenn es vermutlich kaum annähernd so dramatisch zugehen wird wie in dem eben angeführten Beispiel, sollten Sie den Anhang zurate ziehen, wenn Sie sich unbehaglich fühlen, und zusätzlich zwei Dinge bedenken:

1. Sie verfügen über ein wirksames Mittel, um sich selbst zu beruhigen. Klopfen Sie die Akupunkturpunkte und atmen Sie dabei tief ein und aus. Fahren Sie damit so lange fort, bis Sie merken, dass eine Entspannung eintritt. Damit senden Sie Impulse an Ihr Gehirn, die der Alarmreaktion entgegenwirken.
2. Sie verfügen über ein wirksames Mittel, um mit der Erinnerung oder den Gefühlen zu arbeiten, die hochkommen. Statt noch weitere Energien zu binden oder psychische Abwehrmanöver zu verursachen, kann Ihnen die Grundtechnik helfen, eine schwierige Erfahrung aus der Vergangenheit in eine Quelle der Weisheit und Stärke zu verwandeln.

Die Effektivität mit dem Grundverfahren erhöhen

In den Händen eines einigermaßen geschickten Anfängers scheint die Grundtechnik in ungefähr 80 Prozent der Fälle die emotionale Ladung in Verbindung mit bestimmten schwierigen Erinnerungen zu reduzieren. Auch wenn das in vielerlei Hinsicht eine außerordentlich günstige Erfolgsquote ist, lässt sich eine noch höhere Quote erreichen, wenn Sie wissen, wie man mit potenziellen Blockaden umgeht. Die vier häufigsten Ursachen, die verhindern, dass Sie das erwünschte Resultat mit der Grundtechnik erzielen, sind:

1. Ungelöste *Aspekte* des Problems
2. Psychische Umkehrungen
3. «Wirre» Energien
4. Energetische Schadstoffe

Ungelöste Aspekte des Problems bearbeiten

Die häufigste Ursache dafür, dass der Stress nicht auf 0 oder nahe 0 sinkt, wenn Sie die Anleitungen genau befolgen, besteht darin, dass ein weiterer Aspekt des Problems beteiligt ist, der bei der energetischen Einstimmung nicht berücksichtigt wurde. Und die häufigste Ursache dafür, dass eine offensichtlich erfolgreiche Behandlung mit einem Stresswert von 0 sich nicht auf eine aktuelle Situation auswirkt, liegt darin, dass sich in der realen Situation ein neuer Aspekt des Problems offenbart, der nicht vorhanden war, als Sie an das Problem lediglich gedacht und Ihren Erinnerungssatz formuliert haben. Auch wenn viele Probleme unkompliziert sind und keine zusätzlichen Aspekte aufweisen, gibt es einige, hinter denen sich eine Reihe von physischen oder psychischen Aspekten verbergen, die beachtet werden müssen.

Die *physischen* Aspekte eines Problems umfassen das, was Sie in der Situation gesehen, gehört, gerochen, geschmeckt oder empfunden haben. Nehmen wir noch einmal das Beispiel mit der Wut auf den Polizisten. Angenommen, Ihre Erinnerung besteht darin, dass ein Polizist zu Ihnen nach Hause gekommen ist und Ihren Vater verhaftet und abgeführt hat. Beim Klopfen sehen Sie beispielsweise das Gesicht des Polizisten vor sich. Zunächst löst das einen Stress aus, den Sie mit 9 bewerten. Es gelingt Ihnen, den Stress mit Hilfe des Klopfens auf 0 zu reduzieren, während Sie das Gesicht in Ihrer Erinnerung visualisieren und «dieser Polizist» sagen. Doch bei der nächsten Begegnung mit einem Polizisten ist Ihre Wut unvermindert stark. Wenn Sie sich mit dem Vorfall beschäftigen, erkennen Sie, dass die Waffe im Halfter des Polizisten Ihre Aufmerksamkeit auf sich zieht. Als Sie klein waren und der Polizist zu Ihnen nach Hause kam, befand sich sein Pistolenhalfter ungefähr in Ihrer Augenhöhe und war ein lebhafter Teil Ihrer Erfahrung. Beim Klopfen müssen Sie möglicherweise nicht nur das Gesicht des Polizisten, sondern auch seine Waffe mit einbeziehen. Die Waffe ist ein physischer Aspekt der Erinnerung, den Sie bearbeiten müssen, wenn sich Ihre Kurzschlussreaktion auf Polizisten ändern soll. Vielleicht ist auch die Angst in den Augen Ihres Vaters das Bild, das sich Ihnen eingeprägt hat und von seiner emotionalen Ladung befreit werden muss, indem Sie es sich vor Augen halten, während Sie die Akupunkturpunkte klopfen.

Manchmal liegen die physischen Aspekte eines Problems auf der Hand, manchmal sind sie sehr versteckt; Sie können sie gewöhnlich ausfindig machen, indem Sie untersuchen, worin sich Ihre Erfahrung in der aktuellen Situation von der Szene unterscheidet, die Sie sich bei der Klopfbehandlung vorgestellt haben. Nehmen wir die Angst vor Spinnen. Gewöhnlich sind die energetischen Störungen, die auftreten, wenn Sie an eine Spinne denken, dieselben wie jene, wenn Sie tatsächlich eine Spinne sehen.

Wenn Sie die Reaktion auf eine vorgestellte Spinne auf 0 reduzieren können, wird die Reaktion beim Anblick einer echten Spinne auch 0 sein. Aber das ist nicht immer so. Vielleicht hat sich die Spinne, die Sie bei der Behandlung visualisiert haben, nicht bewegt. Wenn das Krabbeln jedoch ein wichtiger angstauslösender Faktor ist und es in Ihrer Vorstellung fehlte, als Sie die ursprünglichen Klopfsequenzen durchgeführt haben, wird eine krabbelnde Spinne weiter Angst auslösen. Wenden Sie die Grundtechnik auf diesen zusätzlichen Aspekt an (*krabbelnde* Spinne), bis Ihre emotionale Reaktion auf 0 gesunken ist. Sobald alle Aspekte bearbeitet sind, ist Ihre phobische Reaktion auf Spinnen gelöscht, und Sie werden imstande sein, beim Anblick von Spinnen ruhig zu bleiben. Die physischen Aspekte eines traumatischen Ereignisses, wie etwa eines Unfalls oder eines Missbrauchs (das *Quietschen* der Reifen, der *Geruch* seines Atems, der *Blick* in ihren Augen), können intensiv sein und dennoch unbehandelt bleiben, solange Sie nicht erkennen, dass sie beachtet werden müssen und problemlos neutralisiert werden können.

Die *psychischen* Aspekte eines Problems beinhalten oft vergangene Erfahrungen, die emotional besetzt sind. Um auf das Beispiel des Polizisten zurückzukommen: Nehmen wir an, Sie können sich inzwischen ohne emotionalen Aufruhr die ängstlichen Augen Ihres Vaters in Erinnerung rufen, ebenso wie das Gesicht und die Waffe des Polizisten, der ihn verhaftet hat, und dennoch ist das Problem immer noch nicht gelöst. Die weitere Untersuchung offenbart, dass der Anblick eines Polizisten auf irgendeiner Ebene die Verzweiflung in Ihnen heraufbeschwört, dass Ihr Vater nach seiner Verhaftung nicht mehr bei Ihnen war. Auch das lässt sich mit der Grundtechnik lösen. Es ist befreiend, wenn Sie sich an Ihre Verzweiflung über die Trennung von Ihrem Vater erinnern können, ohne in der Gegenwart eine starke physiologische Reaktion zu haben. Wie schon erläutert, wird Ihnen damit nicht Ihre Erinnerung oder Ihr schweres Schicksal genommen, aber es erlaubt

Ihnen, ohne das emotionale Gepäck weiterzuleben, das keinem konstruktiven Zweck mehr dient.

Während viele emotionale Probleme einfach das sind, was sie zu sein scheinen, und keine verborgenen Aspekte haben, gibt es andere, die zahlreiche Aspekte beinhalten. Ein gerade erlittenes Trauma oder ein Verlust kann beispielsweise ein ganzes Geflecht von alten ungeheilten Traumata oder Verlusten zutage fördern. Diese müssen möglicherweise einzeln für sich bearbeitet werden, bevor die emotionale Reaktion auf die Situation abflaut oder eine scheinbar erfolgreiche Behandlung sich als dauerhaft erweist.

Angenommen, Sie wurden im Alter von acht Jahren von einem Hund gebissen. Diese Erinnerung ist scheinbar schon lange vergangen und vergessen. Doch dann hören Sie, dass ein Nachbar von einem Hund gebissen und schwer verletzt wurde, und Sie entwickeln sofort eine Angst vor Hunden, die Sie mit 9 oder 10 bewerten. Die starke Angst und physiologische Erregung legen die Vermutung nahe, dass mehr als nur ein einziger Vorfall im Spiel ist. Die Behandlung des Problems «Angst vor Hunden» könnte Ihre Angst vielleicht ein wenig reduzieren, aber sie wird vermutlich nicht sehr effektiv sein, solange der Vorfall aus der Kindheit nicht bearbeitet worden ist. Der Umstand, dass Sie als Kind gebissen wurden, ist ein wichtiger Aspekt Ihrer «Angst vor Hunden», und Sie müssen vermutlich Ihr Augenmerk darauf richten, bevor Ihre akute Angst vor Hunden erfolgreich verschwindet.

Wenn Sie sich auf diese Erinnerung konzentrieren, stellen Sie vielleicht fest, dass sie eine ganze Reihe von Aspekten birgt. Das kann ein wenig dem Häuten einer Zwiebel ähneln. Physische Aspekte der Erinnerung können quälend sein und Beachtung verlangen, wie etwa das Gefühl, dass Ihnen das Blut am Bein herabläuft. Oder Sie erinnern sich lebhaft an Ihre Hilflosigkeit, als Sie sahen, wie der Hund die Zähne fletschte, um auf Sie loszugehen. Das wiederum kann andere mit dem Gefühl der Hilflosigkeit einhergehende Erinnerungen heraufbeschwören, deren emotionale

Ladung neutralisiert werden muss, bevor das ursprüngliche Problem vollständig und dauerhaft verschwindet. Ihr Unterbewusstsein weiß, woran Sie arbeiten, und wird Ihnen das, worauf Sie Ihr Augenmerk richten müssen, präsentieren. Wenn die auftauchenden Aspekte mit Hilfe der Grundtechnik geduldig und der Reihe nach behandelt werden, lassen sich die meisten psychischen Probleme unserer Erfahrung nach vollständig und dauerhaft lösen.

Bei bestimmten emotionalen Problemen, wie frei flottierender Angst oder hartnäckiger Scham, ist es gewöhnlich notwendig, die konkreten Ereignisse zu bearbeiten, durch die das Gefühl früher einmal ausgelöst wurde. Jedes davon bildet einen Aspekt des emotionalen Problems. Stellen Sie sich vor, das seelische Problem wäre ein Tisch. Während die Tischplatte das emotionale Problem – Ängstlichkeit oder Scham – darstellt, stehen die Tischbeine für die Aspekte des Problems, besonders für Ereignisse, die ähnliche Emotionen hervorgerufen haben. Sägt man die Beine ab, fällt der Tisch schließlich um. Statt also mit der «Tischplatte» oder dem Gesamtproblem zu beginnen, wie «Ich empfinde Scham», können Sie zunächst mit den «Beinen» arbeiten, indem Sie die Geschichte des Problems – ein Ereignis nach dem anderen – aufrollen und bearbeiten, bis das hartnäckige Schamgefühl verschwunden ist.

Zur Lösung des Problems ist es nicht notwendig, jeden Aspekt, der mit einem Problem einhergeht, wieder ins Gedächtnis zu holen und zu behandeln. Erfreulicherweise gibt es den Übertragungseffekt. Wenn Sie einige mit dem Problem zusammenhängende Ereignisse bearbeitet haben, beginnen sich die Wirkungen auf das zentrale Problem zu übertragen. Jemand, der beispielsweise hundert traumatische Erinnerungen an Missbrauch hat, wird feststellen, dass, nachdem fünf oder zehn neutralisiert wurden – manchmal müssen sogar bis zu zwanzig bearbeitet werden –, die übrigen ebenfalls allmählich ihre emotionale Wucht verlieren.

Während es häufig genügt, das offensichtliche Problem in allgemeine Worte zu kleiden und dabei zu klopfen, müssen Sie bei manchen Problemen die Aspekte so konkret wie möglich benennen. Besonders bei amorphen Störungen, wie Ängsten, ist es oft notwendig, mit konkreten Vorfällen zu arbeiten. Das können Kindheitserinnerungen, kürzer zurückliegende Ereignisse oder aktuelle Situationen sein. Wenn Sie die Emotionen im Zusammenhang mit diesen Ereignissen der Reihe nach neutralisieren, wird sich die Besserung schließlich auch auf das Hauptproblem übertragen.

Psychische Umkehrungen

Auch wenn die normale Eröffnungsaussage viele psychische Umkehrungen beseitigt, liegt die nach den ungelösten Aspekten zweithäufigste Ursache für eine ausbleibende Wirkung der Grundtechnik möglicherweise darin, dass der Wortlaut der Eröffnungsaussage die psychische Umkehrung *doch nicht* beseitigt hat. Das angestrebte Ziel löst immer noch eine psychische Umkehrung aus, sodass sich der Körper den anschließenden energetischen Behandlungen – beispielsweise der Grundtechnik – zur Erreichung des Ziels widersetzt.

Solche Konflikte sind aus bestimmten Gründen oft unbewusst. Hier müssen Sie Sherlock Holmes spielen und sich selbst auf die Schliche kommen. Es kann ein «Krankheitsgewinn» darin liegen, das Problem zu behalten – sei es, dass Sie Mitleid ernten wollen oder dass Sie eine Berufsunfähigkeitsversicherung beziehen. Das Problem abzustellen, kann einen Preis haben wie: «Wenn ich wirklich lerne, mich zu entspannen und mich nicht so hart anzutreiben, werde ich nicht so viel erreichen.» Hinter dem Festhalten am Problem kann auch der Wunsch stehen, jemanden zu bestrafen oder die Erwartungen anderer Menschen an Sie herunterzuschrauben. Wenn die Grundtechnik nicht funktioniert und Sie alle Aspekte bearbeitet haben, die Sie finden konnten, sollten

Sie nach eventuellen inneren Konflikten bezüglich der Überwindung des Problems Ausschau halten, um zu erkennen, wo es hakt. Gibt es einen Teil von Ihnen, der die Veränderung, um die Sie sich bemühen, gar nicht will? Wenn es Ihnen gelingt, eine solche psychische Umkehrung ausfindig zu machen, können Sie sie gewöhnlich mit dem Satz «Auch wenn ich [Beschreibung, warum Sie die Veränderung nicht wollen], liebe und akzeptiere ich mich selbst von ganzem Herzen» und einer gleichzeitigen energetischen Behandlung so weit entschärfen, dass das Klopfen mit dem Erinnerungssatz effektiv sein wird. Nach Ansicht einiger Therapeuten lassen sich psychische Umkehrungen auch überwinden, indem man den Karatepunkt klopft oder die schmerzenden Punkte im Brustbereich massiert und dieses Verfahren mit einer einfachen Absichtserklärung kombiniert wie «Auch wenn ich ..., möchte ich davon vollständig loskommen [benennen Sie das Problem]» oder «Ich komme von ... los». Die Wahl einer Eröffnungsaussage, mit der Sie sich selbst bejahen und die Ihnen etwas bedeutet, ist wichtiger als das spezielle Schema.

Es gibt verschiedene Arten der psychischen Umkehrung. Manchmal gilt eine psychische Umkehrung gar nicht der Überwindung eines bestimmten Problems, beispielsweise Gewichtsreduzierung, sondern ist allgemeinerer Natur. Unabhängig vom konkreten Ziel zeigt sich eine energetische Störung bei einem allgemeinen Satz in der Art von «Ich möchte glücklich sein». In einem solchen Fall kommt es möglicherweise nur zu geringen Fortschritten bei den konkreten Zielen, bis diese *übergeordnete psychische Umkehrung* bearbeitet wurde. In anderen Fällen hingegen ist die psychische Umkehrung auf spezielle Facetten des Ziels begrenzt.[7] Der oder die Betreffende zeigt vielleicht keine energetische Störung bei dem Satz «Ich *möchte* abnehmen», aber eine energetische Störung bei «Ich *verdiene* es, abzunehmen», «Es ist *ungefährlich*, abzunehmen» oder «Ich wäre nicht mehr *ich selbst*, wenn ich abnehmen würde». Haben Sie einen solchen inneren Konflikt aufgedeckt, empfiehlt sich dieselbe Strategie. Formulieren Sie einen Satz, mit dem Sie das Problem anerkennen, wie «Auch wenn ich es nicht verdiene, abzunehmen», und während Sie die schmerzenden Punkte auf der Brust massieren oder die Karatepunkte klopfen, fügen Sie gleichzeitig eine Aussage hinzu, die Selbstakzeptanz ausdrückt, wie «... liebe und respektiere ich mich selbst von ganzem Herzen».

Eine weitere beliebte Vorgehensweise ist die Wahlmethode. Bei diesem Ansatz liegt die Betonung auf Entscheidung und Möglichkeit statt auf der Selbstakzeptanz. «Auch wenn ich mir immer noch übermäßig große Sorgen über die Unzulänglichkeiten meines Sohnes mache, beschließe ich, daran zu denken, dass ich ihn von ganzem Herzen liebe und akzeptiere» oder «Auch wenn ich meinen Körper vernachlässige, beschließe ich, daran zu denken, dass ich es verdiene, Zeit für regelmäßigen und angenehmen Sport zu haben». Unabhängig vom Wortlaut besteht die Strategie darin, die energetischen Punkte anzuregen, mit deren Hilfe eine negative Selbstbewertung mit einem positiven Gedanken oder dem Erkennen einer Chance verknüpft werden können. Im Wesentlichen programmiert das den negativen Gedanken dazu, *Auslöser* für eine positive Wahl zu werden.

Die Wahlmethode[8] eignet sich für jede Situation, selbst solche, die aussichtslos oder überwältigend erscheinen. Ein depressiver Klient entwickelte in seiner ersten Therapiesitzung den Satz «Auch wenn mein Leben hoffnungslos ist, beschließe ich, in dieser Therapie unerwartete Hilfe zu finden». In einem Rundbrief an Kollegen einen Tag nach den Terroranschlägen vom 9. September, in dem sich die Psychologin Patricia Carrington zu der Frage äußerte, wie man Menschen helfen könne, mit den psychologischen Nachwirkungen des Anschlags umzugehen, empfahl sie die Wahlmethode mit Sätzen wie «Auch wenn ich angesichts dieses schrecklichen Geschehens fassungslos und verwirrt bin, beschließe ich, aus diesem Vorfall etwas ganz Wesentliches für mein eigenes Leben zu lernen» oder «Auch wenn ich ..., beschließe ich, ein ruhiger Fels in der

Brandung zu sein» oder «… beschließe ich, dass dieses furchtbare Ereignis mein Herz öffnen soll» oder «… beschließe ich, in all dem eine göttliche Absicht zum höheren Wohl aller zu erblicken».

Obwohl diese komplexeren Einblicke in psychische Umkehrungen Ihnen zu einem besseren Umgang mit ihnen verhelfen können, ist es jedoch am wichtigsten, dass Sie Ihr Augenmerk auf die Möglichkeit eines inneren Konflikts bezüglich Ihres Ziels richten. Sobald Sie einen solchen Konflikt feststellen, können Sie eine aus zwei Teilen bestehende Aussage nach dem Muster der hier bereits dargelegten Sätze formulieren und sie mit der Stimulation der energetischen Punkte kombinieren, um die störende Energie zu beseitigen, die auftritt, sobald Sie an Ihr Ziel denken.

«Wirre» Energien

Ein drittes Hindernis, das den Fortschritt blockiert, besteht darin, dass die Energien eines Menschen manchmal so wirr sind, dass die bloße Klopfakupressur zu sanft ist, um sich unter den vielen Störgeräuschen durchzusetzen. In solchen Fällen ist es notwendig, an den Energiestörungen im Körper zu arbeiten, bevor man sich direkt auf präzise psychische Probleme konzentriert. Kapitel 6 bietet einige Methoden, wie man dabei vorgeht. Auch wenn sich das unserer Einschätzung nach nur bei etwa fünf Prozent der Menschen, mit denen wir gearbeitet haben, als absolute Notwendigkeit erwiesen hat, kann es nützlich sein, dass Sie sich ein paar Minuten nehmen, um Ihre Körperenergien und insbesondere Ihr Nervensystem ins Gleichgewicht zu bringen, bevor Sie sich mit einem psychischen Problem befassen. Eine wirksame Sequenz zum Energieausgleich, die in den meisten Fällen den Körper und das Nervensystem so weit beruhigt, dass die Grundtechnik erfolgreich wirkt, finden Sie auf S. 267–282 unter «Das tägliche Fünf-Minuten-Programm».

Energetische Schadstoffe

Jede Substanz, die Ihr Immunsystem nicht kennt, kann Ihr Energiesystem stören. Wir sind einer unsäglich hohen Anzahl von synthetischen Stoffen ausgesetzt, die es nicht gab, als unser Körper sich entwickelt hat.[9] Mindestens 15 000 künstliche chemische Zusätze – von Süßstoffen über Farbstoffe und Haltbarkeitsmacher bis hin zu Pestiziden – sind allein in unserer Nahrung zu finden. Wir atmen die Abgase von Autos und Industrieschornsteinen und die Ausdünstungen der Dämmmaterialien unserer Häuser ein. Unser Körper muss laufend Attacken von Schadstoffen abwehren. Auch wenn er für diese Aufgabe brillant gerüstet ist, kann der ständige Beschuss seinen Tribut kosten.

Es hat oft eine toxische Wirkung auf unser Energiesystem, wenn wir künstlichen Substanzen permanent ausgesetzt sind. Auch wenn diese «energetischen Schadstoffe» das Leben der meisten Menschen nicht auf offenkundige Weise beeinträchtigen, können sie doch stetig an ihren Energien zehren. Methoden wie die im 6. Kapitel beschriebenen werden Ihnen helfen, dagegen widerstandsfähiger zu werden. Einige Menschen sind jedoch hochempfindlich und leiden an einer Reihe von gesundheitlichen Problemen, von allergischen Reaktionen über Asthma bis hin zu Autoimmunerkrankungen. Es gibt inzwischen Denkansätze, die energetische Methode für solche Probleme nutzbar zu machen.[10]

Zum Thema Grundtechnik und energetische Schadstoffe liegen eine Reihe von Berichten vor, wonach keine Fortschritte beim Klopfen erzielt wurden und alle anderen Methoden ebenfalls unwirksam waren, bis ein energetisches Gift beseitigt worden war; danach setzten die Fortschritte wieder ein. Bei dem energetischen Schadstoff konnte es sich um das Parfüm, das Haarspray, das Shampoo oder den Pullover des Betreffenden handeln. Es konnten auch die Teppiche oder Gardinen im Büro sein oder etwas, was die Betreffenden regelmäßig aßen. Gary kennt einen Fall, in dem eine chronische Depression vollständig verschwand, als der Betreffende kein Weizenmehl mehr aß. Die Depression kehrte zurück, als er wieder Weizenmehl zu sich nahm, und verschwand erneut, als das Weizenmehl weggelassen wurde. Wenn die Grundtechnik keine Wirkung zeigt, nachdem Sie mögliche psychische Umkehrungen und verborgene Aspekte des Problems erkannt und bearbeitet sowie alles für einen allgemeinen Energieausgleich getan haben (wie im 6. Kapitel beschrieben), sollten Sie die Möglichkeit in Betracht ziehen, dass irgendein Nahrungs- oder Umweltgift der Störfaktor ist.

In vielen Fällen löst die Grundtechnik bei beharrlicher Anwendung das Problem, auf das Sie sie anwenden. Wenn nicht, können Ihnen die Hinweise in diesem Abschnitt helfen, 1. weitere Aspekte des Problems, 2. psychische Umkehrungen, 3. «wirre» Energien oder 4. energetische Schadstoffe zu erkennen und zu bearbeiten. Angesichts einer so wichtigen Fähigkeit, wie es das Umprogrammieren problematischer Emotionen und Verhaltensweisen ist, lassen sich die Grundtechnik und die vier Methoden, die ihre Wirksamkeit erhöhen, mit einem mittleren Grad an Kenntnissen überraschend leicht meistern. In den folgenden beiden Kapiteln können Sie diese Kenntnisse noch erweitern und lernen, wie man die Grundtechnik auf eine große Bandbreite von Problemen und Zielen anwendet.

> In Kurzform: Wenn Sie den Stoff in diesem Kapitel durchgearbeitet haben, können Sie die Grundsätze mit Hilfe der folgenden Zusammenfassung rasch wiederholen. Sobald Ihnen die wesentlichen Prinzipien vertraut sind, bietet Ihnen die Liste auf S. 361 f. (Anhang 1) einen raschen Überblick über die Grundtechnik. Es empfiehlt sich, sie zu kopieren, um sie griffbereit zu haben.

Die Grundtechnik

1. Wählen Sie ein geeignetes Problem und bewerten Sie es

Benennen Sie eine Emotion, eine physische Reaktion, ein Denk- oder Verhaltensmuster, das Sie gern ändern möchten, und geben Sie ihm eine Punktzahl zwischen 0 und 10 je nach dem Ausmaß des Stresses, den Sie empfinden, wenn Sie es sich vergegenwärtigen.

2. Stellen Sie eine psychologische Empfänglichkeit für die Veränderung her

Sprechen Sie dreimal die Eröffnungsaussage (S. 61) nach dem Schema: *Auch wenn ich dieses* [beschreiben Sie das Problem] *habe, akzeptiere ich mich von ganzem Herzen.* Massieren Sie gleichzeitig die schmerzenden Punkte auf der Brust oder klopfen Sie die Karatepunkte.

3. Erste Behandlungsrunde (das «Sandwich»)

➥ Klopfen Sie ca. siebenmal die energetischen Standardpunkte (beginnend mit der Augenbraue, seitlich am Auge, unter dem Auge, unterhalb der Nase, Kinn, Ni-27, unter dem Arm und die Karatepunkte wie in Abbildung 2 auf S. 64 beschrieben), während Sie bei jedem Punkt den Erinnerungssatz wiederholen.

➥ Die 9-G-Folge: Schließen Sie die Augen, öffnen Sie die Augen, bewegen Sie die Augen in die untere rechte Ecke, in die untere linke Ecke, lassen Sie die Augen rechts herum kreisen, links herum kreisen, summen Sie, zählen Sie, summen Sie, während Sie den «Gamut-Punkt» klopfen (S. 72).

➥ Klopfen Sie erneut jeden energetischen Punkt etwa siebenmal, während Sie den Erinnerungssatz sagen (S. 69).

4. Weitere Durchgänge mit dem «Sandwich»-Verfahren

Fügen Sie «immer noch» und «leicht» oder «Spuren von» zu der Eröffnungsaussage (S. 61) und dem Erinnerungssatz hinzu (S. 69). Führen Sie bis zu fünf Wiederholungen durch.

5. Testen Sie die Ergebnisse

Wenn der Stress bei 0 oder nahe 0 liegt, versuchen Sie, die ursprüngliche Emotion wachzurufen. Wenn es Ihnen nicht gelingt, ist der Prozess abgeschlossen. Wenn doch, führen Sie einen weiteren Durchgang mit der Grundtechnik durch.

6. Wenn Sie keinen Erfolg haben

Richten Sie Ihr Augenmerk auf weitere Aspekte des Problems, psychische Umkehrungen, «wirre» Energien oder energetische Schadstoffe, und bearbeiten Sie diese.

3
An Problemen arbeiten

> Viele psychische Probleme lassen sich behandeln, ohne dass man umständliche Stadien der Entdeckung, des Ausdrückens der Gefühle und der kognitiven Restrukturierung durchlaufen muss, die häufig als Kennzeichen wahrer Psychotherapie gelten.
>
> FRED GALLO, *Energetische Psychologie*

Wenn Sie in die Suchmaschine der EFT-Website (www.emofree.com) ein beliebiges Problem aus dem Bereich der Psychologie oder Psychiatrie eingeben, werden Sie vermutlich feststellen, dass irgendjemand schon einmal erfolgreich energetische Methoden darauf angewandt hat. Das bedeutet nicht, dass es ausreicht, ein paar Mal eine Reihe von Akupunkturpunkten zu klopfen, um eine Schizophrenie zu heilen,[1] aber es bedeutet, dass Menschen Mittel und Wege gefunden haben, um Menschen mit psychotischen Störungen, wie Schizophrenie, neben einer Vielzahl anderer Erkrankungen mit Hilfe energetischer Methoden wirklichen Beistand zu leisten.

Wie wirken das Klopfen, Massieren, die 9-G-Folge und das Sprechen der Eröffnungsaussage und des Erinnerungssatzes zusammen, damit eine unerwünschte Reaktion im Bereich der Emotionen oder des Verhaltens nicht wieder auftritt?

➥ Wie im 1. Kapitel deutlich wurde, setzt ein harmloser Auslöser (ein Anblick, Geräusch, Gefühl oder Gedanke) chemische Ereignisse im Gehirn in Gang, die unerwünschte Emotionen oder Verhaltensweisen zur Folge haben.
➥ Wie im 2. Kapitel deutlich wurde, scheinen durch die gedank-

liche Aktivierung der Vorstellung oder Situation, die die Kettenreaktion auslöst, während Sie gleichzeitig klopfen, elektrische Impulse ausgesendet zu werden, die die unerwünschte Reaktion blockieren.

Vielfach ist damit das Problem, bei dem der oder die Betreffende Hilfe braucht, umgehend gelöst. In anderen Fällen muss ein Geflecht von miteinander verbundenen Auslösern erkannt und der Reihe nach neutralisiert werden. Das ist die Detektivarbeit, in die wir Sie in diesem Kapitel einführen werden.

Die Probleme, die am schnellsten ansprechen

Die Methoden der Energetischen Psychologie lassen sich auf vielen Ebenen anwenden. Die Hauptstrategie besteht darin, die gestörte *Konditionierung* zu löschen. Eine Konditionierung ist ein Gefühl oder Verhalten, das bei einer bestimmten Art von *Reiz* (einem inneren Bild oder einer äußeren Situation) automatisch auftritt. Sie setzen sich in ein Flugzeug und bekommen Panik. Sie hören den Namen des Exfreundes Ihrer Freundin und werden rasend eifersüchtig. Sie lehnen die Bitte eines Freundes ab, bei einem Komitee mitzumachen, das Sie uninteressant finden, und werden stundenlang von Schuldgefühlen gequält. Eine Fernsehwerbung erinnert Sie an Ihre Mutter, die 1992 gestorben ist, und Sie verfallen zum tausendsten Mal in untröstliche Trauer. Ihr Ehepartner hebt ein wenig die Stimme, als er eine Bitte äußert, und Sie möchten ihm eine Ohrfeige verpassen.

Wenn es einen eindeutigen Zusammenhang zwischen einem inneren oder äußeren Reiz und einer unwillkommenen Emotion oder einem automatischen Verhalten gibt, können Sie das Muster gewöhnlich mit einer einfachen Routineanwendung der

EFT-Grundtechnik unterbrechen. Um es zu wiederholen: Sie benennen die Reaktion, die Sie ändern möchten, und bewerten den Stress, den Sie bei der Vorstellung empfinden, mit einer Punktzahl zwischen 0 und 10. Sie formulieren die Eröffnungsaussage und sprechen sie laut, während Sie gleichzeitig die empfindlichen Punkte im Brustbereich massieren. Sie führen das Sandwich-Verfahren durch: 1. die Akupunktur-Klopfsequenz, während Sie bei jedem Punkt den Erinnerungssatz wiederholen, 2. die 9-G-Folge und 3. die nochmalige Wiederholung der Klopfsequenz. Sie führen eine erneute Bewertung durch und wiederholen das Sandwich mit leichten Abwandlungen der Eröffnungsaussage und des Erinnerungssatzes. Sie fahren fort, bis der Stress, den Sie empfinden, wenn Sie sich das Bild oder die Erinnerung vor Augen führen, abgebaut ist.

Probieren Sie dieses Vorgehen in den kommenden Tagen bei verschiedenen klar umrissenen Angelegenheiten aus, bei denen Sie immer dieselbe Reaktion zeigen:

- «Wenn ich anfange, müde zu werden, mache ich automatisch das Fernsehen an.» («*Auch wenn ich eine Schwäche fürs Fernsehen habe ...*»)
- «Ich verstreue meine Kleider über den ganzen Fußboden, obwohl ich die Absicht habe, sie nach dem Ausziehen aufzuhängen.» («*Auch wenn ich die Gewohnheit habe, meine Kleidung auf dem Fußboden zu verstreuen ...*»)
- «Jedes Mal, wenn ich mich hinsetze, um meine Steuererklärung zu machen, bekomme ich Angst.» («*Auch wenn ich Angst bekomme, sobald ich anfange, meine Steuererklärung zu machen, ...*»)
- «Wenn ich sehe, dass meine Tochter sich amüsiert, fange ich an, auf ihren schlechten Zensuren herumzureiten.» («*Auch wenn mir die schlechten Zensuren meiner Tochter keine Ruhe lassen ...*»)

Verwenden Sie die Grundtechnik exakt wie im 2. Kapitel beschrieben, und Sie werden überrascht sein, wie oft sich Ihre Reaktion damit verändert. Die Methode gibt Ihnen (buchstäblich) Mittel an die Hand, mit denen Sie sich von Emotionen befreien können, die Sie einschränken und Ihr Leben weniger erfreulich machen. Sobald Sie die im vorigen Kapitel dargestellten grundlegenden Methoden beherrschen, werden Sie imstande sein, Ihre innere Programmierung bei einer großen Bandbreite von Problemen zu verändern. Ein Kommentar, den wir von Menschen, die wir ausbilden, sehr häufig in der einen oder anderen Form zu hören bekommen, lautet: «Ich wünschte, ich hätte dies schon vor Jahren gewusst.»

Die folgenden Beispiele zeigen, wem und wobei die einfache Anwendung der Grundtechnik half: einer neunzehnjährigen Turnerin, die Leistungsängste hatte, einer Frau, die nach zwei Autounfällen innerhalb von sechs Wochen unter Schlaflosigkeit und Rückblenden litt, einem Raffineriearbeiter, der nach 35 Jahren das Rauchen aufgab, einer Frau, die extreme Angst vor einer Blasenoperation hatte, einer Sechsjährigen mit psychosomatischen Schmerzen, einer Mutter mit Flugangst, die sie auf ihre ein Jahr alte Tochter übertrug, einer alleinerziehenden Mutter mit zwei halbwüchsigen Töchtern, die unter Depressionen litt, einer Frau, die seit ihrer Kindheit Heißhunger auf Schokolade und Eis hatte, einer Dreizehnjährigen mit Angst vor der Dunkelheit, einem Jungen mit einer schweren Pferdeallergie, einem weiteren Jungen mit einer schweren Lesestörung und einer Frau, die nach einer plastischen Operation am Knie unter Schmerzen litt. Einzelheiten zu diesen Beispielen und viele weitere Fälle können Sie auf der Seite www.emofree.com nachlesen.

Natürlich ist eine Routineanwendung der Methoden nicht in jeder Situation wirksam. Selbst in Fällen, in denen sich der Auslöser und die unerwünschte Reaktion leicht benennen lassen, können weitere Faktoren beteiligt sein, auf die Sie Ihr Augenmerk richten müssen. Vier Gesichtspunkte, die es zu beachten gilt, um die Wirksamkeit des Klopfverfahrens zu erhöhen, wurden am Ende des 2. Kapitels genannt – Aspekte des Problems, psychische Umkehrungen, «wirre» Energien und energetische Schadstoffe.

Angesichts der Komplexität der menschlichen Emotionen lassen sich seelische Probleme überdies nicht unbedingt in klar benennbare Reiz-Reaktions-Muster einteilen. Oft ist eine sorgfältige Beobachtung notwendig, um herauszufinden, worauf Sie Ihre Aufmerksamkeit richten müssen. Wird der Fortschritt von verborgenen Aspekten oder psychischen Umkehrungen blockiert? Sind besondere Kenntnisse erforderlich, um mit einer bestimmten Art von Problem zu arbeiten, wie etwa einer Depression oder Sucht? Solche Fragen sind Gegenstand dieses Kapitels. Wir werden den Stoff anhand von Beispielen vermitteln, die veranschaulichen, wie die Energetische Psychologie mit Erfolg bei einer Bandbreite von Individuen und Problemen angewandt wurde. Sie erhalten auch einen Einblick in die Mechanismen der jeweiligen Erkrankung. Selbst wenn Sie nicht an einem der im Weiteren beschriebenen Probleme leiden, treffen einige Prinzipien zur Überwindung des Problems möglicherweise auch auf die Situationen zu, mit denen Sie es zu tun haben. Daher empfehlen wir Ihnen, jeden Abschnitt zu lesen. Die Darstellungen sind so abgefasst, dass sie Grundstrategien lehren, Möglichkeiten ausleuchten und auch das jeweilige Problem abhandeln. Verfahren Sie bitte im Rahmen der auf S. 44–46 erwähnten Grenzen dieses Buches, und sollten Sie anfangen, sich bei der Verwendung der hier dargelegten Techniken an irgendeinem Punkt unbehaglich zu fühlen, lesen Sie bitte Anhang 2: «Wenn das Programm Verunsicherung auslöst».

Ängste und Phobien

Energetische Behandlungen von Ängsten und Phobien sind ziemlich geläufig, teilweise weil sich die Ergebnisse so leicht demonstrieren lassen, wie beispielsweise bei der Frau in Südafrika, die sich triumphierend der Schlange näherte und sie berührte, nachdem diese sie Augenblicke vorher noch in Panik versetzt hatte. Aber Ängste und Phobien sind keineswegs die einzigen emotionalen Schwierigkeiten, bei der diese Methode Erfolg hat. Weiter hinten in diesem Kapitel werden energetische Behandlungen bei traumatischen Erinnerungen, Angst, Depression, Süchten, negativen Gewohnheiten und körperlichen Beschwerden vorgestellt. Jedes Thema wird von einem Fallbeispiel und einer Erläuterung der bei der Arbeit mit diesem Problem beteiligten Prinzipien begleitet.

Angst vor öffentlichem Auftreten

Sue hatte eine Sprachbehinderung, die bei ihr eine massive Angst vor öffentlichem Auftreten zur Folge hatte. Sie nahm an einem Workshop teil, der von Gary und seiner Kollegin Adrienne Fowlie geleitet wurde, und bat sie während der Mittagspause, ihr bei dieser Angst zu helfen. Sie zeigte ihnen eine Stelle am Hals, wo man ihr einen Kehlkopfkrebs entfernt hatte. Infolge dieser Operation war ihr Sprachvermögen eingeschränkt, und sie hatte Probleme, sich verständlich zu machen. Es war nicht verwunderlich, dass sie nicht gern vor anderen sprach. Genau genommen fürchtete sie sich davor und litt an den verschiedensten physiologischen Symptomen einer Phobie, von Herzrasen bis hin zu Übelkeit. Was das Ganze noch schlimmer machte, war, dass sie als Sergeant in der Armee oft vor ihren Truppen öffentlich reden musste.

Nach zwei Durchgängen mit der Grundtechnik hatte sie die Angst innerhalb weniger Minuten überwunden – zumindest so weit, dass die *Vorstellung*, vor einer Gruppe zu sprechen, ihr keinen Schrecken mehr einjagte. Als die Teilnehmer sich wieder versammelten, bat Gary sie, auf die Bühne zu treten, um die Ergebnisse einem weiteren Test zu unterziehen. Während sie sich der Bühne näherte, berichtete sie von einem erneuten Anflug von Angst, aber es war «nur eine 3» statt der «üblichen 10». Auf der Bühne wurde ein weiterer Durchgang mit der Grundtechnik durchgeführt, während sie dem Publikum zugewandt war, und ihre Angstbewertung sank auf 0. Sie nahm sich anschließend das Mikrophon und entzückte die Anwesenden mit einem Bericht von dem, was sich in der Mittagspause ereignet hatte. Sie wirkte ruhig und selbstsicher. Natürlich hatte sie ihre Sprachbehinderung nicht verloren, aber ihre Angst und die damit verbundenen körperlichen Reaktionen waren verschwunden. Auch wenn sich jemand nicht unbedingt in einen großen Redner verwandelt, sobald die Angst vor dem öffentlichen Auftreten verschwindet, werden doch das Herzklopfen, der trockene Mund und andere Symptome beseitigt, sodass der oder die Betreffende entspannt ist und sich die notwendigen rhetorischen Techniken aneignen kann.

Klaustrophobie

Eine 37-jährige Frau, die mit 30 Jahren einen schweren Schlaganfall erlitten hatte, meldete sich in einem Seminar, das David hielt, als Freiwillige zu einer Behandlung vor der Gruppe. Unmittelbar nach ihrem Schlaganfall hatte man sie in die Röhre eines Computertomographen gesteckt, was sie in Angst und Verwirrung gestürzt hatte. Sie geriet in Panik, als sie nicht herauskonnte, und wurde von einem furchtbaren Schrecken überwältigt. Seither hatte sie eine so ausgeprägte Klaustrophobie entwickelt, dass es ihr unmöglich war, bei ausgeschaltetem Licht und unter einer Bettdecke zu schlafen, durch Tunnel zu fahren oder Fahrstühle zu besteigen. Die Angst war nicht nur enorm lästig, sie untergrub auch ihr Vertrauen, als sie versuchte, wieder sprechen zu lernen.

Nach einer 20-minütigen Behandlung, bei der ihre energetische Reaktion auf geschlossene Räume mit Hilfe der Klopfsequenz neu programmiert wurde, sank ihre Angst bei der Vorstellung, sich in einem geschlossenen Raum aufzuhalten, auf der 10-Punkte-Skala von 10 auf 0. Als Test schlug David ihr vor, während der Pause mit ihrem Partner in ihr Zimmer zu gehen und den Wandschrank zu betreten. Nachdem sie die Tür des Wandschranks hinter sich geschlossen hatte, löschte ihr Partner das Licht. Sie blieb fünf Minuten dort, ohne Angst zu empfinden. Als sie der Gruppe nach ihrer Rückkehr berichtete, was geschehen war, sagte sie, ihr einziges Problem sei gewesen, dass sie sich gelangweilt habe. Die anderen Teilnehmer, die noch knapp eine Stunde vorher miterlebt hatten, wie ihre Stressbewertung bei 10 und mehr lag, wenn sie nur an einen geschlossenen Raum *dachte*, waren restlos erstaunt. An diesem Abend schlief sie zum ersten Mal seit sieben Jahren mit ausgeschaltetem Licht und unter der Bettdecke. Ihr Partner war außer sich vor Freude.

Sechs Wochen nach dieser einzigen Behandlung kam folgende E-Mail an:

> Sie werden es nicht glauben! Ich habe den Test aller Klaustrophobietests bestanden. Ich habe ganz allein fast eine Stunde im Fahrstuhl festgesessen. Früher wäre ich durchgedreht und die Wände hochgegangen, aber ich war ruhig, habe mich auf den Fußboden gesetzt und geduldig auf die Techniker gewartet ... Es war eine erstaunliche Bestätigung, dass ich keine Klaustrophobie mehr habe!!!!!!! Danke. Danke.

Immer mehr klinisches Beweismaterial deutet darauf hin, dass ihre Phobie mit hoher Wahrscheinlichkeit nicht zurückkehren wird, es sei denn, es findet durch unglückliche Umstände eine erneute Retraumatisierung in einer Situation statt, die mit geschlossenen Räumen zu tun hat.

Das Wesen von Phobien

Man kann sich denken, unter welchen Selbstvorwürfen beide Frauen jahrelang vor der Behandlung litten. Wir leben in einer Kultur, die irrationale Ängste als Charakterschwäche betrachtet und Menschen auffordert, sich zusammenzureißen. Beide Frauen zeigten im Übrigen großen Mut im Umgang mit ihren Ängsten, aber ihre innere Schaltung war so eingestellt, dass die Ängste stärker wurden, je mehr sie versuchten, sie zu überwinden. Bei einer Behandlung, die auf die innere Schaltung statt auf die Gefühle und das Verhalten abzielte, lösten sich die Ängste in wenigen Minuten auf.

Ungefähr zehn Prozent der Bevölkerung leiden an einer oder mehreren Phobien. Phobien verursachen unsägliches Elend und schränken das Leben der Betroffenen oft massiv ein. Es gibt Hunderte von möglichen Phobien, aber die Grundtechnik kann helfen, ganz gleich, wodurch die irrationale Angst ausgelöst wird. Da derselbe neurologische Prozess abläuft, wendet man dieselbe Strategie an, unabhängig vom Auslöser. Zu den verbreitetsten Auslösern gehören die Angst vor:

öffentlichem Sprechen	Zahnärzten	Bienen
	dem Fliegen	geschlossenen Räumen
Spinnen und anderen Insekten	Geschwindigkeit	
	Hunden	Autofahren
offenen Plätzen	Schlangen	Ablehnung
Gewässern	Nadeln	Männern
Krankheit	Brücken	Alleinsein
Höhen	Telefonen	

Es besteht ein himmelweiter Unterschied zwischen einer normalen Angst und einer Phobie. Angst ist ein Überlebensmechanismus, eine evolutionäre Errungenschaft zur Vermeidung von Gefahren. Sie umgeht die Vernunft und setzt eine Reihe von automatisierten Reaktionen in Gang, mit deren Hilfe unsere Vorfahren angesichts tödlicher Gefahren überleben konnten. Wenn Sie Auto fahren und plötzlich ein Lastwagen in die Straße vor Ihnen einbiegt, sind keine langen inneren Dialoge erwünscht, bevor Ihr Fuß auf die Bremse tritt. Einige unserer Verhaltensmuster, die auf Angst gründen, sind notwendig, um die klügere, aber sehr viel langsamere Vernunft zu umgehen. Eine automatische Angstreaktion heftet sich an eine Situation – oder wird auf sie konditioniert – aufgrund einer Kombination aus ererbten Reaktionen (z. B. Flucht oder Kampf) und Erfahrungen, die uns lehren, was gefährlich ist.

Eine Phobie oder irrationale Angst heftet sich an Objekte oder Situationen, die entweder objektiv keine Gefahr oder Bedrohung darstellen, oder an solche, in der sich die Bedrohung besser durch normale Vorsicht als durch eine ausgewachsene Alarmreaktion abwenden ließe. Vorsicht beim Anblick einer Schlange oder Spinne ist sinnvoll. Beide könnten uns gefährden. Aber Herzklopfen, Kopfschmerzen, Übelkeit, Erbrechen, Schweißausbrüche, Tränen oder andere aus einem langen Katalog von Symptomen übertriebener Angst sind nicht nur unnütz, sie machen uns in der Situation auch weniger handlungsfähig. Die phobische Reaktion, jener Grad an Angst, der die die normale Vorsicht übersteigt, leistet keinen Beitrag zu unserer Sicherheit.

Menschen stellen oft mit Erstaunen fest, wie schnell eine lebenslange Phobie verschwinden kann. Das veranlasst sie jedoch anschließend nicht, sich unsinnigen Gefahren auszusetzen. Der Prozess raubt ihnen nicht ihr Urteilsvermögen; sie springen nicht plötzlich von hohen Gebäuden oder küssen Grizzlybären. Normale Vorsicht und Umsicht gehen nicht verloren, wenn die Meridianenergien ins Gleichgewicht gebracht werden, um eine phobische

Reaktion zu neutralisieren. Allerdings haben Menschen, die eine Phobie mit Hilfe von energetischen Techniken überwunden haben, in Situationen, in denen sie ursprünglich phobisch waren, meist weniger Angst als andere. Fast jeder Mensch hat beispielsweise eine gewisse Höhenangst. Wenn man 100 Menschen bittet, von einem hohen Gebäude herunterzuschauen, haben viele zumindest ein leicht mulmiges Gefühl, selbst wenn sie nicht in Gefahr schweben. Das mulmige Gefühl ist eine physiologische Begleiterscheinung der Angstreaktion. Menschen hingegen, die ihre Höhenangst mit dem Klopfverfahren überwunden haben, empfinden nicht einmal ein mulmiges Gefühl. Ihre innere Schaltung ist verändert. Sie besitzen nur noch eine gesunde Vorsicht.

Die Grundtechnik auf eine Phobie anwenden

Es ist gewöhnlich ganz einfach, die Eröffnungsaussage und den Erinnerungssatz für eine Phobie zu formulieren. Zum Beispiel: «Auch wenn ich Höhenangst habe ....» (Eröffnungsaussage) und «Höhenangst» (Erinnerungssatz). Es spielt keine Rolle, wie stark die Phobie ist oder wie lange Sie schon darunter leiden. Das überrascht viele Menschen, denn die meisten gehen davon aus, dass lange bestehende, starke Phobien tief verankert sind und es Monate oder Jahre dauert, sie loszuwerden. Nicht so beim energetischen Ansatz. Auch wenn die Beseitigung einiger Phobien mehr Zeit in Anspruch nimmt als die anderer, liegt der Grund dafür nicht in ihrer Stärke oder in der Dauer ihres Bestehens, sondern vielmehr in ihrer *Komplexität*. Höhenangst kann eine simple konditionierte Reaktion sein: Aufgrund eines einzigen Vorfalls, der vielleicht schon lange in Vergessenheit geraten ist, lösen Situationen, die mit Höhen zu tun haben, Panik aus. Sie kann aber auch komplexer gestaltet sein und zahlreiche Vorfälle in der Vergangenheit beinhalten: beispielsweise die Erinnerung, früher einmal vom Baum gefallen zu sein, die Erinnerung daran, wie jemand aus der Höhe gestürzt ist, oder die Erinnerung an eine Panikattacke auf dem Skilift. Jeder Vorfall bildet einen Aspekt der Phobie, und diese Aspekte müssen oft nacheinander behandelt werden, damit die Phobie vollkommen verschwindet.

Bei vielen Phobien reicht es aus, sich mit dem offenkundigsten Aspekt zu beschäftigen, was bedeutet, sich den Gegenstand der Angst ins Bewusstsein zu rufen. Ein paar kurze Durchgänge mit der Grundtechnik werden gewöhnlich zur Lösung genügen. Wenn Sie sich nach mehreren Durchgängen jedoch immer noch nicht besser fühlen, konzentrieren Sie sich auf eine frühe Erinnerung, die mit dieser Angst zu tun hat, und wenden Sie die Grundtechnik darauf an. Wenn ein weiterer Aspekt auftaucht – angenommen, es geht bei dieser Erinnerung um einen Freund, der beim Einsturz eines Balkons zu Tode kam, und Sie werden von Schmerz überwältigt –, behandeln Sie diese Gefühle. Arbeiten Sie mit jedem Aspekt der Erinnerung. Vergessen Sie nicht: Ihr Unterbewusstes weiß, woran Sie arbeiten, es wird Ihnen die Anteile präsentieren, auf die Sie das Augenmerk richten müssen. Ist diese Erinnerung neutralisiert, schauen Sie, ob Ihnen eine andere in den Sinn kommt, und behandeln Sie auch diese. Natürlich wissen Sie am Anfang nicht, wie viele Aspekte das Problem hat. Als Faustregel können Sie davon ausgehen, dass alle wichtigen Aspekte des Problems neutralisiert sind, wenn im Zusammenhang mit dem ursprünglichen angstauslösenden Gedanken keine intensiven Emotionen mehr auftauchen.

Psychische Umkehrungen sind bei Phobien seltener als bei anderen Störungen, wie etwa Süchten, wo sie fast immer eine Rolle spielen. Wenn Ihre Fortschritte bei der Arbeit mit einer Angst oder Phobie jedoch ins Stocken geraten, fragen Sie sich, was geschehen würde, wenn Sie diese Angst nicht mehr hätten. Als man einer Frau, die ihre Flugangst durch das Klopfen nicht verlor, diese Frage stellte, gestand sie verlegen: «Dann müsste ich meinen Mann auf seinen furchtbaren Geschäftsreisen begleiten.» Eine andere Frau, deren Angst auf ein Ereignis in der Kindheit zurückging, bei dem ein Mann, dem sie vertraute, ihr einen grausamen Streich gespielt hatte, erkannte, dass sie dem Mann vergeben müsste, wenn sie ihre Angst überwand. Das Unterbewusste arbeitet auf verschlungenen Wegen. Halten Sie sorgfältig Ausschau nach einem eventuellen inneren Abkommen, das Ihre Angst oder Phobie aus den falschen Gründen in Gang hält. Wenn Sie ein solches vermuten, formulieren Sie eine entsprechende Eröffnungsaussage (z.B. «Auch wenn ich Groll auf Johannes habe und lieber daran festhalten möchte, als meine Phobie zu überwinden, liebe und akzeptiere ich mich selbst von ganzem Herzen»). Sprechen Sie den Satz dreimal, während Sie die schmerzenden Punkte im Bereich der Brust massieren oder die Karatepunkte klopfen. Dann fahren Sie mit der Klopfsequenz fort.

Ist der Erfolg dauerhaft, wenn die Phobie geheilt ist?

Auch wenn es erstaunlich erscheinen mag: Wie unsere Erfahrung und die vieler anderer Therapeuten belegt, hält die Heilung gewöhnlich über die Therapiestunden hinaus an. Eine grundlegende energetische und neurologische Veränderung hat sich im Hinblick auf die auslösende Situation vollzogen, und es spielt keine Rolle, ob Sie bloß an die Situation denken oder sie tatsächlich erleben. Wenn das Problem jedoch wiederkehrt, hat es fast immer damit zu tun, dass nun Aspekte auftauchen, die bei der Behandlung nicht voll berücksichtigt wurden, oder dass die betroffene Person durch eine frische Erfahrung neu traumatisiert wurde. Denken Sie beispielsweise an die Spinnenphobie, bei der das Krabbeln der Spinne nicht in die ursprüngliche Behandlung mit einbezogen worden war und beim nächsten Durchgang berücksichtigt werden musste, bevor der Anblick einer echten Spinne keine Angst mehr auslöste. Bleiben Sie aufmerksam. Wenden Sie die Grundtechnik auf jeden zusätzlichen Aspekt des Problems an, der Ihnen klar wird.

Multiple Phobien

Manchmal leiden Menschen unter mehr als einer Phobie. Sie sollten der Reihe nach behandelt werden. Vergewissern Sie sich beispielsweise, dass Ihre Schlangenphobie ganz aufgelöst ist, bevor Sie sich Ihrer Klaustrophobie zuwenden. Stellen Sie anschließend sicher, dass Sie Ihre Klaustrophobie komplett neutralisiert haben, bevor Sie Ihre Angst vor dem Autofahren in Angriff nehmen. Überdies sind einige Phobien, die man auch «komplexe Phobien» nennt, in Wirklichkeit mehrere Phobien im Gewand einer einzigen. Das könnte beispielsweise für die Flugangst gelten. Sie könnte folgende Komponenten umfassen: 1. die Angst, auf relativ engem Raum eingeschlossen zu sein, 2. die Angst vor dem Fallen, 3. die Angst vor Turbulenzen, 4. die Angst vor dem Starten, 5. die Angst vor dem Landen und 6. die Angst, mit Menschen eingeschlossen zu sein. Behandeln Sie bei einer komplexen Phobie jede Komponente, die Sie erkennen können, als separates Problem. Möglicherweise sind dazu mehrere Durchgänge erforderlich, aber eine beharrliche Anwendung der Grundtechnik kann sogar eine komplexe Phobie innerhalb von relativ kurzer Zeit dauerhaft neutralisieren.

Traumatische Erinnerungen und andere einschneidende Lebensereignisse

Viele Menschen werden von traumatischen Erinnerungen gequält. Diese Erinnerungen können von einem körperlichen Schock nach einer Naturkatastrophe, einer Verletzung, einem Unfall oder Verlust herrühren. Manchmal liegt aber auch ein seelischer Schock vor, beispielsweise bei Körperverletzung, emotionalem Missbrauch, Vergewaltigung oder ungerechter Behandlung. Das erneute Durchleben eines traumatischen Vorfalls aus der Vergangenheit oder auch nur die Erinnerung daran kann äußerst schmerzhaft sein. Die Wirkungen können von relativ harmlosen Reaktionen, wie Kopfschmerzen oder Magenschmerzen, bis hin zu einer vollständigen inneren Lähmung reichen. Viele Menschen erleben eine Vielzahl von Symptomen: Wenn eine traumatische Erinnerung auftaucht, bekommen sie bisweilen starkes Herzklopfen, fangen an zu schwitzen, zu schreien oder zu zittern. Auch sexuelle Störungen, Trauer, Wut, Depression oder andere emotionale oder physische Probleme können die Folge sein. Und selbst wenn solche Erinnerungen häufig gar nicht ins Bewusstsein dringen, können sie hinter den Kulissen Schaden anrichten, indem sie bei den Betroffenen Hemmungen oder Abwehr erzeugen und dadurch Selbstzweifel, Argwohn, Angst oder Albträume auslösen.

Wie schon erwähnt, besteht der Ansatz der Energetischen Psychologie bei traumatischen Erinnerungen darin, die durch die Erinnerung verursachte starke emotionale Reaktion mit Hilfe von elektromagnetischen Impulsen an das Gehirn zu unterbrechen. Anders als bei vielen anderen Therapien liegt der Schwerpunkt nicht darauf, die Erinnerung und ihre Bedeutung zu analysieren. Stattdessen arbeitet man mit den Akupunkturpunkten. Natürlich verlieren Sie nicht den Zugang zu Ihrer Erinnerung, nachdem die damit in Zusammenhang stehenden Emotionen neutralisiert wurden, aber der Gedanke daran wird keine gefühlsmäßige Katastrophe mehr bei Ihnen auslösen.

Manchmal wird die Frage laut, ob eine Behandlung, die die Wirkungen eines persönlichen Traumas mit fast chirurgischer Präzision neutralisiert, einen Menschen nicht der Einsicht und Selbsterkenntnis beraubt, die er bei einer gründlichen Untersuchung des Problems gewinnen würde. Kann man einem psychischen Problem überhaupt «auf den Grund gehen», ohne es im Detail zu untersuchen? Unserer Erfahrung nach führt die Beseitigung der von der Erinnerung verursachten energetischen Störung zu einer Steigerung der Selbsterkenntnis. Wenn die Überschwemmung durch die Gefühle abklingt, verändert sich die Einstellung der Menschen gegenüber ihren Erinnerungen fast umgehend. Sie sprechen anders über sie, nicht mehr angst-, sondern verständnisvoll. Ihr Auftreten und ihre Haltung deuten auf eine völlig neue und gelassenere Beziehung zu ihrer Erfahrung hin. Das deckt sich mit den neurologischen Veränderungen, die stattgefunden haben. Was sich verändert hat, ist, dass die Betroffenen nun an die Erinnerung denken und über sie sprechen können, ohne neu traumatisiert zu werden. Die Selbsterforschung wird also nicht umgangen, sondern die Betroffenen bekommen Zugang zu ihren rationalen Fähigkeiten und sind imstande, selbst das schrecklichste Erlebnis in einem realistischen und angemessenen Licht zu sehen. Was das heißt, wird anhand der beiden nächsten Fälle deutlich.

Sexuelle Probleme nach einer Vergewaltigung in der Kindheit

Sandy und ihr Partner erschienen bei einem unserer Kollegen[2] zur vorehelichen Beratung. Zu den Problemen, die sie belasteten, gehörte ihre sexuelle Beziehung. Obwohl Sandy schon einmal verheiratet gewesen war, reagierte sie mit unkontrollierbar negativen

Gefühlen, wenn ihr Verlobter das Liebesspiel eröffnete. Er brachte Geduld, Freundlichkeit und Verständnis auf und schien aufrichtig an einer erfüllten gemeinsamen Sexualität interessiert. Auch wenn sie bereitwillig zugab, dass sie keine Probleme mit seiner Haltung hatte, waren ihr seine Annäherungsversuche unangenehm und zuwider. Sie suchten Hilfe für dieses Problem und vereinbarten dazu einen Einzeltermin für Sandy.

Als sie erschien, fragte der Therapeut freundlich: «Gibt es etwas von früher, worüber Sie reden möchten?» Sie brach sofort in Tränen aus. Rote Flecken bildeten sich auf ihrer Haut, und als sie ihre Geschichte erzählte, schluchzte sie immer wieder heftig und rang nach Atem: «Als ich sieben Jahre alt war, wohnten wir in [einer Kleinstadt auf dem Lande]. Eines Tages nahm mich mein Stiefvater zu einem Spaziergang auf der Landstraße mit. Es war Sommer. Wir wanderten einen Hügel hoch. Dann blieben wir stehen. Er zog mich aus, und anschließend zog er sich aus.»

An dieser Stelle rang sie nach Luft. Der Therapeut stoppte sie und sagte, es sei nicht nötig, weiterzuerzählen. Er bat sie, ihren mit dieser Erinnerung verknüpften Stress zu bewerten; offensichtlich eine 10. Dann leitete er sie durch die Klopfsequenz, zunächst ohne Eröffnung. Ihre Stressbewertung fiel von 10 auf 6. Danach gab er ihr eine Eröffnungsaussage, die mit den Worten begann: «Auch wenn ich immer noch einige ...», und darauf folgte eine weitere Klopfsequenz. Dieses Mal bewertete sie den Stress nur noch mit 2. Dann formulierten sie eine weitere Eröffnungsaussage, die mit den Worten begann: «Auch wenn ich nie vollständig darüber hinwegkommen werde ...», der sich ein letzter Klopfdurchgang anschloss.

Mittlerweile ging Sandys Atem wieder ruhig. Die Flecken auf der Haut waren verschwunden, die Augen hatten einen klaren Ausdruck, und sie blickte auf ihre Hände, die zusammengefaltet in ihrem Schoß lagen. Der Therapeut sagte: «Sandy, während Sie jetzt hier sitzen, denken Sie noch einmal an jenen heißen Sommertag zurück, als Ihr Stiefvater Sie auf den Spaziergang mitnahm. Denken Sie daran, wie Sie den Hügel hinaufgewandert sind, bis Sie angehalten haben. Denken Sie daran, wie er Ihnen die Kleider ausgezogen hat. Denken Sie daran, wie er seine Kleider ausgezogen hat. Wie lautet Ihre Bewertung jetzt?»

Sie saß ungefähr fünf Sekunden regungslos da, dann schaute sie ruhig auf und erwiderte ohne übermäßige Emotion: «Ich hasse ihn immer noch.» Nachdem der Therapeut ihr zugestimmt hatte, dass der Hass möglicherweise eine vernünftige und nützliche Reaktion sei, fragte er: «Aber wie steht es mit dem Stress, den Sie empfinden?»

Wieder zögerte sie kurz, bevor sie antwortete. Dieses Mal lachte sie, als sie sagte: «Ich weiß nicht. Ich kann ihn nicht greifen. Es ist 20 Jahre her. Ich war ein kleines Mädchen. Ich konnte mich damals nicht so schützen, wie ich es heute kann. Welchen Sinn hat es, sich über so etwas aufzuregen...? Ich werde nie mehr zulassen, dass dieser Mann mich anrührt, und ich lasse meine Kinder nicht in seine Nähe. Ich weiß nicht, es scheint mich nicht mehr so zu belasten wie früher.»

Nach dieser einen Therapiestunde hatte sie keine negativen Gefühle mehr, wenn ihr Partner sich ihr sexuell näherte. Bei einer Nachfrage nach zwei Jahren berichtete sie, dass das Problem «vom Tisch sei», und ihr Partner und jetziger Ehemann bestätigte, dass es keine Anzeichen der früheren Schwierigkeiten mehr gab. Es ist auch beachtenswert, dass Sandy am Ende der Therapiestunde wie beiläufig von ihrem Trauma sprach und es in einen konstruktiven Zusammenhang stellte: «Es ist 20 Jahre her. Ich war ein kleines Mädchen. Ich konnte mich damals nicht so schützen, wie ich es heute kann.» Solche Veränderungen in Verbindung mit traumatischen Erinnerungen, deren emotionale Ladung mit Hilfe einer energetischen Behandlung gelöst wurde, sind typisch.

Die Schichten des sexuellen Missbrauchs abschälen

Der obige Fall wurde ausgewählt, weil er so unkompliziert ist, dass man dem Geschehen leicht folgen kann. Wir haben es mit nur einem traumatischen Ereignis, einem Aspekt und sofortigen Ergebnissen zu tun. Nicht immer verläuft der Weg so geradlinig. Wie Rachel ihre Therapeutin wissen ließ,[3] hatte sie den sexuellen Missbrauch in der Kindheit bereits in einer anderen Therapie aufgearbeitet, dennoch wurden ihre intimen Beziehungen immer noch durch Ängste und andere Emotionen blockiert. Sie gab an, dass sie Menschen «auf Abstand» hielt und ihre Mitte verlor, wenn sie sich auf eine Beziehung einließ, und sie erklärte, dass ihre Beziehungen aus diesem Grund immer «ins Auge gegangen» waren.

Die Therapeutin akzeptierte ihre Versicherung, dass sie den sexuellen Missbrauch in ihrer Kindheit während der letzten Therapie aufgearbeitet hatte, nicht unbesehen. Energetische Therapeuten lernen rasch, dass Klienten, die eine konventionelle Behandlung hinter sich haben, mit diesen Worte nicht unbedingt meinen, dass sie die Emotionen los sind. Das Problem kann weiterhin einen Impuls im Gehirn hervorrufen, der eine gestörte emotionale Reaktion auslöst. Damit soll nicht gesagt werden, dass die Klienten lügen. «*Aufarbeiten*» heißt häufig, dass sie in der Therapie wiederholt über das Problem gesprochen haben, um Einsicht und Verständnis zu gewinnen und anschließend besser damit zurechtzukommen. Sie haben vielleicht gelernt, mit der emotionalen Reaktion umzugehen, sie zu verdrängen oder das Thema zu wechseln, wenn die Sprache darauf kommt. Aber sobald man eine gezielte Frage stellt, die ins Schwarze trifft, zucken sie häufig zusammen, brechen in Tränen aus und entwickeln körperliche Reaktionen oder andere Symptome eines immer noch unerledigten Problems. Aus Rachels anhaltenden Schwierigkeiten mit der Intimität schloss die Therapeutin, dass die emotionalen Folgen ihres sexuellen Missbrauchs nicht genügend aufgelöst waren.

Sie erkundigte sich, was Rachel fühlte, wenn sie über ihre Beziehungen sprach, und Rachel beschrieb ihre körperliche Reaktion so: «Ich habe ein Grummeln und Luft im Bauch. Er hält noch immer an irgendetwas fest und lässt es nicht los. Irgendetwas ist nicht richtig verarbeitet.» Die Therapeutin ließ sie daraufhin die Klopfsequenz durchführen mit einer Eröffnungsaussage, die mit den Worten begann: «Auch wenn es etwas gibt, was ich nicht verdauen und verarbeiten kann ...» Rachels Bauch beruhigte sich beim Klopfen, und als Nächstes fragte ihre Therapeutin: «Was sagt Ihnen Ihr Bauch, wenn Sie ihn fragen, was Sie nicht verdauen und verarbeiten können?» Rachel antwortete: «Zu viel Aufregung. Ich kann sie einfach nicht verarbeiten. Sie überwältigt mich.» Rachel führte anschließend die Klopfübung durch mit dem Satz «Auch wenn mich zu viel Aufregung überwältigt....». Das brachte sie zu der Einsicht: «Ein Teil von mir hasst dieses Gefühl ..., während ein anderer Teil süchtig danach ist. Es ist wie jugendliche Energie. Ich liebe die Aufregung.»

Die Therapeutin bat sie, sich darin einzufühlen, ob diese beiden gegensätzlichen Teile Spannung oder Angst in ihr hervorriefen. Wie Rachel erklärte, wollte sie lernen, beides zu behalten – die Aufregung ohne Überreizung zu genießen. Als Nächstes klopfte sie mit dem Satz «Auch wenn ich zur Überreizung neige ...». Danach stiegen Bilder aus der Kindheit hoch. Wenn sie sich als Kind gut gefühlt hatte, konnte sie es nicht aushalten. Sie musste «losgehen und die Energie verpulvern». Das machte sie auch als Erwachsene. Wenn sie sich gut fühlte, wollte «sie ausgehen und feiern».

Als Nächstes bat die Therapeutin sie, die Augen zu schließen, sich vorzustellen, dass es ihr gutging, und ihre Reaktion wahrzunehmen. Löste es ein ruhiges Gefühl bei ihr aus? Machte es ihr Angst? Rachel ging ein Licht auf. Sie erkannte, dass darin der Kern ihrer Unfähigkeit lag, erfolgreiche Beziehungen einzugehen. Immer wenn sie jemandem nahekam und es zu genießen begann, wurde die Angst so groß, dass sie die Beziehung sabotierte.

Also führte Rachel einen Klopfdurchgang mit «Auch wenn es mir Angst macht, mich gut zu fühlen ...». Tränen traten ihr in die Augen. Sie erkannte, dass sich der sexuelle Missbrauch in ihrer Kindheit «manchmal gut angefühlt hatte, aber er war schlecht». Noch immer trug sie die massive innere Botschaft mit sich herum, dass es nicht in Ordnung war, sich gut zu fühlen. Sie führte eine Klopfrunde durch mit «Auch wenn ich gelernt habe, dass es schlecht ist, mich gut zu fühlen ...» und «Auch wenn mein inneres Kind glaubte, dass es schlecht ist, sich gut zu fühlen, liebe und akzeptiere ich mein inneres Kind von ganzem Herzen und weiß, dass es ein liebes Mädchen war und keine Schuld hatte». Der Prozess war sehr bewegend. Zum ersten Mal empfand sie wahres Mitgefühl mit diesem verwirrten Teil von sich selbst. Als Nächstes führte sie eine Klopfrunde durch, um die Überzeugung loszulassen, dass es schlecht war, sich gut zu fühlen.

Die 90-minütige Therapiestunde war damit noch nicht zu Ende. Rachel klopfte anschließend, um ihren Schmerz zu bewältigen, dass sie niemanden gehabt hatte, dem sie sich hätte anvertrauen können. Sie arbeitete auch an ihrer Trauer um all das, was ihr entgangen war, weil sie als Erwachsene keine Bindungen zu anderen Menschen eingehen konnte. Schließlich kam sie in Kontakt mit einigen sehr positiven Kindheitserinnerungen: Sie erinnerte sich beispielsweise daran, dass sie in einer bestimmten Sportart sehr gut gewesen war und sich, wenn sie sich ganz dem Fluss der Bewegung überließ, mit ihrem Körper großartig gefühlt hatte – «gleichzeitig gut und ruhig». Mit Hilfe ihrer Therapeutin lernte sie, dieses Gefühl, zugleich lebendig und dennoch nicht überdreht zu sein, dadurch zu verstärken, dass sie bestimmte Punkte «positiv massierte»; sie regte die schmerzenden Punkte im Brustbereich an, während sie diese positive Erinnerung Revue passieren ließ und sagte: «Einfach ruhig und im Fluss.»

In der nächsten Therapiestunde berichtete Rachel: «Kontakte mit Menschen fühlen sich anders an. Ich fühle mich leicht, wenn ich mit Menschen zusammen bin. Ich bin ihnen einfach näher. Es ist, als wäre die Angst verschwunden. Es gibt einen Teil von mir, der sich jetzt richtig friedlich fühlt. Und dabei war ich wirklich voller Energie!»

Auch wenn hier nicht der Eindruck erweckt werden sollte, dass sexueller Missbrauch ohne therapeutische Hilfe überwunden werden kann, ist dieser Fall in mehrerer Hinsicht lehrreich. Zum einen veranschaulicht er, dass mit ungeheiltem Missbrauch häufig Schuldgefühle einhergehen. Menschen konzentrieren sich oft auf ihre Wut und ihre Opfergefühle, aber Rachels Dilemma, dass «es schlecht ist, sich gut zu fühlen», ist nicht ungewöhnlich.

Sexueller Missbrauch hat mit unseren erogenen Zonen zu tun. In einigen Fällen hat er sich nicht nur furchtbar oder verwirrend, sondern gleichzeitig auch gut angefühlt. Solche Gedanken sind nicht populär. Aufgrund des sozialen Drucks konzentrieren sich Opfer von Missbrauch vor allem auf ihre Wut und ihr Opfersein und weniger auf ihre Schuldgefühle. Wut und andere Gefühle, die mit dem Missbrauch einhergehen, lassen sich nach außen auf den Täter lenken, und das ist sicher richtig. Aber wenn Schuldgefühle da sind, müssen auch diese angeschaut und innerlich gelöst werden. Sie verlangen, dass wir persönlich die Verantwortung für ein anhaltendes Problem übernehmen. Aus diesem Grund wehren sich Menschen oft dagegen, an ihren Schuldgefühlen zu arbeiten. Missbrauchsopfer müssen sich jedoch manchmal die innere Erlaubnis geben, die Beteiligung von Schuldgefühlen zu erkennen, wenn sie die anhaltenden emotionalen Probleme infolge des Missbrauchs voll und ganz loswerden wollen.

Die Grundtechnik auf eine schwierige Erinnerung anwenden

Zu den weiteren Prinzipien, die Rachels Fall deutlich macht, gehört:

1. dass an einem so komplexen Problem wie Beziehungsschwierigkeiten viele Aspekte *beteiligt sein können,*
2. dass die Lösung eines Aspekts auf den nächsten hindeuten kann, wenn Sie einfach Ihre inneren Reaktionen zur Kenntnis nehmen,
3. dass aktuelle Probleme oft zu Kindheitserinnerungen führen und
4. dass jeder Aspekt mit Hilfe der Grundtechnik rasch gelöst werden kann. Jeder Durchgang nimmt nur etwa eine Minute in Anspruch.

Im Unterschied zu Rachels Fall kann man viele traumatische Erinnerungen auflösen, ohne sich überhaupt um irgendwelche anderen Aspekte außer der zentralen Erinnerung zu kümmern. Es bedarf nur einiger wiederholter Anwendungen der Grundtechnik, damit die energetische Störung wie auch die anschließende Emotion nicht mehr auftaucht. Die Erinnerung verliert ihre emotionale Besetzung, und in vielen Fällen ist die Veränderung dauerhaft.

Es gibt jedoch traumatische Erinnerungen, bei denen mehrere Aspekte im Spiel sind. Sie sind zeitaufwendiger in der Behandlung, weil die Aspekte erkannt und anschließend der Reihe nach bearbeitet werden müssen. Aber selbst wenn Extradurchgänge mit der Grundtechnik notwendig sind, kann es am längsten dauern, die relevanten Aspekte der Erinnerung ausfindig zu machen.

Eine hilfreiche Technik, um die wesentlichen Aspekte einer Erinnerung oder eines Problems zu erkennen, besteht darin, mental einen Film von der betreffenden Erinnerung oder der Situation zu drehen. Auf diese Weise treten die wesentlichen Probleme deutlicher hervor. An sich gleicht eine traumatische Erinnerung bereits einem Kurzfilm, der in Ihrem Kopfkino abläuft: Sie besteht aus einem Anfang, Hauptdarstellern, bestimmten Ereignissen und einem Ende. Gewöhnlich laufen solche «Filme» blitzartig ab und enden mit der vertrauten unerwünschten Emotion. Aufgrund dieses Tempos merken wir oft nicht, dass der Film möglicherweise verschiedene Aspekte enthält, von denen jeder für sich zu der negativen Emotion beiträgt. Die emotionale Reaktion scheint vom Film als Ganzem herzurühren.

Wenn Sie den Film jedoch im Zeitlupentempo ablaufen lassen, können Sie die verschiedenen Aspekte erkennen und anschließend bearbeiten. Genau das ist die Technik, die wir empfehlen: Lassen Sie den Film im Zeitlupentempo ablaufen und untersuchen Sie ihn Szene für Szene. Wenn Sie Sorge haben, dass es traumatisch sein könnte, sich den Film noch einmal vorzustellen, gibt es einen wichtigen Zwischenschritt: Beginnen Sie mit der Technik des «Traumas ohne Tränen» (S. 52), bei der Sie lediglich raten, *wie es sein würde*, an das Problem zu denken, und dann nehmen Sie mit Hilfe der Grundtechnik so viel Emotion aus der Erinnerung, dass Sie sich psychologisch ohne allzu großes Unbehagen in die Szene hineinbegeben können.

Dann lassen Sie die Erinnerung als kurzen mentalen Film ablaufen (vielleicht ein bis drei Minuten). Erzählen Sie den Film dabei *laut*. Erzählen Sie ihn einem Freund, einem Spiegel, einem Kassettenrecorder oder einfach dem Raum vor Ihnen. Erzählen Sie ihn unbedingt in allen Einzelheiten. Das verlangsamt den Film automatisch, weil Worte viel langsamer als Gedanken sind.

Während Sie ihn im Detail erzählen, wird Ihnen jeder Aspekt bewusst. Halten Sie an, sobald *irgendein* starkes Gefühl auftaucht (denken Sie daran, diese Methode soll den Schmerz möglichst gering halten), und wenden Sie die Grundtechnik bei diesem Teil der Geschichte an, als wenn es sich um eine separate traumatische

Erinnerung handeln würde. Das *ist* tatsächlich der Fall; sie ist nur im größeren Film untergegangen. Gehen Sie den Film auf diese Weise durch und halten Sie bei jedem Aspekt an. Bringen Sie jeden auf 0, bis Sie die ganze Geschichte ohne starke negative Emotion erzählen können.

Wie schon erwähnt, bestehen viele traumatische Erinnerungen aus nur einem Aspekt. Andere bestehen aus zwei oder drei Aspekten. Mehr als drei sind relativ selten. Wie viele es auch sein mögen, seien Sie beharrlich. Wenn Sie von mehreren traumatischen Erinnerungen verfolgt werden, wenden Sie dieselbe Strategie an, die Sie auch bei mehreren Ängsten oder Phobien anwenden würden: Behandeln Sie sie der Reihe nach. Nehmen Sie sich zuerst die intensivste Erinnerung vor und bringen Sie sie auf 0, bevor Sie sich der nächsten zuwenden. Anschließend nehmen Sie die nächste an die Reihe, bis alle neutralisiert sind. Im Laufe des Prozesses werden Sie wahrscheinlich ein Gefühl von Freiheit erleben, das an Euphorie grenzen kann. Es ist eine ungeheure Erleichterung, nutzlosen Ballast abzuwerfen. Manche Menschen, wie Kriegsveteranen oder Opfer von rituellem Missbrauch, können unter Hunderten von traumatischen Erinnerungen leiden. Wenn sie beginnen, einige der Erinnerungen mit der Unterstützung eines energetisch orientierten Therapeuten zu neutralisieren, kommt es schließlich zu einem Übertragungseffekt (S. 32). Wenn 5 bis 20 Erinnerungen aufgelöst sind, sinkt ab einem bestimmten Punkt die emotionale Stärke der übrigen. Der Übertragungseffekt hat sie neutralisiert. Selbst wenn jemand Dutzende von schrecklichen Erinnerungen hat oder mehr, muss die Befreiung nicht lange auf sich warten lassen.

Angst

Die neun Prozent Amerikaner, die in einem beliebigen Untersuchungszeitraum von sechs Monaten unter einer Angststörung leiden, haben eins gemeinsam – sie sehnen sich nach Befreiung. Auch wenn Angst eine Emotion ist, die uns dazu veranlassen soll, vor Gefahren zu fliehen, oder in Situationen, die effektives Handeln erfordern, voll präsent und motiviert zu sein, wird die Erfahrung schwer erträglich, wenn die Notfallreaktion längere Zeit anhält. Furcht ist eine zentrale, tief sitzende Überlebensreaktion, die uns zum Handeln bewegen soll. Angst ist Furcht ohne konkretes Objekt oder Handlungsimpetus, doch sie kann sich leicht an alle Arten von vermeintlichen Bedrohungen hängen. Sie erfüllt uns nicht nur mit Panik, Schrecken, verzehrender Furcht, übermäßiger Sorge, entsetzlichen Rückblenden oder wahrscheinlich erscheinenden Horrorszenarien. Sie kann auch Zittern, Übelkeit, Herzrasen, Magenbeschwerden, Muskelschmerzen, Erschöpfung, Benommenheit, Unruhe oder Schlaflosigkeit hervorrufen. Über dieses psychische und physische Leiden hinaus kann Angst die Leistungsfähigkeit eines Menschen beeinträchtigen. Im Teufelskreis chronischer Angst wird die Furcht vor der nächsten Angstattacke zu einer weiteren Quelle der Angst. Das ist keine Störung, die man ignorieren kann. Es ist auch keine, die man *willentlich* abstellen kann, selbst wenn man es mit aller Kraft möchte.

Die Wutanfälle eines kleinen Kindes

Erfreulicherweise sprechen Angststörungen besonders gut auf energetische Behandlungen an. Man muss den Gegenstand der Angst nicht benennen können, was von Vorteil ist, da Angst oft ohne erkennbaren Grund frei flottiert oder durch plötzlich auftauchende Objekte ausgelöst wird und sprunghaft von einer vermeintlichen Bedrohung zur nächsten wechselt. Auch wenn das folgende Beispiel nicht direkt von Angst handelt, zeigt es doch, dass die Techniken wirksam sein können, selbst wenn man die Ursache des Problems nicht genau kennt.

Der dreijährige Evan hatte unkontrollierbare Wutanfälle, wenn er nicht seinen Willen bekam. Evans Eltern waren viel beschäftigte Ärzte, die ihn häufig in die Obhut anderer Leute gaben. Gina und ihr Mann, ein Paar, das ihn oft betreute, nahmen Evan mit, als sie ihren Freund Blair besuchten, um mit ihm einen gemeinsamen Waldspaziergang zu unternehmen. Als sie vor Blairs Tür standen, war Evan noch sehr schüchtern und wandte sich bei der Begrüßung ab, aber im Laufe des Spaziergangs taute er auf, und schließlich war er bester Laune. Am Ende setzten sie sich gemeinsam an ein Bachufer in der Nähe von Blairs Haus und warfen Steine ins Wasser.

Als es Zeit zum Aufbrechen war, weigerte sich Evan zu gehen und bekam einen heftigen Wutanfall. Gina trug ihn den Hügel hinauf, während er schrie, schluchzte und in ihren Armen strampelte. Dann setzte sie ihn in seinen Kindersitz im Auto und ließ die Tür offen. Er schrie weiter, während die Erwachsenen sich entfernten, um sich zu beratschlagen.

Blair wollte wissen, was sie gewöhnlich taten, wenn er sich so aufführte. «Gar nichts», sagte Gina. «Er will einfach seinen Willen haben. Wenn ich mit ihm rede, wird es noch schlimmer, und dann geht der Streit los. Deshalb warte ich, bis er sich beruhigt hat.» Sie berichtete, dass Evan bei einem Psychotherapeuten und einem Sprachtherapeuten in Behandlung war. Blair wollte wissen, was die Spezialisten in diesem Fall vorschlugen. «Nichts», antwortete Gina. «Sie warten einfach, bis er sich ausgeheult hat.»

Blair[4] war zwar kein professioneller Therapeut, aber er kannte sich ein wenig mit EFT aus. Er bat Gina um Erlaubnis, «etwas auszuprobieren», und Gina willigte ein. Er ging zu dem immer noch brüllenden Kind und sagte: «Alles in Ordnung. Ich weiß, dass du es im Augenblick schwer hast.» Dann beugte er sich herab, nahm Evans kleine Hand und begann, die Karatepunkte zu klopfen, während er sagte: «Evan, auch wenn du im Augenblick sehr aufgeregt bist, lieben wir dich alle.» Er klopfte die Punkte an Evans Augen. «Auch wenn du im Augenblick sehr aufgeregt bist, bist du so, wie du bist, in Ordnung.» Nachdem er das Gesicht und Brust des Jungen geklopft hatte, hörte das Weinen auf. Evan fing an zu lächeln und wischte sich die Tränen ab. Blair führte den Durchgang zu Ende, klopfte Evans Handrücken, hielt einen Moment lang seine Hand und ließ sie dann los. Evan hatte sich beruhigt. Gina war verblüfft. «Wie hast du das gemacht? Normalerweise kann er gar nicht zuhören, wenn er seinen Anfall hat, und wird ganz wild, wenn man ihn anfasst! Wie hast du das geschafft?»

Diese Geschichte (und viele andere dieser Art) belegt, dass die Grundtechnik funktioniert, unabhängig davon, ob man an sie glaubt oder die Ursache der Gefühle versteht. Durch das Klopfen wurden an Evans Gehirn Signale geleitet, die den Wutanfall unterbrachen, was seine Wut zum Abflauen brachte. Da er bereits mitten in der Emotion steckte, erübrigte sich der Erinnerungssatz.

Eine Zwangsstörung

Kurz vor ihrem zwanzigsten Lebensjahr war bei Diane eine Zwangsneurose diagnostiziert worden, eine Angsterkrankung, die mit Verhaltensritualen, Grübeleien in der Art von «Habe ich die Haustür abgeschlossen?» und Schwierigkeiten einhergehen kann, sich an neue Situationen anzupassen. Jetzt, wo sie dreißig war und schwanger werden wollte, hatte sie den Wunsch, von den Medikamenten loszukommen, die sie seit zehn Jahren einnahm. Wenn sie in der Vergangenheit versucht hatte, die Tabletten abzusetzen, hatte eine extreme Angst sie dazu gezwungen, sie wieder einzunehmen. Inzwischen hatte sie glücklicherweise eine gute Unterstützung und war hoch motiviert. Sie blieb weiter bei ihrem Psychiater in Behandlung und suchte zusätzlich den Arzt Dr. David Lake auf in der Hoffnung, dass die energetische Arbeit ihr helfen würde, von den Tabletten loszukommen. Er berichtet:

> Angesichts der Schwere der Erkrankung, meiner begrenzten Erfolge mit EFT bei der Behandlung schwerer Zwangsneurosen und der potenziellen Komplikationen für Diane hielt ich ihre Bitte für ziemlich verwegen. Dennoch dachte ich, es könne einen Versuch wert sein, ihr die Meridianstimulation beizubringen und sie bei ihr anzuwenden. Ich wusste nicht, ob Diane imstande sein würde, ganz ohne Medikamente auszukommen – und sagte ihr das auch. Ich teilte ihrem Psychiater mit, dass ich ihr eine Technik zur Entspannung und zum Umgang mit Stress beibringen würde, die manchmal auch noch andere günstige Wirkungen hatte.
>
> Zu ihren Symptomen gehörte, dass sie zwanghaft bestimmte Einzelheiten «kontrollierte», bevor sie aus dem Haus ging, und anschließend meistens einen zweiten Kontrollgang durchführte, da sie «vergessen» hatte, ob sie das betreffende Detail wirklich überprüft hatte. Die Prozedur konnte eine Stunde in Anspruch nehmen. Sie litt überdies unter Panikattacken und einer generalisierten Angst. Sie hatte erst kürzlich eine Flugangst entwickelt und sollte in nächster Zeit einen Flug antreten. Ich sagte ihr, wir würden mit EFT experimentieren und sehen, ob es ihr half. Anfangs brachte ich ihr mit gutem Erfolg eine Variante der Meridianstimulation bei, die ich «kontinuierliches Klopfen» nenne (siehe http://www.eftdownunder.com/articles_EFT.html#Continual). Diane stellte fest, dass ihre Zwänge beträchtlich nachließen. Besonders angetan war sie davon, eine Selbsthilfetechnik kennenzulernen. Nach einer Woche begannen wir ihre begrenzenden Glaubenssätze bezüglich ihrer Zwangsneurose

zu untersuchen und verwendeten dazu formelles EFT und die Provokationsmethode, die, wie Steve Wells und ich meinen, ein hervorragendes Verfahren ist, um Probleme zu beleuchten und in den Griff zu bekommen. Zu Dianes größten Ängsten gehörte, dass sie der Krankheit ein Leben lang ohnmächtig ausgeliefert sein könnte und die Symptome womöglich noch schlimmer werden würden. Manchmal war die Angst während einer solchen Attacke «lähmend» und «schrecklich»; letztlich fürchtete Diane, dass sie kein Ende mehr nehmen würde. Es gab mehrere solcher Zwischenfälle von starker Panik, die mit dem Klopfen sehr aufwendig deaktiviert werden mussten, indem wir Garys ausgezeichnete Erzähltechnik verwendeten.[5]

Diane setzte ihre Übungen zu Hause fort und wendete der Einfachheit halber dabei hauptsächlich das kontinuierliche Klopfen an. Sie benutzte das Klopfverfahren, das ich ihr beigebracht hatte, öfter und effektiver als irgendjemand sonst, den ich kenne. Am Ende der dritten Stunde sagte sie mir, sie habe ihre Medikamente abgesetzt, da sie sich mit EFT sehr wohl fühle. Ich war beunruhigt, weil man diese Medikamente langsam reduzieren soll, aber da es ihr gutzugehen schien, machten wir weiter. Wie sie mir berichtete, war ihre Angst noch einmal aufgeflammt, aber sie hatte sie mit dem Klopfen nach einer halben Stunde in den Griff bekommen. Auch ihre Flugangst war «zu 95 Prozent» verschwunden, als sie das nächste Mal ein Flugzeug bestieg. Ungefähr sechs Wochen nach Behandlungsbeginn hatte sie eine mehrere Stunden anhaltende Panik- und Angstattacke, die nicht so gut auf EFT ansprach. Das wertete sie als Rückschritt; dennoch setzten wir das Experiment fort. Ein weiterer Zwischenfall dieser Art ereignete sich einige Wochen später.

Danach behielt Diane mit Hilfe von EFT die Kontrolle über ihre Symptome. Ihre Zuversicht wuchs, und sie war ausgeglichener, akzeptierte sich mehr und war weniger selbstkritisch. Spuren ihrer alten Kontrollmechanismen und Ängste waren noch vorhanden, aber sie beeinträchtigten ihr Leben nicht mehr. Wir führten ungefähr sechs EFT-Sitzungen in drei Monaten durch, und etwa sechs Monate später wurde sie schwanger. Sie hatte das, was ich normale Ängste nennen würde, was die Schwangerschaft und Mutterschaft anbetraf. In einem fortgeschrittenen Schwangerschaftsstadium suchte sie mich wegen einer Angst auf, die sie «nicht loswurde»; es ging darum, ob ihre ständige Besorgnis dem Baby schaden könnte und das Baby in Ordnung sei. Wir behandelten die neuen Ängste auf dieselbe Art wie alle ihre ursprünglichen Ängste und Zukunftssorgen – mit viel kontinuierlichem Klopfen und dem üblichen EFT bei jedem Aspekt, den wir fanden. Sie fürchtete sich auch davor, die Verantwortung für ein hilfloses Wesen zu tragen.

In Anbetracht dessen, wie universell diese Ängste bei werdenden Müttern sind, fand ich es erstaunlich, wie «normal» Diane war. Sie verlor nicht die Kontrolle und stellte sich der Realität sehr gut, indem sie weitere Bewältigungsstrategien lernte und begriff, dass auch andere Menschen mit Problemen zu kämpfen hatten. Die Fortschritte, die sie von Anfang an machte, waren für mich überraschend. Ich habe vorher noch nie einen so schnellen Erfolg bei einem so schweren Fall von Zwangsneurose erlebt, und das nach relativ wenigen Therapiesitzungen.

Dies ist, wie schon erwähnt, ein klinisches Beispiel. Bei einer schweren Angststörung sollte unbedingt ein Therapeut zurate gezogen werden. Der Umgang mit einer relativ extremen Situation in einem therapeutischen Rahmen gibt jedoch auch Anregungen, wie man energetische Methoden bei alltäglichen Ängsten anwenden kann.

Die Behandlung einer lähmenden Angst

Die 25-jährige Rikki, die seit fünf Jahren unter einer Agoraphobie (einer Angst vor großen oder öffentlichen Plätzen) mit schweren Paniksymptomen litt, wurde von einem Arzt, der versucht hatte, die Angst mit Homöopathie zu behandeln, in die Psychotherapie geschickt.[6] Rikki weigerte sich, einen Psychiater aufzusuchen, weil sie nicht bereit war, die üblichen Angst senkenden Medikamente einzunehmen. Obwohl sie eine Tochter von 22 Monaten hatte, hatte sie in den fünfzehn Monaten vor Beginn der Therapie selten das Haus verlassen. Sie war von lähmender Angst gequält und fürchtete sich praktisch vor allem. In der ganzen Zeit war sie weder Auto gefahren noch hatte sie ihr Viertel verlassen; Lebensmittel und andere Vorräte ließ sie sich anliefern.

Angesichts dieser Umstände machte die Therapeutin Hausbesuche, die von Therapiestunden am Telefon ergänzt wurden. Nachdem Rikki das Klopfverfahren beherrschte, beriet sie die Therapeutin telefonisch bei der Anwendung der Methode auf neue Situationen. Rikkis Angst, was die «Unsicherheit der Welt» betraf, wurde durch eine Vielzahl von negativen Gedanken und Überzeugungen ausgelöst und genährt, die alle mit «*Was ist, wenn ...*» begannen, worauf ein «*Dann ...*»-Satz folgte, in dem sie sich den schlimmsten Fall ausmalte. Ein Beispiel: «Was ist, wenn ich mit dem Auto zu meiner Großmutter fahre, an der Ecke Main/Elm Street im Verkehr steckenbleibe, auf die Toilette muss, nervös werde und es nicht wieder nach Hause schaffe?» Rikki war klar, dass ihre Gedanken ihre Panik anheizten, aber sie konnte sie nicht stoppen.

Die Therapie begann mit dem Aufspüren ihrer Gedanken und ihres komplexen Systems von negativen Überzeugungen. Jeder neue Gedanke, der sie quälte, wurde mit der Grundtechnik aufgelöst. Obwohl sie auf das Verfahren gut ansprach, äußerte sie häufig noch eine weitere Angst: dass die Anerkennung ihrer Probleme zur

Verstärkung ihrer Angst führen könnte. In solchen Momenten bat die Therapeutin sie, innezuhalten und mit dem Satz zu klopfen: «Auch wenn es mich ein wenig nervös macht, fortzufahren ...» Anschließend konnte sie weitermachen. Dadurch, dass Rikki lernte, ihre negativen Gedankenmuster aufzudecken, und eine Methode hatte, sie loszuwerden, fühlte sie sich allmählich stärker.

Nach der ersten Therapiestunde war sie in der Lage, ihre Wohnung angstfrei zu verlassen. Nach der zweiten Stunde fuhr sie die drei Blocks in die Stadt, ging mit ihrer Tochter in die Bibliothek und begann täglich, kurze Ausflüge zu unternehmen. Ihr Leben normalisierte sich allmählich. Selbst als sie ein zentrales Problem entdeckte und die Angst zurückkehrte, konnte sie weiter in die Stadt fahren.

Dieses Problem hatte mit einem LSD-Trip im Alter von 16 Jahren zu tun. Die Erfahrung, den Halluzinationen und Wahrnehmungsverzerrungen zwölf endlose Stunden hilflos ausgeliefert zu sein, hatte bei ihr ein Trauma hinterlassen. Sie schilderte ihre Scham- und Schuldgefühle, dass sie die Droge genommen hatte, und die damit einhergehende Traumatisierung. Die Verarbeitung dieses Erlebnisses nahm zwei Sitzungen in Anspruch. Zunächst setzte sie mit Hilfe der Grundtechnik bei ihren Scham- und Schuldgefühlen an. Dann wandte sie die Grundtechnik darauf an, dass sie es überhaupt wagte, die Erinnerung hochzuholen und über sie zu sprechen, da sie einen Flashback befürchtete, wenn sie über ihre Emotionen sprach und sie noch einmal durchlebte. Anschließend befasste sie sich mit ihrem Gefühl, dass die energetische Arbeit gefährlich war, und der Angst, etwas zu entdecken, was ihr noch mehr Schmerz bereiten würde. Sie und ihre Therapeutin wurden Partner in dem Prozess des Aufdeckens und Bearbeitens ihrer Ängste bezüglich der energetischen Arbeit, mit deren Hilfe sie sich vom Trauma des LSD-Trips und ihrem komplexen System negativer Überzeugungen befreien wollte. Es war für diese junge Frau eine tiefe Erfahrung, als sie sich von ihrer Agoraphobie und ihren

Panikattacken befreite, indem sie mit ihren «quälenden Angstgedanken» und dem «Was-ist-wenn-Denken» Frieden schloss.

Die Anwendung der Grundtechnik auf Angst

Wie schon erwähnt, ist das keine Ermutigung, schwere psychische Erkrankungen im Alleingang zu behandeln. Vielmehr können diese Einblicke in die erfolgreiche Behandlung einer schweren Angststörung mit Hilfe der Grundtechnik eine bessere Grundlage für die Anwendung der wesentlichen Prinzipien auf normale Ängste des Alltags schaffen.

Die meisten Menschen stehen jeden Tag vor beängstigenden Situationen. Es genügt, die Nachrichten zu hören oder an die Sorgen um Kinder, Gesundheit und Rente zu denken. Weitere Beispiele erübrigen sich; jeder weiß, was gemeint ist. Aber es ist auch nicht notwendig oder nützlich, sich mit dem zu beschäftigen, was alles schieflaufen könnte. Angst und Pessimismus verhindern weder ein Unglück, noch machen sie uns handlungsfähiger. Besonders in diesen unruhigen Zeiten ist es wichtig, die eigene Angst in Schach zu halten. Mit mehr Optimismus stehen Sie den schlimmen Dingen nicht unvorbereiteter und hilfloser gegenüber, sondern werden ganz im Gegenteil widerstandsfähiger und effektiver, wenn es darum geht, die Herausforderungen des Lebens zu bewältigen.[7] Energetische Methoden können dabei helfen, unnötige Angst abzustellen und – wie im nächsten Kapitel deutlich wird – negatives und pessimistisches Denken in eine Einstellung zu verwandeln, die es Ihnen ermöglicht, den Schwerpunkt auf die wünschenswerten und realistischen Möglichkeiten zu legen.

Interessanterweise bildete zwar eine traumatische Erfahrung einen der wesentlichen Aspekte von Rikkis Angst, aber die «Was-ist-wenn»-Gedanken und negativen Überzeugungen richteten nicht minder viel Schaden an. Es sei daran erinnert, dass Rikki, als die energetischen Methoden Erfolg zeigten, Ängste im Hinblick auf den Prozess selber entwickelte. Sie machte sich Sorgen, dass das Anerkennen der Probleme womöglich die Angst verstärkte oder dass es genügte, an den LSD-Trip zu denken, um einen Drogentrip auszulösen. Als diese negativen Gedanken kamen und sich auf die Therapie selbst auswirkten, machte die Therapeutin *sie* geduldig zum Gegenstand der Klopfbehandlungen. Nach diesem Muster können Sie auch bei sich selbst verfahren. Wenn Sie sich mit Ihrer Angst beschäftigen, sind die Aspekte, die höchstwahrscheinlich auftauchen werden, alte Erinnerungen, die zu der aktuellen Angst beigetragen haben, und negative Gedanken, die sie nähren. Beide werden auf die Grundtechnik ansprechen.

Depression

Geschätzte 40 Millionen Menschen in den USA sind klinisch depressiv, mit steigender Tendenz. Depression kann anhaltende Traurigkeit und Lethargie hervorrufen, ein Gefühl persönlicher Wertlosigkeit, negative Gedanken und Wahrnehmungen, ein Verlust des Interesses an normalen Aktivitäten, Veränderungen in Ess- und Schlafgewohnheiten und häufige Todesgedanken. Auch wenn man die depressiven Symptome bei Millionen von Menschen medikamentös erfolgreich behandeln kann, sind die genauen Ursachen und Mechanismen der Störung weiterhin ungeklärt. Patienten müssen oft verschiedene Mittel durchprobieren, bevor sie das Medikament finden, das sich für sie am besten eignet, und selbst dann haben die Tabletten manchmal nicht den erhofften Behandlungserfolg und oft leichte bis schwere Nebenwirkungen.

Geklärt ist, dass das Gehirn bei Depressiven anders funktioniert als bei Nichtdepressiven. Die Wiederherstellung der normalen Gehirnfunktion ist das Ziel sämtlicher Behandlungen bei Depression – entweder direkt mit Hilfe von Medikamenten oder indirekt durch die Entwicklung von lebensbejahenderen Verhaltensweisen, Einstellungen und Denkmustern. Indem das Gehirn elektromagnetische Impulse erhält, während man sich auf die verschiedenen Komponenten der Depression konzentriert, kann man mit Hilfe der Energetischen Psychologie die normale Funktion *manchmal* ziemlich leicht wiederherstellen.

Wenn ein Mensch, der mit einer Kette schwerer und scheinbar nicht enden wollender Probleme konfrontiert ist, depressiv wird, ist das sicher nachvollziehbar. Depressive Phasen haben eine Funktion. Manchmal auch als «reaktive Depressionen» bezeichnet, zwingen uns solche Phasen, langsamer zu werden, uns nach innen zu wenden und einen Verlust oder einen schwierigen Umstand zu verarbeiten. Entweder wir haben eine gesunde Reaktion und gehen gestärkt und widerstandsfähiger aus einer solchen Phase hervor, oder es entsteht ein endloser Kreislauf, der uns in einem Rad von negativem Denken und Selbstzweifeln gefangen hält. Ist das der Fall, können Sie die Grundtechnik auf die aktuellen Erfahrungen anwenden, die die Depression ausgelöst haben («Auch wenn ich Billy furchtbar vermisse ...»), oder auf verschiedene andere Aspekte der Depression, wie negative Denkmuster («Auch wenn ich mich immer noch bei den verpassten Chancen aufhalte ...») oder unverarbeitete Kindheitserlebnisse («Auch wenn mich dies daran erinnert, wie fertig ich mit elf Jahren war, als meine Großmutter starb ...»).

Eine Frau behandelt ihre jahrelange Depression

Maggie war 58 Jahre alt und hatte ihr Leben lang unter einer «leichten» Depression gelitten, die nach ihren eigenen Angaben nie ganz verschwunden war: «Sie hat im Hintergrund immer gelauert, und manchmal war sie sehr stark.» Mit Ausnahme von Medikamenten hatte sie jede erdenkliche Hilfe ausprobiert, von Primärtherapie über Akupunktur bis hin zu Ernährungsberatung. Nichts hatte einen durchschlagenden Erfolg gehabt. Sie berichtete, dass es ihr zwar ein wenig geholfen hatte, Alkohol, Kaffee und Zigaretten aufzugeben, aber die meiste Zeit litt sie weiter unter Problemen. Als sie trotz ihres starken Widerwillens schließlich sogar Psychopharmaka in Betracht zog, entdeckte sie EFT. Innerhalb von zwei Tagen, in denen sie sich die Methode mit Hilfe eines Selbststudienprogramms mit den hier dargelegten Prinzipien und Techniken beibrachte und anwendete, konnte sie nach eigenen Angaben ihre «Bühnenangst heilen, und von da an befasste ich mich mit all meinen traurigen und ängstlichen Gefühlen». Nach einem Monat war die Depression verschwunden. Ihre Freunde machten Bemerkungen über die Veränderungen, die sie bei ihr wahrnahmen. Anschließend konzentrierte sie sich auf ihre «verleugnete Kreativität»; sie hatte früher gern Gedichte geschrieben, und nun fingen sie «wieder an zu fließen». Ihre neue «gesunde Haltung» begann ihr so normal zu erscheinen, dass sie «beinahe schon vergessen hatte, wie schlimm es einmal gewesen war. Das ist wirklich ein Fortschritt!»

Schwere Depression

Nicht jede Depression ist eine Reaktion auf Lebensereignisse oder negatives Denken. Aufgrund ihrer Neurochemie haben manche Menschen einen Hang zur Depression. Diese Art Depression tritt gehäuft in Familien auf und hat oft genetische Ursachen. Man hat beispielsweise das Gen identifiziert, das beeinflusst, ob jemand mehr oder weniger anfällig dafür ist, nach einem traumatischen Ereignis depressiv zu werden.[8] Neben den Genen können frühe Erfahrungen bis hin zu Erkrankungen der Mutter während der Schwangerschaft einen Menschen für Depressionen anfällig machen.

Je stärker die Ursache der Depression in den Genen oder frühen Erfahrungen angesiedelt ist, desto schwieriger lässt sie sich behandeln – unabhängig von der Methode. Bei einer lange bestehenden starken Depression ergänzen die meisten Psychotherapeuten, darunter auch energetische Therapeuten, die Therapie durch Psychopharmaka.[9] Wie die Psychologin Patricia Carrington erläutert, kann es sonst zu einer «Geduldsprobe» werden, wenn der Therapeut dem Klienten am Ende der Stunde zur Symptomfreiheit verhilft und sich die Erfolge beim nächsten Termin wieder verflüchtigt haben.

Carrington veranschaulicht dies am Fall von Maria, einer Frau, die sie als hochintelligent beschreibt und stark motiviert, ihre irrationale Angst und Hilflosigkeit zu überwinden. Doch schon relativ zu Anfang der Behandlung stellte sich heraus, dass Maria mit der Grundtechnik zwar ausgezeichnete Fortschritte auch im Umgang mit wesentlichen Lebensproblemen machte, aber die Therapie dennoch nicht dem Ansturm der Depression standhielt. Die Verzweiflung und Angst, die Maria erlebte, waren einfach zu viel für sie und untergruben ihre Fortschritte. Durch den Einsatz von Medikamenten war es möglich, systematisch mit Marias irrationalen Gedanken und Gefühlen der Hilflosigkeit zu arbeiten, ohne dass die Ergebnisse von der nächsten Welle der Depression zunichte gemacht wurden. Die Medikamente wurden mit dem Ziel eingesetzt, sie langsam zu reduzieren, sobald Maria genügend innere Stärke aufgebaut hatte. Eine Kombination eines Antidepressivums mit der Klopftechnik bewirkte eine «Wandlung», in deren Verlauf Maria «ihre tiefsten Probleme anschauen und der Reihe nach lösen konnte, von denen einige so frühen Ursprungs waren, dass sie noch vor der verbalen Phase lagen. Unterstützt von den Medikamenten – die zwar die Probleme nicht lösten, aber Maria in die Lage versetzten, sie in der Therapie fleißig zu bearbeiten –, hat sie wieder ein ‹Selbst› aufgebaut und ihre Beziehungen zu den Menschen und der Welt neu geordnet ... Sie hat die Medikamente aus freien

Stücken abgesetzt, und es geht ihr bemerkenswert gut, während die Behandlung in eine spannende neue Phase eingetreten ist.»

Klinische Untersuchungen bestätigen dieses Vorgehen. Bei Patienten mit chronischer Depression scheint sich eine Kombination aus Medikamenten und Psychotherapie besser zu bewähren als nur eine dieser Behandlungen allein, sowohl was das Abklingen der Symptome[10] als auch was die Besserung des Allgemeinzustandes angeht.[11] Carrington zieht den Schluss: «Ohne medikamentöse Hilfe hätten wir es nicht geschafft, und umgekehrt gilt dasselbe. Wenn sie nur die Medikamente eingenommen hätte ohne Therapie ..., hätten die Medikamente ihren alten Zustand bestenfalls erhalten.»

Die Anwendung der Grundtechnik bei Depressionen

Die erfolgreichste konventionelle Therapie bei Depressionen ist die kognitive Verhaltenstherapie. Dabei lernen Menschen, fehlangepasste Denkmuster zu unterbrechen, wie beispielsweise das Nachgrübeln darüber, was alles passieren könnte, die Tendenz, das sprichwörtliche Glas als halb leer zu betrachten oder sich selbst für Dinge zu beschuldigen, auf die sie keinen Einfluss haben. Diese Methode hat viele Gemeinsamkeiten mit der Energetischen Psychologie, bei der man komplexe Reaktionen in die Gedanken, Gefühle und Verhaltensmuster zerlegt, aus denen sie sich zusammensetzen. Aber bei der Energetischen Psychologie sendet man zusätzlich elektromagnetische Signale aus, die direkt auf die neurologischen Abläufe im Zusammenhang mit den störenden Gedanken und Einstellungen einwirken und sie oft mit überraschender Geschwindigkeit und Präzision deaktivieren. Zu einer erfolgreichen Behandlung von Depressionen gehören oft auch vernünftige Veränderungen des Lebensstils, die man mit der Grundtechnik unterstützen kann, wie mehr Ruhe, Abbau von Stress, mehr Sport und die Entwicklung eines besseren zwischenmenschlichen Unterstützungssystems.

Eine wirkungsvolle Kombination von energetischen Behandlungen mit kognitiver Verhaltenstherapie wurde von dem Psychotherapeuten Hank Krol[12] in Pennsylvania entwickelt. Er gibt seinen Klienten standardisierte Listen, um die Depression einzuschätzen.[13] Sie bewerten 19 Symptome auf einer Skala von 1 bis 4, je nach Häufigkeit des Symptoms. Zu den Symptomen auf der Liste gehören:

➥ Schuldgefühle
➥ Reizbarkeit
➥ weniger Interesse oder Spaß an den üblichen Aktivitäten
➥ Rückzug oder Vermeidung von Menschen
➥ es schwieriger als gewöhnlich finden, Dinge zu tun

Mit Hilfe einer weiteren Liste sollen seine Patienten die negativen Überzeugungen herausfinden, die ihre Depression begleiten, beispielsweise:

➥ «Ich bin nichts wert.»
➥ «Ich werde immer versagen.»
➥ «Es wird nie besser werden.»
➥ «Niemand kann mir helfen.»

Anhand dieser konkreten Punkte wird die Depression in ihre kognitiven, affektiven und verhaltensmäßigen Komponenten zerlegt. Jede dieser Komponenten lässt sich mit energetischen Methoden behandeln, indem man die Grundtechnik benutzt. Krol wählt im Allgemeinen nur einen und höchstens zwei Aspekte für eine Therapiestunde aus. Er prüft, ob es dem Patienten wichtig ist, dass der Stress in Zusammenhang mit einem bestimmten Problem gesenkt wird. Wenn dem so ist, bittet er den Patienten (falls er das Problem nicht gerade direkt erlebt), sich in eine Situation in nicht allzu ferner Vergangenheit hineinzuversetzen, als er das Symptom sehr massiv erlebte. Mit Hilfe der Grundtechnik senkt der Patient in der Therapiestunde die Bewertung dieses Aspekts der Depression so weit wie möglich. Der Patient bekommt auch Hausaufgaben, damit der Prozess in der Zwischenzeit nicht zum Erliegen kommt.

In der nächsten Therapiestunde wird eine weitere Erinnerung mit einem identischen Symptom oder negativen Gedanken herausgesucht, bewertet und bei Bedarf behandelt. Der Patient konzentriert sich schwerpunktmäßig auf diesen einen Aspekt der Depression, bis er bei 0 oder nahe 0 steht oder ein weiterer Aspekt bearbeitet werden muss, bevor der erste weiter gesenkt werden kann. Anschließend wird der nächste Aspekt ausgewählt und bearbeitet, bis auch dieser neutralisiert ist. Laut Krol ist dieser Ansatz bei vielen seiner Patienten sehr wirksam, wobei die Durchführung der empfohlenen Selbstbehandlungen zwischen den Stunden wichtig für den Erfolg zu sein scheint.

Nicht jede Depression spricht auf die gleiche Methode an. Manchmal verschwindet eine Depression einfach nach ein paar Minuten Klopfen. Das kann sehr beeindruckend sein, ist aber besonders bei schweren Depressionen eher ungewöhnlich. Öfter scheinen Depressionen von zahllosen ungelösten emotionalen Problemen, wie Schuld, Scham, Angst, Kummer oder Wut, verursacht zu sein. Bei diesen komplexeren oder hartnäckigeren Depressionen ist es gewöhnlich notwendig, sich in die Hände eines ausgebildeten Therapeuten zu begeben, der imstande ist, die zugrunde liegenden emotionalen Probleme zu erkennen und zu behandeln. Noch schwieriger sind schon lange bestehende Depressionen, bei denen man mit gutem Grund eine starke biologische Komponente annehmen muss. Hier muss sogar die beste Psychotherapie manchmal durch Medikamente ergänzt werden.

Bei einer schweren oder schon lange bestehenden Depression sollten Sie einen Fachmann oder eine Fachfrau zurate ziehen, vielleicht jemanden, der Sie darin unterstützt, einen energetischen Ansatz zusätzlich zur Therapie zu benutzen. Bei der Anwendung der Grundtechnik auf die üblichen Stimmungsschwankungen, mit denen wir alle fertig werden müssen, kann man von Krols Ansatz lernen, *konkret zu sein*. Wenn die Benennung des übergeordneten Problems mit dem Satz «Auch wenn ich eine Depression habe ...» nach ein paar Runden mit der Grundtechnik keine deutliche und anhaltende Besserung bringt, zerlegen Sie Ihre depressive Stimmung in ihre Bestandteile, beispielsweise negative Gedanken, frühere Situationen, in denen Sie sich depressiv fühlten oder mit negativem Denken beschäftigt waren, sowie weitere Anlässe, bei denen Sie zum Rückzug neigten etc., und dann behandeln Sie sie nacheinander. Wenn die zentralen Aspekte *dieser* Depression Ihre Macht über Sie verlieren, wird die Depression vermutlich nicht nur abklingen, sondern Sie werden zukünftig auch widerstandsfähiger gegen Depressionen werden.

Gewohnheiten und Süchte

Energetische Therapeuten können die Grundtechnik nicht nur auf die jeweiligen psychischen Aspekte der Sucht anzuwenden – wie etwa starkes Verlangen, emotionale Abhängigkeit und die persönliche Geschichte, die zu dem jeweiligen Objekt der Abhängigkeit geführt hat –, sondern sie sind auch imstande, auf das Ungleichgewicht von Dopamin und Serotonin einzuwirken, das einer Sucht zugrunde liegt. Die biochemische Signatur eines Menschen mit einer Suchtveranlagung weist einen niedrigen Serotoninspiegel auf (eine chemische Substanz im Gehirn, die Nervenimpulse überträgt) bei einer gleichzeitigen Tendenz, zu rasch Dopamin auszuschütten (ein weiterer Neurotransmitter und Serotonin-Antagonist).[14] Die Korrektur dieses Serotonin-Dopamin-Ungleichgewichts mit Hilfe der energetischen Behandlung zeigt, dass sich die Energetische Psychologie zur Formulierung wirksamer Behandlungsstrategien das wissenschaftliche Verständnis der genauen zerebralen Mechanismen zunutze machen kann, die an schwierigen Störungen beteiligt sind, und wir wollen an dieser Stelle ausführlicher auf die Chemie der Sucht und Anwendung des energetischen Ansatzes bei ihrer Behandlung eingehen.

Die Neurochemie der Sucht

Die Neurochemie der Sucht ist gründlich untersucht und hinreichend dokumentiert worden. Auch wenn die folgenden Ausführungen eine starke Vereinfachung darstellen, liegen die Grundkomponenten des Suchtverhaltens in denselben Mechanismen begründet, die von der Natur geschaffen wurden, um uns zu motivieren, die drei wesentlichsten Tätigkeiten auszuführen, die für das Überleben des Individuums und der Gattung notwendig sind: essen und trinken, Gefahren abwenden und sich fortpflanzen. Der Antrieb dazu kommt von einer kleinen Struktur im Vorderhirn, dem Nucleus accumbens, und von zwei Botenstoffen in seinem Inneren, Dopamin und Serotonin. Dopamin motiviert uns, für Nahrung und Sicherheit zu sorgen und uns fortzupflanzen. Sobald wir satt, sicher oder zufrieden sind, wird Serotonin ausgeschüttet. Serotonin hemmt die Wirkung des Dopamins und schaltet den Antrieb, ein Grundbedürfnis zu befriedigen, ab. Dem Arzt Ron Ruden in *The Craving Brain* zufolge schickt Dopamin die Botschaft «Mangel – Auftrag ausführen» aus und Serotonin «Auftrag ausgeführt – Mangel abgestellt».[15]

Wenn wir beispielsweise hungrig sind, ist der Nucleus accumbens für alles sensibilisiert, was mit Nahrung oder Nahrungsbeschaffung zu tun hat. Sobald er etwas identifiziert, womit wir unseren Hunger stillen können, schüttet er Dopamin aus, damit wir uns Nahrung besorgen. Wenn wir wirklich hungrig sind, ist der Serotoninspiegel im Gehirn stark abgesunken. Das verstärkt die Wirkung des Dopamins und macht seinen Handlungsaufruf dringlich. Wir können kaum noch an etwas anderes denken als an Nahrung. Sobald wir gegessen haben, erhöhen Signale aus unserem Verdauungsapparat den Serotoninspiegel. Der Hunger lässt nach, und wir empfinden ein Gefühl der Sättigung und Befriedigung.

Da wir die Fähigkeit entwickelt haben, unter möglichst vielen Umständen satt zu werden, wird Dopamin nicht nur ausgeschüttet, wenn Nahrung vorhanden ist. Bilder von Essen, die Absicht, eine Mahlzeit zuzubereiten, Gedanken an die um den Abendbrottisch versammelte Familie, der Augenblick, in dem wir in die Straße mit unserem Lieblingsrestaurant einbiegen, oder ein Werbespot im Fernsehen mit Kalbsschnitzel nach Parma-Art kann dieselbe innere Kettenreaktion auslösen, die der Geruch eines Hasen in unseren Vorfahren hervorgerufen hat. Und darin liegt die Anfälligkeit für Sucht. Nicht nur bei Nahrung, Gefahr oder Chance auf Sex wird der Serotonin-Dopamin-Tanz in Gang gesetzt. Alles, was sich mit Essen, Gefahr oder Sex *in Verbindung bringen lässt*, kann bei niedrigem Serotoninspiegel einen so hohen Dopaminspiegel herbeiführen, dass dieselbe Konzentration und Antriebsstärke hervorgerufen werden, die die Natur für kritische Überlebenssituationen vorgesehen hat.

Da der Kopf alles mit allem in Verbindung bringen kann, sind die Möglichkeiten für Süchte endlos. Der Auslöser – die Substanz, die Situation oder das Symbol – muss im Rahmen des niedrigen Serotoninspiegels eines Süchtigen nur gewährleisten, dass Dopamin ausgeschüttet wird. Während die Auswahl des Suchtgegenstands von einem Komplex abhängt, der sich aus der Neurochemie, der Umwelt und der Geschichte des Süchtigen zusammensetzt, reicht es für den Anstieg des Dopaminspiegels, dass man an Alkohol, Zigaretten, Narkotika, Kokain, Marihuana oder Essen denkt oder einfach an die Handlungen im Zusammenhang mit Glücksspielen, Sex, Arbeit oder Einkaufen; er kann auch durch alles ansteigen, was symbolisch mit diesen Substanzen oder Handlungen in Verbindung gebracht wird. Jeder dieser Auslöser kann eine führende Rolle im Suchtdrama eines Menschen spielen, dessen Gehirn einen anlagebedingten niedrigen Serotoninspiegel aufweist und einen Nucleus accumbens, der zu schnell Dopamin ausschüttet.

Eine Sucht – eine übermäßige physische oder psychische Abhängigkeit von einer Substanz oder einem Verhalten – ist von drei aufeinanderfolgenden Zuständen gekennzeichnet: 1. Nüchternheit, 2. Rückfall und 3. zwanghaftes, wiederholtes und zielgerichtetes Verhalten, um die Substanz zu beschaffen oder die Aktivität auszuführen, um die sich die Sucht dreht. Bei einem Süchtigen ist der Serotoninspiegel während der Phase des Verlangens, die dem Rückfall vorangeht, niedrig. Der Nucleus accumbens ist darauf eingestellt, nach dem Gegenstand der Sucht oder allem, was damit in Verbindung steht, Ausschau zu halten; große Dopaminmengen werden ausgeschüttet, und die Nüchternheit weicht dem Rückfall. Von da an steht der Betroffene unter dem Zwang, sich die süchtig machende Substanz oder Handlung zu beschaffen.

Wenn sich die Sucht um ein Verhalten dreht, wie Glücksspiel, Sex oder Einkaufen, nimmt die Handlung einen zwanghaften Charakter an, man handelt ohne irgendein Gefühl der Wahl, manchmal buchstäblich *gegen den eigenen Willen*. Eine Sucht kann auch tief im Selbstbild eines Menschen verankert oder sogar Teil eines kulturellen Gebots sein. Wer mit dem Marlboro-Mann als Symbol der Männlichkeit aufgewachsen ist oder hauptsächlich mit Rauchern zu tun hat, wird größere Schwierigkeiten haben, das Rauchen aufzugeben, als jemand, der den Dalai-Lama verehrt und die Gewohnheit bei einem einmonatigen Yoga-Retreat abzulegen versucht.

Das Dopamin-Serotonin-Ungleichgewicht

Eine der interessantesten Beobachtungen bei der ersten großangelegten Studie über Behandlungserfolge mit Energetischer Psychologie (S. 373, Anhang 3) ist, dass die Stimulation bestimmter Akupunkturpunkte auf der Haut den Serotoninspiegel im Gehirn anzuheben scheint. Während die potenzielle Bedeutung dieser Entdeckung innerhalb der Energetischen Psychologie erst erforscht wird, hat ein verwandtes Gebiet, das Neurofeedback-Training, bereits messbare Erfolge bei der Veränderung der Gehirnchemie von Süchtigen vorzuweisen.[16] Die Bilder auf der letzten Seite des Buches zeigen die Fortschritte bei der Veränderung der Gehirnwellen nach der Anwendung des Klopfverfahrens bei einem Patienten mit generalisierter Angststörung. Das Neurofeedback bringt dieselbe Art der Veränderung hervor.

Statt zu klopfen, wird der Betroffene beim Neurofeedback-Training an ein EEG (Elektroenzephalogramm) angeschlossen, ein Instrument, das die Gehirnwellen misst. Wenn jemand ohne Verzögerung Information über seine gerade aktiven Gehirnwellen erhält, ist er bemerkenswerterweise recht zuverlässig imstande, das Muster willentlich zu beeinflussen. Sind genügend hohe Motivation, Bemühung und Zeit vorhanden, lassen sich mit Hilfe des Trainings dauerhafte Veränderungen in der Gehirnchemie erzielen, die 1. den Stress im Zusammenhang mit den primären Überlebensmechanismen des Gehirns senken – was vermutlich ein natürliches Ansteigen des Serotoninspiegels in Gang setzt – und 2. den Nucleus accumbens weniger stark auf das Wunschobjekt reagieren lassen – was die Dopaminausschüttung senkt, die dazu führt, dass man das Objekt mit aller Macht verfolgt. Klinische Berichte lassen nun vermuten, dass das Klopfverfahren bei einer Sucht ähnliche Wirkungen haben könnte. In der Tat ist Dr. Ruden, ein Pionier auf dem Gebiet der Suchtbehandlung mit Hilfe einer nichtmedikamentösen Veränderung des Serotonin-Dopamin-Ungleichgewichts, der Ansicht, dass Varianten von EFT wirksamer als das Neurofeedback-Training sind, wenn es darum geht, mit zwanghaftem Verlangen fertigzuwerden, und ebenso wirksam, wenn man ein besseres Serotonin-Dopamin-Gleichgewicht herstellen will, indem man die Stressreaktionsmuster einer Person verändert.[17]

Die Grundtechnik und Süchte

Kann man sich mit Hilfe der Grundtechnik von einer Sucht oder einem tief verwurzelten Verhaltensmuster, wie einer Spielsucht, befreien? Der Versuch kann nicht schaden; aber gewöhnlich ist sie dazu nicht imstande. Weniger komplexe Gewohnheiten und Verlangen hingegen sprechen vielleicht eher auf die Behandlung an. Ein Verlangen ist ein starker Wunsch nach einer spezifischen Substanz oder Handlung. Manchmal braucht man nur das Verlangen selbst zu behandeln. Es sind Fälle bekannt, in denen das Verlangen nach Kaffee, Soft Drinks oder Schokolade nach einer einzigen Sitzung mit dem Klopfverfahren vollständig und dauerhaft verschwunden ist (und gelegentlich löst die Substanz dann sogar Widerwillen aus). Zum Beispiel würde man nach der Eröffnungsaussage «Auch wenn ich solch einen Heißhunger auf Schokolade habe, liebe und akzeptiere ich mich selbst von ganzem Herzen» mit dem Erinnerungssatz klopfen: «Heißhunger auf Schokolade.» Sie können am Anfang den Stress im Zusammenhang mit dem Problem messen, indem Sie beispielsweise den Satz sagen: «Ich esse keine Schokolade mehr», und anschließend das Unbehagen und die Angst, die bei Ihnen ausgelöst werden, mit einer Punktzahl zwischen 0 und 10 bewerten. Führen Sie weitere Durchgänge durch, bis die Bewertung bei 0 liegt.

Während man mit diesem Verfahren eine eingefleischte Gewohnheit relativ selten in einer einzigen Sitzung aufheben kann, ist es jedoch wirksam, um ein gerade akutes Verlangen zu überwinden, sodass anschließend ein differenzierteres Therapieprogramm eingesetzt werden kann. Die von den Anonymen Alkoholikern und anderen Suchtprogrammen empfohlene Einstellung, sich bei der Überwindung von Sucht immer nur auf den nächsten Tag zu konzentrieren, betont, wie wichtig es ist, gegen den plötzlichen Sog der Sucht auf der Hut zu sein; und mit der Grundtechnik steht Ihnen rund um die Uhr ein wirksames Mittel zur Verfügung.

Wenn energetische Behandlungen systematisch auf die verschiedenen Aspekte einer Sucht oder einer selbstzerstörerischen Gewohnheit angewandt werden, erweitert man damit ihre Wirksamkeit enorm.[18] Man kann mit ihrer Hilfe die Macht der Sucht schwächen und den Betreffenden häufig sogar ganz von ihr befreien. Zu den Komponenten, auf die man mit der energetischen Behandlung einwirken kann, zählen:

➥ das zerebrale Ungleichgewicht infolge eines erhöhten Dopamin- und eines zu niedrigen Serotoninspiegels,
➥ mental generierte Stressoren (wie z. B. Schuld, Hass, Wut, Neid), die den Serotoninspiegel senken,
➥ die Entstehung von Angst oder Leere beim Ausbleiben der Substanz oder Aktivität,
➥ die Verknüpfung der Sucht mit dem Selbstbild des Menschen,
➥ die Verknüpfung der Sucht mit dem Lebensstil des Menschen,
➥ die körperlichen Entzugserscheinungen (siehe «Körperliche Beschwerden», S. 146),
➥ die Kultivierung weiterer Quellen primärer Lust.

Das Klopfverfahren kann so abgewandelt werden, dass man jede einzelne Komponente des Suchtsyndroms bearbeiten kann. Wie schon erwähnt, ist dazu oft therapeutische Begleitung und manchmal eine Kombination mit anderen Methoden notwendig, wie etwa Unterstützungsgruppen der Anonymen Alkoholiker und Entspannungs- oder Meditationstraining. Der Überblick, den Sie hier erhalten, kann Ihnen jedoch zumindest helfen, schwächere Gewohnheiten abzulegen, und er zeigt, welche Prinzipien der Behandlung jeder Sucht zugrunde liegen.

Eine Esssucht behandeln

Die Psychotherapeutin Carol Look behandelt mit energetischen Verfahren besonders erfolgreich Menschen mit einem Suchtproblem, wie Rauchen und übermäßigem Essen.[19] Ihr wurde Ann zum Abnehmen überwiesen von einem Arzt, der sie wegen ihrer Rückenschmerzen (aufgrund eines schweren Ischias) und Knieschmerzen (nach einer Kniegelenksoperation ein Jahr zuvor) behandelt hatte. Als Ann das erste Mal anrief, gestand sie, dass sie Angst hatte. Obwohl sie sich für ihr Übergewicht schämte und wusste, dass es ihre körperlichen Schmerzen verstärkte und ihrer Gesundheit insgesamt schadete, hatte sie sich nicht imstande gefühlt, das Problem in Angriff zu nehmen. In der ersten Therapiestunde nannte Ann drei seelische Gründe für ihr Übergewicht: 1. Sie wollte ein Gefühl der Leere beschwichtigen, das damit zusammenhing, dass sie bei einer gefühlskalten Mutter und einem abwesenden Vater aufgewachsen war, 2. sie wollte sich trösten, wenn die körperlichen Schmerzen zu stark wurden, und 3. sie wollte einen inneren Mangel füllen, weil sie den Eindruck hatte, nicht genug emotionale und körperliche Zuwendung von ihrem Mann zu bekommen. In den vier Monaten, die die Behandlung dauerte, half Dr. Look Ann, jeden dieser Bereiche mit Hilfe von EFT zu bearbeiten. In dieser Zeit verlor Ann 25 Pfund, ohne dass sie sich zwang, ihre Essgewohnheiten zu ändern.

Ann war von EFT angetan, denn anders als bei ihren Erfahrungen mit Diäten erlebte sie keinen Mangel, weil sie ihre Essgewohnheiten nicht aufgeben musste. Sie durfte immer noch ihre Lieblingsspeisen essen, aber sie hatte ein neues Bewusstsein für das, was ihr Körper brauchte. Sie musste nicht mehr «essen, um den [emotionalen] Hunger zu stillen», den sie immer erlebt hatte. Ann erklärte, dass Essen in ihrem Leben nicht mehr die zentrale Rolle spielte: «Ich esse mäßig und bin mir bewusster, wann ich satt bin und was ich brauche ... Ich genieße es, das Essen nicht mehr in mich hineinzustopfen.»

Kern der Behandlung war, die zugrunde liegenden emotionalen Zustände anzuschauen und zu neutralisieren, die in erster Linie zu Anns Essattacken und Übergewicht geführt hatten. Jede der drei Ursachen, den Ann für ihre Esssucht angab, wurde gründlich bearbeitet. Ihre Mutter war beispielsweise immer noch eine wichtige Figur in Anns verwickeltem Gefühlsleben. Ann war die meiste Zeit ihres Lebens übergewichtig gewesen und hatte das Essen manchmal dazu benutzt, um ihrer Mutter «eins auszuwischen». Indem sie aß, wenn sie auf ihre Mutter sauer war, konnte sie zeigen, dass sie «alles im Griff hatte». Sie begriff, dass sie sich ein Eigentor schoss, aber sie konnte dieses Essverhalten nicht aufgeben, wenn sie wütend oder voller Groll war. Mit ihren Worten: «Ich esse, um den Aufruhr wegzuwischen.» Als Erwachsene hatte Ann den Eindruck, als sei ihre Mutter das Kind. Sie fühlte sich von ihr weder gehört noch verstanden. Bei einer Auseinandersetzung sagte die Mutter ihr einmal, sie sei in ihren Augen nicht liebenswert. Dennoch hungerte Ann immer noch genauso nach der Liebe ihrer Mutter wie als Kind. Infolgedessen hatte sie eine chronische Wut auf sie, und ihre anhaltenden Beziehungsschwierigkeiten miteinander waren eng mit Anns Essattacken verwoben. Es folgen einige der Eröffnungsaussagen, die für Anns Beziehung zu ihrer Mutter verwendet wurden:

➥ «Auch wenn meine Mutter mich nicht leiden kann, mag und akzeptiere ich mich selbst voll und ganz.»

- «Auch wenn meine Mutter mich nicht für gut genug hält, beschließe ich zu glauben, dass ich liebenswert und gut genug bin.»
- «Auch wenn ich mich mit Essen über meine Einsamkeit hinwegtröste, akzeptiere ich mich selbst von ganzem Herzen.»
- «Auch wenn meine Mutter mich nie verstanden hat, akzeptiere ich sie so, wie sie ist.»
- «Auch wenn meine Mutter zu egoistisch ist, um mich wahrzunehmen, akzeptiere ich dennoch meine eigenen Gefühle.»

Bei den weiteren Sequenzen ging es um ihre körperlichen Schmerzen und die Beziehung zu ihrem Mann. Jedes Mal wurden das Hauptproblem und seine Aspekte auf 0 gesenkt. Beispiele für Eröffnungsaussagen, was die körperlichen Beschwerden anging, sind:

- «Auch wenn meine körperlichen Schmerzen mich wütend machen, akzeptiere ich mich von ganzem Herzen.»
- «Auch wenn meine Schmerzen mich an meine Mutter erinnern und ich Groll hege, akzeptiere ich die Schmerzen voll und ganz und mich ebenso.»

Zu den Sätzen im Zusammenhang mit ihrer Ehe gehörten:

- «Auch wenn ich für das, was ich tue, keine Wertschätzung bekomme, liebe und wertschätze ich mich dennoch.»
- «Auch wenn ich sauer bin, wenn er mir nicht zuhört, beschließe ich, mir selbst zuzuhören.»
- «Auch wenn ich mich zurückgewiesen fühle und es mir wehtut, akzeptiere ich mich von ganzem Herzen.»

Am Ende der viermonatigen Behandlung hatte Ann nicht nur abgenommen, sondern erklärte auch, dass ihre Mutter und ihr Ehemann nichts mehr bei ihr auslösten und sie sehr viel mehr Frieden mit ihrer Kindheit und den emotionalen Entbehrungen dieser Zeit geschlossen hatte. Auch wenn sie erkannte, dass sich weder ihre Mutter noch ihr Mann während der vier Monate im Geringsten verändert hatten, war sie zuversichtlich, dass sie mit ihren Gefühlen umzugehen gelernt hatte. Sie spürte kein Verlangen, ihre Gefühle mit Essen zu unterdrücken oder die Realität dieser Beziehungen schönzufärben. An den Spätnachmittagen, an denen Ann sonst Kekse und Süßigkeiten in sich hineingestopft hatte, nahm sie sich jetzt Zeit für sich selbst, zu lesen, über ihre Gefühle nachzudenken und zu klopfen.

Die Anwendung der Grundtechnik auf Gewohnheiten und Süchte

Wie an Ann deutlich wird, ist es möglich, systematisch den emotionalen Ballast abzuladen, den man bei jeder Sucht oder negativen Gewohnheit mit sich herumschleppt. Relativ am Anfang der Behandlung fragt Dr. Look ihre Klienten, welche *Kehrseite* es habe, ihre Sucht zu überwinden. Die Antworten weisen oft auf psychische Umkehrungen und andere emotionale Aspekte des Musters hin. Als Kehrseite der Beendigung ihrer nachmittäglichen Essorgien nannte Ann, dass sie die ganze Zeit wütend und unzufrieden sein würde und nicht wüsste, wie sie mit diesen Gefühlen umgehen sollte. Wie sie zugab, hatte sie auch Angst, sich mit dem ganzen Chaos in ihrem Leben auseinanderzusetzen, und sie gab zu, dass sie das Übergewicht als Schutz gegen ihren jahrelangen seelischen Schmerz und die Gefühle der Zurückweisung und des Verlassenseins brauchte.

Neben der Heilung der seelischen Komponenten, die einer Sucht zugrunde liegen, kann man mit Hilfe energetischer Behandlungen gleichzeitig auch mit akut auftretenden Gelüsten fertig werden. Auch wenn uns keine wissenschaftlichen Studien zu dieser Thematik vorliegen, vermuten wir, dass sich das Klopfen bei einem bestimmten starken Verlangen auf das bereits erörterte Dopamin-Serotonin-Ungleichgewicht auswirkt. Bei der Arbeit mit Rauchern bittet Dr. Look ihre Klienten, eine Zigarette hervorzuholen, an ihr zu schnuppern und das akute Verlangen auf der Skala von 0 bis 10 zu bewerten. Anschließend wird das akute Verlangen in der Therapiestunde gesenkt: «Auch wenn ich jetzt Lust auf eine Zigarette habe ...» Dann bittet sie ihre Klienten, drei oder vier Anlässe zu nennen, bei denen sie tagsüber bevorzugt rauchen, und setzt die Grundtechnik ein, um das Verlangen bei diesen Anlässen zu vermindern. Wenn das Rauchen beim Morgenkaffee ein beliebter Anlass ist, bittet Look die Klienten, sich ihren Morgenkaffee vorzustellen und zu bewerten, wie sehr sie sich nach einer Zigarette sehnen. Danach wird die Grundtechnik auf jede der Situationen angewandt, in denen ein starker Suchtauslöser vorhanden ist, wobei eine Eröffnungsaussage verwendet wird in der Art von «Auch wenn ich rauchen will, wenn ich meinen Morgenkaffee trinke ...» oder «Auch wenn ich den Drang habe, nach dem Essen zu rauchen ...».

Ist der Drang abgeklungen, kehrt die Therapeutin die Situation um. Die Klienten werden gebeten, sich vorzustellen, dass sie ihren Morgenkaffee trinken, ohne zu rauchen, und dann das Ausmaß der Angst oder Aufregung zu bewerten, die sie dabei empfinden. Anschließend lassen sich diese mit Hilfe der Grundtechnik behandeln, doch muss man an dieser Stelle besonders aufmerksam auf weitere auftauchende Emotionen sein, die die Sucht in Gang halten. Sind diese Aspekte der Sucht erst einmal erkannt, können sie der Reihe nach behandelt werden. Zu den Gefühlen, die sich häufiger einstellen, wenn Menschen daran denken, ihre Sucht aufzugeben, zählen:

- Furcht oder Angst
- Leere oder Langeweile
- Trauer, die Substanz oder das Verhalten aufzugeben, was dann weitere Trauer auslöst
- der Verlust des Krankheitsgewinns – bei einer Arbeitssucht beispielsweise die Dinge, die man erreicht, wenn man die Sucht beibehält, oder beim Rauchen die Entspannungsinseln oder das Gefühl der Macht über den Ehepartner

Schließlich muss man beim Aufgeben einer Sucht auch den Entzug berücksichtigen. Alle Raucher oder Kaffeetrinker, die je versucht haben, auf ihre Gewohnheit zu verzichten, wissen, dass allein die körperlichen Entzugserscheinungen ausreichen, um bei der Stange zu bleiben. Manchmal ist es einfach notwendig, hindurchzugehen. Bei bestimmten Süchten, wie etwa einer Heroinsucht, ist unter Umständen eine medizinische Intervention notwendig. Doch bei den meisten Entzugserscheinungen können energetische Behandlungen wiederum helfen. Wie im 6. Kapitel dargelegt, sollten Sie das gesamte Energiesystem Ihres Körpers bestmöglich im Gleichgewicht halten, aber Sie können die Grundtechnik auch auf konkrete körperliche Entzugserscheinungen anwenden, wie im folgenden Abschnitt besprochen wird.

Körperliche Beschwerden

Die meisten organischen Beschwerden haben eine emotionale Komponente. Selbst wenn eine Krankheit nicht durch Emotionen *verursacht* wurde, wird ihr Ausbruch zwangsläufig Emotionen auslösen. Mit der Grundtechnik können Sie die seelische Dimension einer physischen Krankheit behandeln, und öfter, als Sie vielleicht glauben, kann dadurch auch die Überwindung des körperlichen

Problems unterstützt werden. Studien belegen, dass die meisten Arztbesuche wegen Beschwerden ohne erkennbare organische Ursache erfolgen;[20] daher ist das bei näherer Betrachtung gar nicht so erstaunlich. Auch wenn Vernunft und Vorsicht sicher zu begrüßen sind – das heißt, gehen Sie zum Arzt, wenn es notwendig ist –, können die Methoden, die Sie hier kennengelernt haben, für einen inneren Zustand sorgen, der der Heilung förderlich ist.

Nach Berichten auf der Internetseite www.emofree.com wurden durch einfache Klopfmethoden unter anderem folgende Beschwerden gebessert: Kopfschmerzen, Rückenschmerzen, Halsund Schulterverspannungen, Gelenkschmerzen, Krebs, das chronische Erschöpfungssyndrom, Lupus, Colitis ulcerosa, Schuppenflechte, Asthma, Allergien, Augenjucken, Wunden, Ausschläge, Schlaflosigkeit, Verstopfung, Reizdarm, Augenprobleme, Muskelverspannungen, Bienenstiche, Probleme beim Wasserlassen, morgendliche Übelkeit, das prämenstruelle Syndrom, sexuelle Störungen, Schwitzen, Koordinationsstörungen, das Karpaltunnelsyndrom, Arthritis, Taubheit in den Fingern, Magenschmerzen, Zahnschmerzen, Zittern und multiple Sklerose. Damit soll nicht gesagt werden, dass die Grundtechnik den Arzt ersetzt, aber es ist interessant, dass eine Methode, die als Hilfe für emotionale Probleme entwickelt wurde, sich, wie häufig berichtet wird, auch positiv auf körperliche Beschwerden auswirkt.

Beispiele für körperliche Beschwerden

Einer Therapeutin[21] fiel beim Umbau ihres Hauses auf, dass einer der Handwerker unter einer merkwürdigen Hauterkrankung an den Armen litt. Als sie ihn darauf ansprach, sagte er: «Das ist meine Schuppenflechte. Ich habe sie schon seit Jahren.» Er drehte seine Arme um und zeigte ihr, dass sie vom Handgelenk bis zu den Schultern von einem Meer an Bläschen und sich schälender

Haut übersät waren, unter der sich Flüssigkeitsansammlungen gebildet hatten und wundes, rotes Gewebe lag. Sie erwiderte: «Das muss ja furchtbar wehtun. Wie kommt das?» – «Ich weiß nicht», antwortete er. «Ich glaube, es begann vor drei Jahren, als meine Freundin mir sagte, dass sie schwanger sei.» Die Therapeutin bot ihm an, ihm eine neue Behandlungsmethode zu zeigen. Er war skeptisch. Sein Arzt hatte ihm erklärt, dass nichts zu machen war. Die Therapeutin sagte: «Was der Arzt meinte, war, dass nichts mit Tabletten, Salben und Spritzen zu machen ist. Diese Krankheit kommt von Ihrer Seele, und deshalb kann auch nur Ihre Seele sie wieder wegnehmen.» Er nickte, und sie zeigte ihm ein ganz grobes Verfahren und schlug ihm vor, dreimal am Tag drei Klopfrunden mit dem Satz zu machen: «Ich möchte meine Schuppenflechte loswerden.» Innerhalb von zwei Wochen war seine Haut auf beiden Armen abgeheilt bis auf einen kleinen Fleck von der Größe einer Münze auf den Ellenbogen. Danach benutzte er die Methode auch gegen seine Kreuzschmerzen, die ihn jahrelang geplagt hatten.

Eine Frau, die seit etwa acht Jahren am Karpaltunnelsyndrom litt, nahm an einem Kurs in EFT teil. Nach einer umfangreichen chiropraktischen Behandlung und physikalischen Therapie glaubte sie, alle Heilungschancen ausgeschöpft zu haben, die es ohne Operation gab. Sie fühlte sich zwar insgesamt besser, doch der chronische Schmerz machte ihr gelegentlich schwer zu schaffen. Nachdem sie EFT kennengelernt hatte und ungefähr zehn Minuten lang durch eine Klopfsequenz geleitet worden war, waren die Schmerzen verschwunden! Sie berichtet: «Ich konnte es nicht fassen! Ich suchte meinen Körper weiterhin mental nach dem Schmerz ab. Er war einfach nicht da! Ich hatte nur ein paar Minuten gebraucht, in denen ich seitlich mein Auge, meine Hand und andere leicht erreichbare Punkte am Körper geklopft hatte, um einen Schmerz loszuwerden, von dem ich geglaubt hatte, für immer mit ihm leben zu müssen!» Als Nächstes wandte sie die Methode auf einen Kummer an, der sie seit vielen Jahren belastete.

Nach wenigen Minuten sagte sie: «Ich habe gespürt, wie eine Last von mir gefallen ist. Nun kann ich mich mit Liebe und Wehmut an meine Schwester erinnern, aber ohne Schmerz oder Kummer!»[22]

Ein Mann,[23] der EFT gerade erst kennengelernt hatte, überredete seine Frau, es bei ihrer schweren Laktoseintoleranz (Milchzuckerunverträglichkeit) auszuprobieren, an der sie seit über zehn Jahren litt. Selbst kleine Mengen von Laktose führten bei ihr zu Schmerzen, Blähungen, Durchfall und Peinlichkeiten. Hypnose hatte nicht geholfen, und es gibt keine gängige Behandlung, außer auf Milchprodukte zu verzichten. Ihr Ehemann berichtet:

> Wir beschlossen, es mit EFT zu probieren. Ich sagte ihr, sie solle Eiskrem kaufen (sie hatte jahrelang kein Eis mehr gegessen, weil sie es nicht vertrug). Wir wählten Freitagmorgen (Heiligabend) zum Klopfen, damit sie, falls es nicht funktionierte, drei Tage die Toilette in der Nähe hatte. Wir stellten das Eis auf den Tisch, und ich ließ sie einen Blick auf den Becher der Sorte Schokotrüffel werfen. Sie bewertete ihre Angst, es zu essen, mit einer 8. Wir klopften, bis sie bei 0 war. Dann nahmen wir uns fünf Minuten lang andere Aspekte vor (Angst, Lächerlichkeit etc.).
> Als wir meinten, alles erfasst zu haben, aß sie das Eis und machte sich auf das Schlimmste gefasst. Die erste Stunde verging. Keine Beschwerden. Dann verging der halbe Tag. Immer noch keine Beschwerden. Nachmittags ging sie weg und machte Besorgungen. Abends aß sie Ranch-Dressing und zum Nachtisch Eis. Wieder keine Beschwerden. Jetzt sind vier volle Tage vergangen, und sie hat Brokkolicremsuppe, noch weiteres Eis, Milchschokolade und dergleichen mehr gegessen.
> Shirley und ich hatten nicht erwartet, irgendwelche Resultate mit EFT zu erzielen, nach dem, was wir über die Erkrankung wussten. Anscheinend hat jeder Mensch nur eine begrenzte Anzahl von Enzymen, und wenn sie verbraucht sind, ist nichts mehr zu machen. Der Körper kann keine produzieren. Dem zufolge konn-

te EFT gar nicht funktionieren, aber warum nicht den Versuch wagen, wenn es nur ein paar Minuten dauerte? Für Menschen, die diese Erkrankung nicht haben, sind diese Dinge selbstverständlich, aber meine Frau ist jetzt von ihren Problemen befreit. Ich hoffe, dass dies andere inspiriert, unnötige Schmerzen, Beschwerden und Probleme loszuwerden.

Eine Frau mit einer Ausbildung in EFT[24] war zu einer eleganten Dinnerparty eingeladen, in deren Verlauf einer der Gäste einen anaphylaktischen Schock erlitt. Ein anaphylaktischer Schock ist eine plötzliche und schwere Reaktion auf eine bestimmte Substanz (meist auf einen Impfstoff, Penizillin, Meeresfrüchte oder auf einen Bienen- bzw. Insektenstich), auf die der Betroffene allergisch reagiert, nachdem er ihr vorher schon einmal ausgesetzt war. Er kann tödlich verlaufen, wenn nicht umgehend eine Notfallbehandlung, unter anderem mit Adrenalin, erfolgt. Der Gast war offenbar hochallergisch gegen Meeresfrüchte und hatte unwissentlich mit Krebsfleisch gefüllt Ravioli gegessen. Als sein Gesicht und sein Hals anzuschwellen begannen, sprang der Gastgeber auf, um den Notarzt zu rufen. Die Frau führte den Mann sofort in ein anderes Zimmer und begann, ihn mit EFT zu behandeln. Sie konnte förmlich zuschauen, wie das Gesicht und der Hals abschwollen, und nur wenige Minuten später hatte er sein altes Aussehen wieder. Er mischte sich wieder unter die Gäste, und der Notarzt wurde abbestellt, da seine Symptome vollständig abgeklungen waren. All das geschah innerhalb von zehn Minuten.

Zu den emotionalen Ursachen gelangen

In den eben geschilderten Fällen wurde den emotionalen Ursachen des organischen Problems kaum Beachtung geschenkt, und dennoch reichte das einfache Klopfverfahren aus. In anderen Fällen spielen seelische Aspekte jedoch eine zentrale Rolle bei der Behandlung. Nach einer Präsentation bei einer Tagung wurde Gary von einer Teilnehmerin namens Janet um eine Privatsitzung gebeten, weil sie unter fast konstanten Schmerzen infolge einer Fibromyalgie litt. Sie hatte vor der Tagung bereits drei oder vier Wochen lang sporadisch geklopft. Im günstigsten Fall erlebte sie eine vorübergehende Linderung, die ein oder zwei Stunden lang anhielt, bevor die Schmerzen zurückkehrten. Gary beschloss, sich auf die emotionalen Ursachen von Janets Erkrankung zu konzentrieren. Er bat sie, an ein schwerwiegendes emotionales Problem aus der Vergangenheit zu denken. Sie wählte eins, das so massiv war, dass sie vorher so gut wie nie mit jemandem darüber gesprochen hatte. Sie bewertete es sofort mit 10 und zeigte bei dem Gedanken daran bereits starke körperliche Reaktionen.

Um den emotionalen Schmerz beim Klopfen möglichst gering zu halten, bat Gary sie, einen gedanklichen Film von dem Ereignis zu drehen (wie auf S. 115 beschrieben) und ihn laut zu erzählen. Da der Vorschlag, das Ereignis in Worte zu fassen, bei Janet bereits emotionale Reaktionen auslöste, führten sie zunächst ein paar Runden mit der Grundtechnik durch, bevor sie mit dem Erzählen begann. Diese vorbereitenden Durchgänge wurden mit dem Satz «Auch wenn ich Angst habe, den Vorfall zu erzählen ...» eingeleitet. Schließlich konnte Janet den Vorfall so erzählen, als sei er ein Film. Gary ließ sie jedes Mal anhalten, wenn sie an eine Stelle gelangte, an der ihre Emotionen heftiger wurden. Sie hielten mehrmals an und klopften bei verschiedenen dramatischen Szenen. Sie gingen das Erlebnis insgesamt zwei- oder dreimal durch und fanden jedes Mal weitere Aspekte des Problems, die separat bearbeitet werden mussten. Es dauerte etwa 30 bis 40 Minuten mit beruhigenden Gesprächen zwischen den Klopfsequenzen, bevor Janet imstande war, die Geschichte relativ ruhig zu erzählen. Selbst dann gab es einige Stellen, an denen der Anflug einer emotionalen Reaktion aufblitzte, doch da Gary einen anderen Termin wahrnehmen musste, hatten sie keine Zeit, sich mit den einhergehenden Aspekten zu befassen. Alle Aspekte lagen jedoch bei nahe 0.

Auch wenn sie sich nicht mehr mit den Symptomen der Fibromyalgie beschäftigten, war es Janet am Ende der Sitzung viel leichter ums Herz, und sie ging in dem Wissen fort, dass ein substanzieller emotionaler Durchbruch erzielt worden war. Ein paar Wochen später erhielt Gary von Janet die folgenden Zeilen: «EFT wirkt bei mir einfach großartig. Ich habe jetzt dreizehn Nächte hintereinander durchgeschlafen, ohne dass die unsichtbare chronische Krankheit [Fibromyalgie] mich gequält hat, und das ist ein phänomenaler Rekord für mich. Seit dem Ausbruch der Krankheit 1991 hatte ich keine zwei schmerzfreien Nächte mehr hintereinander ...» Bei einem späteren Anruf erfuhr Gary, dass Janet EFT weiterhin auf zugrunde liegende seelische Probleme anwandte und tagsüber wie auch nachts im Wesentlichen schmerzfrei war. Von Zeit zu Zeit erwachte sie mit einer leichten morgendlichen Steifheit, aber sie klopfte sie einfach weg. Auch bei einer Massage hatte sie leichte Schmerzen, als auf ihrem Körper herumgedrückt wurde. Unter normalen Umständen jedoch sagte sie: «Ich weiß gar nicht mehr, was Schmerzen sind.»

Die Grundtechnik auf körperliche Probleme anwenden

Einem medizinischen Grundsatz zufolge soll man eine Erkrankung zunächst mit dem am wenigsten invasiven Mittel behandeln, bevor man zu invasiveren Maßnahmen greift. Die Grundtechnik ist so wenig invasiv, wie es eine Maßnahme nur sein kann. Sie ist leicht anzuwenden. Sie eignet sich zur Selbstanwendung. Sie ist sanft. Sie nimmt sehr wenig Zeit in Anspruch. Es gibt Hunderte von Berichten über ihre Wirksamkeit bei schon lange bestehenden körperlichen Beschwerden, die auf andere Behandlungen nicht angesprochen haben. Oft findet eine umgehende Befreiung von den Symptomen statt. Und sollte sie nicht helfen, stehen alle anderen Möglichkeiten weiterhin offen.

Es gibt also gute Gründe, bei körperlichen Beschwerden zunächst zu einer Methode zu greifen, die die seelische Grundlage der organischen Beschwerden behebt und gleichzeitig Störungen in den Körperenergien ausgleicht. Die Grundtechnik könnte zur Grundausstattung jedes Heilers gehören. Gary sagt gern: «Probier sie bei allem.» Sie kann nicht schaden. Sie kann jedoch helfen. Doch es gibt drei Einschränkungen:

1. Ziehen Sie bei einer ernsthaften Erkrankung oder einem verdächtigen Symptom immer auch einen Arzt zurate.
2. Selbst wenn Ihre Symptome komplett verschwunden sind, fragen Sie Ihren Arzt, bevor Sie Medikamente absetzen.
3. Machen Sie sich klar, dass Schmerz ein Signal Ihres Körpers ist. Wenn Schmerzen, die nach dem Klopfen verschwunden waren, wieder auftreten, lassen Sie sie medizinisch abklären.

Wenn Sie die Klopftechnik «bei allem ausprobieren», kann es auch zu einer subtilen Besserung kommen, durch die andere Behandlungen mehr Erfolg haben. Sie können nur davon profitieren, wenn die durch eine körperliche Erkrankung gestörten Energien ausgeglichen und die zugrunde liegenden emotionalen Ursachen behoben werden. Wenden Sie die Grundtechnik auch zur Linderung akuter Symptome an («Auch wenn ich Kopfschmerzen habe ...»). Sie werden ein umgehendes Feedback über ihre Wirksamkeit erhalten.

Wenn Sie krank werden, können Sie die Grundtechnik auf jedes konkrete Ereignis anwenden, das in einem Zusammenhang mit dem Ausbruch oder der seelischen Grundlage der Krankheit steht. Fragen Sie sich: «Wenn es etwas gibt, was seelisch zu dieser Krankheit beigetragen hat, was wäre es?» Wenn Sie es nicht wissen, raten Sie einfach und behandeln Sie das, was bei Ihnen hochkommt. Während Sie mit der Krankheit arbeiten, fallen Ihnen möglicherweise weitere Erinnerungen oder Zusammenhänge ein. Bei einem schwerwiegenden oder schon lange bestehenden körperlichen Leiden zahlt sich Beharrlichkeit aus. Gary empfiehlt Schülern, die sich von einer Krankheit befreien wollen, die Grundtechnik zehnmal über den Tag verteilt anzuwenden. Wenn Sie sie mit Routinehandlungen verbinden, wie Aufwachen, Zubettgehen, Essen oder Auf-die-Toilette-Gehen, fällt es Ihnen leichter, daran zu denken. Auch wenn wissenschaftliche Untersuchungen noch ausstehen, gibt es genügend verblüffende Fallbeispiele, die das Experimentieren mit diesen Verfahren rechtfertigen, besonders bevor man zu invasiveren Mitteln greift.

> **In Kurzform:** Die Grundtechnik ist auf praktisch jedes psychische und körperliche Problem anwendbar. Es ist auf jeden Fall hilfreich, die infolge einer seelischen oder körperlichen Erkrankung gestörten Meridianenergien ins Gleichgewicht zu bringen und die zugrunde liegenden emotionalen Ursachen zu beheben. Wenn eine allgemeine Aussage nicht ausreicht, können Sie Ihre Erfolgschance dadurch erhöhen, dass Sie Ereignisse aus der Vergangenheit behandeln, die unter Umständen mit dem aktuellen Symptom in Verbindung stehen. Achten Sie auf verborgene Aspekte, psychische Umkehrungen und sekundäre Krankheitsgewinne. Seien Sie konkret. Beharrlichkeit zahlt sich aus.

4
An Potenzialen arbeiten

> Die eigenen Ziele zur Wirklichkeit werden zu lassen, ist berauschend.
>
> JOHN KEHOE, *Mind Power*

Wir haben gesehen, wie man einfach mit dem Klopfverfahren eine ganze Reihe von emotionalen Herausforderungen überwinden kann. Kann man dieselbe Strategie auch anwenden, wenn man kein emotionales Problem lösen, sondern ein persönliches Potenzial verwirklichen will? Zum Menschsein gehört das Wissen, dass wir besser sein *könnten*, als wir sind. Wir können immer über die Grenzen dessen hinausblicken, was wir gerade erreicht haben. Können energetische Behandlungsmethoden uns beim Erreichen eines wichtigen persönlichen Ziels unterstützen? Können sie uns helfen, ein liebevollerer Mensch zu werden? Können sie unsere Leistungsfähigkeit in der Welt erhöhen? Können sie uns helfen, unser maximales Potenzial zu erreichen? Wir meinen, ja. Dieses Kapitel zeigt Ihnen, wie.

Bei einer Therapie geht es nicht nur um die Heilung alter Wunden und die Lösung emotionaler Schwierigkeiten. Der geschickte Psychotherapeut benutzt die Sprache auch, um zu inspirieren, die Wahrnehmung neuer Möglichkeiten zu eröffnen, einschränkende Überzeugungen zu widerlegen und das Selbstbild so zu erweitern, dass schlummernde Potenziale aufblühen können. In der Energetischen Psychologie bringt man solche Bewusstseinsveränderungen in Gang, indem man Worte und Bilder mit der Stimulation energetischer Punkte kombiniert. Die Anregung dieser Punkte ändert die Neurochemie so, dass die Wirkung der Worte und Bilder, auf die Sie sich konzentrieren, eine Verstärkung erfährt. Das kann für den fehlenden Baustein sorgen, um sinnvolle Methoden der Persönlichkeitsentfaltung in wahrhaft wirksame Strategien zu verwandeln.

Im letzten Kapitel haben Sie gelernt, wie man die innere Schaltung bei einem klar umrissenen Problem oder Symptom ändert. Zu Beginn dieses Kapitels beschäftigen wir uns mit jenen Dingen, die uns an einem erfüllten Leben hindern. Sie sind vielleicht nicht so offensichtlich, halten Sie aber dennoch zurück. Sie werden untersuchen, auf welche Weise Ihr Selbstbild, Ihre zentralen Überzeugungen und Ihre ungelösten schmerzlichen Erfahrungen Sie blockieren. Anschließend wird es darum gehen, wie Sie Visionen von Ihren Möglichkeiten entwickeln und sie mit Hilfe von Affirmationen, Visualisierungen und mentalem Training, jeweils verstärkt durch energetische Techniken, umsetzen können.

Grundüberzeugungen und Selbstwertgefühl

Die klinische Verwendung von Hypnose, gelenkten Phantasiereisen, kognitiver Restrukturierung und ähnlichen Verfahren hat gezeigt, dass Suggestion und Autosuggestion wirkungsvolle Methoden zur Veränderung von Gefühlen, Überzeugungen und Verhalten sind. Wenn man Worte oder Bilder mit der Stimulation energetischer Punkte kombiniert, empfängt das Gehirn dadurch allem Anschein nach Signale, die die Kraft dieser Methoden zusätzlich verstärken. Doch ganz gleich, ob mit oder ohne energetische Behandlung – positive Bilder und Affirmationen sind oft unwirksam, wenn zwischen dem Selbstbild oder den Grundüberzeugungen eines Menschen und der angestrebten Veränderung ein Widerspruch besteht. *Ist ein solcher Widerspruch vorhanden, trägt das Selbstbild oder die Grundüberzeugung meist den Sieg davon.*

Wie Sie Ihr Selbstbild und Ihre Grundüberzeugungen verwandeln

Eine Methode, um hinderliche Bilder oder Überzeugungen, die wir verinnerlicht haben, zu verwandeln, besteht darin, die mit ihnen einhergehenden negativen Botschaften ausfindig zu machen. Solche inneren Stimmen lassen sich mit Beifahrern im Auto vergleichen, die uns befehlen, anzuhalten und zu tanken, obwohl der Tank voll ist, nach Ungeheuern auf der Straße Ausschau zu halten oder links abzubiegen, wenn wir in Wirklichkeit geradeaus fahren wollen. Sie benutzen Straßenkarten, die längst überholt sind oder vielleicht nie gültig waren. Können Sie eine hartnäckige innere Botschaft benennen, die es Ihnen erschwert, an den von Ihnen gewünschten Punkt zu gelangen? Die meisten Menschen können es. Hier sind einige Beispiele:

Frauen wie ich können nicht mit Geld umgehen.
Wir Männer müssen stark sein, ganz gleich, was geschieht.
Meine Eltern haben mich emotional dauerhaft geschädigt.
Wer sich in Gefahr begibt, kommt darin um.
Auf etwas Gutes folgt immer etwas Schlechtes.
Arm geboren, arm gestorben.
Ich hatte nie eine gute Beziehung und werde nie eine haben.
Am Anfang bin ich vielleicht gut, aber auf die Dauer habe ich nie Erfolg.
Ich scheine nie die richtigen Worte zu finden.
Ich bin zu alt, um zu lernen, wie man einen Computer benutzt.
Ich weiß nicht, wie man Spaß hat.
Ich habe eine schlechte Gesundheit und bin anfällig für jeden Bazillus.

Mit der EFT-Grundtechnik entfernen Sie diese «Beifahrer» aus Ihrem «Auto». Wenden Sie die weiter unten beschriebene Technik an, sobald sie sich zu Worte melden. Wenn es Ihnen gelingt, sie samt «Gepäck» (d. h. mit allen Aspekten, die auftauchen, wenn Sie sich mit ihnen befassen) hinauszuwerfen, sind Sie sie gewöhnlich für immer los. Eine Methode, im Leben erfolgreicher zu sein, besteht also darin, die blockierenden Stimmen und Bilder im Innern zu identifizieren und sie mit Hilfe der Grundtechnik der Reihe nach anzugehen.

Mit der Grundtechnik eine negative Überzeugung überwinden

Eine einschränkende Überzeugung lässt sich mit Hilfe der Grundtechnik hinterfragen und überwinden, indem Sie

1. mit einer Punktzahl zwischen 0 und 10 bewerten, wie wahr die Überzeugung für Sie im Augenblick klingt,
2. mit einer Eröffnungsaussage in der Art von «Auch wenn ich glaube, dass ich eine schlechte Gesundheit habe, liebe und akzeptiere ich mich von ganzem Herzen» arbeiten,
3. einen Erinnerungssatz in der Art von «Meine gesundheitliche Überzeugung...» verwenden.

Sie können sich einer großen Bandbreite von Zielen nähern, wenn Sie sich mit den negativen Überzeugungen befassen, die das Ziel unerreichbar erscheinen lassen.

Als einfaches Beispiel nehmen wir einen Sportler, der eine Leistungssteigerung erlebte, als er seine Überzeugung hinterfragte, dass er unter bestimmten Bedingungen nicht gut sein könnte. Der italienische Arzt Dr. Raul Vergini, der mit EFT arbeitet, schildert die Beratung eines Spitzenprofis, der Motorradrennen fuhr. Der Mann war bei der letzten Weltmeisterschaft in der 125-Kubik-Klasse Fünfter geworden. Sein Problem war, dass er bei den französischen und brasilianischen Rennen immer schlechte Ergebnisse erzielte. Obwohl er sonst die meisten Rennen gewann oder zumindest ein gefährlicher Gegner war, hatte er in den fünf Jahren, in denen er an diesen Rennen teilnahm, nie mehr als den achten Platz belegt.

Da er im Zusammenhang mit diesem Problem keine starke Emotion benennen konnte, die zu einer klaren Bewertung zwischen 0 und 10 führte, konzentrierte sich Dr. Vergini auf eine begrenzende Überzeugung. Er fragte: «Wie wahr ist der Satz ‹Ich kann in den Rennen von Frankreich und Rio nie mehr als den achten Platz erringen› auf einer Skala von 0 bis 10?» Die Antwort lautete 9 (sehr wahr). Durch die Behandlung wurde die Bewertung auf 0 gesenkt, und anschließend konzentrierten sie sich auf einen Satz, der den Sieg im Rennen beinhaltete.

Die Behandlung nahm eine interessante Wendung. Nach der ersten Klopfrunde mit der Eröffnungsaussage «Auch wenn ich nie mehr als den achten Platz erringen kann, liebe und akzeptiere ich mich von ganzem Herzen» sank die Glaubwürdigkeit der einschränkenden Überzeugung auf 7. Nach einigen kleineren Veränderungen des Wortlauts, bei denen mögliche Aspekte des Problems berücksichtigt wurden, fiel die Bewertung auf 5, dann auf 3 und anschließend auf 2, wo sie steckenzubleiben schien. Da ging Dr. Vergini auf, dass der Satz für den Rennfahrer eine andere Bedeutung angenommen hatte. Wie sich herausstellte, war die Glaubwürdigkeit der Aussage, er könne nie «über den achten Platz hinauskommen», schon mehrere Runden zuvor auf 0 gesunken, aber der Mann hatte sie automatisch durch die Aussage ersetzt, dass er nie Erster werden könne. Solche Veränderungen sind nicht ungewöhnlich, man muss sie einfach nur bemerken. Dr. Vergini erläutert: «Wir lachten und konzentrierten uns rasch auf ‹Ich kann in Frankreich und Brasilien nicht *gewinnen*›, was bei dem bereits niedrigen Wert von 2 stand», und ohne Probleme auf 0 fiel. Auch wenn die Veränderung der eigenen Überzeugung, dass man nicht gewinnen kann, noch nicht ausreicht, um Champion zu werden, ist sie dennoch sehr wichtig.

Wie man ein beschädigtes Selbstwertgefühl verwandelt

Es ist höchst nützlich, eine mechanische Vorgehensweise zu kennen, um wie im Fall des Rennfahrers eine tief verwurzelte Überzeugung zu ändern, die sich leistungsmindernd auf einem Gebiet auswirkt, auf dem wir bereits hervorragend sind. Imstande zu sein, selbstzerstörerische Überzeugungen zu verwandeln, die tief in unser Selbstwertgefühl eingebettet sind, kann unser Leben verändern. Als Beispiel für die Änderung eines Selbstbilds wollen wir einen extremen Fall anführen, bei dem eine Frau, die Opfer von rituellem Missbrauch geworden war, sich in der Therapie mit jenen Anteilen ihres Selbstwertgefühls auseinandersetzt, die die Heilung blockieren. Diese Schilderung eines Falls von rituellem Missbrauch soll nicht dazu ermuntern, schwere traumatische Erinnerungen ohne Psychotherapeuten zu bearbeiten. Vielmehr möchten wir zeigen, dass man selbst bei sehr schwierigen traumatischen Erinnerungen systematisch einen Aspekt nach dem anderen bearbeiten und zentrale innere Leitbilder korrigieren kann. Es ist lohnend, diesen Fall genau zu lesen,[1] weil er wichtige Prinzipien demonstriert, die sich auf eine große Bandbreite von Problemen anwenden lassen:

1. wie man mit Hilfe der Grundtechnik einen tief verwurzelten und äußerst negativen Aspekt des eigenen Selbstbildes aufheben kann,

2. wie man ein komplexes Problem in seine Aspekte unterteilt,
3. wie man sich bei der Wahl des nächsten Schritts von dem leiten lässt, was sich gerade ereignet hat,
4. wie man konkret ist,
5. wie man an emotionalen Problemen ansetzt, indem man sich auf ihre physischen Komponenten einstimmt (beachten Sie die häufigen Verweise auf körperliche Empfindungen, während der Therapeut die Erfahrungen der Frau sorgfältig zurückverfolgt),
6. wie man eine Eröffnungsaussage so maßgeschneidert formuliert, dass das Problem in einen neuen Kontext gestellt wird (das sogenannte Reframing ist eine Methode, bei der man ein Problem in einem Kontext betrachtet, der seinen positiven Zweck hervorhebt, wodurch sich oft eine überraschende Lösung offenbart),
7. wie man die Stabilität der Resultate prüft.

Glenda, 56 Jahre alt, war als Kind rituell missbraucht worden. Nach einer mehrjährigen Therapie mit EFT und anderen Methoden hatte sie große Fortschritte gemacht. Auch wenn es buchstäblich Hunderte von schrecklichen Erinnerungen gab, die sie jederzeit überkommen konnten, hatte sie gelernt, sie mit Hilfe des Klopfens zu beherrschen. Hatte sie eine solche Erinnerung oder Rückblende behandelt, tauchte diese gewöhnlich nicht mehr auf. Später konnte sich zwar ein anderes Bruchstück des Geschehens melden, aber Glenda wurde von einem Bild, auf das sie die Klopftechnik angewandt hatte, kein zweites Mal mehr gequält.

«Zu geschädigt, um jemals geheilt zu werden»

Als ihr Therapeut verreist war, trat eine Erinnerung zutage, mit der Glenda nicht allein fertigwurde. Sie bat Gary um Hilfe. Bevor die Erinnerung Gestalt annahm, meldeten sich störende Gedanken der Art, dass «sie seelisch nie mehr vollständig gesund» oder «nie mehr heil und ganz» werden würde und «zu geschädigt sei, um gesund zu werden». Als sie begann, diese Gedanken zu untersuchen, kam eine lebhafte Erinnerung hoch, bei der es um körperlichen Missbrauch und Elektroschocks ging. Die Täter hatten ihr Elektroschocks gegeben und ihr anschließend durch die Wiederholung von Sätzen bestimmte Gedanken eingebläut. Einer dieser Sätze lautete: «Du wirst nie mehr heil werden; du bist zu geschädigt, um jemals geheilt zu werden.»

Gary[2] bat Glenda zu beschreiben, was sie empfand, als sie sagte: «Ich habe Elektroschocks bekommen.» Sie berichtete, dass sich ihre Brust verkrampfte und sie Angst bekam. Sie gab der Verkrampfung in der Brust eine Bewertung zwischen 6 und 7 auf der Zehner-Skala. Als Eröffnungsaussage verwendete sie den Satz «Auch wenn sich aufgrund der Elektroschocks meine Brust verkrampft, liebe und akzeptiere ich mich selbst von ganzem Herzen», während sie die Karatepunkte klopfte. Gary spürte überdies, dass Glendas Heilung im Wesentlichen davon abhing, tief im Innern zu erkennen, dass die Täter krank waren und sie in dieser entsetzlichen Situation so reagiert hatte, wie es jedes andere Kind auch getan hätte. Er sprach das mit der zweiten Eröffnungsaussage an, die enthielt, dass die Täter krank waren und dass Glenda sich von ganzem Herzen akzeptierte. Danach folgte ein Klopfdurchgang mit dem Erinnerungssatz «Verkrampfung in der Brust infolge von Elektroschocks».

Als Gary Glenda fragte, ob ihre Brustverkrampfung immer noch bei 6 oder 7 liege, erwiderte sie, dass die Verkrampfung sich gebessert habe, aber ihr Körper zucke, als würde sie Elektroschocks bekommen. Nun bat Gary sie, ihren Stress bei dem Satz zu bewerten: «Ich habe Elektroschocks bekommen»; er lag bei 10. Das bedeutete nicht, dass das Klopfen bei der Brustverkrampfung nicht gewirkt, sondern lediglich, dass es eine tiefere Schicht des Leidens bloßgelegt hatte. Mit Glendas Worten: «Erst war es nur eine Erinnerung, und jetzt beginne ich, es körperlich zu spüren.» Beim nächsten Durchgang verwendeten sie Eröffnungs- und Erinnerungssätze, die sich um die Aussage drehten: «Auch wenn ich Körperzuckungen infolge von Elektroschocks habe ...», was den Stress von 10 auf 4 sinken ließ.

Die positive Botschaft des Symptoms

Beim nächsten Durchgang benutzten sie dieselben Sätze mit dem Zusatz von «immer noch» und «leicht» oder «einen Rest von», wie es die Grundtechnik für die nächsten Durchgänge zum selben Problem vorsieht: «Auch wenn ich *immer noch einen Rest von* Körperzuckungen infolge der Elektroschocks habe ...» Gary führte außerdem einen neuen Gedanken ein. Der zweite Teil der Eröffnungsaussage lautete beim ersten Durchgang wie üblich: «... akzeptiere ich mich von ganzem Herzen.» Dann änderte Gary ihn um in «... achte ich meine Symptome, denn sie geben mir eine Botschaft und eröffnen mir eine Heilungschance. Sonst hätte ich von ihrem Dasein möglicherweise nichts gewusst; sie hätten einfach nur mein Leben vermasselt. Daher achte ich sie.» Es sei angemerkt, dass die neue Formulierung keine Abweichung von der üblichen Formel darstellt, sondern eine situationsbezogene Spielart einer allgemeinen Aussage der Selbstakzeptanz ist, bei der insbesondere die Symptome und ihre konstruktiven Zwecke akzeptiert und geachtet werden. Viele physische und psychische Symptome erwachsen aus den Bemühungen des Körpers oder der Psyche, ein schwieriges Problem zu lösen.

Beim nächsten Durchgang lautete der Erinnerungssatz: «Rest von Körperzuckungen». Das senkte die Erinnerung «Ich habe Elektroschocks bekommen» für Glenda auf eine 2. Nun erkundigte sich Gary, woran sie erkannte, dass es nur eine 2 war. Glenda antwortete, dass sie eine verspannte Stelle im Rücken habe. Gary untersuchte mit ihr, ob diese auch unter die Kategorie «Körperzuckungen» fiel. Auch wenn Glenda zuerst glaubte, dass die Stelle mit den Elektroschocks zu tun hatte, erkannte sie jedoch, dass es sich um etwas Neues handelte. Die Körperzuckungen waren verschwunden. Die Aufmerksamkeit verlagerte sich nun auf die verspannte Stelle, die Glenda mit einer 2 bewertete. Die neue Formulierung lautete: «Auch wenn ich diese Reaktion auf die Elektroschocks im Rücken habe ...» Hier ließ Gary Glenda einfach laufend nachspüren, was sich in ihrem Körper abspielte und wie sich ihre Gefühle und Empfindungen veränderten.

Reframing / Der erste Zwischentest

Als Glenda erneut sagte: «Ich habe Elektroschocks bekommen», bewertete sie die Stelle in ihrem Rücken mit 0, stattdessen stellte sie eine Verspannung im Steiß- und Hüftbereich fest, die sie mit 4 bewertete. Bei der nächsten Eröffnungsaussage wurde diese neue Empfindung mit dem wichtigen, bereits erwähnten Gedanken in Verbindung gebracht, dass die Täter krank waren: «Auch wenn ich immer noch einen Anflug von Elektroschocks in meinem Körper habe und Verspannungen im Steiß und in den Hüften erlebe, akzeptiere ich voll und ganz, dass die Täter krank waren.» Nachdem Gary überprüft hatte, dass dieser Satz für Glenda einen Sinn ergab und er ihr keine Worte in den Mund gelegt hatte, bat Gary sie, mit dem Erinnerungssatz «kranke Täter in meinen Hüften und meinem Steißbein» zu klopfen. Dann erkundigte er sich, ob die Verspannung in den Hüften und dem Steiß immer noch bei 4 lag, und sie erklärte, dass die Verspannung verschwunden war.

Damit war die Stunde noch nicht am Ende. Als Nächstes bat Gary Glenda, in Gedanken einen Film von einer konkreten Situation zu drehen, in der sie Elektroschocks bekommen hatte, und den Film durchzugehen, ohne in Einzelheiten zu verharren. Am

Ende des Films sollte sie ihre emotionale Reaktion auf der Skala von 0 bis 10 angeben. Auf diese Weise überprüft man den Erfolg einer energetischen Behandlung. Glenda gab dem Stress eine 2, weil ihr Körper sich leicht verspannt hatte. Beim nächsten Klopfdurchgang benutzten sie die Eröffnungsaussage «Auch wenn ich immer noch Reste von körperlicher Verspannung aufgrund der Elektroschocks habe, akzeptiere ich mich von ganzem Herzen und erkenne, dass die Täter krank waren». Der Erinnerungssatz lautete: «Reste von Elektroschocks in meinem Körper, und die Täter waren krank.»

Das nochmalige Anschauen der einschränkenden Grundüberzeugung

Danach ging Glenda den Film noch einmal durch, ohne Stress festzustellen. Deshalb kam Gary zu dem Ausgangssatz zurück: «Ich bin zu geschädigt, um jemals geheilt zu werden.» Er lag bei 6 statt bei den ursprünglichen 10 Punkten. Allem Anschein nach war Glendas Stress bei der Erinnerung an die Elektroschocks aufgelöst; nun lag der Schwerpunkt auf dem Satz der Täter, dass sie zu geschädigt sei, um jemals geheilt zu werden. Obwohl sie den Eindruck hatte, dass sich dieses Szenario öfter abgespielt hatte, arbeitete sie mit einer ganz konkreten Rückblende, bei der es um drei Männer ging. Insbesondere einer von ihnen hatte behauptet, dass sie zu geschädigt sei, um jemals geheilt zu werden. Es folgte ein kurzes Gespräch. Gary erläuterte ihr, dass das, was man ihr angetan hatte, Elemente von Gedankenkontrolle enthielt, wie sie in der Werbung bis zur Gehirnwäsche üblich sind. Wie bei einem Werbeslogan werden Sätze ständig wiederholt und mit einer bestimmten Emotion verknüpft. Glenda empfand es als hilfreich, sich «Du bist zu geschädigt, um jemals geheilt zu werden» als «lächerlichen Werbeslogan» vorzustellen. In der nächsten Runde klopfte sie mit der Formulierung «Hier ist mein lächerlicher Werbeslogan: Du bist zu geschädigt, um jemals geheilt zu werden». Als sie nach diesem Durchgang den Satz aussprach: «Ich bin zu geschädigt, um jemals geheilt zu werden», sank ihre Stressbewertung auf 0. Sie berichtete, dass eine innere Stimme «Stimmt nicht» gesagt hatte, als sie die Worte laut aussprach.

Den Erfolg überprüfen

Um die Ergebnisse zu überprüfen, bat Gary Glenda, in ihrem Kopf noch einmal einen Film von den Elektroschocks und der Indoktrination «Du bist zu geschädigt, um jemals geheilt zu werden» Revue passieren zu lassen. Statt ihn im Schnellverfahren durchzugehen, sollte sie ihn dieses Mal in ihrem Kopf lebhaft durchspielen, die Anblicke, Geräusche und Gefühle möglichst übertreiben und im wahrsten Sinne des Wortes versuchen, sich selbst in Aufruhr zu versetzen. Die Anweisung lautete, sofort anzuhalten, falls sie in Panik geriet. Damit sollte ihr kein unnötiger Schmerz zugefügt werden. Vielmehr handelte es sich um einen praktischen Test, um festzustellen, ob die Behandlung abgeschlossen war oder noch weitere Aspekte der Erinnerung aufgelöst werden mussten. Auch wenn ihr Stress gering war, lag die Bewertung dennoch bei einer 2, und sie berichtete, dass eine Stelle unter ihren Augen zu schmerzen begonnen hatte.

Glenda verwendete als Nächstes den Erinnerungssatz «Dieses Empfinden einer 2», während sie klopfte. Gary fragte sie, ob es einen bestimmten Teil des Films gäbe, der dieses «Empfinden einer 2» auslöste, während sie die Erinnerung erneut Revue passieren ließ. Das war der Fall. Die Männer hatten ihr nicht nur den Satz eingebläut, dass sie zu geschädigt sei, um jemals geheilt zu werden, sondern auch den Satz «Dir kann niemand helfen». Gary gab ihr die Eröffnungsaussage «Selbst wenn es noch einen weiteren Werbeslogan gibt, der lautet: ‹Dir kann niemand helfen›, akzeptiere ich mich von ganzem Herzen». Diese wurde mit dem Erinnerungssatz «Dir kann niemand helfen» kombiniert. Gary wies erneut darauf hin, dass die Täter krank waren und Glenda als kleines Mädchen sehr verletzlich gewesen war. Nach diesem Durchgang war Glenda imstande, den Film ohne Stress lebhaft Revue passieren zu lassen. Sie bewertete ihn mit 0. Gary bat sie, den Film noch ein weiteres Mal durchzugehen und dieses Mal zu versuchen, sich selbst in Erregung zu versetzen, indem sie die Anblicke, Geräusche und Gefühle übertrieb. Das ließ ihren Stress wieder auf eine 3 ansteigen. Bei dieser Wiederholung zuckte sie stark, als sie Elektroschocks erhielt, und erinnerte sich, wie weh es getan hatte. Nach einer kurzen Untersuchung wurde die Eröffnungsaussage benutzt: «Auch wenn ich starke Zuckungen hatte, weil es furchtbar wehgetan hat, akzeptiere ich mich von ganzem Herzen», und mit weiteren Sätzen kombiniert, die anerkannten, dass sie keine Wahl hatte, außer zusammenzuzucken. Der Erinnerungssatz bei dieser Klopfsequenz lautete «starkes Zucken». Als sie den Film noch einmal durchging und versuchte, in Aufregung zu geraten, indem sie die schwierigsten Szenen übertrieb, erklärte sie, sie könne ihn nun anschauen und mit Mitgefühl betrachten. Während sie sich natürlich andere Szenen und ein schnelles Ende gewünscht hätte, erlebte sie beim Abspielen keine körperliche Reaktion mehr und konnte auch willentlich keine mehr herbeiführen.

Der abschließende Test bestand darin, dass Glenda noch einmal sagte: «Ich bin zu geschädigt, um jemals geheilt zu werden.» Dieses Mal reagierte sie auf die Aufforderung, den Satz auf der Skala von 0 bis 10 zu bewerten, mit der ruhigen Feststellung: «Nein, das stimmt nicht.» Gary bestätigte, dass es von der Sache her nicht stimme, und fragte sie, ob es auch emotional nicht stimme. Sie antwortete: «Auch emotional fühlt es sich nicht wahr an.» Am Ende der Sitzung, die trotz ihrer Komplexität nur 45 Minuten gedauert hatte, war sie ungeheuer erleichtert und dankbar.

Wie war das möglich?

Ist es möglich, innerhalb von 45 Minuten eine dauerhafte Veränderung bei so tiefgreifenden Angelegenheiten, wie dem Selbstbild und den Grundüberzeugungen, herbeizuführen? Die Kennzeichen der Grundtechnik, die diesen Ansatz plausibel machen, sind, um es zu wiederholen:

1. Jede Klopfrunde nimmt nur etwa eine Minute in Anspruch.
2. Auch wenn Sie die verborgenen Aspekte eines Problems erkennen müssen,
    a) enthüllen sich diese im weiteren Verlauf meist von selbst,
    b) ist ihre Anzahl endlich.
3. Sobald Sie spüren, dass Sie ein Problem völlig gelöst haben, kehrt es meistens nicht zurück, und wenn doch, haben Sie Mittel an der Hand, um sich mit jedem noch vorhandenen Aspekt des Problems zu befassen.

Wie Sie negative Erinnerungen, Überzeugungen und emotionale Reaktionen Stück für Stück abtragen

Die meisten Menschen müssen nicht lange nach den Hindernissen suchen, die die volle Entfaltung ihres Potenzials hemmen. Sie zu erkennen, kann entweder ein negatives Selbstgefühl fördern (was Vermeidung, Verdrängung oder Selbstabwertung zur Folge hat) oder ein Schritt hin zur Entfaltung des eigenen Potenzials sein. Wenn Ihnen ein Mittel zur Verfügung steht, das Ihnen ermöglicht, solche Erkenntnisse konstruktiv zu nutzen, werden Sie sie allmählich willkommen heißen – und die Grundtechnik ist ein solches Mittel. Sobald Sie negative Gefühle, Gedanken oder Verhaltensmuster aufspüren, sollten Sie die Grundtechnik auf sie anwenden.

Sie werden es als überraschend wirksam und befreiend empfinden. Behandeln Sie jeden Aspekt des negativen Gefühls, Gedankens oder Verhaltens, der auftaucht. Lösen Sie eventuelle psychische Umkehrungen. Beim Aufspüren der Punkte, die der Aufmerksamkeit bedürfen, müssen Sie vermutlich keine Liste anfertigen. Wir bekommen sie meistens Tag für Tag vom Leben serviert; wir müssen sie nur erkennen.

«Der eigene Friedensprozess»

Dennoch *können* Sie eine Liste anfertigen. Gary empfiehlt bei seiner Technik, die er «Der eigene Friedensprozess» nennt, von allen belastenden *konkreten Ereignissen* in der Vergangenheit und allen *unerwünschten emotionalen Reaktionen* eine Liste aufzustellen und die Grundtechnik systematisch und der Reihe nach auf sie anzuwenden, bis sie keine negative emotionale Wirkung mehr entfalten. Statt mit einem Problem zu beginnen und zu sehen, wo es hinführt, zielt diese Vorgehensweise auf eine seelische Tiefenreinigung ab. Stellen Sie sich vor, die negativen Emotionen oder Ereignisse in Ihrer Vergangenheit hätten Pfützen hinterlassen, aus denen giftige Substanzen in das «Grundwasser» Ihrer Psyche gelangen. Was auch ihre jeweilige Ursache sein mag – alte Fehlschläge, Verluste, Ablehnungen, Missbrauch, Ängste oder Schuldgefühle –, wenn Sie eine Pfütze nach der anderen trockenlegen, wird das Wasser allmählich sauberer.

Angenommen, Sie haben hundert giftige Pfützen auf Ihrem Grundstück und legen eine trocken. Auch wenn Sie wahrscheinlich eine fühlbare emotionale Erleichterung erleben werden, sind immer noch 99 Pfützen da, die Ihr Grundwasser verunreinigen. Was würde geschehen, wenn Sie jeden Tag methodisch eine Pfütze trockenlegen würden? Am Ende wären Sie erfrischt, Ihr Selbstwertgefühl würde nach oben schnellen, und ein neues, positiveres Selbstbild wäre die Folge.

Glücklicherweise müssen Sie nicht alle hundert Pfützen trockenlegen, um diese Wirkung zu erzielen. Pfützen ähnlichen Ursprungs sind durch unterirdische Kanäle miteinander verbunden. Wenn es auf dem Gebiet «Misserfolge» zehn Pfützen gibt, nehmen Sie sich zuerst die schmutzigste und tiefste vor und reinigen Sie sie mit all ihren Aspekten. Dann befassen Sie sich mit der nächsten. Sobald Sie drei oder vier ganz trockengelegt haben, haben Sie damit alle zehn gesäubert, weil das Dränagesystem des Bodens nicht länger überfordert ist und das Wasser mit Hilfe seines eigenen natürlichen Filtersystems reinigen kann. Das ist dieselbe Art von Übertragungseffekt, die wir schon bei der Auflösung traumatischer Erinnerungen und anderer Probleme kennengelernt haben. Wenden Sie sich anschließend dem nächsten Thema zu. Vielleicht heißt es «Zurückweisung» oder «Missbrauch». Sobald Sie beginnen, die untereinander verbundenen Pfützen zu säubern, wird Ihnen der Übertragungseffekt Ihre Aufgabe erneut erleichtern. Auf diese Weise können Sie alle hundert Pfützen beseitigen, indem Sie sich um vielleicht nur zwanzig oder dreißig direkt kümmern.

Führt das zur Erleuchtung? Ist das Grundwasser damit so sauber, dass Sie von da an für alle Zeiten von emotionalen Schadstoffen befreit sind? Bisweilen wird die persönliche Entwicklung mit einer Aufwärtsspirale verglichen, bei der man immer wieder dieselben Fragen umkreist, aber da es sich um eine *Aufwärts*spirale handelt, begegnen wir ihnen aus einem neuen Blickwinkel oder von einer neuen Entwicklungsstufe.[3] Je besser wir eine Angelegenheit auf der vorhergehenden Windung der Spirale bewältigt haben, desto mehr wird das Problem zu einer Quelle der Erfahrung und Weisheit statt der Behinderung. Das Trockenlegen Ihrer Pfützen in den nächsten zwei Monaten ist weder eine Garantie für Erleuchtung noch dafür, dass keine neuen psychischen Herausforderungen mehr auftreten werden. Aber wenn Sie jedes Problem, das Sie erkennen, systematisch in Angriff nehmen, können Sie die behindernden Elemente Ihres Selbstbildes verändern, die Ursachen vieler emotionaler Probleme beseitigen und größeren inneren Frieden erlangen. Das ist zweifellos ein gewaltiges Unterfangen, und wir wollen damit nicht andeuten, dass Sie das Buch so lange zur Seite legen sollten, bis Sie dieses Ziel erreicht haben. Die noch folgenden Konzepte und Techniken hängen nicht davon ab, dass Sie dieses Verfahren abgeschlossen haben. Aber vielleicht ist für Sie irgendwann die Zeit reif, eine solche «emotionale Reinigung» vorzunehmen, und dann sind die folgenden Anweisungen als Leitfaden gedacht.

Der erste Schritt

Der erste Schritt besteht darin, eine Liste von sämtlichen vergangenen unerwünschten Emotionen oder beunruhigenden Erfahrungen aufzustellen, die Ihnen einfallen. Beziehen Sie jede Erinnerung ein, die Angst, Ablehnung, Schuld, Wut, Verrat, Eifersucht etc. enthält. Schreiben Sie alles auf, was Ihnen einfällt, wie groß oder klein es auch sein mag. Unterteilen Sie Ihre Erinnerungen und Emotionen in Kategorien oder Themen, z. B. Demütigungen, Verluste, Unfälle, gescheiterte Beziehungen etc. Führen Sie die stärkste Erfahrung oder Emotion jeder Kategorie jeweils an oberster Stelle auf. Wenn Sie sie zuerst neutralisieren, ist der Übertragungseffekt größer. Ihnen wird in einer einzigen Sitzung vermutlich nicht jede relevante Situation oder Emotion einfallen. Sie können die Liste jederzeit verlängern, wenn Ihnen im Laufe des Prozesses neue Vorfälle in den Sinn kommen. Wenn es Ihnen schwerfällt, die Liste in Themen einzuteilen, können Sie diesen Punkt auslassen und einfach nach Intensität vorgehen, wobei Sie die intensivsten Erfahrungen an oberster Stelle und die am wenigsten intensiven am Ende aufführen.

Der zweite Schritt

Wählen Sie ein Thema von Ihrer Liste aus und wenden Sie die Grundtechnik jeden Tag auf die zuoberst notierte Erinnerung oder Emotion an. Falls Sie Ihre Liste nicht nach Themen gegliedert haben, beginnen Sie mit dem ersten Punkt auf der Liste und arbeiten Sie sich dann langsam nach unten durch. Arbeiten Sie mit jedem Punkt einzeln. Senken Sie Ihre Reaktion auf 0 oder nahe 0 und neutralisieren Sie, wenn nötig, die Aspekte und psychischen Umkehrungen. Bei einigen Punkten werden Sie mehrere Tage brauchen. Bei anderen wird es so rasch gehen, dass Sie imstande sein werden, zwei oder mehr Punkte in einer einzigen Sitzung zu erledigen. Sobald ein Punkt bei 0 ist, gehen Sie zum nächsten Punkt in dieser Kategorie über. Bearbeiten Sie jeweils einen Punkt, bis alle Probleme in dieser Kategorie gelöst sind und Ihnen keine weiteren mehr einfallen. Dann gehen Sie zur nächsten Kategorie über, die Sie gern bearbeiten möchten. Klären Sie jeden Punkt und alle seine Aspekte der Reihe nach, bis jeder Punkt entweder mit Hilfe des Klopfens oder der Übertragungswirkung aufgelöst ist.

Sorgfältige Beobachtung

Da sich bei Problemen, wie Phobien, sehr viel raschere Erfolge einstellen als bei den tiefgreifenderen Veränderungen des Selbstbildes und der Grundüberzeugungen, die mit dem «eigenen Friedensprozess» erreicht werden, sollten Sie die Veränderungen in Ihrem Leben sorgfältig beobachten. Während sich die Ergebnisse der Klärung eines Bereichs sofort in Ihren Gefühlen zu dem spezifischen Punkt niederschlagen werden, können weiterreichende Veränderungen eine genauere Beobachtung erforderlich machen. Sie sind meist langsamer und subtiler, und vielleicht merken Sie nicht einmal, dass signifikante Änderungen stattfinden. Registrieren Sie beispielsweise jedoch, dass Sie kürzlich mit einer Zurückweisung sachlicher als früher umgegangen sind, dass Sie sich öfter zu Wort melden, besser für sich sorgen oder der Ton Ihrer Gespräche positiver ist. Das Feststellen solcher Veränderungen fungiert als Verstärkung und hilft Ihnen, Ihre Grundüberzeugungen und Leitbilder schneller zu korrigieren. Denken Sie daran: Tun Sie es jeden Tag; arbeiten Sie immer nur mit jeweils einem Ereignis; jeder Durchgang dauert nur eine Minute; und größere emotionale Freiheit ist der Gewinn.

Erwägen Sie eine Partnerarbeit

Auch wenn es einigen Menschen gelingt, dieses Verfahren im Alleingang zu machen – sie stellen die Liste in der Art eines Tagebuchs auf und arbeiten sie ohne größere Unterstützung von außen durch –, ist es dennoch hilfreich, diese periodische Reinigung der Psyche zusammen mit jemand anderem durchführen und sich dabei gegenseitig zu unterstützen. Sprechen Sie Ihre Listen durch und fertigen Sie sie gemeinsam an. Tauschen Sie Ihre Erfahrungen aus, während Sie die Grundtechnik auf eine bestimmte Emotion oder Erinnerung anwenden. Selbst wenn Sie sich nicht täglich treffen, können Sie sich gegenseitig per E-Mail oder am Telefon über den Verlauf der Sitzung an dem betreffenden Tag informieren. Tauschen Sie Ihre Beobachtungen über subtile oder tiefere Veränderungen miteinander aus. Das kann für Sie eine wirksame und wichtige Übung sein. Mit einem Partner zu arbeiten, wird Ihnen helfen, am Ball zu bleiben, und kann eine unschätzbare Unterstützung sein.

Die Neurochemie der «sich selbst erfüllenden Prophezeiung»

Neben der Beseitigung der negativen Überzeugungen in Ihrem Selbstbild können Sie auch Veränderungen herbeiführen, die unmittelbar darauf abzielen, Ihr schlummerndes Potenzial zu wecken. Wie medizinische Studien belegen, genügt in ca. 50 Prozent der Fälle *allein* der Glaube, dass eine Tablette hilft, um die Krankheitssymptome abzuschwächen. Tabletten *ohne medizinisch wirksame Bestandteile* haben, abhängig von der Krankheit, in der Hälfte der Fälle die erwünschte Wirkung. Das nennt man den *Placeboeffekt*. Wissenschaftlich versucht man, «diese verkomplizierende Variable» unter Kontrolle zu bringen, wenn man den Nachweis erbringen will, dass die Wirkung einem Medikament und nicht dem Placeboeffekt zuzuschreiben ist. Es könnte jedoch viel zweckmäßiger sein, sich diese mächtige, sich selbst erfüllende Kraft einer positiven Erwartung *zunutze zu machen*, statt sie ausschalten zu wollen. Medikamentenstudien haben unwillkürlich deutlich gemacht, dass es manchmal ausreicht, an etwas zu glauben, damit es tatsächlich eintritt.

Dieses Prinzip gilt für jeden Bereich unseres Lebens, vom Erfolg im Beruf über unsere Beziehungen bis hin zur Gesundheit. Menschen, die glaubten, eine Veranlagung zu einer Herzerkrankung zu haben, starben beinahe viermal so häufig einen Herztod wie Menschen mit denselben Risikofaktoren – darunter Alter, Blutdruck, Cholesterin und Gewicht –, die diese Überzeugung nicht hegten. Patienten, die Aspirin oder Medikamente zur Blutverdünnung erhielten und vor möglichen Magen-Darm-Beschwerden gewarnt wurden – eine der häufigsten Nebenwirkungen dieser Medikamente –, bekamen dreimal so häufig Magenprobleme wie diejenigen, die diese Warnung nicht erhielten. In der Medizin nennt man das den *Nocebo*-Effekt, «den negativen Zwilling des Placebos».[4] Der Glaube, uns werde etwas Schlechtes zustoßen, hat auf uns erwiesenermaßen eine sogar noch stärkere Wirkung als der Glaube an ein Placebo.

Unsere positiven oder negativen Erwartungen setzen im Gehirn eine Flut von chemischen Substanzen frei. Sämtliche Empfindungen, Emotionen und Gedanken, die auftreten, haben zur Folge, dass Millionen von Neuronen zusammen feuern und unsere nächste Reaktion auf das gestalten, was das Leben uns serviert. Parkinson-Patienten, denen man wirkungslose Tabletten als «Medikamente» gab, schütteten Dopamin aus, was exakt der neurologischen Reaktion entspricht, die ein wirksames Medikament hervorrufen würde. In einer anderen Studie kündigte man einer Gruppe von Studenten an, dass man ihnen einen leichten elektrischen Strom durch den Kopf schicken würde, der Kopfschmerzen verursachen könne. Obwohl nicht ein Volt floss, klagten anschließend zwei Drittel der Gruppe über Kopfschmerzen. Bei einer anderen Studie bekamen Versuchspersonen mit einer Rosenallergie Atembeschwerden, als ihnen eine täuschend echte Kunstrose vorgeführt wurde.

Während diese Beispiele von kurzfristig erzeugten Erwartungen handeln, die umgehende Wirkungen hatten, gehen Grundüberzeugungen, wie schon erwähnt, mit Erwartungen einher, die weitreichend, entscheidend und bis ins Kleinste Teil unserer Neurochemie sind. Wenn Sie Ihre Beziehungen verbessern oder mehr Erfolg und Lebensfreude haben möchten, sollte die Entwicklung selbstbejahenderer, optimistischerer Grundüberzeugungen das erste Ziel sein, das Sie anpeilen. Wenn Sie *wissen*, dass Sie ein Mensch sind, der in Beziehungen oder in finanziellen und beruflichen Dingen scheitert, sind *positives Denken* oder *größere Anstrengungen* zwar edle Absichten, die dennoch wirkungslos verpuffen. Ohne eine Veränderung der negativen Grundüberzeugungen stoßen alle anderen Bemühungen auf eine unsichtbare Mauer und fallen ebenso dem Vergessen anheim wie die vielen guten Vorsätze zum neuen Jahr. Die Aneignung von Grundüberzeugungen, die die natürliche

Fähigkeit unterstützen, Liebe, Freude und Erfolg zu haben, kann hingegen der entscheidende Schritt hin zu einer tiefen Erfüllung sein.

Wie Sie Ihr Selbstbild und Ihre Grundüberzeugungen «aufmöbeln»

Es gibt eine Fülle von populärpsychologischen Büchern, die mit einer Kombination von Affirmationen, Visualisierungen und positivem Denken die Grundüberzeugungen zu ändern versuchen, die psychologisch fast alles Übrige bestimmen. Dieser Ansatz scheint sinnvoll zu sein. Wenn es Ihnen gelingt, in Ihr Selbstbild und Ihre Grundüberzeugungen tief den Gedanken einzuprogrammieren, dass Sie ausgezeichnet Tennis spielen, werden Sie sich, wenn der Ball über das Netz geflogen kommt, eher in die richtige Position stellen, ihn gut treffen und in die Ecke platzieren, wo Ihr Gegner nicht steht, als wenn Sie zutiefst glauben, dass Sie kein Tennis-Ass sind und den Ball gewöhnlich nicht bekommen. Obwohl Ihr Selbstbild natürlich auch von Ihrer Leistung bestimmt wird, verläuft die Feedback-Schleife in beide Richtungen: *Ihr Selbstbild bestimmt auch Ihre Leistung.* Sie können Ihre Leistung steigern, indem Sie Ihre Grundüberzeugungen ändern.

Bilder und Wörter, die Ihr Potenzial wachrufen

Die innere Überzeugung prägt die Erfahrung. Die Berichte zweier Menschen, die Zeugen desselben Unfalls waren, gehen oft erheblich auseinander, auch wenn die eigentlichen Fakten für beide identisch sind. Umso mehr trifft das auf jene Fakten im Leben zu, die subtil und zweideutig sind, wie es für die meisten psychologisch relevanten Angelegenheiten gilt. Lebhafte positive Visualisierungen und Affirmationen können unsere geistige Haltung beeinflussen und richtungsändernd wirken. Das scheint auf mindestens drei Arten zu geschehen:

1. *Sie sensibilisieren uns für Chancen, uns auf eine Art zu verhalten, die mit dem Bild oder der Überzeugung übereinstimmt.* Wenn ein Tennisball auf Sie zufliegt, kann der Schwerpunkt Ihrer Wahrnehmung entweder darauf liegen, dass er sehr schnell fliegt und Ihr Gegner ohnehin der bessere Spieler ist, oder darauf, sich so zu positionieren, dass der Ball Ihren Schläger auf dem richtigen Punkt trifft. Das Leben gibt uns endlos viele Chancen, den richtigen Punkt zu treffen; unser Selbstbild und unsere tiefen Erwartungen bestimmen, ob wir uns selbst so positionieren können, dass wir sie zu unserem Vorteil nutzen.
2. *Sie aktivieren unsere Biochemie*, oder wie der Medizinjournalist Norman Cousins es ausdrückt: «Aus Überzeugungen wird Biologie.»[5] Grundüberzeugungen und Bilder sind neurochemisch verschlüsselt und liefern auch die Grundlage für die Verschlüsselung neuer Erfahrungen. Wahrnehmungen, die sich nicht mit unseren tiefsten Vorstellungen decken, werden gewöhnlich ausgefiltert. Die Wahrnehmungen, die den Filter passieren, werden hingegen meist nach unseren Vorstellungen organisiert. Unsere Grundüberzeugungen aktivieren unsere Biochemie auch auf ganz handfeste physische Weise, indem sie chemische Botenstoffe zu unserem Nerven-, endokrinen Drüsen- und Immunsystem schicken. Das haben wir am Beispiel der vermehrten Herztode bei Menschen gesehen, die glaubten, für eine Herzerkrankung anfällig zu sein, im Vergleich zu den Menschen mit denselben Risikofaktoren, die das nicht glaubten.
3. *Sie ziehen Umstände an, die tiefe Erwartungen wahr werden lassen.* Man kann feststellen, dass Menschen mit optimistischer Einstellung positivere Umstände anzuziehen scheinen als

Menschen mit einer pessimistischen Einstellung. Auch wenn sich das mit ihren Wahrnehmungen, Erwartungen und vergangenen Erfahrungen erklären lässt, können möglicherweise auch andere, nicht greifbare Kräfte im Spiel sein. Die Anzahl von fundierten wissenschaftlichen Studien, die den Einfluss von Gedanken und Absichten auf physische Ereignisse belegen, ist für jeden, der wirklich hinschaut, überzeugend, und wenn unser Wille tatsächlich eine Wirkung auf die Welt hat, lohnt es sich unbedingt, klug mit ihm umzugehen.

Das richtige Ziel verstärken

Dennoch erweist sich die Verwendung von Affirmationen und Visualisierungen in populären Psychoratgebern oft als unproduktiv und entmutigend. Auch wenn die Methoden schlagkräftig und potenziell wirksam sind, werden sie oft falsch angewandt. Im Folgenden werden wir Prinzipien nennen, um sie richtig einzusetzen. Aber ein noch fundamentalerer Grund, aus dem sie nicht funktionieren, ist, dass Affirmationen oft versehentlich das falsche Ziel verstärken.

Häufig besteht das Problem darin, dass das, was man *tatsächlich* affirmiert, nicht identisch ist mit dem Satz, den man laut ausspricht. Tatsächlich ist es oft das genaue Gegenteil. Wenn die Affirmation einer Grundüberzeugung zuwiderläuft, hängt die Psyche die Grundüberzeugung einfach an den Schluss der Affirmation. «Ich bin ein ausgezeichneter Tennisspieler», lautet die bewusste Aussage; in Gedanken fahren wir jedoch fort: «Aber ich habe zu wenig Koordinationsvermögen, um je gut zu spielen.» Diese gedankliche Anmerkung, die wir der Affirmation hinzufügen, nennt man den «sabotierenden Nachsatz». Wie bei der psychischen Umkehrung spricht man die Affirmation und verstärkt dabei unbemerkt den sabotierenden Nachsatz oder die Grundüberzeugung statt das, was man laut gesagt hat. Das alles geschieht subtil und unterhalb der Bewusstseinsschwelle, doch die Wirkung ist verheerend. Bevor wir weitere Grundsätze für effektive Affirmationen und Visualisierungen behandeln, werden wir uns darauf konzentrieren, wie man solche Nachsätze erkennt und entfernt.

Sabotierende Nachsätze erkennen

Positive Affirmationen werden oft im Präsens formuliert, als wenn das Ergebnis bereits eingetreten wäre. Gary verlor vor ungefähr 30 Jahren dauerhaft 15 Kilo, indem er nichts weiter tat, als lebhaft und ständig den Satz bei sich zu wiederholen: «Mein Normalgewicht beträgt 80 Kilo, und genau das wiege ich.» Er machte nie eine Diät. Seine Essgewohnheiten und seine Biochemie änderten sich und passten sich seinem «normalen» Körpergewicht an.

Diese Strategie kann jedoch auch einen sabotierenden Nachsatz auf den Plan rufen und dadurch die gegenteilige Wirkung haben. Donna beschreibt in *Energy Medicine* eine Frau, die sechs Kilo abnehmen wollte und neun Kilo zunahm, als sie beharrlich, aber ohne Supervision eine Technik mit einer Affirmation anwandte, die Donna ihr beigebracht hatte. Als sie schließlich in Donnas Praxis erschien und wütend das Ergebnis dieser neuen, viel versprechenden Technik vorführte, die sie so getreu geübt hatte, bat Donna sie, darauf zu achten, welche Gedanken auf die Affirmation folgten, und festzustellen, wohin ihre Gedanken schweiften oder ob irgendwelche Bilder auftauchten. Wie sich herausstellte, hatte sie sich jedes Mal, wenn sie die Affirmation sprach, als übergewichtig gesehen und den Gedanken gehabt: «Ich habe den Körper einer Slawin, ich werde immer den Körper einer Slawin haben, und am Ende werde ich so aussehen wie meine [dicke] Tante Sophie.» Das machte sie *fünfmal* am Tag. Und es funktionierte! Sie hatte neun Kilo zugenommen.

Schließlich gelang es der Frau, neben diesen neun Kilo auch die sechs Kilo loszuwerden, die sie ursprünglich abnehmen wollte, und das Ganze ohne Diät. Mit einer Reihe von energetischen Behandlungen arbeitete sie an ihrem Selbstbild und ihrem Stoffwechsel. Damit die anderen Verfahren greifen konnten, bestand der erste Schritt jedoch darin, sich mit dem sabotierenden Nachsatz über ihre Tante Sophie zu befassen.

Oft enthält ein sabotierender Nachsatz ein eingeschränktes Selbstbild, das uns glauben lässt, der erwünschte Zustand sei nicht möglich oder für uns nicht erreichbar. «Ich habe den Körper einer Slawin geerbt», und das war's. Aber er kann sich auch auf unerkannte oder unerwünschte Folgen beziehen, die mit dem Erreichen des Ziels einhergehen. Um bei dem Beispiel mit dem Gewicht zu bleiben: Unerkannte sabotierende Nachsätze am Ende einer positiven Affirmation, die eine Frau ihrem Wunschgewicht näherbringen soll, könnten beispielsweise lauten:

- «Doch wenn ich abnehme, werden sich die Männer auf mich stürzen und mich sexuell belästigen.»
- «Doch wenn ich abnehme, wiege ich weniger als meine Mutter, und dann wird sie neidisch und wütend.»
- «Doch wenn ich abnehme, bin ich emotional verletzlich.»
- «Doch wenn ich abnehme, haben andere die Erwartung, dass ich mein Gewicht halte.»
- «Doch wenn ich abnehme, gebe ich den Trost und das Vergnügen auf zu essen, was ich will.»
- «Doch wenn ich abnehme, weiß ich nicht, ob ein Mann mich um meiner selbst oder um meines Körpers willen liebt.»

Die Liste möglicher Nachsätze ist endlos. Sie haben zur Folge, dass die Affirmation, mit der wir glauben unser Ziel zu verstärken, einen negativen Nachsatz im Schlepptau hat, und auf diese Weise wird nicht unser Ziel bekräftigt, sondern vielmehr die Gründe, aus denen wir das Ziel nicht erreichen können oder dürfen. Denken Sie an ein Ziel, das Sie schon lange verfolgen, aber bisher nicht erreicht haben. Es kann eins sein, das Sie aktiv verfolgen, oder eins, das im Hintergrund da ist. Die meisten Menschen haben mindestens eins, selbst wenn sie es nur verschwommen wahrnehmen. Bringen Sie es sich zu Bewusstsein und formulieren Sie es. Schreiben Sie es auf. Beschreiben Sie anschließend, was Ihnen einfällt, wenn Sie die folgenden Sätze ergänzen:

- Was es mir aufgrund dessen, wie ich bin, unmöglich macht, dieses Ziel zu erreichen, ist …
- Was es mir aufgrund meiner Vergangenheit unmöglich macht, dieses Ziel zu erreichen, ist …
- Wenn es einen emotionalen Grund gäbe, aus dem ich dieses Ziel nicht erreichen könnte, würde er lauten …
- Wenn ich dieses Ziel erreichen würde, wären die Folgen …
- Um dieses Ziel zu erreichen, müsste ich …
- Was ich wirklich will, statt dieses Ziel zu erreichen, ist …
- An dieses Ziel zu denken, erinnert mich an …
- Ich wäre eher gewillt, dieses Ziel zu erreichen, wenn zuerst …

Diese Sätze können den oder die versteckten sabotierenden Nachsätze zum Vorschein bringen. Sie können ein Geflecht von Ereignissen, Überzeugungen und Einstellungen enthüllen, die verhindern, dass das Ziel sich realisiert. Falls Sie keine Listen mögen, stellt einer unserer Kollegen einfach die Frage: «Wie gedenken Sie Ihr Ziel zu sabotieren?», und berichtet, dass die Menschen «es im Allgemeinen wissen». Wenn Ihnen das Ziel wichtig ist, können Sie mit Hilfe des Klopfens die Emotionen auflösen, die mit jedem dieser negativen Nachsätze verbunden sind. Formulieren Sie Ihr Ziel, benennen Sie alle negativen Nachsätze und neutralisieren Sie sie einzeln mit Hilfe des Klopfverfahrens.

Wie man sabotierende Nachsätze entfernt

Therapeuten arbeiten gewöhnlich nicht mit Freunden und Familienmitgliedern, weil die Beziehung zwischen Therapeut und Klient Bestandteil des Heilungsprozesses ist. Die therapeutische Beziehung muss so objektiv und frei von widerstreitenden Interessen gehalten werden wie nur möglich. Selbst ein übermäßiger Wunsch zu helfen kann ein Hindernis sein und sowohl die Urteilsfähigkeit des Therapeuten als auch die Motivation des Klienten trüben. Die Erfahrungen, von denen energetische Therapeuten berichten, sind jedoch ein wenig anders gelagert. Da die Techniken zum Eigengebrauch vermittelt und im Selbsthilfeverfahren angewandt werden können, betrachten einige Praktiker es als Teil ihres Erziehungsauftrags als Eltern, sie an ihre eigenen Kinder weiterzugeben. Eine gestandene Therapeutin mit großer Erfahrung in energetischen Methoden berichtet von einer Sitzung mit ihrem 23-jährigen Sohn Jonathan:[6]

> Jonathan ist bei einem Kreditinstitut als Kundenbetreuer tätig. Er ist Ansprechpartner bei allem, was mit Kreditkarten zu tun hat. Er nimmt in seiner Schicht ungefähr 120 Anrufe entgegen und kümmert sich um Lösungen von Problemen, wie überfälligen Gebühren, dem Zinssatz, verlorenen Karten, dem Kreditrahmen etc.
> Er findet die Arbeit interessant und anspruchsvoll. Nur das Verkaufen ist ihm zuwider! Eine seiner Aufgaben besteht darin, den infrage kommenden Kunden einen «Saldotransfer» anzubieten. Das bedeutet, dass der Kunde seinen oder ihren Kontostand von anderen Kreditkarten auf Jonathans Institut übertragen kann und dafür ein halbes Jahr lang sehr niedrige Zinsen zahlt.
> Das Kreditinstitut ermuntert seine Angestellten, diese Transfers anzubieten. Es lockt mit Prämien, wenn ein Angestellter eine Rate von 20 Prozent erfolgreichen Saldotransfers im Monat

erreicht. Das sind im Schnitt zehn pro Tag. Jonathan schaffte durchschnittlich zwei.

Von sich aus gelang es ihm, sich zu ungefähr sechs pro Tag «aufzuraffen», aber jede Minute davon war ihm verhasst! Er fühlte sich gestresst. Er hatte Kopfschmerzen. Verkaufen ist ihm ein Gräuel!

Als er vier Tage vor Ultimo feststellte, dass er in jedem anderen Bereich seiner Arbeit für eine Prämie infrage kam, aber sie aufgrund seines schlechten Abschneidens beim Saldotransfer nicht bekommen würde, bat er mich um Hilfe. Ich fragte ihn, woran es «haperte». Er erwiderte:

«Ich verkaufe nicht gern.»
«Niemand will etwas davon hören.»
«Es kommt mir zwar in den Sinn, danach zu fragen, wenn ich einen Kunden am Telefon habe, aber ich tue es einfach nicht.»
«Wenn die Leute wegen überfälligen Gebühren anrufen, sind sie aufgeregt und wollen von nichts anderem hören.»
«Ich stoße auf Ablehnung, wenn ich frage.»
«Ich habe Angst, auf Ablehnung zu stoßen.»
«Ich würde nicht wollen, dass jemand mir damit kommt, wenn ich wegen einer anderen Sache anrufe.»
«Dieser Teil der Arbeit widert mich an.»
«Ich finde es unfair, dass ich das tun muss, um eine Prämie zu bekommen.»

Wir klopften für jeden dieser sabotierenden Nachsätze. Er hatte Spaß an der Sitzung und lachte viel, während wir miteinander arbeiteten. Dann beschloss ich, mit ihm einen energetischen Test durchzuführen [eine in der Energetischen Psychologie angewandte Technik, um die energetische Reaktion des Körpers auf eine Frage oder einen sonstigen Input zu überprüfen]. Ich fragte ihn, wie viele Saldotransfers er jetzt schaffen könne. Machen Sie sich klar, dass er nie mehr als sieben pro Tag geschafft hatte und gewöhnlich nur zwei.

Er sagte, er sei jetzt zuversichtlich, dass er vierzig pro Tag schaffen könne. Ich fragte, ob ich seinen Körper dazu befragen dürfe. Er gab mir die Erlaubnis. Als ich seinen Arm testete, ließ ich ihn sagen: «*Ich kann bequem zehn Saldotransfers pro Tag schaffen.*» Der Arm blieb stark. Ich ließ ihn sagen: «*Ich kann bequem 15 Saldotransfers pro Tag schaffen.*» Immer noch stark. «20» war auch stark. «30» ebenso. Wir erreichten die Marke von «36». Dem Körper zufolge konnte Jonathan 36 Saldotransfers pro Tag schaffen!

Ich erinnerte ihn daran, dass wir, wenn wir ein Ziel haben, nicht immer exakt das «bekommen», was wir uns ausgemalt haben, sondern dass unsere Ziele «uns in eine Richtung lenken». Er konnte das gut akzeptieren.

Am nächsten Tag gelangen Jonathan 37 Saldotransfers! Bis zum Monatsende erreichte er jeden Tag durchschnittlich dieselbe Anzahl! Er hatte die Vorgabe geschafft und bekam eine Prämie. Er sagte: «Was hast du mit mir gemacht? Ich hänge sie alle ab! Sie [die Chefs und Kollegen] können sich über meine Veränderung gar nicht einkriegen! Es ist unglaublich!»

Wie Sie in vier Schritten Ihre Ziele erreichen

Wie in Jonathans Fall genügt es oft, die sabotierenden Nachsätze mit dem Klopfverfahren zu löschen (beginnend mit dem ersten Satz auf der Liste und dem Eröffnungssatz «Auch wenn ich diese ‹Ich-verkaufe-nicht-gern›-Einstellung habe, liebe und akzeptiere ich mich selbst von ganzem Herzen» und dem Erinnerungssatz «Diese ‹Ich-verkaufe-nicht-gern›-Einstellung»), damit Sie auf Ihr Ziel kraftvoll und mit frischem Elan zugehen können. Zusätzlich können Affirmationen, Visualisierungen und mentales Training

Sie Ihrem Ziel näher bringen. Wenn die Anwendung der Grundtechnik auf sabotierende Nachsätze einem Messer gleicht, mit dem Sie die Leine zu dem behindernden Ballast kappen, könnte man ihre zusätzliche Anwendung, um Affirmationen, Visualisierungen und mentale Szenen wirkungsvoller zu machen, mit dem Magneten vergleichen, der Sie zu Ihrem Ziel zieht. Nachdem Sie ein Ziel formuliert und alle negativen Nachsätze gelöscht haben, besteht der nächste bei dieser aus vier Schritten bestehenden Strategie darin, Affirmationen, Visualisierungen und mentale Szenen zu entwickeln, die Ihr Ziel effektiv unterstützen. Die vier Schritte lauten:

1. Benennen Sie das Ziel.
2. Erkennen und neutralisieren Sie die sabotierenden Nachsätze.
3. Entwickeln Sie Affirmationen, Visualisierungen und eine mentale Szene.
4. Verwenden Sie die Grundtechnik, um sie noch wirkungsvoller zu machen.

Affirmationen, Visualisierungen und mentale Szenen

Nach mehr als hundert Jahren moderner Psychotherapie gilt die kognitive Verhaltenstherapie als eine der effektivsten klinischen Methoden bei Menschen, die Ängste, Depressionen und zahlreiche andere psychische Schwierigkeiten überwinden wollen. Zu einer ihrer größten Stärken gehört, Menschen Mittel an die Hand zu geben, um wirksam das innere Selbstgespräch zu verändern, das ihren Gefühlen und Handlungen zugrunde liegt.[7] Oft läuft das Selbstgespräch so rasch und automatisch ab, dass wir nicht einmal Notiz davon nehmen. Es scheint, als würde die äußere Situation unsere Gefühle verursachen, aber in Wirklichkeit sind es die Interpretationen unserer Erlebnisse, die unsere Reaktionen bestimmen. Dem Psychologen Edmund Bourne zufolge[8]

➥ treten emotionale Reaktionen gewöhnlich auf, ohne dass wir merken, was wir vor der Reaktion zu uns selbst gesagt haben;
➥ können wir die Verbindung zwischen unserem inneren Selbstgespräch und unseren Gefühlen oft erst dann wahrnehmen, wenn wir einen Schritt beiseite treten und untersuchen, was wir zu uns selbst gesagt haben;
➥ verläuft das Selbstgespräch oft stenogrammartig, wobei ein Wort oder ein Bild eine ganze Kette von Gedanken, Erinnerungen und Assoziationen enthält; um unser inneres Selbstgespräch zu erkennen, kann es erforderlich sein, mehrere unterschiedliche Gedanken aus einem einzigen Wort oder Bild abzuleiten;
➥ hört sich selbst ein irrationales inneres Selbstgespräch meist wie die Wahrheit an – es drückt Überzeugungen aus, deren wir uns kaum bewusst sind –, weshalb ein gewohnheitsmäßiges irrationales Selbstgespräch meist unhinterfragt bleibt;
➥ fördert ein negatives inneres Selbstgespräch die Vermeidungshaltung; wir reden uns ein, dass eine Situation gefährlich ist, und vermeiden sie, und durch die Vermeidung verstärken wir den Glauben, dass sie gefährlich ist;
➥ besteht ein negatives inneres Selbstgespräch aus einer Reihe von schlechten Angewohnheiten; wir werden mit dieser Veranlagung nicht geboren; wir *lernen*, so zu denken;
➥ können wir, ebenso wie wir *ungesunde Verhaltensmuster* durch gesunde ersetzen können, auch ungesundes Denken durch positivere und unterstützendere *Denkmuster* ersetzen.

Was Sie gegen das negative innere Selbstgespräch tun können

Die vier häufigsten Persönlichkeitstypen mit einem angstauslösenden negativen Selbstgespräch sind nach Bourne: der *Ängstliche*, der *Kritiker*, das *Opfer* und der *Perfektionist*. Als wirksamsten Umgang mit einem negativen Selbstgespräch empfiehlt er, mit positiven, selbstbejahenden Sätzen gegenzusteuern, die die negativen Sätze entweder direkt widerlegen oder entkräften. Diese positiven Aussagen müssen aufgeschrieben und oft wiederholt werden. Zu den Verzerrungen, die mit Hilfe solcher positiven Sätze widerlegt werden müssen, zählen die folgenden Arten des Selbstgesprächs:

- das «Was-ist-wenn»-Denken, bei dem man die Wahrscheinlichkeit eines negativen Ausgangs überschätzt,
- das «Aus-allem-eine-Katastrophe-Machen», bei dem man die Folgen eines möglichen negativen Ergebnisses überschätzt, und
- die «pessimistische Selbstbeurteilung», bei der man die eigene Fähigkeit, Dinge zu bewältigen, unterschätzt.

Durch Affirmationen entsteht ein positives inneres Selbstgespräch, das unser Selbstbild und unsere Grundüberzeugungen beeinflussen kann. Wie schon deutlich wurde, besteht der erste Schritt, um Affirmationen effektiv einzusetzen, darin, die sabotierenden Nachsätze oder negativen Selbstaussagen in ihrem Schlepptau zu neutralisieren. Wenn Sie, sobald Sie die Affirmation sprechen, damit zugleich starke Zweifel, Einwände oder Gegenargumente auf den Plan rufen, verstärken Sie das Gegenteil dessen, was Sie beabsichtigen.

Affirmationen, die funktionieren

Außer sabotierenden Nachsätzen gibt es noch drei weitere Gründe, aus denen eine Affirmation bisweilen nicht das gewünschte Ergebnis bringt, und zwar wenn die Affirmation

1. ausdrückt, was Sie sich Ihrer Meinung nach wünschen *sollten*, statt das, was Sie wirklich wünschen,
2. einen zu großen Schritt oder Veränderungen erfordert, die weit über das hinausgehen, was Sie für möglich halten,
3. mechanisch wiederholt oder so formuliert wird, dass Sie bei Ihnen keine Begeisterung auslöst.

Jemand, der mechanisch affirmiert: «Ich bin glücklich, ich bin glücklich, ich bin glücklich», wird wahrscheinlich nicht umgehend in das Pantheon des Glücks eingehen, selbst wenn alle negativen Nachsätze gefunden und neutralisiert wurden. Hier ist nicht Glück der Antrieb, sondern ein Bemühen in der Art von «Wäre das nicht schön», dem die Leidenschaft einer motivierenden Vision fehlt. Damit eine Affirmation schlagkräftig ist, muss das, worauf sie abzielt, ein tiefes Echo in Ihnen auslösen und zu einer bezwingenden Kraft werden. Ein lohnendes Ziel weckt Ihre Leidenschaft.

Das Ziel muss so angelegt sein, dass es Ihnen innerhalb Ihres Glaubenssystems erreichbar erscheint und dennoch Ihre augenblicklichen Grenzen beträchtlich erweitert. Diese Erweiterung ruft Begeisterung hervor. Das Ziel, Ihr Jahreseinkommen von 50 000 Euro auf 51 000 Euro zu steigern, wird Sie nicht vom Hocker reißen. Die Aussicht, es auf 80 000 oder 100 000 Euro zu steigern, vielleicht schon. Sobald Sie diese Marke erreicht haben, wird es leichter, sich 150 000 oder 250 000 Euro vorzustellen, und diese Sprünge sind gültig, ganz gleich, ob Sie sich ein höheres Einkommen, ein geringeres Gewicht, bessere Beziehungen, eine stabilere Gesundheit oder höhere Leistungen wünschen.

Wenn Sie im Rahmen dieses Buches mit Affirmationen arbeiten, beginnen Sie mit kleinen Schritten. Verfolgen Sie jeweils nur ein Ziel. Stützen Sie es mit einer Affirmation. Passen Sie sie laufend an. Sorgen Sie erst für kleine Erfolge und anschließend für größere. Sobald Sie die negativen Nachsätze gelöscht haben, ist der Weg für eine Affirmation frei, die zu substanziell neuen Möglichkeiten führt. Basierend auf einer Synthese aus verschiedenen Methoden, die mit Affirmationen arbeiten, darunter kognitive Verhaltenstherapie, Hypnose und NLP, folgen hier zehn Empfehlungen für wirksame Affirmationen:

1. Affirmieren Sie ein *Möchte*, nicht ein *Sollte* (Sie haben beispielsweise den Eindruck, dass Sie es Ihrem Chef recht machen *sollten*, aber vielleicht *möchten* Sie Ihre Bemühungen gar nicht darauf konzentrieren, noch mag es der für Sie vorteilhafteste Weg sein).
2. Affirmieren Sie, was Sie *wollen*, und nicht, was Sie *nicht wollen* (affirmieren Sie beispielsweise, dass Sie inneren Frieden erreichen, und nicht, dass Sie die Hindernisse gegen inneren Frieden vermeiden).
3. Affirmieren Sie ein Ziel, das Sie für realistisch halten, oder achten Sie bei der Formulierung darauf, dass es sich innerhalb des für Sie realistischen Rahmens bewegt (wenn Ihnen beispielsweise der Satz «Ich bin gesund» im Augenblick unrealistisch erscheint, können Sie ihn mit einer Einschränkung abschwächen wie «Ich bin *auf dem Wege*, gesund zu werden»).
4. Affirmieren Sie ungeachtet dessen ein Ziel, das eine «Grenzerweiterung» enthält, ein Ziel, das groß genug ist, um Begeisterung auszulösen (statt «Ich komme mit meiner Arbeit klar» formulieren Sie: «Ich suche die Herausforderungen in meiner Arbeit, und ich habe Freude daran, mich ihnen jeden Tag zu stellen»).
5. Formulieren Sie die Affirmation in der ersten Person Präsens (z. B. «Ich bin», «Ich weiß», «Ich fühle», «Ich finde»).

6. Gestalten Sie die Affirmation kurz, einfach und direkt («Ich mache Eindruck, wo ich auch hingehe»).
7. Stützen Sie den Satz mit einem lebhaften mentalen Bild oder einer Szene, die darstellt, dass Sie das Ziel bereits erreicht haben (z. B. halten Sie eine begeisterte Rede vor einem entzückten Publikum).
8. Wandeln Sie Ihre Affirmation von Zeit zu Zeit ab, um Langeweile zu vermeiden oder verschiedene Aspekte Ihres Ziels anzuvisieren (bei der Affirmation «Ich bin gesund und dynamisch» kann der Schwerpunkt beispielsweise eine Zeit lang auf dem Satz liegen: «Meine Muskeln und meine Widerstandskraft nehmen zu, während ich jeden Tag Sport treibe»).
9. Konzentrieren Sie sich auf das, was *Sie tun können*, und nicht auf das, wovon Sie hoffen, dass *andere es tun werden* (z. B. «Ich bin ein warmherziger, liebenswerter Mensch, der Liebe anzieht» statt «John liebt mich»).
10. Behalten Sie Ihre Affirmationen für sich (wenn Sie sie anderen Menschen außer Ihrem Therapeuten oder Übungspartner mitteilen, verlieren sie an Kraft, weil sie mit dem, was die Person über Sie denkt, kollidiert und zu voreiligen Urteilen einlädt).

Hier einige Beispiele:

➡ «Ich fühle mich mit neuen Menschen wohl und freue mich darauf, sie kennenzulernen.»
➡ «Ich sehe in jeder Herausforderung eine Chance.»
➡ «Frieden ist mein Begleiter.»
➡ «Mein Buch ist fertig, und ich bin stolz darauf.»
➡ «Mein Blutdruck bleibt unter …»
➡ «Ich finde nur gesundes Essen genussvoll.»
➡ «Ich habe ein perfektes Gleichgewicht zwischen Arbeit und Vergnügen.»

- «Ich werde rasch, leicht und freudig wieder ganz gesund.»
- «Ich bin reich» (oder glaubwürdiger: «Ich werde reich»).
- «Ich weiß jeden Augenblick zu schätzen» (oder «Ich lerne, jeden Augenblick zu schätzen»).

Formulieren Sie eine Affirmation, die sie gern zur Wirklichkeit werden lassen möchten. Gehen Sie dazu die oben angeführten Empfehlungen und Beispiele durch. Sprechen Sie Ihre Affirmation mit Überzeugung und Nachdruck. Bourne erinnert uns daran, dass es einer neuen Überzeugung die größte Kraft verleiht, wenn wir «sie *ebenso in unser Herz* – wie in unseren Kopf – dringen lassen».[9] Er empfiehlt, sich tief zu entspannen und die Affirmation langsam, mit Gefühl und Überzeugung zu sprechen. Ein weiterer Bestandteil der Formel ist die Wiederholung. Zu den von Bourne empfohlenen Wiederholungstechniken gehört:

1. die Affirmation ein oder zwei Wochen lang fünf- oder zehnmal pro Tag aufzuschreiben,
2. die Affirmation in riesigen Buchstaben mit einem dicken Filzstift auf ein großes Stück Papier zu schreiben und sie so aufzustellen, dass Sie sie oft sehen können,
3. Ihre Affirmation auf Band zu sprechen und sie vier Wochen lang einmal pro Tag abzuspielen und / oder
4. einen Partner zu wählen, der Ihnen Ihre Affirmation mit Überzeugung sagt (wobei «ich» durch «du» ersetzt wird), während er Ihnen in die Augen schaut. Anschließend sprechen *Sie* die Affirmation und schauen Ihrem Partner in die Augen.

Ein Bild hinzufügen

Ein mit der Affirmation verknüpftes Bild kann die Kraft der Affirmation erhöhen. Machen Sie ein Experiment. Legen Sie alles aus der Hand mit Ausnahme dieses Buches, setzen Sie sich bequem hin und folgen Sie den Anweisungen beim Lesen.

Strecken Sie Ihre freie Hand aus und stellen Sie sich vor, Sie würden eine aufgeschnittene Zitrone halten. Halten Sie die Zitrone so, dass Sie das Fruchtfleisch sehen können. Stellen Sie sich so lebhaft wie möglich vor, dass Sie die Zitrone mit den Fingern betasten. Nehmen Sie die winzigen Einkerbungen auf der Schale und die wachsartige Oberfläche wahr. Fühlen Sie sie? Halten Sie die Zitrone nun an die Nase und riechen Sie daran. Riechen Sie sie? Jetzt bringen Sie sie wieder in die Ausgangsposition.

Als Nächstes werden Sie die Zitrone kosten. Damit es gelingt und Sie den Sinn der Übung erfassen, müssen Sie es sich lebhaft vorstellen. Das heißt, Sie müssen wirklich in die Zitrone hineinbeißen, nicht nur ein wenig nibbeln. Beißen Sie voll hinein. Sind Sie bereit? Eins, zwei, drei – beißen Sie hinein. Jetzt kauen Sie sie.

Das genügt; nehmen Sie sie aus dem Mund. Ist Ihr Speichelfluss stärker geworden? Bei den meisten Menschen ist das der Fall. Bei einer lebhaften Vorstellung schlagen sich die Veränderungen in Ihrem Körper und Ihrer Neurochemie nieder. Ihr Gehirn hat die eingebildete Zitrone wie eine echte Zitrone behandelt. Es hat die Säureempfindung mit der Aktivierung des Speichelflusses neutralisiert. Auch ohne das Vorhandensein einer echten Zitrone ist also Speichel produziert worden. Zusammen mit einem lebhaften Bild konditioniert die beharrliche Wiederholung einer Affirmation Körper und Geist auf Wahrnehmungen, Gedanken und Verhaltensweisen, die mit der neuen Vision von der Realität konform gehen.

Bei einer Studie über die Wirkungen der Vorstellungskraft und des mentalen Trainings auf Leistungen im Basketball wurden

Freiwillige an der Ohio State University in drei Gruppen eingeteilt. Eine Gruppe übte 30 Tage lang jeden Tag Freiwürfe. Die nächste Gruppe übte auch 30 Tage lang Freiwürfe, aber nur mental. Sie berührte keinen Ball. Die dritte Gruppe bekam keine besonderen Instruktionen.

Nach 30 Tagen trafen sich alle Gruppen, um Freiwürfe auszuführen. Diejenigen, die gar nicht geübt hatten, hatten sich nicht verbessert. Diejenigen, die direkt mit dem Ball geübt hatten, hatten sich um 24 Prozent verbessert. Diejenigen, die nur mental geübt hatten, hatten sich um 23 Prozent verbessert, was sich, statistisch gesehen, nicht vom Ergebnis derjenigen unterscheidet, die auf dem Platz geübt hatten.[10]

Lebhafte Vorstellungen und mentales Training beziehen Ihren Geist und Körper in Ihre Affirmation auf eine Art und Weise ein, die über das hinausgeht, was Sie erreichen können, wenn Sie die Affirmation nur sprechen oder denken. Angenommen, Ihre Affirmation lautet: «Ich fühle mich mit neuen Menschen wohl und freue mich darauf, sie kennenzulernen», dann sollten Sie sich eine Situation vorstellen, in der Sie es genießen, neue Menschen kennenzulernen. Seien Sie möglichst konkret. Verwenden Sie die Vorstellungs- oder Übungsmethoden, die Ihnen am meisten entgegenkommen. Einigen Menschen fällt es leicht, Bilder zu sehen. Andere stellen sich die Situation gefühlsmäßig vor. Wieder andere erleben sie eher als Geschichte. Was zählt, ist nicht die Methode, die Sie benutzen, sondern dass Sie sich voll und lebhaft auf die Erfahrung einlassen.

Bevor Sie mit dem nächsten Abschnitt fortfahren, halten Sie sich noch einmal das von Ihnen bereits ausgewählte Ziel und die Affirmation vor Augen, die Sie dazu formuliert haben. Vergewissern Sie sich, dass die Formulierung der Affirmation unseren Empfehlungen entspricht. Dann entwickeln Sie ein Bild oder eine mentale Szene, um Ihren Worten noch zusätzlich Lebendigkeit zu verleihen.

Wie Sie Affirmationen mit energetischen Behandlungsmethoden kombinieren

Sobald Sie 1. eine richtig formulierte Affirmation für ein Ziel entwickelt haben, das Sie für erstrebenswert und realistisch halten, 2. die sabotierenden Nachsätze neutralisiert haben, 3. dem Satz Kraft verliehen haben, indem Sie ihn mit Nachdruck und Überzeugung sprechen, und 4. ihn mit einem lebhaften Bild verknüpft haben, wird ein weiterer Schritt ihn in ein schlagkräftiges Mittel verwandeln, das unter den vorhandenen Methoden der Selbsthilfe seinesgleichen sucht. Sie haben die Affirmation bereits so gestaltet, dass sie von der Sache her und vielleicht auch emotional glaubwürdig für Sie ist. Der letzte Schritt besteht darin, sie *energetisch* kompatibel und emotional noch glaubwürdiger zu machen. Sobald eine Affirmation von ganzem Herzen glaubwürdig und energetisch kompatibel ist, werden die Veränderungen in Ihrem Selbstbild und Ihren Grundüberzeugungen, wie viele Fallberichte belegen, rasch, gründlich und dauerhaft sein. Es ist günstig, dass Sie *bereits* mit den fundamentalen Fertigkeiten *vertraut sind*, mit denen Sie eine logische Affirmation energetisch kompatibel und emotional glaubwürdiger machen können. Sie werden die Grundtechnik mit einer gut formulierten Affirmation und einem damit einhergehenden Bild kombinieren.

Sprechen Sie die Affirmation, während Sie sich Ihr mentales Bild oder Ihre mentale Szene ins Gedächtnis rufen und sich vorstellen, dass Sie Ihr Ziel erreicht haben. In diesem Bild ist Ihr Ziel *bereits* Wirklichkeit geworden. Wenn Ihre Affirmation lautet: «Frieden begleitet mich», und der Grund, aus dem Sie diese Affirmation wählen, darin besteht, dass der Druck und Stress in Ihrem Leben Sie oft aufregen, sprechen Sie die Worte, während Sie sich vorstellen, dass Sie mitten in einem stressigen Ereignis ruhig und zentriert bleiben. Anschließend bewerten Sie mit einer Punktzahl zwischen 0 und 10, wie *glaubwürdig* dieser Satz und dieses Bild Ihnen erscheinen. Beachten Sie, dass anders als bei der Bewertung negativer Gefühle die Skala hier in umgekehrter Richtung verläuft. Je wünschenswerter die Situation ist, desto höher die Punktzahl. Eine 10 bedeutet, dass die Aussage vollkommen glaubwürdig ist; eine 0 bedeutet, dass sie überhaupt nicht glaubwürdig ist.

Wie Sie Bestleistungen glaubwürdig machen

Sie werden nun eine Variante der Grundtechnik anwenden,[11] um die emotionale Glaubwürdigkeit Ihrer Affirmation zu erhöhen. Bei der Eröffnungsaussage verwenden Sie ein leicht verändertes Schema: «Auch wenn ich nur [Ihre Affirmation] an eine [Ihre Bewertung] glaube, liebe und akzeptiere ich mich von ganzem Herzen.» Der Erinnerungssatz besteht aus Ihrer Affirmation, kombiniert mit einem mentalen Bild oder einer mentalen Szene. Benutzen Sie beim Klopfen die im 2. Kapitel aufgeführten Punkte und das «Sandwich»-Verfahren: die Klopfsequenz, die 9-G-Folge und eine weitere Klopfsequenz. Vergegenwärtigen Sie sich dann erneut die Affirmation und das Bild und bewerten Sie ihre Glaubwürdigkeit. Vielleicht kommen Ihnen zwischen den Durchgängen Korrekturen an der Formulierung oder dem Bild in den Sinn. Nehmen Sie sie auf. Fahren Sie mit weiteren Durchgängen fort, bis Sie bei der Bewertung der Glaubwürdigkeit mindestens eine 8 erreicht haben. Manchmal müssen Sie die neuartige Reaktion oder das Verhalten erst in der Realität erleben, bevor die Glaubwürdigkeit über 8 steigt, aber die klinische Erfahrung zeigt, dass, sobald 8 Punkte erreicht sind, die Übertragung von der mentalen Ebene auf den Alltag gewöhnlich ziemlich reibungslos verläuft. Es folgen die Schritte, zusammen mit einem Fallbeispiel:

1. Formulieren Sie ein Ziel, das Ihnen am Herzen liegt.
Der 38-jährige Bill hatte sich aus eigener Kraft emporgearbeitet. Aus armen Verhältnissen stammend, hatte er es zum Chef einer millionenschweren Software-Firma gebracht, deren Inhaber er auch war. Obwohl er sich um seine finanzielle Sicherheit keine Sorgen machen musste, griff er rastlos neue Chancen auf und nahm neue Projekte an, als wenn er immer noch um den Erfolg kämpfen müsste. Er überschritt regelmäßig die vernünftigen Grenzen seiner körperlichen Leistungsfähigkeit. Dementsprechend war er gewöhnlich müde, trieb zu wenig Sport, litt unter zu hohem Blutdruck, vernachlässigte seine Familie und hatte selten ein Gefühl von innerem Frieden. Das Ziel, das er sich in einem von David geleiteten Seminar in Energetischer Psychologie setzte, war eines, das er seit Jahren als Lippenbekenntnis von sich gab. Er wollte «runterfahren, den Duft der Rosen riechen und mich an meinen Kindern freuen, solange sie noch klein sind».

2. Gehen Sie die Aussagen auf Seite 190–191 durch, machen Sie eventuelle sabotierende Nachsätze ausfindig und wenden Sie die Grundtechnik der Reihe nach auf sie an.
Bill fand viele innere Einwände dagegen, weniger zu tun. Als Ergänzung des Satzes «Wenn ich mich nicht mehr weiter so unter Druck setze ...» führte er auf:
«werde ich so arm enden wie meine Eltern»,
«werden meine Angestellten glauben, ich sei faul und mache es mir bequem»,
«werde ich nicht die Befriedigung haben, neue kreative Lösungen für wichtige Probleme auf meinem Gebiet einzuführen»,
«werde ich nicht mehr den Beitrag für die Menschheit leisten, den ich leisten soll»,
«ist die Zeit, die ich jetzt wichtigen Dingen widme, mit trivialem Zeug gefüllt»,

«werde ich herausfinden, dass ich kein so guter Vater bin, wie ich es gern vom mir glauben möchte».
Bei der Arbeit mit einem Partner stellte Bill in einer zweistündigen Sitzung fest, dass er alle Einwände logisch entkräften konnte, und er war mit Hilfe der Grundtechnik imstande, die Emotionen im Zusammenhang mit ihnen aufzulösen. Bei einigen Einwänden tauchten verschiedene Aspekte auf, mit denen er sich auseinandersetzen musste. Die Angst, dass er so arm wie seine Eltern enden würde, brachte beispielsweise den Groll hoch, dass sein Vater nicht besser für die Familie gesorgt hatte.

3. Formulieren Sie eine Affirmation Ihres Zieles unter Zuhilfenahme der Empfehlungen auf S. 189 f. und unterstützen Sie sie mit einem Bild oder einer mentalen Szene, als ob Ihr Ziel sich bereits realisiert hätte.
Bill verwendete die Affirmation: «Ich erfreue mich an einem guten Gleichgewicht zwischen meinem kreativen Berufsleben und meinem reichen Privatleben.» Bei der mentalen Szene sah er sich mit seinen Kindern im Wohnzimmer umhertollen, während seine Frau zufrieden zuschaute und er ein gutes Gefühl hatte, weil er wusste, dass seine Firma gut lief, auch wenn er sich nicht um jedes Detail selbst kümmerte. Er genoss sein Familienleben, ohne von geschäftlichen Sorgen abgelenkt zu sein.

4. Bewerten Sie die emotionale Glaubwürdigkeit Ihrer Affirmation und Ihres Bildes mit einer Punktzahl zwischen 0 und 10.
Nachdem Bill die sabotierenden Nachsätze beseitigt hatte, erschien der Gedanke, ein besseres Gleichgewicht zwischen seinem Beruf und seinem Privatleben zu finden, für Bill sehr plausibel, aber als er die Worte sprach und die Situation mental trainierte, stand immer noch der Eindruck im Raum, dass es nicht geschehen würde. Er bewertete die Glaubwürdigkeit mit einer 2.

5. Verwenden Sie die Grundtechnik, um die emotionale Glaubwürdigkeit Ihrer Affirmation und Ihres Bildes zu erhöhen.

Bill verwendete die Eröffnungsaussage: «Auch wenn die Vorstellung von einem ausgewogenen Privat- und Berufsleben für mich nur eine Glaubwürdigkeit von 2 Punkten hat, liebe und akzeptiere ich mich selbst von ganzem Herzen.» Sein Erinnerungssatz war seine Affirmation, gekürzt auf «ausgewogenes Privat- und Berufsleben» und kombiniert mit dem Bild, sich mit seinen Kindern spielen zu sehen in dem Bewusstsein, dass im Büro alles gut lief. Bei den ersten vier Durchgängen stieg die Glaubwürdigkeit nur auf eine 4. An dieser Stelle nahm er den Zusatz auf, dass er wusste, dass im Büro alles gut lief, und beim nächsten Durchgang stieg die Bewertung auf 9 Punkte. Als Erstes nach dem Workshop stellte Bill einen persönlichen Assistenten ein, an den er viele der Pflichten delegierte, die er abgeben konnte. Wenn wir die innere Wirklichkeit ändern, zeigen sich oft Mittel und Wege, die äußere Realität zu ändern, die uns vorher nicht in den Sinn gekommen sind.

Spitzenleistung

Sie können die Methoden in diesem Kapitel auf praktisch jede Situation anwenden, in der Sie eine Bestleistung bringen wollen: Sie wollen den örtlichen Bauausschuss um eine Ausnahmegenehmigung bei einer Bauvorschrift bitten. Sie suchen eine kreative Wendung, um den Roman, an dem Sie arbeiten, zu einem guten Ende zu bringen. Sie wollen bei der Hochzeit Ihres Sohnes ein Lied am Klavier spielen, das Sie zu diesem Anlass komponiert haben. Sie wollen Ihre alte Liebe aus der Schulzeit wiedersehen, die damals mit Ihnen Schluss gemacht hat, und vor ihr glänzen. Das Basketballteam Ihrer Kirchengemeinde nimmt am Finale teil, und Sie sind aufgestellt.

Wenn Sie eine Affirmation, eine mentale Szene, in der Sie eine optimale Reaktion auf eine schwierige Situation visualisieren, und das Klopfverfahren miteinander kombinieren, können Sie Ihre Energien so lenken, dass diese eine bessere Leistung in jedem Bereich unterstützen, der Ihnen am Herzen liegt.

Therapeuten, die mit Energetischer Psychologie arbeiten, wenden diese Prinzipien auf eine große Bandbreite von Situationen an, angefangen von Psychotherapie über Kindererziehung, Pädagogik, Katastrophenhilfe bis hin zu Beruf und Sport. Die Arbeit mit Sportlern ist besonders lehrreich, weil sich die Ergebnisse leicht überprüfen lassen. Beim mentalen Training von Sportlern ist die persönliche Bestleistung oft ein gutes Ausgangsbild. Sie ist glaubwürdig. Sie ist schon einmal erreicht worden. Sie ist innerlich schon verdrahtet. Die Fähigkeit dazu ist erwiesen. Ob im Sport oder auf einem anderen Gebiet, in dem gute Leistungen verlangt werden, kann das Ziel darin bestehen, beim nächsten Mal Ihre persönliche Bestleistung zu erreichen.

Der australische Therapeut Steve Wells, der Sportler und Mitarbeiter von Firmen berät, die ihre Leistung verbessern wollen, hat mit Pat Ahearne gearbeitet, einem Baseball-Pitcher in Australien. Pat berichtet:

> Wie jeder weiß, der an Wettkämpfen teilgenommen hat, ist der Unterschied zwischen einem durchschnittlichen Sportler und einem Spitzensportler eher mentaler als körperlicher Natur. In dem Bemühen, meine mentale Vorbereitung auf Baseball dem Niveau meiner körperlichen Vorbereitung anzugleichen, lernte ich durch Steve Wells, einen Psychologen in Perth, EFT kennen. Vor der Arbeit mit Steve zeigte ich gute Leistungen im Training und zeitweise auch bei den Spielen, aber ich wollte öfter und auch unter hohem Druck auf meine Höchstleistungen zugreifen können.
> Mit Hilfe von EFT arbeiteten Steve und ich gemeinsam daran,

die mentalen und emotionalen Barrieren abzubauen oder zu beseitigen, die mich daran hinderten, laufend meine Bestleistung als Pitcher zu erreichen. Die Resultate waren erstaunlich. Ich wurde stetiger, gewann bessere Kontrolle über meine Würfe und führte sie bei großen Spielen mit weniger mentaler Anstrengung aus. Die Zahlen sprechen für sich, wenn man meine Saison in der australischen Baseball-Liga 1998–99 vor und nach EFT vergleicht.

Pat warf 87 1/3 Innings in dieser Saison. In den 46 Innings unmittelbar vor seiner Arbeit mit Steve lag Pats *Earned Run Average* (die Anzahl der gegnerischen Punkte, die der Pitcher durchschnittlich bei neun Innings zulässt) – die grundlegendste Statistik, um die Leistung eines Pitchers zu messen (je niedriger, desto besser) – bei 3,33. In den folgenden 41 1/3 Innings lag er nur bei 0,87. In seinen 46 Innings vor EFT gab er 43 Schläge auf, 15 Schläge in den 41 1/3 Innings danach; 18 Walks vor EFT und 7 Walks danach. Auch wenn diese Statistiken nicht repräsentativ sind – die Leistung eines Pitchers kann mit oder ohne äußere Hilfe in dieser Bandbreite schwanken –, war der Unterschied zwischen seiner Leistung in den Spielen unmittelbar vor und nach seiner ersten EFT-Stunde so überzeugend für Pat, dass er EFT zu einem Bestandteil seines regelmäßigen Trainings machte. Er erläutert:

> Durch EFT habe ich das mentale Sprungbrett gefunden, das aus einem Durchschnittssportler einen Spitzensportler macht. Ich bin mit Hilfe dieser Techniken bester Spieler der Perth Heats und Pitcher des Jahres der australischen Baseball-Liga geworden. Ich bin so überrascht, wie gut EFT wirkt, dass ich es neben Werfen, Laufen oder Gewichtheben zum wichtigen Bestandteil meines täglichen Baseball-Trainings gemacht habe.

Wie man die Grundtechnik abkürzen kann

Da jeder Durchgang mit der Grundtechnik nur etwa eine Minute in Anspruch nimmt, könnte man sich fragen, welchen Sinn Abkürzungen überhaupt haben sollten. Um wie viel will man eine Minute denn noch unterschreiten? Wie dieses und das letzte Kapitel jedoch deutlich gemacht haben, gibt es zahlreiche Probleme, bei denen Sie die Grundtechnik bisweilen sehr oft anwenden müssen.

Es schadet sicher nicht, das Verfahren in voller Länge durchzuführen. Bisher war noch nicht von Abkürzungen die Rede, da Sie zunächst die komplette Grundtechnik beherrschen müssen, bevor Sie sinnvolle Abkürzungen vornehmen können, ohne dass es dem Prozess abträglich ist.

Es hat zwei Vorteile, die Abkürzungen zu lernen: 1. Sie vertiefen auf diese Weise Ihr Verständnis von der Grundtechnik, denn Sie müssen das «Wie» und «Warum» jeder Komponente kennen, die Sie wegzulassen gedenken, und wenn Sie 2. an einem komplexen Problem arbeiten, bei dem mehrere Durchgänge mit der Grundtechnik erforderlich sind, können Sie den Prozess hervorragend straffen, wenn Sie mit einer 15- oder 20-Sekunden-Version des Verfahrens auskommen. Man kann jeden Grundbestandteil des Verfahrens abkürzen:

1. Die Eröffnungsaussage weglassen

Die Eröffnungsaussage löst psychische Umkehrungen auf. Doch nicht immer sind welche vorhanden. Auch wenn die Eröffnungsaussage in diesen Fällen nicht schadet, so ist sie dennoch nicht notwendig. Gewöhnlich verwenden wir sie, weil sie nur ein paar Sekunden dauert und sich oft als notwendig erweist, aber bei vielen Durchgängen kann man schauen, ob man sie überspringen kann. Das ist weitestgehend eine Sache der Intuition, doch die Rückmeldung erfolgt umgehend. Eine psychische Umkehrung verhindert Fortschritte. Wenn die Stressbewertung nicht sinkt, beginnen Sie noch einmal von vorn mit der Eröffnungsaussage. Denken Sie daran, dass bei Depressionen und Süchten fast immer psychische Umkehrungen im Spiel sind, sodass Sie die Eröffnungsaussage bei diesen Störungen im Allgemeinen nicht überspringen sollten. Wie an Garys Arbeit mit Glenda deutlich wurde (S. 161–167), kann die Eröffnungsaussage nicht nur psychischen Umkehrungen entgegenwirken, sondern auch noch weiteren Zwecken dienen, wie beispielsweise das Problem unter einem neuen Blickwinkel zu betrachten.

2. Die Klopfsequenz abkürzen

Die Klopfsequenz ist der Hauptbestandteil der Grundtechnik. Man kann sie zwar nicht weglassen, aber gewöhnlich kann man sie abkürzen. Die im Körper zirkulierenden Meridianenergien stehen nämlich miteinander in Verbindung. Wenn man einen Meridian klopft, wird damit oft auch ein anderer beeinflusst. Die im 2. Kapitel vorgestellte Klopfsequenz ist an sich schon eine Abkürzung insofern, als sie nur eine Auswahl der 14 Meridiane berücksichtigt. Diese Auswahl genügt gewöhnlich, um die Energie in allen Meridianen zu harmonisieren. Man kann die Sequenz noch um einen Punkt verkürzen. Durch Versuch und Irrtum haben wir herausgefunden, dass die Behandlung der ersten sieben der insgesamt acht Klopfpunkte im Allgemeinen immer noch recht zuverlässige Ergebnisse bringt. Diese Minimalsequenz umfasst:

AB = Augenbrauenpunkt
AS = Augenseiten
JB = Jochbein
UN = unterhalb der Nase

KI = Kinn
SB = Schlüsselbein (der Ni-27-Punkt)
UA = unter den Armen

3. Die 9-G-Folge überspringen

Auch die 9-G-Folge ist nicht immer notwendig. Tatsächlich lässt Gary es häufig weg und kehrt von der Eröffnungsaussage über die Klopfsequenz und die anschließende erneute Bewertung des Problems wieder zu einer revidierten Eröffnungsaussage zurück. Das ist, wie schon erwähnt, eine intuitive Entscheidung, und sollten beim Überspringen der 9-G-Folge die erwarteten Fortschritte ausbleiben, können Sie es jederzeit wieder aufnehmen. War die 9-G-Folge erforderlich, sollten nun wieder Fortschritte eintreten. Wenn Sie die 9-G-Folge überspringen können, reduzieren Sie damit das «Sandwich» auf eine einzige Klopfsequenz und kürzen so den Prozess beträchtlich ab.

4. Das Augenrollen

Diese Abkürzung ist sinnvoll, wenn Ihre Problembewertung nur noch bei etwa 1 oder 2 Punkten auf der 10-Punkte-Skala liegt. Das Augenrollen dauert nicht länger als circa sechs Sekunden, und im Fall des Erfolgs erreichen Sie damit eine 0, ohne eine weitere Klopfsequenz durchzuführen. Für das Augenrollen klopfen Sie kontinuierlich den Gamut-Punkt (S. 72), während Sie den Kopf ruhig halten und die Augen langsam vom Fußboden zur Decke bewegen und dabei den Erinnerungssatz sagen. Beginnen Sie mit nach unten gerichteten Augen und bewegen Sie sie anschließend in ungefähr sechs Sekunden bogenförmig nach oben. Atmen Sie dabei tief ein und aus und schicken Sie die «alte» Energie entschlossen durch die Augen in die Ferne. Manche Menschen führen das Augenrollen auch regelmäßig am Ende der 9-G-Folge durch.

Die Kunst der Abkürzung

Da ein gewisses Maß an Kunstfertigkeit dazugehört, ist es schwierig, festzulegen, wann und wie man diese Abkürzungen einsetzen sollte. Die Video- und Audiovorführungen im EFT-Grundkurs erläutern die Anwendung von Abkürzungen in zahlreichen Situationen und können Ihnen ein besseres Gefühl dafür vermitteln, wie man sie einsetzt. Erfahrung ist der beste Lehrer. Hier machen wir Sie nur mit den Grundzügen bekannt, und von da aus können Sie innovativ werden. So gut wie alle Therapeuten, die wir kennen, haben ihren individuellen Stil entwickelt, zu dem bestimmte Abkürzungen dazugehören. Viele dieser Verfahren, wie das «Turboklopfen»[12], sind hochinnovativ und werden auf der EFT-Website beschrieben. Denken Sie auch daran, dass Abkürzungen nicht unbedingt erforderlich sind, da die Grundtechnik nur etwa eine Minute in Anspruch nimmt. Sie sind schneller und bequemer, aber nicht entscheidend.

Zu den wichtigen Prinzipien, an die Sie denken sollten, gehören:

1. Prägen Sie sich die Grundtechnik ein.
2. Wenden Sie sie ganz nach Wunsch auf jedes emotionale oder physische Problem an, indem Sie sie mit einer entsprechenden Eröffnungsaussage und einem Erinnerungssatz den individuellen Gegebenheiten anpassen.
3. Seien Sie so konkret wie möglich und wenden Sie die Technik auf emotional besetzte Ereignisse in Ihrem Leben an, die dem Problem möglicherweise zugrunde liegen (Aspekte).
4. Denken Sie daran, dass Beharrlichkeit sich auszahlt. Wenden

Sie die Methoden so lange an, bis alle Aspekte des Problems gelöst sind.

Legen Sie bitte nicht fest, wobei diese Methoden wirksam helfen können und wobei nicht. Wenden Sie sie überall dort an, wo sie möglicherweise funktionieren könnten. Wenn sie nicht funktionieren, haben Sie nichts verloren. Wenn sie funktionieren, können Sie viel gewinnen.

In Kurzform: Eine der wirksamsten Methoden, um Ihre Ziele zu erreichen und Ihr Potenzial zu verwirklichen, besteht darin, Veränderungen in Ihrem Selbstwertgefühl oder in jenen Grundüberzeugungen zu initiieren, die Ihr Ziel beeinträchtigen. Die Technik des «eigenen Friedensprozesses» nimmt sich dieses Problems an, indem sie energetisch die Überreste störender Emotionen oder vergangener Erfahrungen bereinigt, von denen Sie eingeschränkt werden. Bei einem verwandten Vorgehen, bei dem Sie Ihr Ziel direkt anvisieren, müssen oft die sabotierenden Nachsätze oder unterbewussten Zweifel und Einwände gegen das Erreichen des Ziels neutralisiert werden. Das macht den Weg frei für die wirksame Verwendung von Affirmationen, Visualisierungen und mentalen Szenen. Die Kraft von Affirmationen, Visualisierungen und mentalen Szenen lässt sich durch energetische Behandlungen noch erheblich erhöhen. Diese Methoden können Sie beim Erreichen Ihres Ziels auch dadurch unterstützen, dass Sie es *energetisch* in größere Übereinstimmung mit Ihnen bringen und die *emotionale* Glaubwürdigkeit erhöhen, es erreichen zu können. Selbst die Wahrscheinlichkeit, in bestimmten Situationen Bestleistungen zu erzielen, lässt sich mit demselben grundlegenden Ansatz steigern, der auch für die Veränderung der Grundüberzeugungen und des Selbstbilds verwendet wird.

5
«Emotionale Intelligenz» ausbilden

> Temperament ist kein Schicksal.
>
> DANIEL GOLEMAN, *Emotionale Intelligenz*

Wie kommt es, dass Kinder mit dem höchsten IQ nicht unbedingt am reichsten, glücklichsten oder erfolgreichsten werden?[1] Seit mehr als zehn Jahren ergänzen Psychologen das Konzept des IQ durch die Erkenntnis, dass *emotionale Intelligenz* mehr Aussagekraft für den Erfolg eines Menschen hat als allein der Intellekt.[2] Der IQ wird gewöhnlich dadurch ermittelt, dass man bestimmte sprachliche und mathematische Fähigkeiten misst. Diese zweite Art der Intelligenz ergänzt einerseits den Intellekt und funktioniert andererseits auch in gewisser Weise unabhängig von ihm. Sie beinhaltet die Fähigkeit,

1. die eigenen Emotionen zu erkennen, zu verstehen und bewältigen,
2. die eigenen Emotionen in den Dienst eines Ziels zu stellen,
3. auf die Emotionen anderer angemessen, einfühlend und verständnisvoll einzugehen.

In diesem Kapitel geht es um die Steigerung der emotionalen Intelligenz, ein Begriff, der von dem Psychologen Daniel Goleman[3] geprägt wurde, und darum, Golemans Ansatz um die Techniken der Energetischen Psychologie zu erweitern. Auch wenn Sie feststellen werden, dass die hier vorgestellten Methoden und

Überlegungen zur Steigerung Ihrer eigenen emotionalen Intelligenz nützlich sind, liegt unser Schwerpunkt doch auf der entscheidenden Aufgabe, die Entwicklung größerer emotionaler Intelligenz bei Kindern zu fördern. Obwohl diese Arbeit an jedem Punkt im Leben eines Menschen stattfinden kann, sind Kinder besonders empfänglich dafür, und sie kommt ihnen ein Leben lang zugute.

Wenn man gedanklich ein psychologisches oder emotionales Problem aktiviert und dabei eine Reihe energetischer Punkte anregt, können die neuralen Verbindungen, die dieses Problem steuern, auf erwünschte Weisen neu verdrahtet werden. Eine solche Methode, die überraschend einfach zu handhaben ist und mit fast chirurgischer Präzision in die Neurochemie eingreift, ohne Nebenwirkungen zu haben, steht in der Psychotherapie und Pädagogik ziemlich einzigartig da. Das Versprechen ist hoch, und es lässt sich keine bedeutsamere Anwendung denken als die Entwicklung emotionaler Intelligenz bei unseren Kindern.

Es gibt auch keine dringlichere. Goleman schreibt, dass die vielleicht beunruhigendste Nachricht in seinem Buch über emotionale Intelligenz «aus einer Umfrage unter Eltern und Lehrern stammt, der zufolge sich bei der gegenwärtig heranwachsenden Generation ein weltweiter Trend zu größeren emotionalen Schwierigkeiten offenbart als bei der letzten: Sie ist einsamer und depressiver, wutgeladener und aufmüpfiger, nervöser und ängstlicher, impulsiver und aggressiver.»[4] Die ermutigende Nachricht lautet, dass wir, ebenso wie wir kollektiv das Wissen und die Ressourcen besitzen, die Armut in der Welt zu beenden[5] – wenn wir nur wollten –, auch über Mittel verfügen, diese Fehlentwicklung in der emotionalen Gesundheit unserer Kinder zu stoppen. In diesem Kapitel werden wir zeigen, dass bereits bekannt ist, welche Mechanismen in Familien, Schulen und Stadtteilen in Gang gesetzt werden müssen, um es der nächsten Generation zu erleichtern, die emotionalen Herausforderungen des modernen Lebens besser zu meistern.

Wir werden auch zeigen, dass die Energetische Psychologie einen substanziellen Beitrag zu diesen Modellen leisten kann, die bereits jetzt eine positive Wirkung entfalten.

Klopfen in der Schule

An dem Tag, als Shari Snow den siebenjährigen Brandon in der Grundschule kennenlernte, in der sie ehrenamtlich arbeitete, hieß es, er würde in einer Klasse mit verhaltensgestörten Kindern enden. Seit seinem ersten Schultag vor zweieinhalb Jahren hatte Brandon Schwierigkeiten. Schon vor der Einschulung hatte man ihn als Risikokind eingestuft. Im laufenden Schuljahr war nicht ein Tag vergangen, an dem er nicht zum Schulleiter geschickt worden war.

An dem besagten Tag hatte er den Klassenraum verwüstet und demolierte nun wutentbrannt das Büro des Rektors. Er war immer noch dabei, mit Gegenständen um sich zu werfen, als Shari ihn fragte, warum er so aufgebracht sei. Als er merkte, dass sie ihm wirklich zuhörte, und einen Augenblick Luft holte, breitete Shari die Arme aus und bat ihn, mit den Händen anzugeben, wie wütend er war. Er breitete sie so weit aus, wie er konnte.

Shari setzte sich auf den Fußboden im Büro und sagte: «Das sieht wirklich albern aus, aber mach mir einfach nach, was ich tue.» Der Wutanfall legte sich; Brandon setzte sich hin und begann zu klopfen. Sie klopfte mit ihm eine Runde, bevor sie beim zweiten Durchgang die Eröffnungsaussage hinzufügte: «Auch wenn ich furchtbar wütend bin und keiner mir zuhört, bin ich trotzdem ein lieber Junge, dem die Erwachsenen zuhören sollten.»

Als sie ihn zwei Durchgänge später fragte, wie wütend er war, legte er seine Hände zusammen und drückte damit aus, dass er kaum noch oder gar keine Wut mehr empfand. Die Beratungslehrerin, die Zeugin dieser Verwandlung war, konnte es nicht fassen. Sie beschrieb, dass sie förmlich zuschauen konnte, wie seine Wut dahinschmolz. Brandon und Shari unterhielten sich noch ein wenig über das Problem, das den Wutanfall ausgelöst hatte, und dann besprachen sie gemeinsam das zukünftige Vorgehen. Als es für Brandon an der Zeit war, in den Unterricht zurückzukehren, fragte er: «Kann ich auch zu Hause klopfen, wenn ich wütend werde?» Er hatte die Wirksamkeit des Verfahrens in wenigen Minuten erfasst.

Das Klopfen wurde zu einem Bestandteil seines Lebens. Shari berichtet: «Der siebenjährige Brandon ist jetzt ein Botschafter der energetischen Therapie. Er klopft in Eigenregie und bringt es auch seinen Klassenkameraden bei. Es gelingt ihm, Menschen in seiner Umgebung für das Klopfen so zu interessieren, dass sie mehr darüber wissen wollen. Er lehrt mich, wie man die Botschaft weitergibt. In der konservativen ländlichen Gemeinde, in der ich lebe, hat er ganz unerwartet Türen geöffnet.»

Brandon ist seither nicht mehr ins Büro des Schulleiters zitiert worden und geht nach eigenen Angaben inzwischen gern zur Schule. Seine Lehrerin glaubt weiterhin, dass ein Wunder geschehen ist, während Shari entgegnet, dass dies ein eindrucksvolles Beispiel für die Chance ist, die jedem Kind offensteht. Mehrere Wochen nach der ersten Klopfsequenz erklärte Brandon, dass er bereit sei, die Geschichte seinen Freunden zu erzählen. Hier folgt der Bericht des siebenjährigen Brandon über die energetische Therapie:

Die Sache mit dem Klopfen
von Brandon (wie er es Miss Snow erzählt hat)
Wenn man klopft, tun die schlimmen Sachen nicht mehr so weh.
Die anderen gucken mich komisch an. Aber sie wissen, warum ich es tue.
Mein Freund hat geklopft, als sein Hund gestorben ist.
Ich habe ihm gezeigt, was er tun kann, damit ihm das Herz nicht so schwer ist.

Seine Mama sollte es auch machen, aber sie fand es blöd.
Ich hab ihm gesagt: Tu's trotzdem, sie braucht es ja nicht zu sehen.
Seine Hände gingen mehr zusammen, als Ms. S. ihm geholfen hat.
Ms. Linn [die Beratungslehrerin] erinnert mich ans Klopfen, wenn ich wütend bin.
Ich kann in der Klasse klopfen oder fragen, ob ich zu Ms. Linn darf.
Ich bringe gerade Ms. Linn bei, wie man klopft.
Sie klopft gern unter ihrer Nase und ich an der Stirn.
Ich gehe jetzt gern zur Schule, weil ich ein guter Junge bin.
Der Rektor hat mich dafür belohnt, dass ich gut bin.
So etwas ist vorher nie vorgekommen.
Meine Lehrer mochten mich nicht, weil ich böse war.
Ich glaube, meine Lehrerin mag mich, weil ich jetzt ein guter Junge bin.
Ich glaube, das reicht.
Ach so – ich klopfe zu Hause, wenn Nanna mich anschreit.

Emotionale Intelligenz und Energetische Psychologie

Klopfen ist ein einfaches Mittel. Die Entwicklung emotionaler Intelligenz ist eine höchst komplexe Angelegenheit. Doch eine wachsende Anzahl innovativer und engagierter Pädagogen ist in dieser Richtung initiativ geworden. Goleman beschreibt eine ganze Reihe von Programmen, von Kursen in der Wissenschaft vom eigenen Selbst am Nueva Learning Center in San Francisco, einer Schule für Begabte, bis hin zu den Kursen in sozialer Kompetenz an der Augusta Lewis Troope Middle School in den Elendsquartieren von New Haven. Das Programm in kreativer Konfliktlösung, eine pädagogische Initiative für soziale Verantwortung, wurde von 365 Grundschulen und weiterführenden Schulen in den Vereinigten Staaten übernommen, um «zu gewährleisten, dass junge Menschen das soziale und emotionale Rüstzeug in die Hand bekommen, um Gewalt und Vorurteile abzubauen, fürsorgliche Beziehungen herzustellen und ein gesundes Leben zu führen».[6] Das Child Development Project, 1981 von dem Developmental Studies Center in Oakland, Kalifornien, entwickelt, wurde an 165 Schulen eingeführt.

In mehreren Studien, die über 16 Jahre liefen, wurden Schüler aus Schulen, die das Child Development Project übernommen hatten, mit Schülern aus ähnlichen Schulen verglichen, die nicht an diesem Programm teilnahmen. Dabei wurden unterschiedliche Rahmenbedingungen, Schülerpopulationen und ethnische Hintergründe berücksichtigt. Die Ergebnisse belegen, dass das Child Development Project eine signifikante Verbesserung vielfältiger sozialer und ethischer Parameter zur Folge hatte, angefangen von einer verbesserten Konfliktlösungsfähigkeit bis hin zur Abnahme des Alkohol- und Marihuanakonsums. Nachdem die Schüler am Child Development Project teilgenommen hatten, zeigten sich insgesamt erhebliche Verbesserungen bei lernbezogenen Einstellungen sowie in Motivation und Verhalten.[7]

Nach Goleman belegen die Untersuchungsergebnisse, dass die verschiedenen Programme gegen «emotionales Analphabetentum» nicht nur eine erhöhte emotionale Bewusstheit zur Folge haben, sondern auch eine verbesserte Fähigkeit, die eigenen Emotionen zu bewältigen, sie produktiv einzusetzen, die Emotionen anderer richtig zu deuten, sich in sie hineinzuversetzen und mit Beziehungen konstruktiv umzugehen. Diese allgemeinen Kategorien sind noch in *spezifische Fertigkeiten* unterteilt, wie etwa den Umgang mit Wut und Frustration, Selbstkontrolle und Problemlösungsfähigkeit. Die Auswirkungen auf das Verhalten der Schüler zeigten sich darin, dass es weniger Unterrichtsausschlüsse und Schulverweise gab, aggressive oder selbstzerstörerische Akte abnahmen und Lernleistungen sowie Schulerfolge zunahmen. Wie bringen diese Programme solche Ergebnisse zustande? Zu den Strategien zählen:

- Mit den Kindern werden Situationen aus ihrem Leben besprochen, damit sie ihre Reaktionen besser verstehen und ein Bewusstsein für die Alternativen entwickeln, die ihnen zur Verfügung gestanden hätten.
- Mit Hilfe von Sketchen und Rollenspielen untersuchen Kinder emotional besetzte Situationen und experimentieren mit neuen Strategien.
- Kinder lernen, ihr inneres Selbstgespräch einzuschätzen, und werden ermutigt, ein inneres Selbstgespräch zu entwickeln, das zu besseren Entscheidungen und Einstellungen führt.
- Kinder lernen anhand von Videofilmen, sich in andere einzufühlen und Fehler in der Wahrnehmung sozialer Schlüsselsignale aufzudecken.
- Sie werden darin geschult, die Gefühle im Körper wahrzunehmen, die die Ursache der Emotionen bilden, bevor sie diese interpretieren und auf sie reagieren.
- Die Ziele sind dem Alter und Reifegrad der Kinder angepasst.
- Der Lernstoff wird mit den sonstigen Erfahrungen der Kinder verknüpft, indem man Eltern beibringt, das Gelernte zu Hause zu unterstützen, und für eine emotional aufgeklärte Umgebung außerhalb der Schule sorgt.

Die Programme sind ehrgeizig, die Aufgaben hochgesteckt und die Ziele wichtig und von großer Tragweite. Wie in diesem Kapitel deutlich wird, kann man die Effektivität dieser Programme noch beträchtlich steigern, indem man das Klopfverfahren hinzunimmt.

Ist Temperament Schicksal?

Emotionen treten automatisch und unwillkürlich auf – wie Reflexe. Sie sind keine Willensentscheidungen. Ist es also möglich, mit Hilfe von Erziehung die emotionale Veranlagung von Menschen zu beeinflussen, wie gestört sie auch sein mag? Gründliche Untersuchungen zu dieser Frage wurden am Harvard's Laboratory for Child Development von dem Psychologen Jerome Kagan durchgeführt, der nach jahrzehntelanger Forschung zu dem Fazit gekommen ist, dass bestimmte Temperamente, wie «mutig», «schüchtern», «fröhlich» und «melancholisch», angeboren sind. Ihnen liegen jeweils unterschiedliche Muster der Hirnaktivität zugrunde. Doch etwa eins von drei ängstlichen Kleinkindern ist nicht mehr schüchtern, wenn es das Kindergartenalter erreicht. Aus diesen Befund zieht Goleman den Schluss, dass Eltern «eine wichtige Rolle dabei spielen, ob ein von Natur aus schüchternes Kind mit der Zeit mutiger wird oder sich weiterhin vor allem Neuen scheut und sich von Herausforderungen aus der Fassung bringen lässt».

Da mehrere der Gehirnareale, die für das Emotionalleben entscheidend sind, erst in der späten Adoleszenz voll ausgereift sind – besonders die Schläfenlappen, die Selbstkontrolle, Verständnis und vernünftiges Handeln steuern –, können die Erfahrungen, die durch Eltern, Erzieher und das soziale Milieu herbeigeführt werden, ein erhebliches Gegengewicht zur Veranlagung und den frühen emotionalen Defiziten bilden.[8] Selbst der Sitz der Emotion, das limbische System, entwickelt sich noch bis in die Pubertät weiter, sodass Goleman zufolge ein «neurologisches Fenster» offensteht, solange die Kinder noch klein sind. In der frühen Kindheit reift zunächst das sensorische System aus, dann folgen die für die elementaren Emotionen zuständigen Zentren und anschließend die kognitiven Strukturen, die die Emotionen regulieren. Die Fähigkeit zu neuralen Veränderungen ist lebenslang vorhanden, auch wenn sie nur in der Kindheit so stark ausgeprägt ist. Doch alles, was wir lernen, verändert unser Gehirn und stärkt die Synapsenverbindungen. Wie erfolgreiche Psychotherapie belegt, können neue Erfahrungen und ein anhaltendes Bemühen emotionale Muster, Verhaltensgewohnheiten und auch die zerebrale Chemie verändern. Psychotherapie kann laut Goleman «ein Nachholkurs in dem sein, was vorher im Leben schiefgelaufen ist oder völlig gefehlt hat», und die energetischen Methoden, die wir dargelegt haben, ermöglichen einen direkten Zugang zur Veränderung der neuralen Kreisläufe.

Da die Erfahrungen, die sich günstig auf die emotionale Intelligenz auswirken, mittlerweile systematisch erfasst sind, kann man viel dafür tun, um das Glück und die ganzheitliche Entwicklung von Kindern zu fördern und einem späteren Nachholbedarf vorzubeugen. In einer groß angelegten Studie, die über fünf Jahre lief, wurden jene Bestandteile von Schulprogrammen herausgefiltert, die erfolgreich emotionalen und sozialen Problemen und solchen im Bereich des Verhaltens vorbeugten. Was dieser Studie zufolge beim Entwurf solcher Programme zu beachten ist, fasst Goleman so zusammen: «Die Liste der Schlüsselfertigkeiten, die abgedeckt werden sollten, ganz gleich, welchem konkreten Problem man vorbeugen will, liest sich wie eine Zusammenstellung der Zutaten von emotionaler Intelligenz.»

Diese Liste kann man in die drei grundlegenden Kategorien einteilen, die wir bereits am Anfang des Kapitels genannt haben:

1. Emotionen erkennen, verstehen und bewältigen,
2. Emotionen in den Dienst des Ziels stellen,
3. auf die Emotionen anderer angemessen, einfühlend und verständnisvoll eingehen.

Wir werden jeden dieser Punkte für sich behandeln und uns schwerpunktmäßig damit beschäftigen, wie man mit energetischen Techniken die bewährten Methoden zur Entwicklung emotionaler Intelligenz unterstützen kann.

1. Emotionen erkennen, verstehen und bewältigen

Wie allzu viele Kinder war Teddy ein Opfer von Missbrauch und Vernachlässigung gewesen. Er verbrachte zweieinhalb Jahre in einem sozialtherapeutischen Heim für emotional gestörte Kinder. Da er nun bald elf wurde und beträchtliche Fortschritte gemacht hatte, sollte er das Heim am Freitag der folgenden Woche verlassen und in eine therapeutische Pflegefamilie ziehen.

Montag und Dienstag weigerte er sich, zur Schule zu gehen, und am Mittwoch erneut. Sein Therapeut und andere Erzieher, die zu ihm eine Beziehung hatten, versuchten ihn im Hinblick auf den bevorstehenden Umzug zu beruhigen. Doch er war untröstlich. Am Mittwochmorgen warf er mit Gegenständen umher, drohte, schrie und schimpfte. Er hatte sein Zimmer in den letzten zwei Tagen mehrmals demoliert, doch nun griff er einen Mitarbeiter körperlich an. Er schien alles in seiner Macht Stehende zu tun, um seine bevorstehende Entlassung zu verhindern.

Er wurde in einen Isolationsraum gebracht. Die Heimleiterin, Ann Adams, eine Sozialarbeiterin mit sehr viel Erfahrung im Einsatz von energetischer Therapie bei Kindern, suchte ihn auf. Sie berichtet:

> Mit seinem braunen Haar, seinen braunen Augen und seinen beinahe 11 Jahren galt Teddy als «süßes Kerlchen». Aber er sah nicht besonders «süß» aus, als ich an diesem Mittwoch um

9 Uhr durch die Tür des Verhaltenskontrollraums blickte. Er war erregt, wütend und schimpfte laut. Er hatte das Heim über zwei Stunden gestört. Die Erzieher hatten 20 Minuten vorher einen Arrest beantragt, nachdem er mit Gewalt festgehalten worden war, weil er einem Mitarbeiter, der ihn zu beruhigen versuchte, nachdem er sein Zimmer zum dritten Mal in einer Woche verwüstet hatte, körperlich gedroht hatte.

Immer noch schimpfend, starrte er mich an, während ich durch die runde Kunststoffluke in der Tür des Arrestraums blickte. Ich fragte ihn, ob er meine, dass er genug Stubenarrest gehabt habe. Er funkelte mich zwar zornig an, doch nickte er. Ich sagte ihm, ich wisse eine Methode, die Kindern helfen würde, sich rasch zu beruhigen, sodass er schneller herauskäme. Ob er sie ausprobieren wolle? Wieder nickte er, immer noch feindselig und mit einem zornigen Blick. Ich forderte ihn auf, sich an die hintere Wand zu begeben, dann würde ich die Tür öffnen. Das tat er, und ich ging hinein. Ich setzte mich an den Ausgang und nahm dieselbe Haltung ein wie er.

Ich kam gleich zur Sache. «Erst klopfst du die Karatepunkte auf deiner Hand», sagte ich und zeigte darauf, während ich sprach. Wenn Teddy aufgebracht war, war er nicht gerade bekannt dafür, dass er kooperativ oder bereit war, Anweisungen zu befolgen! Ich wusste, dass ich nicht zu sehr drängen durfte und nur eine begrenzte Chance hatte. Aber er wollte aus dem Arrest heraus, also klopfte er. Er starrte mich zornig an, als ich sagte: «Auch wenn du heute etwas richtig Dummes gemacht hast, bist du trotzdem ein guter Junge.»

Seine Augen wurden größer, er nickte und klopfte die Handkante. «Auch wenn du dein Zimmer verwüstet hast, bist du trotzdem ein guter Junge.» Er klopfte und nickte. «Auch wenn du richtig sauer auf die Erzieher geworden bist, bist du trotzdem ein guter Junge.» Er klopfte und nickte.

Unter meiner Anleitung klopfte er die Punkte. Als wir damit

durch waren, hielt ich meine Hände so weit auseinander, wie ich konnte, und fragte: «Wenn du so aufgebracht warst, als du in diesen Raum gekommen bist, und diese Stellung [sich berührende Hände] bedeutet, gar nicht aufgebracht zu sein, wie aufgebracht bist du jetzt?» Ich hatte die Frage am Anfang nicht gestellt, weil es offensichtlich war, dass er bei 10 war. Er starrte mich einfach an. Ich breitete meine Arme noch einmal aus und sagte ihm, er sollte bei der richtigen Position halt sagen. Ich führte meine Hände langsam wieder zusammen. Ungefähr auf der Hälfte der Strecke nickte er. Er fing an, wieder «süß» auszusehen!

Ich sagte: «Gut, es funktioniert bei dir. Wir versuchen es noch einmal.» Ich begann wieder, meine Handkante zu klopfen, während ich mit wachsender Begeisterung sagte: «Auch wenn du wirklich wütend geworden bist, bist du trotzdem ein netter Junge.» Er nickte und klopfte. «Auch wenn du wirklich Angst hast, hier am Freitag wegzugehen, bist du trotzdem ein wunderbarer Junge.» Seine Augen wurden noch größer, und er nickte noch eifriger und klopfte. «Auch wenn du dir Sorgen machst, an einen neuen Ort mit neuen Menschen zu ziehen, bist du trotzdem ein ganz toller Junge.» Seine braunen Augen wurden noch weiter, er nickte noch eifriger und klopfte. Er folgte wieder meiner Anleitung, während wir die Punkte klopften.

Als wir fertig waren, führte ich meine Hände langsam zusammen. Er nickte wieder, als meine Hände noch ungefähr 15 Zentimeter auseinander waren. «Das funktioniert großartig», sagte ich. «Das machen wir noch einmal.» Ich wiederholte die Eröffnungsaussage wie oben und fügte noch ein paar weitere Adjektive hinzu wie «fabelhaft» und «phantastisch». Wie vorher wurde seine Augen bei jedem Satz, den ich sagte, größer, und er nickte eifrig. Er schien jedes Wort aufzusaugen. Wir führten eine weitere Klopfsequenz durch.

«Wie aufgebracht bist du jetzt?» Aber bevor ich meine Arme ausbreiten konnte, um ein Maß anzuzeigen, legte dieses Kind,

das das Heim zwei Tage lang in Atem gehalten hatte, die Hände in der Gebetsposition zusammen und lächelte mich an. Er hatte während des ganzen Vorgangs kein einziges Wort gesagt.
«Wow!», sagte ich. «Das ist cool. Das funktioniert super bei dir.» Er nickte, immer noch lächelnd. «Die Erzieher sagen, dass du dich weigerst, zur Schule zu gehen.» Das Lächeln verschwand aus seinem Gesicht und machte einem unübersehbaren Anzeichen eines anderen Aspekts Platz. «Kannst du mir sagen, was das Problem in der Schule ist?» Ich überlegte, dass ich, selbst wenn er mir nicht antworten würde, mögliche Eröffnungsaussagen formulieren könnte. Aber er redete. «Ich werde gehänselt», sagte er. Wir unterhielten uns nicht länger als eine Minute über die anderen Kinder in der Schule. Dieser Junge machte nicht viele Worte!
Ich formulierte dann Eröffnungsaussagen, basierend auf den Problemen, die er mir erzählte. Jedes Mal nickte er bei der Formulierung «ganz toller Junge». Nach drei Durchgängen legte er die Hände in der Gebetsposition zusammen und sagte: «Ich will in den ISS.»
ISS bedeutet «Unterrichtsausschluss während der Schulstunden»; wenn ein Kind den Unterricht stört, muss es dort als natürliche Konsequenz seines Verhaltens eine bestimmte Zeit zubringen. Wenn sich ein Heimkind nach dem Arrest beruhigt hat, hat es die Wahl, eine ruhige Zeit entweder im ISS-Raum oder im Verhaltenskontrollraum bei offener Tür zuzubringen. Die meisten wählen ISS.
Er sprach mit dem Erzieher, der ihn in den Arrest geschickt hatte, und wir verließen das Gebäude Hand in Hand und gingen zur Schule auf dem Campus. Teddy verbrachte seine Zeit im ISS, ging die verbleibende Woche zur Schule und machte im Heim keine weiteren Probleme mehr. Er verabschiedete sich am Freitag und war ganz gespannt auf seine neue «Familie». Die Sitzung hatte 20 Minuten gedauert.

Selbstberuhigung

Wenn Ann Adams diesen Fall vor Therapeuten und anderen energetischen Trainern schildert,[9] betont sie, dass sie Teddy von *nichts* geheilt hat. Sie brachte ihm eine Technik bei, um seine Emotionen zu bewältigen, wenn er aufgebracht war. Wenn wir imstande sind, uns selbst zu beruhigen, sobald uns etwas aus der Bahn wirft, wird das Leben weniger kritisch. Wir können dann nicht nur mit schwierigen Situationen umgehen, wir müssen auch nicht in der Defensive sein und unsere Welt nach Dingen absuchen, die uns bedrohen oder aufregen könnten. Wenn etwas in uns ausgelöst wird, können wir für uns selbst sorgen. Selbstberuhigung ist Teil der Bewältigung unserer Emotionen und eine fundamentale Fähigkeit in der Entwicklung emotionaler Intelligenz.

Wie an Brandon und Teddy deutlich wurde, kann das Klopfen von Akupunkturpunkten, während man mitten im Aufruhr besänftigende Worte spricht, einen Menschen sehr rasch beruhigen. Die Grundtechnik ist ein Verfahren, das uns sowohl die Worte wie auch die Akupunkturpunkte an die Hand gibt. Brandon und Teddy sind keine Einzelfälle. In dem Maße, in dem es ihre Verwaltungsaufgaben zulassen, versucht Adams, jedes Kind kurz in die Klopftechnik einzuweisen, nachdem es in die Einrichtung gekommen ist. Das hatte sie auch bei Larry getan. Ungefähr eine Woche später ging sie in sein Haus und fand ihn auf dem Boden des Arrestraums liegend, während er sich die Lunge aus dem Leib schrie. Adams wandte sich an die neue Erzieherin, die Larry im Arrest überwachte, und fragte, wie lange er schon schrie. «20 Minuten», sagte sie. Adams stellte sich so hin, dass Larry sie sehen konnte. Er funkelte sie wütend an und schrie weiter. Sie funkelte ihn auch an und fing an, ihre Handkante zu klopfen. Zu ihrer großen Erleichterung hob er seine Hand und fing an zu klopfen, während er immer noch weiterschrie. Sie klopfte die Akupunkturpunkte, und er tat es ihr, immer noch schreiend, nach. Sie klopfte wieder die

Handseite, und er machte es ihr eine zweite Runde hindurch nach, während er weiterschrie, aber nicht mehr so laut. Also «wagte ich ein kleines Lächeln, und wir klopften noch einmal alle Punkte durch. Larry hörte auf zu schreien und lächelte zurück. Wir hatten nicht miteinander gesprochen.» Die neue Mitarbeiterin war völlig perplex und brachte nur ein verblüfftes «Wie haben Sie das denn gemacht?» heraus.

Einem aufgeregten Kind in ihrem Heim, das die Klopfmethode noch nicht kennengelernt hat, sagt Adams oft: «Ich werde dir etwas zeigen, womit du dich selbst beruhigen kannst, und du musst nicht einmal mit mir reden.» Lächelnd macht sie die Therapeuten im Publikum darauf aufmerksam, dass man, wenn man ein Kind *nicht bittet* zu reden, sich von allen anderen Fachleuten unterscheidet, die versucht haben, diesem Kind zu helfen.

Emotionen, die den Auslöser begleiten, auflösen

In Brandons, Teddys und Larrys Fall fand mehr als nur Selbstberuhigung statt. Bei Teddy löste sich die Angst auf, die Einrichtung zu verlassen, die sein Zuhause gewesen war, um bei einer unbekannten Familie zu leben. Adams konzentrierte sich auf diese Angst mit der Eröffnungsaussage «Auch wenn du dir darüber Sorgen machst, dass du an einen neuen Ort mit neuen Menschen ziehst, bist du trotzdem ein ganz toller Junge». Ein Erinnerungssatz war nicht nötig, da Teddy tief in der Emotion steckte, die behandelt wurde, aber wenn einer nötig wäre, um die Aufmerksamkeit auf dem Problem zu halten, würde man ihn im Allgemeinen aus dem Eröffnungssatz ableiten, wie etwa «Sorgen über den Umzug an einen neuen Ort mit neuen Menschen». Teddys Stress, dass er in der Schule gehänselt wurde, wurde auf die gleiche Art abgebaut.

Bisweilen kehrt eine Reaktion auf eine Auslösersituation, die mit einer einfachen Klopfanwendung beruhigt werden konnte, dennoch wieder zurück, wenn eine ähnliche Situation auftaucht. Die Psychologin Pat Carrington empfiehlt, dass wir unsere persönlichen Auslöser sorgfältig ermitteln sollten: «Sobald Sie wissen, worin Sie bestehen, können diese negativen Auslöser zu einem positiven Signal für Sie werden, um – auf der Stelle – mit EFT zu beginnen.» Während es bekanntlich schwierig ist, mitten in einer Stressreaktion daran zu denken, einen Moment innezuhalten und eine Entspannungstechnik zu benutzen, haben wir bei Brandon, Teddy und Larry gesehen, dass Klopfen selbst bei extremen Reaktionen höchst wirksam sein kann. Carrington empfiehlt, solange noch kein Auslöser da ist, die eigenen wunden Punkte prophylaktisch mit dem Klopfen zu behandeln mit Eröffnungssätzen wie «Selbst wenn ich wütend werde, sobald mein Lehrer [Freund, Vater, Mutter, Kind, Vorgesetzter] mich kritisiert, beschließe ich, in solchen Situationen einen kühlen Kopf zu bewahren und mir eine Reaktion zu überlegen, die mir dienlich und in der Situation hilfreich ist».

Die Fähigkeit, die den Auslöser begleitende Emotion signifikant zu reduzieren oder ganz aufzulösen, ist vielleicht eine der hilfreichsten Fähigkeiten im Umgang mit sich selbst, die ein Mensch entwickeln kann. Und warum nicht schon in der Kindheit damit beginnen? Das Verfahren ist entwaffnend einfach. Sobald Sie die Grundtechnik und zwei damit einhergehende Methoden beherrschen – die Bearbeitung der ungelösten *Aspekte* des Problems (S. 80) und die Auflösung der *psychischen Umkehrungen* (S. 85) –, werden Sie imstande sein, die emotionalen Auslöser in den meisten Situationen zu entschärfen, mit denen Sie oder Ihr Kind konfrontiert werden.

Emotionale Geiselnahme

Adams sah ganz richtig einen der *Aspekte* von Teddys Wutanfall vorher, indem sie auf seine Angst einging, seine gewohnte Umgebung zu verlassen und zu fremden Menschen zu ziehen. Sie erkannte noch einen weiteren, als sie bemerkte, wie «das Lächeln aus seinem Gesicht verschwand», als sie erwähnte, dass die Erzieher ihr von seiner Weigerung berichtet hatten, zur Schule zu gehen. Erwachsene können die Aspekte, die die vollständige Lösung eines Problems beeinträchtigen, oft benennen. Kinder brauchen gewöhnlich Hilfe beim Analysieren dieser komplexeren Fragen.

Bei Teddy waren tatsächlich weniger Aspekte im Spiel, als es oft bei einschneidenden Lebensveränderungen dieser Art der Fall ist. Ein ungeheilter Kummer, geliebte Menschen in der Vergangenheit verlassen zu haben, oder die Erfahrung, von einem neuen Menschen in seinem Leben nicht akzeptiert zu werden, hätten beispielsweise mögliche Probleme sein können. Nachdem Teddy sich beruhigt hatte und zwischen ihnen ein Vertrauensverhältnis hergestellt war, hätte Adams ihm die folgenden Standardfragen stellen können, wenn die Probleme nicht verschwunden wären:

«*Woran* erinnert dich diese(s) (Situation/Gefühl)?» Oder:

«*An wen* erinnert sie/es dich?»

Eine Stärke der Grundtechnik besteht darin, dass man trotz ihrer Einfachheit sehr zuverlässig ein Problem nach dem anderen lösen kann, bis alle Aspekte eines komplexen Problems berücksichtigt worden sind.

Wenn man mit einem Problem arbeitet, stellt man manchmal fest, dass der Auslöser auf ein frühes Trauma oder eine Situation zurückgeführt werden kann, die emotional überwältigend war. Goleman spricht davon, dass der Mandelkern das gesamte emotionale Reaktionssystem «in Geiselhaft» nehmen kann. Er ruft den Ausnahmezustand aus und rekrutiert das restliche Gehirn für seine dringliche Angelegenheit. Diese Geiselnahme geschieht augenblicklich, wobei die Reaktion im Bruchteil einer Sekunde ausgelöst wird, bevor der Neocortex, der für das Denken zuständig ist, überhaupt eine Chance hat, zu begreifen, was sich abspielt, ganz zu schweigen davon, ob die angestoßene Reaktion sinnvoll ist. Ein Beispiel: Ein Blitz schlägt mit einem lauten Knall auf dem Parkplatz eines Restaurants ein, und der Kriegsveteran mit einer ungelösten PTBS stellt fest, dass er mit einem Stuhl das Restaurantfenster zertrümmert hat, bereit zum Töten. Die neurologische Reaktion, die durch die aktuelle Situation ausgelöst wird, ist identisch mit der Reaktion, die auftrat, als sich das ursprüngliche Trauma ereignet hat, und das damit einhergehende Verhalten löst bei den Betreffenden oft Bedauern aus. Während den meisten Menschen weniger intensive «emotionale Geiselnahmen» aus eigener Erfahrung vertraut sind, wie etwa, wenn sie auf eine Bemerkung ihres Ehepartners oder Arbeitskollegen überreagieren, können extremere Fälle manchmal die Ursache für außerordentlich destruktive Reaktionen bilden.

Viele Kinder, die ein schweres Trauma erlitten haben, sind nicht imstande, sich selbst oder ihr Verhalten im Zaum zu halten. Nicht weil sie von Natur aus böse sind, landen sie erst im Jugendgefängnis und dann in einer kriminellen Karriere als Erwachsene. Ein frühzeitiges Eingreifen könnte diese Abwärtsspirale verhindern. Die Grundtechnik kann die Schaltungen, durch die emotionale Geiselnahmen verursacht werden, die zu destruktivem und schädigendem Verhalten führen, systematisch neu verdrahten. Wird sie mit Sachverstand in den prägenden Jahren der Kindheit zusammen mit anderen Methoden zur Entwicklung emotionaler Intelligenz eingesetzt, kann dies der entscheidende Faktor dafür sein, ob ein Kind den Weg in ein produktives Leben findet oder in eine Spirale der Selbstzerstörung gerät.

Wenn das ursprüngliche Erlebnis schweren Verlust, Schmerz oder Missbrauch beinhaltet, ist große Vorsicht geboten. Sämtliche Einschränkungen, die am Ende des 1. Kapitels und anderen

Stellen in diesem Buch genannt wurden, gelten sowohl für Kinder als auch für Erwachsene, und Methoden, um zu heftige Gefühle zu verhindern, wie etwa die Technik «des Traumas ohne Tränen» (S. 52), können auch bei Kindern angewendet werden. Natürlich ist in Fällen, in denen das Kind eindeutig emotional gestört ist, professionelle Hilfe angezeigt. Dan Benor, ein Psychiater in Medford, New Jersey, berichtet über gute Erfolge mit Varianten der Grundtechnik bei missbrauchten und vernachlässigten Kindern. Eine seiner Bemerkungen lässt jedoch auch erahnen, wie komplex die Aspekte manchmal sein können:

> Mehrere Kinder mit PTBS, die keinen Kontakt mehr zu den Eltern hatten, von denen sie missbraucht worden waren, zogen es vor, die Meridiantherapie zu beenden, bevor die Emotionen, die mit der schmerzhaften Erinnerung einhergingen, vollständig aufgelöst waren. Mein Eindruck ist, dass sie sich im Gefühl eine Erinnerung an ihren fehlenden Elternteil bewahren wollten. Wenn auch negativ, ist es eine der wenigen gefühlsmäßigen Erinnerungen, die sie an diesen Elternteil haben.

Selbst ein Rätsel wie dieses kann man mit Klopfen behandeln, zusammen mit Formulierungen wie «Auch wenn meine Mama weggegangen ist, bin ich ein guter und liebenswerter Junge», um dem Kind zu helfen, sich aus der Macht einer tragischen Geschichte befreien und nach vorn schauen zu können. Wie gesagt, Klopfen ist eine einfache Methode. Kinder können lernen, es sehr effektiv zur Selbstberuhigung und Neutralisierung von emotionalen Auslösern anzuwenden. Auch Pflegepersonen, Pädagogen oder Therapeuten können es bei außerordentlich komplexen und schwerwiegenden Problemen anwenden.

Gefühle erkennen, bewerten und ausdrücken

Zu den emotionalen Fähigkeiten, die in der Studie über erfolgreiche Präventivprogramme genannt wurden, gehörte die Fähigkeit,

- die eigenen Gefühle zu erkennen und einzuordnen,
- die Intensität dieser Gefühle einzuschätzen und
- sie eindeutig auszudrücken.

Mit der Grundtechnik wird jeder dieser Punkte eingeübt. Wenn ein Kind sein Gefühl mit Hilfe des Klopfens besänftigen will, muss es dieses Gefühl auf irgendeiner Ebene *erkannt und eingeordnet haben*, selbst wenn es nicht in der Lage ist, das Gefühl ganz genau zu artikulieren. Anschließend muss es die *Intensität* des Gefühls *einschätzen* und *ausdrücken*, indem es beispielsweise mit den Händen oder mit Hilfe einer Linie angibt, wie stark das Gefühl ist. Die Intensität des Gefühls wird während des Klopfverfahrens öfter neu bewertet und angegeben. Nach und während der Lösungsphase spricht das Kind häufig über das Gefühl wie auch über andere Erfahrungen, die ihm das Gefühl in Erinnerung ruft. Kurz: Einem Kind die Grundtechnik zu vermitteln und es bei seiner Anwendung zu ermutigen, ist an sich bereits ein Weg, um das Erkennen, Einschätzen und Ausdrücken seiner eigenen Gefühle zu trainieren.

2. Emotionen im Dienste von Zielen einsetzen

Was haben Olympiateilnehmer, Weltklassemusiker und Schachgroßmeister gemeinsam? Es ist ihre Fähigkeit, sich selbst zu motivieren, unermüdlich ihr tägliches Training zu absolvieren und Selbstdisziplin zu üben.[10] Die Fähigkeit, Emotionen im Dienste dessen einzusetzen, was uns wichtig erscheint, ist nach Goleman die «Meisterbegabung schlechthin, die alle anderen Arten von Intelligenz fördert». In dem Maße, wie unsere Emotionen uns dabei behindern *oder* unterstützen, nachzudenken, Probleme zu lösen, Zukunftspläne zu schmieden oder ein Fernziel anzusteuern, bestimmen sie, so erläutert Goleman, wie gut wir unsere angeborenen intellektuellen Fähigkeiten nutzen und letztlich im Leben zurechtkommen werden.

Emotionen können uns daran *hindern*, unsere intellektuellen Fähigkeiten auszuschöpfen, wenn sie das Setzen von Schwerpunkten und die Konzentration blockieren. Aber Emotionen können auch unsere Chance *erhöhen*, unsere vollen Fähigkeiten auszuschöpfen, wenn wir, wie Goleman erläutert, imstande sind, unsere Hoffnungen und Wünsche auch angesichts von Rückschlägen mit Enthusiasmus und Beharrlichkeit zu verfolgen – was wesentlich für alle Arten von Erfolg ist. Die Grundtechnik kann auf beide Komponenten angewandt werden; mit ihrer Hilfe kann man gegen die emotionale Geiselnahme angehen, die blockiert (im Sinne des 3. Kapitels, «An Problemen arbeiten»), und einen Schub bei der Verwirklichung von Potenzialen erhalten (im Sinne des 4. Kapitels, «An Potenzialen arbeiten»).

Eine blockierende Angst

Die neunjährige Jane hatte seit ihrem dritten Lebensjahr Turnunterricht. Sie war ein Star am Ort, aber plötzlich bekam sie Angst und weigerte sich, weiterzutrainieren. Einer Beraterin, die mit energetischer Therapie arbeitet,[11] erklärte sie, dass sie gerade den Handstand rückwärts auf dem Schwebebalken lernte und die Vorstellung, nicht zu wissen, wohin sie mit den Händen greifen sollte, ihr Angst machte. Sie hatte auch nicht gelernt, wie man im Notfall richtig fiel.

In einer einzigen Stunde behandelte sie mit dem Klopfen ihre Angst vor dem Fallen, ihre Angst, nicht die richtige Falltechnik zu kennen, die Angst, sich zu verletzen, die Angst, sich vor den Zuschauern zu blamieren, und die Angst, ihre Mannschaft zu enttäuschen. Wenn eine Angst vollständig aufgelöst war, wurde die nächste Angst ins Visier genommen. Als dieser Prozess abgeschlossen war, übte sie mental den Bewegungsablauf (sie sah und fühlte, wie sie auf dem Schwebebalken stand) und die Technik des richtigen Fallens. In ihrer Vorstellung ging sie auf dem Schwebebalken rückwärts, während sie wusste, wohin ihre Hände greifen und auf welchem Punkt des Balkens ihre Füße aufsetzen mussten. Sie beherrschte auch die Falltechnik und wusste, wie sie die Hände einsetzen, die Knie anwinkeln und landen konnte, um wieder auf den Balken zu steigen.

Am Ende der Stunde hatte Jane ihre Angst verloren, weiterzutrainieren. Die Therapeutin riet der Mutter, Jane solle mit ihrer Trainerin die Falltechnik wiederholen und den Bewegungsablauf auf dem Trainingsbalken zu ebener Erde durchspielen. Jane turnte weiter und erreichte die nächste Stufe. Bei einer zufälligen Begegnung mehrere Monate später berichtete Janes Mutter, dass sie nur noch ein einziges Mal hatten klopfen müssen, und das mit Erfolg.

Wie viele Kinder haben ihre Lieblingsbeschäftigung aufgegeben, weil sie an einem entscheidenden Punkt den Mut verloren und keine richtige Hilfe bekamen? Jane hatte sich bereits auf ihre Angst fixiert und wollte nicht mehr weiterturnen. Sie hatte das Glück, dass man ihr ein einfaches Heilmittel gab. Beraubte sie diese schnelle Lösung einer notwendigen Entwicklungskrise? Wie auf S. 108 erläutert, kann die energetische Behandlung zur Folge haben, dass man ein besseres Verständnis von sich selbst und der Funktionsweise des eigenen Gehirns gewinnt. Ängste, Entmutigung, mangelndes Vertrauen und Echos von vergangenen Misserfolgen können mit Hilfe der Grundtechnik der Reihe nach aufgedeckt und behandelt werden.

Blockierende Impulse

Eine weitere emotionale Störung beim Erreichen unserer Ziele sind Impulse, die wir nicht unterdrücken können. Goleman geht so weit zu sagen: «Es gibt vielleicht keine fundamentalere psychologische Fähigkeit, als Impulsen zu widerstehen.» Viele Programme, die das emotionale Abc lehren, versuchen, diese Fähigkeit zu stärken. Die Fünftklässler beim *Life-Skills*-Kurs erhalten ein «Ampel»-Poster, das an einer sichtbaren Stelle aufgehängt wird und sechs Schritte zur Impulskontrolle nennt:

Rot 1. Stopp, beruhige dich, denk nach, bevor du handelst.
Gelb 2. Benenne das Problem und sag, wie du dich fühlst.
     3. Setz ein positives Ziel.
     4. Denk dir viele Lösungen aus.
     5. Bedenke im Voraus die Folgen.
Grün 6. Schreite zur Tat und probier es mit dem besten Plan.

Dieses vernünftige Rezept lässt sich natürlich leichter präsentieren als in die Praxis umsetzen. Wenn man jedoch jeden der ersten drei entscheidenden Schritte (vom *Stopp* bis hin zu *ein positives*

Ziel setzen) mit einer energetischen Behandlung kombiniert, öffnet sich eine Tür. Es ist leichter, anzuhalten und sich zu beruhigen, wenn man die Alarmreaktion abstellen kann, indem man ein paar neurologisch aktive Punkte auf der Haut drückt. Auch tiefes Ein- und Ausatmen, progressive Muskelentspannung und verschiedene andere Methoden sind effektiv, aber keine ist unserer Erfahrung nach *so* effektiv. Wie bei Brandon, Teddy und Larry deutlich wurde, konnten sie sich selbst dadurch rasch beruhigen, dass man sie lehrte, auch bei schweren emotionalen Ausbrüchen zu klopfen. Brandon wurde sogar ein Botschafter dieser Methode, indem er sie an sich selbst anwandte und sie auch anderen beibrachte.

Der zweite Schritt, das Benennen der Gefühle, ist, verglichen mit dem ersten, relativ einfach. Der erste gleicht mehr dem Versuch, einen fahrenden Güterzug zum Stehen zu bringen. Das Beschreiben der eigenen Gefühle bringt jedoch ganz eigene Herausforderungen mit sich. Es mag schwer oder nicht schwer sein, ein Gefühl zu benennen und zu artikulieren, aber es ist häufig sehr schwer, es nicht zu beurteilen. Oft erhalten wir die Botschaft, dass wir nicht wütend, neidisch, entmutigt oder verletzt sein sollten; und wir geben sie stillschweigend an unsere Kinder weiter. Effektive Workshops im emotionalen Abc lehren hingegen, dass *jedes* Gefühl in Ordnung ist. Die Herausforderung besteht darin, zu akzeptieren, was wir fühlen, *und* die Verantwortung dafür zu übernehmen, wie wir infolge dieses Gefühls handeln. Das Gefühl ist eine neurologische Reaktion auf eine Situation. Das Verhalten, das daraus folgt, ist eine Wahl. Mit dem ersten Schritt der Ampel-Methode – stoppen, sich beruhigen und nachdenken – wird gewährleistet, dass das Verhalten eine überlegte Entscheidung statt ein Reflex ist.

Der kniffligste Teil beim zweiten Schritt besteht darin, dass es gute Gründe gibt, das Gefühl, das wir akzeptieren sollen, dennoch kritisch zu betrachten. Wenn ein Kind im Gespräch mit anderen fast immer nur Kritik oder Spott heraushört, die bei ihm Wut auslösen, sollte dieses Muster unterbrochen werden. Es empfiehlt sich, das Gefühl zu akzeptieren. Doch ebenso empfiehlt es sich, das Muster wahrzunehmen und an ihm zu arbeiten. Bei Programmen in emotionaler Bildung lernen Kinder etwas über die falschen Wahrnehmungen und das negative Selbstgespräch, die vielen problematischen Gefühlen zugrunde liegen, und man versucht den Kindern beizubringen, wie man gegensteuert. Die Grundtechnik bietet die Möglichkeit, die Muster auf der neurologischen Ebene rasch zu ändern. Es ersetzt zwar nicht die Notwendigkeit korrekter Wahrnehmungen und eines konstruktiven Selbstgesprächs, aber es kann den Prozess beschleunigen.

Der dritte Schritt der «Ampel»-Methode zur Impulskontrolle besteht darin, ein positives Ziel zu setzen. Auch hier gibt es mehrere potenzielle Schwierigkeiten. Wenn ein neues Ziel und das Selbstbild eines Menschen miteinander kollidieren, bleibt gewöhnlich das Ziel auf der Strecke. An dieser Stelle besteht jedoch auch die Chance, das Selbstbild zu revidieren und das Selbstwertgefühl des Kindes so zu stärken, dass es größeren Erfolg und neue Möglichkeiten zulässt. Oft muss man sich tief verwurzelte Überzeugungen anschauen neben den ungeheilten emotionalen Wunden, die ihre Ursache bilden. Wieder kann die Grundtechnik helfen. Die Formulierung des Ziels hat auch einen Einfluss darauf, wie hoch die Wahrscheinlichkeit ist, es zu erreichen, und die Bemühungen in dieser Hinsicht werden durchkreuzt, wenn man sich nicht mit bestimmten Risiken, wie sabotierenden Nachsätzen (S. 180), auseinandersetzt. Anschließend können Affirmationen, Visualisierungen und mentale Szenen mit energetischen Methoden kombiniert werden, um die Bemühungen, das Ziel zu erreichen, hochgradig zu verstärken. Davon war im 4. Kapitel die Rede, und die dort dargestellten Methoden können für Kinder so vereinfacht und abgewandelt werden, dass sie mit Hilfe energetischer Methoden mehr Erfolg haben.

Schließlich ist Optimismus eine der wirksamsten inneren Einstellungen, die es zu entwickeln gilt, wenn man sich auf seine Ziele konzentriert. Aus der Sicht der emotionalen Intelligenz, so Goleman, «ist Optimismus eine Haltung, die Menschen dagegen schützt, angesichts von Schwierigkeiten in Apathie, Hoffnungslosigkeit oder Depression zu versinken». Ein realistischer Optimismus, der nicht nur in der emotionalen Intelligenz, sondern auch für ein glückliches Leben eine zentrale Rolle spielt,[12] lässt sich fördern, wenn man mit der Klopftechnik pessimistische Gedanken entschärft und die Wahrnehmung wünschenswerter Möglichkeiten energetisch unterstützt.

3. Auf die Emotionen anderer reagieren

Gary Craig hatte sich einverstanden erklärt, bei einer Zwischenlandung in Südkalifornien eine EFT-Sitzung mit dem fünfjährigen Josh durchzuführen. Wie seine Mutter am Telefon berichtete, war Josh ein sehr glückliches und verträgliches Kind gewesen bis zu dem Tag, als man seiner Großmutter in seinem Beisein auf offener Straße die Handtasche geraubt hatte. Seither war Josh im Umgang mit ihr «explosiv». Vorher hatte er seine Großmutter bedingungslos geliebt, doch nach dem Vorfall äußerte er Sätze wie: «Ich hasse dich. Ich hasse dich. Warum gehst du nicht in den Urwald nach Südamerika und stirbst?» Seine Sicherheit war durch den Straßenraub schwer erschüttert worden, und es reichte aus, seine Großmutter zu sehen oder an sie zu denken, um diese Erschütterung zu aktivieren. Er bekam überdies Wutanfälle, wenn jemand die Haustür offenstehen ließ, und war darauf fixiert, nachzuschauen, ob alle Handtaschen noch da waren.

Josh interessierte sich für Technik und Flugzeuge, und um Vertrauen zu schaffen, sorgte Gary dafür, dass Josh das Cockpit betreten und mit den Piloten reden durfte. Kurz nachdem Josh und seine Mutter am Flughafen eingetroffen waren, bekam Josh sein Abenteuer. Freudestrahlend und mit Süßigkeiten in der Hand kam er aus dem Flugzeug wieder heraus, und da er das Erlebnis Gary zu verdanken hatte, stand er der Arbeit mit diesem Fremden etwas aufgeschlossener gegenüber.

Als weitere Maßnahme, um das Eis zu brechen und positive Erwartungen zu schüren, hatte Gary Joshs Mutter gebeten, Josh vor dem Treffen ein kurzes Video von einer Frau zu zeigen, die Angst vor Mäusen und Ratten hatte und ihre Phobie so schnell überwand, dass sie nach einer Behandlung bei Gary von nur ein paar Minuten eine zahme Ratte in die Hand nehmen konnte. Gary ließ Joshs Mutter zusätzlich ein paar Luftballons mitbringen. Gary blies sie auf, während Josh das offene Ende fest zudrückte und sie dann losließ. Die Ballons flitzten im Gebäude umher und zauberten ein Lächeln auf Joshs Gesicht. Indem er an sein technisches Interesse appellierte, erklärte Gary ihm, dass die Turbinen eines Jets nach diesem Prinzip funktionierten, und erläuterte ihm, wie es Flugzeugen beim Fliegen half. Er ließ auch die Bemerkung fallen, dass die entweichende Luft wie das Loswerden von «schlechten Gefühlen» sei und dass sie genau das versuchen würden. Josh schien das zu begreifen.

Als Gary ihn aufforderte, ihm das Erlebnis mit seiner Großmutter zu erzählen, machte Josh nicht mit. Er wiederholte nur die Worte: «Ich weiß nicht.» Da der Klient in Kontakt mit dem Problem sein muss, damit die Anregung der Akupunkturpunkte wirksam ist, bat Gary ihn, sich auf den Schoß seiner Mutter zu setzen, während sie die Geschichte erzählte, *als ob sie Josh wäre*. Sie war imstande, die Ereignisse ziemlich detailliert wiederzugeben, während Gary klopfte. Er streute ein paar Eröffnungssätze ein wie «Auch wenn diese böse Geschichte passiert ist, ist mit mir alles in Ordnung». Immer wenn Gary den Eindruck hatte, dass Josh eine Pause brauchte, unterbrach er die Sitzung und ließ einen weiteren Luftballon fliegen. Auf diese Weise vergingen ungefähr

20 Minuten. Josh schien sich wohl zu fühlen, aber Gary und Joshs Mutter konnten nicht einschätzen, welche Wirkung die Behandlung haben würde. Es gab äußerlich keine sichtbaren Anzeichen einer Besserung; Josh saß einfach da und hörte zu, während Gary klopfte.

Dennoch erhielten sie mitten in der Behandlung einen kleinen Hinweis. Als Joshs Mutter an eine bestimmte Stelle der Geschichte kam, hielt Josh sich die Ohren zu, als wenn er es nicht mit anhören wollte. Offensichtlich verstörte dieser Teil ihn besonders. Gary wusste, dass Josh seine Mutter dennoch hören konnte. So gab er ihr durch ein Nicken das Zeichen, weiterzuerzählen, während er klopfte. Nach wenigen Augenblicken nahm Josh die Hände von den Ohren und hörte ruhig zu, während seine Mutter die Geschichte zu Ende erzählte. Ein Erfolg? So schien es, aber die einzige Möglichkeit, sich dessen sicher zu sein, war, zu beobachten, ob sich Joshs Verhalten änderte.

Ein weiterer Hinweis auf einen Fortschritt ergab sich, als Josh und seine Mutter im Begriff waren, sich zu verabschieden. Als Josh nicht hinschaute, nahm Gary vor den Augen seiner Mutter ihre Handtasche von dem angrenzenden Stuhl, auf dem sie gelegen hatte, und versteckte sie hinter seinem Rücken, weil er wusste, dass Josh seit dem Überfall auf die Großmutter ständig auf Handtaschen aufpasste. Sie verabschiedeten sich in aller Ruhe und boten Josh ausreichend Gelegenheit zu bemerken, dass die Handtasche verschwunden war. Er schaute sogar zum Stuhl hin, auf dem die Handtasche gelegen hatte. Aber ihm fiel nichts auf. Obwohl er vor Beginn der Sitzung noch zwanghaft auf die Handtasche seiner Mutter geachtet hatte, zeigte er jetzt keinerlei Reaktion.

Beim Abschied betonte Gary gegenüber der Mutter noch einmal, dass sich der Erfolg nicht abschätzen ließ. Nur durch Joshs Verhalten würden sie Gewissheit bekommen. Als ideale Zeit, zukünftig zu klopfen, empfahl er Joshs Mutter die Augenblicke, in denen Josh zornig oder aufgebracht schien. «Dann steht er gefühlsmäßig mit etwas Wichtigem in Kontakt, und dann ist das Klopfen höchstwahrscheinlich am effektivsten.» Vier Tage nach der Sitzung berichtete Joshs Mutter:

1. Die Haustür hatte seit der Sitzung häufig offengestanden, ohne dass es Josh aufzufallen schien, während es vorher zu Problemen gekommen war. Einmal wurde Josh sogar gebeten, die Tür zu schließen, weil es kalt wurde. Er tat es ohne besondere Reaktion.
2. Zwischenzeitlich hatte er einige Zornesausbrüche gehabt, bei denen Joshs Mutter jedes Mal das Klopfverfahren anwandte. Die Wut legte sich augenblicklich.
3. Auch wenn er immer noch frech zu seiner Großmutter war, hatte die Häufigkeit der Anfälle beträchtlich abgenommen. Die allerneueste Entwicklung war, dass Josh sich liebevoll auf den Schoß seiner Großmutter gesetzt hatte, was seine Mutter als «größeren Fortschritt» wertete.
4. Joshs Mutter schlug vor, der Großmutter eine Medaille dafür zu verleihen, dass sie Joshs Leben und das seiner Mutter gerettet hatte. «Wenn Oma nicht da gewesen wäre, hätte der ‹böse Kerl› vielleicht den anderen aus der Familie etwas getan.» Das war natürlich ein klassisches Reframing, und es funktionierte hervorragend. Unserer Erfahrung nach greift ein konstruktives Reframing bei einer komplexen und schwierigen Situation besser, wenn die mit der Situation einhergehenden Emotionen neutralisiert worden sind. Schließlich bastelten Josh und seine Mutter eine Karte für die Großmutter, auf der stand: «*Danke, dass du uns das Leben gerettet hast. In Liebe, Josh und Mami.*» Die Karte war Joshs Idee. Die Worte auch.

Der letzte Bestandteil emotionaler Intelligenz, der in der Untersuchung erfolgreicher Präventionsprogramme erwähnt wurde, ist *die Fähigkeit, auf Emotionen anderer angemessen, einfühlend und verständnisvoll* einzugehen. Josh musste sich das Einfühlungsvermögen und Verständnis für seine Großmutter wieder neu erwerben, nachdem sich seine Panik infolge des Straßenraubs mit seiner Wahrnehmung von ihr vermischt hatte. Auch wenn es sich um ein dramatisches Beispiel handelt, liegt dasselbe Prinzip vielen zwischenmenschlichen Streitigkeiten zugrunde. Etwas am anderen «bringt uns auf die Palme». Vielleicht ist es der Ton der Stimme, eine auffällige Eigenschaft oder eine Ähnlichkeit mit jemandem, von dem wir verletzt wurden. Mit Hilfe der Grundtechnik lässt sich diese Provokation abschalten.

Die Provokation abschalten

Ein elfjähriges Mädchen, das seinen Vater vergötterte, empfand seinen Umgangston mit ihr oft als niederschmetternd. Seine Worte waren mit Urteilen gespickt. Wie er dem Schulpsychologen sagte, wollte er aus ihr nur einen besseren Menschen machen.[13] Sie hingegen hatte den Eindruck, dass er sie als faul, dumm und nachlässig kritisierte. Der Vater war nicht bereit, an einer Beratung teilzunehmen oder seinen Erziehungsstil, den er für effektiv und richtig hielt, zu ändern. Mit diesem Dilemma haben es Kindertherapeuten oft zu tun.

Der Psychologe, der das Verhalten des Vaters nicht beeinflussen konnte und eine Strategie entwickeln musste, die die gesunden Anteile in der Vater-Tochter-Beziehung nicht untergrub, schlug die Eröffnungsaussage vor: «Auch wenn Daddy mir sagt, ich sei faul, dumm und nachlässig, weiß ich, dass er mich liebt und tief im Innern erkennt, dass ich ein großartiges Mädchen bin.» Es war nicht verwunderlich, dass sich die Sache nicht so einfach gestaltete. Als der Stress, den die Beziehung zum Vater bei dem Mädchen auslöste, beim Klopfen mit der Eröffnungsaussage nur geringfügig sank, musste eine Reihe von Erinnerungen einbezogen werden.

Einmal hatte sie bei einer Schulaufführung Bewunderung beim Publikum geerntet, nur um von ihrem Vater mit den Worten empfangen zu werden: «In dem Kleid hast du albern ausgesehen.» Die Emotionen im Zusammenhang mit jeder Erinnerung wurden mit Hilfe der Grundtechnik neutralisiert. Mit Hilfe der psychologischen Unterstützung und der ursprünglichen Eröffnungsaussage wurde das Mädchen daraufhin zumindest so unempfindlich gegen die väterliche Kritik, dass sie die freundlicheren Momente in ihrer Beziehung registrieren konnte, ohne sich gegen die nächste kränkende Bemerkung wappnen zu müssen.

Oft lösen auch Spielkameraden bei einem Kind etwas aus, und es ist nicht leicht, dem Kind seine «Überempfindlichkeit» auszureden. Wer von uns kennt nicht beide Seiten dieser Medaille! Dasselbe Mädchen, das vom Vater laufend mit Kritik gefüttert wurde, entwickelte die Tendenz, sich von harmlosen Bemerkungen Gleichaltriger herabgesetzt zu fühlen. Sie war beispielsweise am Boden zerstört, als ihre beste Freundin die Bemerkung machte, dass bei einem Baseballspiel der Ball über ihren Kopf hinweggeflogen war. Sie interpretierte die Bemerkung so, dass sie zu klein war. Statt mit ihrer Freundin darüber zu sprechen, entwickelte sie Komplexe wegen ihrer Größe. Nachdem ihre emotionale Überreaktion durch das Klopfen neutralisiert worden war, konnte sie die Sache nach einem kurzen Gespräch mit ihrem Psychologen gelassener betrachten.

Nach von Goleman angeführten Studien haben aggressive und verschlossene Außenseiter miteinander gemein, dass «sie Kränkungen wahrnehmen, wo keine beabsichtigt waren, und ihre Altersgenossen für feindseliger ihnen gegenüber halten, als sie es in Wirklichkeit sind». Wenn man Kindern Mittel an die Hand gibt, eine solche Überempfindlichkeit zu überwinden, haben sie einen ungeheuren Trumpf zur Verfügung. Es ist erstaunlich einfach, effektiv und vertrauensfördernd, die Grundtechnik auf provozierende Situationen anzuwenden.

Empathie entwickeln

Wenn es uns gelingt, uns von einem anderen nicht aus der Reserve locken zu lassen, wird eine große Blockade beseitigt, auf die Gefühle dieses Menschen korrekt reagieren zu können. Doch ist Einfühlungsvermögen die fundamentale Fähigkeit, die daran beteiligt ist. Empathie ist in unserer Neurochemie angelegt und lässt sich auch an Primaten und Kleinkindern beobachten. Goleman berichtet von einem neun Monate alten Mädchen, dem Tränen in die Augen traten, wenn sie ein anderes Kind hinfallen sah, und von anderen Kleinkindern, die aktiv versuchten, ihren Spielkameraden in Not zu helfen.

Die Empathie wird auch durch unsere ersten Versorger und durch frühkindliche Erfahrungen geformt. Außer der Tatsache, dass sie angeboren ist und durch die Interaktion mit anderen weiterentwickelt wird, gründet sie sich überdies auf die Wahrnehmung unserer eigenen inneren Vorgänge. Je offener wir für unsere eigenen Emotionen sind, so Goleman, desto besser sind wir imstande, uns in die Gefühle anderer hineinzuversetzen. Versuchspersonen, denen es gelang, die nonverbalen Signale anderer richtig zu lesen – wie etwa Stimme, Gestik und Mimik –, waren emotional ausgeglichener, beliebter und kontaktfreudiger. Kinder mit einer diesbezüglich hochentwickelten Fähigkeit schnitten besser ab in der Schule als Gleichaltrige mit demselben IQ, die die nonverbalen Signale anderer nicht so gut interpretieren konnten.

Wenn Kinder gute Werkzeuge besitzen, um mit ihren eigenen Gefühlen umzugehen, lernen sie auch etwas über die Emotionen anderer. Ein Kind, das aufgebracht ist und sich anschließend entweder durch Klopfen oder andere Methoden selbst beruhigen kann, kennt beide Seiten – wie es ist, über alle Maßen unglücklich zu sein, *und* wie viel Kraft es verleiht, dieses Gefühl zu überwinden. Denken wir an Brandon, der sämtlichen Klassenkameraden das Klopfen beibringen wollte. In dem von Ann Adams geführten sozialtherapeutischen Heim lernen Kinder nicht nur die elementare Klopfsequenz; Ann Adams leitet sie auch an, sie anderen Kindern zu vermitteln, nach dem Prinzip, dass eine effektive Methode, etwas zu lernen, darin besteht, es zu lehren.

Zunächst werden die Kinder ermutigt, ihrer «primären Bezugsperson im Team» zu helfen, die Grundtechnik anzuwenden. Adams schildert, wie eines der am stärksten um sich selbst kreisenden Kindern seiner Hauptbezugsperson im Team mit dem Klopfen half, ein persönliches Problem zu lösen. Als die Erzieherin schließlich die Hände zusammenlegte und damit anzeigte, dass das Problem keine Emotionen mehr in ihr auslöste, war das Mädchen, das bei den Versuchen der Schule, ihr Empathie beizubringen, nur langsam vorangekommen war, außer sich vor Freude. Als Adams sie fragte, wie es sich anfühlte, jemand anderem zu helfen, strahlte sie und sagte: «Es hat sich *wunderbar* angefühlt.» Das war ein Meilenstein in der Entwicklung ihrer Empathie.

Kinder, die in der Grundschule übermäßig aggressiv sind, geraten oft auf eine schiefe Bahn, die in Kriminalität und Misserfolgen mündet. Programme, die ihnen erfolgreich beibringen, ihre asozialen Tendenzen im Zaum zu halten, lehren das emotionale Abc der Empathie und Selbstkontrolle. Goleman beschreibt ein Programm an der Duke University, bei dem Jungen in der Grundschule, die als Raufbolde bekannt waren, beigebracht wurde, Signale anderer Kinder richtiger zu interpretieren, sich in andere hineinzuversetzen und zu erkennen, wann ihr eigener Körper ihnen signalisierte, dass es an der Zeit war, aufzuhören, statt zuzuschlagen. Drei Jahre später waren diese mittlerweile pubertären Jungen, die an diesem Programm teilgenommen hatten, weit weniger auffällig in der Schule als Jungen, die gleich aggressiv gewesen waren, aber das Programm nicht absolviert hatten. Sie zeigten auch ein besseres Selbstwertgefühl und neigten weniger zu Drogen- oder Alkoholmissbrauch. Wenn man die Grundtechnik integriert, kann man sich alle Stärken dieser Programme zunutze machen und gleichzeitig ein entscheidendes Mittel zum Umgang mit den eigenen Emotionen beisteuert, das auf direktem Wege die neurologische Grundlage der Wahrnehmungen und Verhaltensmuster ändert, die Sorge bereiten.

Weitere zwischenmenschliche Probleme

Selbstvertrauen wirkt sich auf unsere Beziehung zu anderen aus. Ein Zehnjähriger hatte Angst, zur Schule zu gehen, weil er gehänselt und als «blöd» schikaniert wurde. Ein Therapeut[14] half ihm, die Grundtechnik auf seine Probleme anzuwenden. Sein Selbstvertrauen wuchs so stark, dass er seine Peiniger abschütteln konnte, ohne sich mit ihnen auf einen Streit einzulassen. Ein Nebenprodukt dieses Erfolgs bestand nach Angaben des Psychologen darin, dass er das Gefühl entwickelte, die meisten Situationen mit Gleichaltrigen bewältigen zu können; und sein Selbstvertrauen machte ihn zu einem weniger attraktiven Ziel für Schikanen.

Neben der Familie ist die Schule dasjenige Übungsfeld, auf dem Kinder etwas über das Zusammenleben lernen – zweifellos ein Schlüsselbereich, was die emotionale Intelligenz wie auch was langfristigen Erfolg und Erfüllung angeht. Von der Angst vor Schikanen bis hin zur Angst, jemanden zu verlieren, den man mag, trifft man jedes erdenkliche zwischenmenschliche Problem in der Schule an. Wenn die emotionale Reaktion irrational, problematisch oder verzögert ist und nicht auf Logik oder Liebe reagiert, kann die Grundtechnik die Brücke zu konstruktiven Lösungen bilden.

Die vierzehnjährige Susan, die die neunte Klasse der High School besuchte, war mit einem der Mädchen befreundet gewesen, die bei dem Massaker an der Columbine High School getötet worden waren. Susan entwickelte hochgradige Ängste. Sie war nicht in der Lage, Berichte in Zeitungen oder Zeitschriften über das Massaker zu lesen oder sich Fernsehreportagen darüber anzusehen. Sie wurde wochenlang unaufhörlich von beängstigenden Bildern von den Killern gequält, bevor sie schließlich zu einem Therapeuten ging, der mit EFT arbeitete.[15]

Sie behandelten mit der Grundtechnik Susans Angst, ihren Kummer, ihre tiefe Traurigkeit und Wut ebenso wie die Bilder, von denen sie gequält wurde. Der Therapeut konzentrierte sich zunächst auf die weniger bedrohlichen Teile der Schreckensbilder. Als die mit den harmloseren Bildern verknüpften Emotionen nachgelassen hatten, nahmen sie sich in den nächsten Durchgängen die beängstigenderen Bilder vor, wie die Gesichter oder Gewehre der Killer. Nach zwei Sitzungen klopfte Susan auch zwischen den Therapiestunden und berichtete, dass ihre Angst leicht nachgelassen hatte. Nach der vierten Sitzung war sie wiederhergestellt und wurde nicht länger von permanenter Angst heimgesucht. Sie konnte auch an die Tragödie denken, ohne völlig in Emotionen zu versinken, und sie begann, sie mit einer gewissen Distanz zu betrachten. Wie es oft geschieht, reaktivierte der Tod ihrer Freundin Traumata aus der frühen Kindheit, die mit dem Tod zweier Angehöriger zu tun hatten. Nach drei weiteren Therapiesitzungen, die eine halbe Stunde dauerten, waren die Verwirrung, Angst und Schuld, die Susan zehn Jahre lang mit sich herumgetragen hatte, zu ihrer Zufriedenheit und der ihres Therapeuten aufgelöst.

Das Leben stellt uns vor starke emotionale Herausforderungen. Wenn man Kindern zeigt, wie man erfolgreich mit ihnen umgeht, bauen sie innere Stärke auf, um zukünftigen Herausforderungen zu begegnen. Kinder in praktisch jedem Alter können die Grundtechnik lernen.

Mit der ganzen Familie arbeiten

Nancy Gnecco ist eine Psychotherapeutin, die hauptsächlich mit Erwachsenen arbeitet; Beth Andersen ist Kindertherapeutin. Beide lassen energetische Methoden in ihre Arbeit einfließen, und manchmal therapieren sie eine Familie gemeinsam.

Zunächst haben die Eltern einen kostenlosen Probetermin bei Gnecco. Sie schildert ihren Ansatz, zeigt ein dreizehnminütiges Video von der erfolgreichen Behandlung einer Angst und beantwortet die Fragen der Eltern. Nachdem sie die Modalitäten der energetischen Psychotherapie erläutert hat, betont Gnecco, wie wichtig es ist, dass die ganze Familie in die Behandlung einbezogen wird. Sie erklärt, dass in dem Augenblick, in dem ein Kind in der Therapie ist, der emotionale Stress schon auf sämtliche Familienmitglieder übergegriffen hat. Eltern fällt es an diesem Punkt relativ leicht, eine persönliche Sorge zu benennen, der sie (auf der 10-Punkte-Skala) eine hohe Stressbewertung geben. Dann bringt Gnecco ihnen die Grundtechnik von EFT bei. Sie führt das Klopfverfahren vor, bittet die Eltern, sich auf ihre eigenen Probleme zu konzentrieren, und lädt sie ein, gemeinsam mit ihr zu klopfen. Das reduziert den Stress auf der 10-Punkte-Skala gewöhnlich so erheblich, dass die Eltern in den meisten Fällen nicht nur beschließen, die Behandlung fortzusetzen, sondern gewöhnlich auch, sie zusammen mit ihren Kindern zu machen.

Zu Beginn der zweiten Sitzung treffen sich beide Therapeutinnen mit der ganzen Familie. Sie vermitteln allen die Sicht, dass das Kind selbst mit seinem Problem ein «gutes Kind» ist. Dann erklären sie, dass «Magisches Klopfen» das Problem beseitigen kann. Andersen nimmt das Kind mit in einen separaten Raum und lässt das Magische Klopfen in die Spieltherapie einfließen. Sie erzählt Geschichten von erfundenen Figuren, die dasselbe Problem wie das Kind haben, und zusammen klopfen sie für die Figur. Sie hat auch eine Puppe und eine Plüschkatze, die mit Klopfen behandelt werden, und schließlich bringt sie das Kind dazu, das Klopfen auf die verschiedenen Aspekte des eigenen Problems anzuwenden.

In der Zwischenzeit arbeitet Gnecco mit den Eltern, stellt mit ihnen einen Plan für die ganze Familie auf, wann geklopft werden soll, und ermuntert die Eltern, sich selbst zu behandeln, bevor sie das Kind behandeln. Sie untersucht die tieferen Schichten hinter dem Problem der Familie, kristallisiert die für jeden Elternteil relevanten Aspekte heraus und hilft, sie mittels der Grundtechnik zu neutralisieren.

Der nächste Termin wird ein bis drei Wochen später vereinbart und gleicht vom Ablauf her der Stunde davor. Die Therapeuten treffen sich zuerst mit der Familie, um die Ereignisse durchzusprechen. Dann kümmert sich Andersen um die Kinder, und Gnecco arbeitet mit den Eltern. Am Ende der zweiten Sitzung entscheidet die Familie, ob sie regelmäßig zur Therapie kommen will, und wenn ja, ob die ganze Familie oder nur einzelne Mitglieder teilnehmen sollen.

Gnecco berichtet von einer Familie mit zwei Adoptivkindern. Bei dem älteren, einem neunjährigen Jungen, war ADS diagnostiziert worden. Er konnte nicht zu Bett gehen, ohne dass sich seine Mutter oder sein Vater dazulegten. Das zweite Kind, ein sechsjähriges Mädchen, war gerade eingeschult worden. Sie litt unter akuter Trennungsangst und einer Schulphobie. Sie ging allein zu Bett, stand aber nachts auf, um auf die Toilette zu gehen, und schlüpfte dann zu ihren Eltern ins Bett. Auf diese Weise bekamen die Eltern sehr wenig Schlaf. Wenn das Kind gewöhnlich zwischen drei und vier Uhr morgens ins Bett kletterte, konnte der Vater nicht mehr einschlafen; die Mutter wurde durch den Schlafmangel depressiv, fühlte sich überlastet, ausgelaugt und verzweifelt. Da die Schlafstörungen der Kinder das drängendste Problem zu sein schienen, kam man überein, zuerst mit beiden Kindern an dieser Störung zu arbeiten und sich um die Trennungsangst zu einem späteren Zeitpunkt zu kümmern.

Nach der Probestunde mit den Eltern, in der es während der kurzen Demonstration gelang, die Sorge der Mutter um die Probleme der Kinder erheblich zu senken, trafen sich die Therapeutinnen mit der ganzen Familie. Andersen nahm die Kinder anschließend zum Magischen Klopfen mit, während Gnecco sich um die Mutter kümmerte, die eine große Bereitschaft zeigte, mit der Grundtechnik zu arbeiten, und bereits nach einer Woche von Erfolgen berichtete. Der Vater war skeptisch und wollte nicht wirklich mitmachen, aber er war bereit, es für die Kinder zu tun, besonders nachdem er gesehen hatte, dass das Klopfen seiner Frau half. Ein täglicher Zeitplan wurde aufgestellt, bei dem sowohl die Mutter als auch der Vater mit den Kindern zu verschiedenen Tageszeiten klopften. Die Mutter war auch einverstanden, ihre eigenen Probleme mehrmals täglich mit dem Klopfen zu behandeln.

Die Familie erschien jedoch nicht zum nächsten Termin. Als sie nichts mehr von sich hören ließen, rief Andersen sie an und überredete sie, wenigstens zu den ursprünglich vereinbarten drei Sitzungen zu erscheinen. Sie hatten in der einen Sitzung, zu der sie gekommen waren, nur an den Schlafstörungen gearbeitet; die Trennungsangst war noch gar nicht behandelt worden.

Beim nächsten Termin hüpften die Kinder in die Praxis, und der Sohn verkündete stolz, dass er allein einschlief seit dem ersten Abend, an dem er geklopft hatte. Ihm gefiel das Magische Klopfen so gut, dass er es ohne Aufforderung der Eltern bei allem anwandte, was ihn aufbrachte – beispielsweise wenn seine Schwester ihm das Spielzeug wegnahm. «Dieses komische Zeug funktioniert wirklich», sagte er strahlend, während er in typischer ADS-Manier durch die Praxis tanzte und alles anfasste.

Das kleine Mädchen war scheu und ließ ihren Bruder für sie antworten. Wie er erzählte, ging seine Schwester immer noch jede Nacht auf die Toilette, ohne das Licht auszumachen, aber sie schlüpfte in ihr eigenes Bett zurück. Seitdem sie zu klopfen begonnen hatten, hatte sie nur zweimal bei den Eltern geschlafen.

Als sich Gnecco nach der Trennungsangst und der Schulphobie des Mädchens erkundigte, werteten die Eltern es nicht mehr als das große Problem, als das sie es ursprünglich betrachtet hatten, und glaubten auch nicht, dass die dramatische Änderung auf das Konto der energetische Behandlung ging. Ihrer Ansicht nach hatte das Kind seine Ängste überwunden. Das war nur drei Wochen nach dem ersten Termin.

Die Familie hatte nur noch mit einem Problem zu kämpfen: Die Mutter war so sehr daran gewöhnt, nicht mehr als vier Stunden am Stück zu schlafen, dass sie, selbst wenn die Kinder schliefen, nicht länger durchschlafen konnte. Gnecco fragte sie, ob sie daran gedacht habe, das Problem mit dem Klopfen zu behandeln. Das hatte sie nicht, aber sie war bereit, es zu tun. Zwei Wochen später rief sie an und erzählte, dass sie das erste Mal seit neun Jahren normal durchgeschlafen hatte.

Die Grundtechnik für Kinder abwandeln

Auch wenn Gnecco und Andersen betonen, dass sich die Probleme eines Kindes sehr viel schneller lösen lassen, wenn jedes Familienmitglied mit Hilfe der Grundtechnik sein oder ihr eigenes Problem engagiert angeht, können Kinder auch unabhängig davon von der Technik profitieren. Viele der Prinzipien, wie man die Grundtechnik für Kinder abwandelt, sind anhand der Fälle in diesem Kapitel erläutert worden.

Statt eine Zahl zwischen 0 und 10 zu nennen, kann das Kind seinen Stress konkreter angeben, beispielsweise mit den Händen oder indem es eine entsprechend lange Linie zeichnet. Man kann sich spaßige Wörter, wie «Magisches Klopfen», ausdenken oder die Akupunkturpunkte unter dem Arm «Affenpunkte» nennen. Man kann das Klopfen auch zu einem Spiel machen. Gary half einmal einem fünfjährigen Mädchen, eine Feuerphobie (nach einem geringfügigen Brand in der Wohnung) aufzulösen, indem er sie sagen ließ: «Ich trete das Feuer aus», während sie klopfte. Sie kicherte die ganze Zeit, und es half. Sie können die Eröffnungsaussage und den Erinnerungssatz an die kindliche Sprache anpassen, indem Sie Formulierungen benutzen wie «Tief im Innern weiß ich, dass ich ein großartiges Kind bin» statt «Ich liebe und akzeptiere mich von ganzem Herzen». Sie können nötigenfalls die Sätze für das Kind selbst sprechen und sogar seine Akupunkturpunkte klopfen, wenn das Kind es nicht selbst tun kann. Kein Erinnerungssatz ist notwendig, wenn das Kind im Augenblick des Klopfens in der problematischen Emotion steckt. Verlassen Sie sich bei diesen Entscheidungen auf den gesunden Menschenverstand.

Vertrauen herstellen

Das Herstellen einer tragfähigen Beziehung ist von fundamentaler Bedeutung, wenn man eine erfolgreiche energetische Arbeit mit Kindern leisten will. Bevor Gary Josh kennenlernte, hatte er dafür gesorgt, dass Josh sich eine erfolgreiche Behandlung auf Video ansehen konnte und das Cockpit eines Flugzeugs betreten und mit dem Piloten sprechen durfte; er ließ mit ihm Lufballons auf dem Flughafen steigen und erklärte ihm, was die Bewegungen des Ballons mit dem Fliegen zu tun hatten. All das hatte stattgefunden, bevor sich Gary mit Joshs Problem oder der Behandlung beschäftigte. Auch wenn Vertrauen von entscheidender Bedeutung ist, bevor man jemanden mit energetischen Methoden konfrontiert, ist es besonders wichtig in der Arbeit mit Kindern. Sie möchten mit der Art und den Bedürfnissen des Kindes in Kontakt kommen. Sie wollen, dass das Kind kooperiert. Ohne adäquate Beziehung wird mit hoher Wahrscheinlichkeit beides nicht geschehen.

Es kann auch ein wenig knifflig sein, einem Kind seltsame Techniken zu vermitteln. Bei Teenagern müssen Sie so viel Vertrauen aufgebaut haben, dass sie Ihre merkwürdigen Vorstellungen hinnehmen und dennoch bereit sind, mit Ihnen zu arbeiten. Es führt vermutlich kein Weg daran vorbei. Kleineren Kindern braucht man nur zu erklären, dass es sich um eine Entspannungsübung handelt, die ihnen helfen kann, sich rasch zu beruhigen.

Wie Ann Adams bemerkt, lernen die meisten Kinder die Methoden schnell. Der Schlüssel für die erwachsene Bezugsperson besteht darin, das Kind daran zu erinnern, dass es die Übung anwendet, sobald es das nächste Mal *merkt*, wie es in Zorn gerät. Dieses frühe Eingreifen sei für ihr Heim entscheidend, weil die Reaktionszeit der dortigen Kinder von Ruhe zu Flucht und Angriff besonders kurz sei.

Das Kind respektieren

Auch wenn es sich von selbst versteht, dass es Kindern besser geht, wenn die erwachsene Bezugsperson ihre Fähigkeiten, guten Eigenschaften und Potenziale erkennt, sind viele Erwachsene, die Kindern helfen wollen, unwillkürlich herablassend. Das ist besonders riskant, wenn sie felsenfest glauben, die Lösung für das Problem des Kindes zu besitzen. Adams erinnert ihre Mitarbeiter an fünf Einstellungen, mit denen man es, unabhängig von der Behandlungsmethode, weit bringt:

1. Respektieren Sie das Kind, ganz gleich, wie es sich verhält.
2. Bewundern Sie den Mut des Kindes, auf die ihm bestmögliche Art zu leben.
3. Lassen Sie das Ergebnis los, damit Sie sich voll auf das Kind konzentrieren können, im Hier und Jetzt, ohne Urteil.
4. Seien Sie immer erfinderisch darin, eine Beziehung herzustellen, egal, mit welcher Methode.

5. Seien Sie, wer Sie sind; sorgen Sie für Übereinstimmung in Ihren Gedanken und Taten. Das ist entscheidend dafür, ob das Kind Sie als jemanden einschätzt, der vertrauenswürdig ist.

Adams wird manchmal von einem Kind gebeten, ein Gutenachtgebet zu sprechen. In ihrem Lieblingsgebet spiegelt sich der Geist ihrer Arbeit: «Lieber Gott, danke für dieses wunderbare Kind. Hilf uns, ihm zu helfen, besser in der Welt zurechtzukommen.»

Beruhigen Sie sich selbst, bevor Sie das Kind beruhigen

Viele Menschen, die Kindern das Klopfen beigebracht haben, betonen, wie wichtig es ist, ruhig und zentriert zu sein, bevor man mit einem Kind arbeitet, besonders dem eigenen Kind. Sie betonen auch, dass dieselben Methoden, die dem Kind helfen, dem Erwachsenen helfen können. Steve Wells, der Psychologe, dem Pat Ahearne seiner Meinung nach verdankt, dass er die Auszeichnung Pitcher des Jahres der australischen Baseball-Liga erhalten hat, rät Menschen, die Energiearbeit mit Kindern machen, «daran zu denken, dass bei der Interaktion von Menschen Emotionen übertragen werden und Kinder oft Stimmgabeln für unseren emotionalen Zustand gleichen». Er empfiehlt, an uns selbst die Dinge zu behandeln, mit denen Kinder uns aus der Fassung bringen können. Adams ist derselben Ansicht und betont, dass unsere eigene entspannte Verfassung entscheidend ist, wenn wir einem Kind helfen wollen: «Wenn Sie mit dem Kind ungern zusammen sind, klopfen Sie vor der Sitzung, um Ihr eigenes Unbehagen zu bearbeiten. Wenn die Probleme des Kindes Probleme in Ihrer eigenen Vergangenheit auslösen, behandeln Sie sie mit dem Klopfen vor der Sitzung.» Sylvia Hartmann, eine anerkannte Therapeutin und Lehrerin in England, empfiehlt Eltern, eine Eröffnungsaussage zu verwenden in der Art von: «Auch wenn mein Sohn dieses Problem hat, akzeptiere ich ihn von ganzem Herzen und liebe ihn bedingungslos.»

Reframing – Ein Problem mit Hilfe der Grundtechnik in einen neuen Bezugsrahmen stellen

Die Energetische Psychologie beruht sehr stark auf der kognitiven Verhaltenstherapie, insbesondere auf ihrer Betonung von konkreten Ereignissen, Gefühlen und Selbstaussagen und ihrer Verwendung von positiven Sätzen. Beide Methoden lehren Menschen gewöhnlich, Aussagen über sich zu machen, die ihr Denken ändern. Das ist eine Kunst, und es ist eine Kunst, Eröffnungsaussagen zu formulieren, die komplexer sind als das einfache Schema, das wir im 2. Kapitel vorgestellt haben. Dafür gibt es verschiedene Modelle.[16] Sie alle arbeiten mit Reframing; das heißt, sie ändern die Wahrnehmung einer Situation, rücken sie in ein optimistischeres Licht und konzentrieren sich auf die möglichen positiven Ergebnisse sowie das Erkennen der darin enthaltenen Chancen, die nicht auf den ersten Blick sichtbar sind. Erfahrene Energietherapeuten gestalten die Eröffnungsaussage und den Erinnerungssatz oft so, dass der Klient beginnt, das Problem in einem anderen Licht zu sehen. Kinder können von einem kreativen Reframing, das die Komplexität des Problems berücksichtigt, außerordentlich profitieren, und die Arbeit mit Problemen, die sich für die energetische Therapie eignen, bietet viele solcher Lehrmöglichkeiten.

Erinnern Sie sich, wie Teddys Augen größer wurden, als Adams die Eröffnungsaussage formulierte: «Obwohl du dein Zimmer demoliert hast, bist du dennoch ein gutes Kind.» Das war Reframing. Dasselbe gilt für den Satz: «Auch wenn du wirklich Angst hast, am Freitag von hier fortzugehen, bist du immer noch ein wunderbarer Junge.» Einige andere Beispiele: «Auch wenn ich meine

Mutter nicht am Trinken hindern kann, bin ich ein gutes Kind»; «Auch wenn diese furchtbare Sache passiert ist, weiß ich, dass Gott mich liebt»; «Auch wenn sich Jenny über mich lustig gemacht hat, bin ich ein großartiges Kind».

Ein Reframing kann in die Eröffnungsaussage und in das Gespräch über das Problem eingeflochten werden, und das ist die Kunst bei der Verwendung dieser Methoden. Nachdem mit dem Klopfen selbstschädigende emotionale Reaktionen aufgelöst worden sind und die Situation mit dem Kind noch einmal durchgegangen wurde, sieht das Kind die Situation oft neu und spricht anders über sie. Das kann die Einleitung für eine Wiederholungs- und Konsolidierungsphase sein, in der man die in der Situation enthaltenen Lektionen herausholt, überlegt, was man hätte anders machen können, und die weiteren Schritte bespricht, worunter auch die Übereinkunft fällt, fortlaufend zu klopfen, um das Erreichte zu unterstützen. Es ist auch eine Zeit, in der man wachsam für weitere Aspekte des Problems sein muss, die beim Klopfen möglicherweise noch nicht aufgelöst wurden. Diese werden oft spontan im Gespräch auftauchen oder sich selbst enthüllen, wenn das Klopfen keine stabilen Ergebnisse bringt. Das ist am häufigsten der Fall, wenn noch weitere verborgene Aspekte bearbeitet werden müssen. Die schon erwähnte Frage, an «wen oder was» aus der Vergangenheit die augenblickliche Situation das Kind erinnert, ist eine effektive Methode, um ungelöste Aspekte des Problems herauszufinden.

Der allabendliche Rückblick

Eine systematische Weise, die Grundtechnik für die Entwicklung der emotionalen Intelligenz eines Kindes einzusetzen, bietet der allabendliche Tagesrückblick. Wenn das Kind im Bett liegt, fragen die Eltern: «Magst du mir erzählen, welche guten und welche unangenehmen Gedanken du hattest und was sich heute an guten und schlechten Dingen ereignet hat?» Während das Kind von den Gedanken und Ereignissen berichtet, klopfen oder massieren die Eltern leicht und liebevoll die Standardakupunkturpunkte der Grundtechnik.

Wenn das Kind unangenehme Gedanken und Ereignisse schildert, ist es mit dem Problem eindeutig in Kontakt, und das Klopfen wird seine Stressreaktion auf das, was ihm in den Sinn kommt, höchstwahrscheinlich senken. Bedenkt man die Reizüberflutung, der Kinder jeden Tag ausgesetzt sind – durch Eltern, Lehrer, Gleichaltrige, Fernsehen, Computerspiele oder das Internet –, kann es von unschätzbarem Wert sein, eine Methode zu haben, mit der die schwierigsten Reize emotional integriert werden können. Diejenigen, die ungelöst bleiben, bilden bisweilen die Grundlage von einschränkenden Überzeugungen, unnötigen Ängsten und unverarbeitetem Kummer. Einige Beispiele für die «schlechten» Dinge, die Kinder anführen könnten, sind:

«Papa hat mir Angst gemacht, als er mich angeschrien hat.»
«Ich habe im Fernsehen ein Monster gesehen, das Menschen frisst.»
«Mein Lehrer denkt, ich bin nicht besonders klug.»
«Ich kann nicht so schnell laufen wie Jimmy.»
«Roseanne ist hübscher als ich.»
«Pastor Butler sagt, ich muss mich bessern, sonst ist Gott böse auf mich.»

Es gibt natürlich Millionen anderer Reize, die ein Kind verarbeiten muss. Wachsame Eltern haben tagtäglich die Chance, dafür zu sorgen, dass diese Erfahrungen konstruktiven Zwecken dienen, statt das Selbstwertgefühl oder Vertrauen des Kindes zu untergraben. Der Prozess kann sehr unterstützend sowohl für die Eltern als auch für die Kinder sein. Kinder mögen es, wenn man sie liebevoll berührt. Dem Kind Fragen zu stellen, während man die verschiedenen energetischen Punkte sanft klopft oder liebevoll massiert, kann tiefer an die Dinge heranführen als ein Gespräch. Jeden Abend kann durch eine liebevolle Zeremonie eine Atmosphäre geschaffen werden, in der das Kind empfänglicher ist für die größere Weisheit seiner Eltern oder für das Reframing seiner Sorgen. Eine grundlegende Eröffnungsaussage – «Auch wenn ich dieses Problem habe, bin ich ein tolles Kind» – oder ein Reframing in der Art von «Auch wenn ich nicht so schnell laufen kann wie Jan, bin ich ein großartiger Mannschaftsspieler» können ebenfalls hilfreich sein.

In der abendlichen Rückschau werden sowohl schwierige als auch angenehme Ereignisse beschrieben. Wenn ein verstörender Gedanke aktiviert worden ist, verringert das Klopfen seine emotionale Macht, und die damit einhergehenden Veränderungen in der biochemischen Aktivität des Gehirns sind dargestellt worden (siehe letzte Seite des Buches). Wenn man im Zusammenhang mit angenehmen Erinnerungen und zukünftigen Zielen klopft, scheint damit ihre neurologische Kraft zu steigen, auch wenn die daran beteiligten Mechanismen noch nicht wirklich erforscht sind.

Sich eine «positive» Erinnerung in den Sinn zu rufen, kann aber auch eine gegenteilige Wirkung erzeugen. Manchmal geht es Kindern sogar schlechter damit, sich an einen Erfolg oder an ein angenehmes Ereignis zu erinnern. Ein Grund dafür kann darin liegen, dass wie schon die sabotierenden Nachsätze, die im letzten Kapitel behandelt wurden, bestimmte positive Aussagen unterbewusst einen negativen Vergleich heraufbeschwören. Wenn ein Kind zum Beispiel sagt: «Meine Lehrerin hat mich heute vor der ganzen Klasse gelobt», kann der negative Vergleich dahinter lauten: «Aber ich habe Angst, dass sie herausfindet, dass ich keinen guten Englischaufsatz geschrieben habe und sie das Lob vor der ganzen Klasse zurücknimmt.» So kann eine «gute» Erinnerung letztlich negativ besetzt sein. Klopft man hingegen, während man sich die «gute» Erinnerung ins Gedächtnis ruft, kann gleichzeitig der «gute» Teil der Erinnerung verstärkt *und* die Reaktion auf eventuelle automatische negative Vergleiche gemildert werden.

Der allabendliche Rückblick auf den Tag fördert die Nähe zwischen Eltern und Kindern und noch viel mehr. Er bietet dem Kind ein Forum, um den Tag noch einmal Revue passieren zu lassen, und eine Methode, um neurologisch Erfahrungen zu integrieren, die schwierig sind, und er kann auch helfen, die Wirkung von positiven Erfahrungen zu maximieren.

Eine große Anzahl von Studien belegt zum einen, dass die emotionale Intelligenz eines Kindes einen entscheidenden Einfluss darauf ausübt, wie gut das Leben dieses Kindes verlaufen wird, und zum anderen, dass man Kindern vermitteln kann, die essenziellen Fähigkeiten zu steigern, aus denen die emotionale Intelligenz besteht. Es liegt in unserer Hand, die emotionale Intelligenz unserer Jugend ebenso wie die unsere heranzubilden, und die Energetische Psychologie bietet dabei eine wirkungsvolle Ergänzung zu anderen Methoden, die sich bereits als erfolgreich erwiesen haben.

In Kurzform: Emotionale Intelligenz ist detailliert untersucht worden und gilt als Schlüsselfaktor für den zukünftigen Erfolg eines Kindes – auf persönlichem, sozialem und intellektuellem Gebiet. Die emotionale Kompetenz von Kindern kann in zahlreichen entscheidenden Bereichen erhöht werden, darunter 1. im Erkennen, Verstehen und Umgang mit ihren Emotionen; 2. im Dienstbarmachen ihrer Emotionen für ihre Ziele; und 3. im genauen, emphatischen und kompetenten Eingehen auf die Emotionen anderer. Zusammen mit anderen Techniken kann man mit energetischen Methoden jeden Schritt auf dem Weg begleiten, emotionale Intelligenz in uns selbst und unseren Kindern heranzubilden.

6
Die körpereigenen Energien

> Der menschliche Geist tritt aus Mustern im Energiefluss hervor.
> DANIEL J. SIEGEL, *The Developing Mind*

Ebenso wie emotionale Intelligenz unerlässlich für die Fähigkeit eines Kindes ist, sich persönlich und sozial zu entwickeln, kann es für Ihre psychische und physische Gesundheit entscheidend sein, Fertigkeiten im Verständnis und Umgang mit den gesamten körpereigenen Energien zu erwerben. In diesem Kapitel möchten wir Ihnen dabei helfen.

Unsere Fähigkeit, mit den auf uns einwirkenden Energien umzugehen, hat sich zu unserem Schaden drastisch zurückentwickelt seit der Zeit, als wir der Natur noch näher waren. Wir verstehen viel mehr von den organischen Grundlagen des Körpers als von den Energien, die ihn beleben. Das Verständnis von unseren Zellen und Organen ist sicher eine der größten Errungenschaften unserer wissenschaftlichen Epoche. Bevor man durch das Sezieren von Leichen und später durch Operationen, Röntgen, Magnetresonanztomographie und andere Abbildungsverfahren ein genaues Bild von der menschlichen Anatomie und Physiologie gewann, waren die Vorgänge im Innern des menschlichen Körpers größtenteils ein Geheimnis, über das sich nur abergläubische Vorstellungen rankten. Eine ähnliche Situation herrscht heutzutage, wenn es um den «Energiekörper» geht.

Der zentrale Gedanke innerhalb der energetischen Medizin lautet, dass, ebenso wie unser Körper anatomisch aus miteinander verbundenen Teilen mit spezifischen Funktionen besteht, unser «Energiekörper» – der unseren physischen Körper unterstützt –

seine eigene «Anatomie» besitzt.[1] Zur Anatomie des Energiekörpers gehören verschiedene zusammenhängende energetische Systeme (wie die Aura, die Chakren und Meridiane), und diese erfüllen bestimmte Funktionen. Die Meridiane haben beispielsweise eine andere Funktion als die Chakren, und der Herzmeridian hat andere Aufgaben als der Lungenmeridian.

Phantomschmerzen veranschaulichen das Verhältnis zwischen dem physischen und energetischen Körper. Die wenigsten Mediziner, denen dieses Phänomen in der Praxis begegnet, zeigen sich unbeeindruckt von der Hartnäckigkeit und Intensität dieses chronischen, lähmenden Schmerzes im Bereich eines fehlenden Armes oder Beines. Die neurologischen Erklärungen für den Phantomschmerz sind nicht gänzlich überzeugend oder zumindest unvollständig. Die energetische Medizin liefert jedoch eine alternative Erklärung, die nicht nur plausibel ist, sondern auch zu erfolgreichen Behandlungen führt. Man nimmt an, dass im Energiekörper das Gegenstück zu dem fehlenden Glied weiterhin vorhanden ist und daher vom Nervensystem des Betreffenden noch registriert wird. Aufgrund des Traumas, das durch den Verlust der Extremität ausgelöst wurde, ist die Energie an der betreffenden Stelle unter Umständen gravierend gestört und sendet Stresssignale aus, die starke Schmerzen verursachen können. Nachdem alle anderen Therapien fehlgeschlagen waren, verschwanden derartige Schmerzen interessanterweise oft schnell und dauerhaft, wenn man in der Luft die Stellen hielt, an denen sich die Akupunkturpunkte des fehlenden Gliedes *befunden hätten*.[2] Die Tatsache, dass dieselbe energetische Behandlung, die bei verletzten Gliedmaßen eine schmerzlindernde Wirkung hat, diese auch bei Phantomschmerzen zeigt, lässt vermuten, dass die Meridiane aktiv bleiben, selbst wenn das Glied nicht mehr vorhanden ist.

Aus der Sicht der energetischen Medizin werden Fleisch und Knochen durch ein «Skelett» von lebendiger Energie gestützt. Der physische Körper baut auf den Meridianen, Chakren und der Aura unseres Energiekörpers und vielfältigen weiteren energetischen Systeme auf und wird von ihnen belebt. In Anbetracht der Komplexität des physischen Körpers überrascht es nicht, dass seine energetische Infrastruktur ebenfalls viele Arten von Energie umfasst. Es handelt sich dabei nicht bloß um ein riesiges undifferenziertes elektromagnetisches Feld. Tatsächlich können Menschen, die «Energien sehen», mit einiger Präzision die *Anatomie* des Energiekörpers beschreiben, und ihre Darstellungen gleichen einander meistens.[3]

Die Anatomie des Energiekörpers

Diese Darstellungen werden mittlerweile von elektromagnetischen Messungen bestätigt[4] und entsprechen auch den Beschreibungen feinstofflicher Energien, wie sie sich weltweit in den jeweils unterschiedlichen Begriffen und Konzepten jeder Kultur finden lassen.[5] *Meridiane*, *Chakren* und *Aura* sind drei Begriffe, die in unsere Sprache Eingang gefunden haben; doch es gibt noch weitere energetische Systeme.

Donna ist dafür bekannt, dass sie Körperenergien «sehen» bzw. «lesen» kann. Sie beschreibt acht Energiesysteme, die Auswirkungen auf Körper und Geist haben. Außer den Meridianen, Chakren und der Aura nennt Donna das *Grundgitter*, das *keltische Geflecht*, die *fünf Rhythmen*, den *Dreifachen Erwärmer* und die *strahlenden Kreisläufe*. Wir skizzieren hier jedes System kurz, um Ihnen eine Vorstellung von der Realität des Energiekörpers zu geben, wie ihn jemand begreift, der Erfahrung damit hat, Menschen durch energetische Arbeit zu heilen. Für eine gründlichere Behandlung des Themas sei auf andere Literatur verwiesen.[6]

Auch wenn diese Beschreibungen der Energiesysteme anhand von *Analogien* erfolgen, die dazu gedacht sind, Ihnen eine konkretere Vorstellung von einem feinstofflichen System zu geben, bedenken Sie bitte, dass die Sprache bei der Darstellung dieser schwer fassbaren Bereiche an ihre Grenzen stößt.

Die Meridiane

Ein Meridian transportiert Energie wie eine Arterie Blut. Als *energetischer Blutstrom* des Körpers sorgt das Meridiansystem für Vitalität und Balance, beseitigt Blockaden, reguliert den Stoffwechsel und legt sogar die Geschwindigkeit und Form zellulärer Veränderungen fest. Der Fluss der Meridianenergiebahnen ist ebenso wichtig wie der Blutfluss: keine Energie, kein Leben. Meridiane wirken sich auf alle Organe und physiologischen Systeme aus, darunter das Immun-, Nerven- und endokrine System, den Kreislauf, die Atmung, die Verdauung, das Skelett, die Muskulatur und das lymphatische System. Jedes dieser Systeme wird von mindestens einem Meridian versorgt. Ist die Energie eines Meridians blockiert oder nicht ausgewogen, ist das von ihm versorgte System gefährdet. Die Meridiane umfassen vierzehn verschiedene Bahnen oder Gefäße, durch die Energie in, durch und aus dem Körper strömt. Darüber hinaus verbinden sie Hunderte kleinster individueller Speicher auf der Hautoberfläche miteinander, die Hitze und elektromagnetische Energie sammeln. Das sind unsere Akupunkturpunkte, die mit Nadeln oder physischem Druck stimuliert werden können, um Energie entlang der Meridianbahn freizusetzen oder umzuverteilen.

Die Chakren

Der Begriff *chakra* kommt aus dem Sanskrit und bedeutet Scheibe, Wirbel oder Rad. Die Chakren sind konzentrierte Energiezentren. Jedes Hauptchakra im menschlichen Körper ist ein Zentrum wirbelnder Energie, das sich an einem von sieben Punkten zwischen dem unteren Ende der Wirbelsäule und dem Scheitel befindet. Während die Meridiane ihre Energie *an* die Organe liefern, baden die Chakren die Organe *in* ihrer Energie. Jedes Chakra versorgt spezielle Organe mit Energie, korrespondiert mit einem bestimmten Persönlichkeitsaspekt und ist (von unten nach oben) jeweils einem der folgenden sieben universellen Prinzipien zugeordnet, nämlich: Überleben, Schöpferkraft, Identität, Liebe, Ausdruck, Verständnis und Transzendenz. Ebenso verschlüsseln die Chakren unsere Erfahrungen in ihren Energien, so wie Erinnerungen chemisch in den Neuronen verschlüsselt werden. Es heißt, dass in den Chakraenergien ein Abdruck jeder emotional bedeutsamen Erfahrung vorhanden ist. Wenn ein sensibler Therapeut seine Hand über ein Chakra hält, spürt er bisweilen den Schmerz in einem zugeordneten Organ, eine Stauung in den Lymphknoten, feine Anomalitäten von Temperatur oder Puls, Bereiche emotionalen Aufruhrs, oder er nimmt sogar eine dort aufgezeichnete Erinnerung wahr, die als Teil des Heilungsprozess angeschaut werden muss.

Die Aura

Die Aura ist eine aus vielen Schichten bestehende Energiehülle, die unseren Körper umgibt und in einer Wechselwirkung mit den Energien der Umgebung steht. Sie stellt eine uns umgebende *Schutzschicht* dar, die viele der Energien, die uns begegnen, wegfiltert und andere, die wir brauchen, in sich aufnimmt. Wie ein

Raumanzug schützt sie uns vor schädlichen Energien. Wie eine Radioantenne fängt sie andererseits Energien auf, mit denen sie in Resonanz ist. Die Aura gleicht einer Leitung oder Zwei-Wege-Antenne, die Energie aus der Umgebung in unsere Chakren *holt* und Energie von den Chakren *nach außen abgibt*. Wenn wir uns glücklich, attraktiv und lebendig fühlen, kann unsere Aura einen ganzen Raum füllen. Sind wir traurig, niedergeschlagen und düster, zieht sich die Aura um uns herum zusammen und bildet einen energetischen Panzer, der uns von der Welt isoliert. Die Aura einiger Menschen ist groß und bezieht andere ein; die Aura anderer hält alle Menschen auf Distanz wie ein Elektrozaun. Valerie Hunt, eine Neurophysiologin am Energy Field Laboratory der University of California, verglich in einer Studie das «Auralesen» mit neurophysiologischen Messungen. Die Aurabilder, die acht Heiler wahrnahmen, glichen einander nicht nur, sondern stimmten auch mit den Schwingungsmustern überein, die mit Hilfe von Elektroden auf der Haut an den beobachteten Hautstellen gemessen wurden.[7]

Das Grundgitter

Das Grundgitter bildet die Basisenergie unseres Körpers. Wie das Chassis eines Autos trägt das Grundgitter alle anderen Energiesysteme. Wenn eine Seherin wie Donna zum Beispiel eine liegende Person vor sich hat, erscheint es ihr, als säßen die Chakren buchstäblich auf dieser Basisenergie. Die Gitterenergie ist robust und elementar. Ein schweres Trauma kann das Gitter jedoch beschädigen und deformieren. Ist dies der Fall, heilt es normalerweise nicht von allein. Vielmehr passen sich die anderen Energiesysteme an das beschädigte Gitter an, so wie sich eine Persönlichkeit um eine frühkindliche traumatische Erfahrung herum bildet. Die Wiederherstellung des Grundgitters gehört zu den fortgeschrittensten und intensivsten energetischen Therapieformen. Wenn die Gitterstruktur oder das Autochassis in Ordnung sind, bemerkt man sie nicht; sind sie jedoch beschädigt, wird auch alles Übrige in Mitleidenschaft gezogen.

Das keltische Geflecht

Die Energien des Körpers drehen sich kreis-, spiral- und bogenförmig; sie verflechten, überkreuzen und verweben sich zu Mustern von außerordentlicher Schönheit. Das Gleichgewicht dieses Kaleidoskops aus Farben und Formen wird von einem Energiesystem aufrechterhalten, das Heiler auf der ganzen Welt unter verschiedenen Namen kennen. Im Osten wird es der «tibetische Energiering» genannt. In der Yoga-Tradition wird es durch zwei sich schlängelnde Linien dargestellt, die sich siebenmal kreuzen und symbolisch die sieben Chakren einschließen. Im Westen entspricht es dem Äskulapstab, bei dem sich zwei – sich ebenfalls siebenmal kreuzende – Schlangen um einen Stab winden, der zum Symbol des medizinischen Berufsstandes geworden ist. Donna verwendet den Begriff *keltisches Geflecht*, nicht nur, weil sie eine Affinität zur keltischen Heilkunst verspürt, sondern weil das Muster für sie alten keltischen Zeichnungen *gleicht*, auf denen ein spiralförmiges, liegendes Unendlichkeitszeichen abgebildet ist – ohne Anfang, ohne Ende und manchmal eine dreifache Spirale bildend. Wie ein *unsichtbarer Faden*, der alle Energiesysteme miteinander vereint, bildet das keltische Geflecht ein Netz, das den Körper in spiralförmigen Mustern, die einer liegenden Acht gleichen, durchdringt und umgibt. Mikrokosmisch entspricht die Doppelhelix der DNS diesem Muster. Sichtbarer äußert es sich in der Kontrolle der rechten Körperhälfte durch die linke Gehirnhälfte und der linken Körperhälfte durch die rechte Gehirnhälfte.

Die fünf Rhythmen

Die Meridiane und Chakren sowie die Aura und andere wichtige Energien werden von einem noch grundlegenderen Energiesystem beeinflusst. Donna nimmt es nicht als separate Energie wahr, sondern als *Rhythmus*, der alles andere durchdringt und seinen Schwingungsabdruck auf physischen Eigenschaften, dem Zustand der Gesundheit und den Persönlichkeitsmerkmalen hinterlässt. In der traditionellen chinesischen Medizin wurde vor langer Zeit alles Leben in fünf *Elemente* oder *Wandlungsphasen* eingeteilt (es gibt keine perfekte Übersetzung – beide Begriffe sind gebräuchlich, was sowohl auf ihre substanzielle als auch ihre zyklische Eigenschaft hindeutet). Diese Energien wurden als Grundbausteine des Universums angesehen, mit deren Hilfe man erklären konnte, wie die Welt funktionierte, wie Gesellschaften sich organisierten und was der menschliche Körper brauchte, um gesund zu bleiben. Die Metaphern zur Darstellung dieser fünf unterschiedlichen Rhythmen sind Elementen der Natur (Wasser, Holz, Feuer, Erde und Metall) sowie den Jahreszeiten (Winter, Frühling, Sommer, Spätsommer und Herbst) entlehnt. Wie eine Filmmusik bestimmt der Grundrhythmus zusammen mit den wechselnden Rhythmen der Jahreszeiten des Lebens den Klang und die Stimmung des gesamten Energiesystems eines Menschen und legt damit die Melodie des Lebens fest, das man führt.

Der Dreifache Erwärmer

Der Dreifache Erwärmer ist der Meridian, der die Energien des Immunsystems vernetzt, um Eindringlinge anzugreifen und die Körperenergien im Notfall für den Angriffs-, Flucht- oder Erstarrungsreflex zu mobilisieren. Aufgrund dieser wichtigen Aufgaben geht er in seiner Funktion so weit über alle anderen Meridiane hinaus, dass er manchmal als eigenständiges System angesehen wird, wobei die genauen Ursprünge des Begriffs *Dreifacher Erwärmer* sich in grauer Vorzeit verlieren. Er arbeitet mit dem Hypothalamus, dem Thermostat des Körpers, zusammen. Der Hypothalamus löst auch die Notfallreaktion des Körpers aus. Wie beim *Militär* macht der Dreifache Erwärmer bei einer realen oder vermeintlichen Bedrohung mobil und koordiniert alle anderen Energiesysteme, um die Immunreaktion zu aktivieren, den Angriffs-, Flucht- oder Erstarrungsreflex zu steuern und die üblichen Gefahrenreaktionen auszulösen und aufrechtzuerhalten.

Die strahlenden Kreisläufe

Die strahlenden Kreisläufe sorgen dafür, dass alle anderen Energiesysteme zum Wohl des Ganzen arbeiten. Sie verteilen die Energien dorthin um, wo sie am dringendsten gebraucht werden, und reagieren damit auf eventuelle gesundheitliche Probleme, mit denen der Körper konfrontiert wird. Aus evolutionärer Sicht sind die strahlenden Kreisläufe älter als die Meridiane: Bei primitiven Organismen, wie Insekten, strömt die Energie nicht durch ein Meridiansystem, sondern durch die strahlenden Kreisläufe; und bei einem Embryo sind die strahlenden Kreisläufe vor der Entwicklung der Meridiane da. Wie bei der Entstehung eines Flussbetts haben die strahlenden Energien allem Anschein nach immer denselben Weg genommen und sind auf diese Weise zu den Meridianen geworden. Während die Meridiane festgelegten Bahnen und bestimmten Organen zugeordnet werden, funktionieren die strahlenden Energien wie bewegliche Felder mit einer ausgeprägten, spontanen Intelligenz. Wie Hyperlinks auf einer Website springen sie sofort dorthin, wo sie gebraucht werden, und sorgen für Revitalisierung, Freude und spirituelle Verbindung. Wenn der Dreifache Erwärmer unsere *innere Bürgerwehr* mobilisiert, mobilisieren die strahlenden Kreisläufe unsere *innere Mutter*, indem sie Heilenergie über uns ausschütten, lebenserhaltende Ressourcen bereitstellen und uns Auftrieb geben. Davon wird im nächsten Kapitel die Rede sein.

Die energetische Begabung

Die acht Energiesysteme, die unseren Körper beleben, sind ständig in Bewegung und im Fluss – Mitwirkende in einem perfekt choreographierten Tanz aus unseren Gedanken, Gefühlen, Bewegungen, der Verdauung und jedem sonstigen physiologischen Vorgang. Da diese Energien feinstofflich und unsichtbar sind und «hinter den Kulissen» wirken, nehmen wir sie meist nicht wahr. Doch das Wissen, wie man mit ihnen arbeitet, kann uns schneller den Weg zu besserer physischer und seelischer Gesundheit ebnen.

Donnas Heilungsansatz erwächst aus ihrer Fähigkeit, diese Energien zu sehen, sie einzuschätzen und mit ihnen zu arbeiten, um Gesundheit und Vitalität zu steigern. Überdies lehrt sie Menschen, die keine Energie *sehen* können, dennoch effektiv mit ihren eigenen Energien zu arbeiten. Sie hat ihre Methode Zehntausenden von Menschen in Seminaren auf der ganzen Welt vermittelt, und im Folgenden geben wir eine Einführung in einige der Methoden und Konzepte, die von besonderer Bedeutung für das psychische Wohlbefinden sind.

Die «energetische Begabung» (eine Art energetisches Gegenstück zur *emotionalen Intelligenz*) setzt sich aus vier Komponenten zusammen. Die erste ist die *Wahrnehmung* der sich wandelnden Körperenergien. Dazu müssen Sie nur mit den energetischen Veränderungen im Innern in Kontakt bleiben und beispielsweise die zugrunde liegende energetische Dynamik hinter vertrauten Erfahrungen wahrnehmen. Ihr Körper gibt Ihnen viele Hinweise auf den Zustand Ihrer Energien. So reflektieren Stimmungsschwankungen und Änderungen in Ihrer körperlichen Befindlichkeit unterschwellige energetische Veränderungen. Es ist nicht schwierig, sich auf selbstreflektive, fast meditative Art auf die inneren Energien einzustimmen. Sie sind immer da; Sie müssen sie nur wahrnehmen.

Die zweite Komponente zur Ausbildung energetischer Begabung ist die Fähigkeit, diese Energien zum eigenen Wohl zu *beeinflussen*. Es ist relativ einfach, sich die Sequenz der Grundübungen einzuprägen, die wir Ihnen im Folgenden vermitteln werden, um Ihre Energien zu beruhigen, anzuregen oder wiederherzustellen, wenn diese gestört oder erschöpft sind. So wie das Ölen einer Maschine verhindert auch das Ausgleichen Ihrer Energien unnötige Abnutzung und Schäden. Es hilft Ihnen auch, klarer zu denken und besser zurechtzukommen. Im Falle einer Erkrankung ist eine energetische Behandlung oft die am wenigsten invasive Methode. Energetische Behandlungen können auch begleitend zu anderen Heilmitteln eingesetzt werden. Das der energetischen Medizin zugrunde liegende Prinzip lautet:

> Jedes körperliche oder emotionale Problem, mit dem wir konfrontiert sind, hat ein Gegenstück im energetischen System und kann auf dieser Ebene behandelt werden.

Die ersten beiden Komponenten der energetischen Begabung sind also die aktive Wahrnehmung der uns belebenden Energien und die Fähigkeit, diese zu unserem Nutzen einzusetzen. Beide konzentrieren sich auf die Energien in unserem Innern. Bei der dritten und vierten Komponente handelt es sich um die Fähigkeit, die Energien anderer korrekt wahrzunehmen und mit diesen Energien zu harmonieren oder zum beiderseitigen Nutzen auf sie einzuwirken. Es ist wichtig, sowohl eine Begabung für Ihre eigenen

Energien als auch für die anderer zu entwickeln, doch werden wir uns hier auf die Energien in Ihnen konzentrieren. Wir möchten Ihnen Mittel an die Hand geben, die es Ihnen ermöglichen, Ihre körpereigenen Energien zugunsten Ihres allgemeinen Wohlbefindens zu beeinflussen. Wenn Sie das Verständnis und den Umgang mit jenen Energien besser beherrschen, die die Grundlage Ihrer Gedanken, Emotionen und physischen Gesundheit bilden, gehen Sie auch kompetenter mit den Energien anderer um.

Halten Sie Ihre Energien im Fluss

Sie können disharmonische Energie in Form von Unruhe, erschöpfte Energie als Mattigkeit oder unausgeglichene Energie als Schmerz erleben. Menschen mit einer hohen energetischen Begabung besitzen ein Frühwarnsystem. Sie nehmen ein energetisches Ungleichgewicht wahr, bevor es Störungen zur Folge hat, die sich schwerer rückgängig machen lassen. Der Nachteil dabei ist, dass diese Menschen sensibler sind und somit empfindlicher und verletzlicher erscheinen; doch haben sie aufgrund dieses Frühwarnsystems den Vorteil, instinktiv Korrekturen vornehmen zu können, bevor die Störungen in ihrem energetischen System sich als körperliches Problem manifestieren. Die kleinen alltäglichen Wehwehchen sind Signale Ihres Körpers, der auf diese Weise um Aufmerksamkeit bittet. Werden sie ständig ignoriert, wächst die Wahrscheinlichkeit, dass chronische Probleme auftreten. Wenn Sie Schritte unternehmen, um den Schmerz energetisch zu lindern, kann sich das energetische Ungleichgewicht erst gar nicht aufbauen.

Im Unterschied zu einem Schmerzmittel unterdrückt eine energetische Behandlung den Schmerz nicht. Ein Geheimnis der energetischen Medizin besteht darin, dass energetische Heilmittel den Schmerz sowohl *lindern* als auch auf energetischer Ebene die *Ur-*

sachen des Schmerzes *bekämpfen.* Genauso unterdrückt die energetische Behandlung im Falle eines emotionalen Aufruhrs das Problem nicht, sondern klärt Ihre Gedanken, sodass Sie effektiver damit umgehen können.

Anders als die Grundtechnik, deren Schwerpunkt auf spezifischen Problemen oder Zielen liegt, helfen Ihnen die hier vorgestellten Methoden in einem allgemeineren Sinne. Sie fühlen sich danach energetisch belebter und stabiler. Die erste Serie von Techniken lehrt Donna als das tägliche Fünf-Minuten-Programm.

Das tägliche Fünf-Minuten-Programm

Donna hat in 25 Jahren über zehntausend Menschen in Einzelsitzungen behandelt. Nach jeder Sitzung gab sie ihnen Hausaufgaben. Dabei handelte es sich häufig um Techniken, die, abgestimmt auf die Situation, das energetische System auf bestimmte Weise stärken sollten. Mit der Zeit bemerkte sie, dass einige dieser Techniken bei fast allen Patienten wirkten. Sie stellte auch fest, welche Techniken am erfolgreichsten waren. Aus jenen, die bei den meisten Menschen die besten Ergebnisse brachten, stellte sie eine Übungsreihe zusammen, um die verschiedenen Energiesysteme des Körpers systematisch zu stärken und zu harmonisieren. Sie wollte ein Fünf-Minuten-Programm, das nicht nur die energetischen Muster im Körper veränderte, um bessere Gesundheit, Vitalität und geistige Klarheit herbeizuführen, sondern das auch kurz genug sein sollte, damit die Interessierten es bereitwillig jeden Tag durchführten.

Da Menschen Gewohnheitstiere sind, besteht unserer Erfahrung nach die beste Strategie, um etwas täglich zu üben, darin, die Übung in bereits bestehende Routinehandlungen zu integrieren. Falls Sie regelmäßig Gymnastik treiben, ist das Fünf-Minuten-

Programm eine ausgezeichnete Aufwärmübung. Wenn Sie Yoga, Tai Chi oder Qi Gong machen, fügt es sich nahtlos ein. Manche Menschen führen die Übungen gleich nach dem Aufwachen noch im Bett durch und stellen fest, dass sie den Tag damit energetisch positiver gestimmt angehen. Andere machen sie als kleines Übergangsritual, wenn sie von der Arbeit nach Hause kommen. Manche wandeln sie ab, um sie unter der Dusche oder in der Badewanne durchführen zu können, während sie das warme Wasser genießen (das ist *keine* Methode nach dem Muster «ohne Schweiß kein Preis»). Je bequemer und angenehmer Sie es sich machen, desto besser fließen die Energien. Das Programm besteht aus sieben Übungen und nimmt nur fünf Minuten in Anspruch. Ihr Einsatz wird mit größerer Leistungsfähigkeit, mehr Vitalität und besserer Gesundheit reichlich belohnt. Zusätzlich geben wir an, welchen speziellen Nutzeffekt die einzelnen Übungen haben; jede kann sowohl für sich allein wie auch als Teil des Gesamtprogramms durchgeführt werden.

1. Die drei Klopfpunkte

Wie Sie bereits wissen, gibt es bestimmte Punkte auf dem Körper, die, wenn sie mit den Fingerkuppen sanft geklopft werden, Ihr Energiefeld verlässlich beeinflussen, indem sie biochemische Impulse an bestimmte Gehirnareale senden und die Ausschüttung von Neurotransmittern in Gang setzen. Eine Sequenz, die wir die drei Klopfpunkte nennen, macht Sie wieder munter, wenn Sie müde sind, erhöht Ihre Vitalität und stärkt Ihr Immunsystem in Stresszeiten. Sie können diese Punkte immer dann klopfen, wenn Sie einen Energieschub brauchen. Machen Sie sich nicht allzu viel Kopfzerbrechen um die genaue Position der Punkte. Wenn Sie mit mehreren Fingern an der angegebenen Stelle klopfen, stimulieren

Sie mit Sicherheit den richtigen Punkt. Klopfen Sie fest, aber nie so stark, dass Sie eine Verletzung oder einen blauen Fleck riskieren.

A. Die Ni-27-Punkte Diese Punkte kennen Sie bereits von der Grundtechnik. Sie bewirken einen Schnellstart Ihres Energiesystems, stärken Ihre Konzentration und korrigieren Meridianenergie, die «rückwärts fließt», was leicht passiert, wenn Sie physisch oder emotional erschöpft sind. Um diese Punkte zu finden, legen Sie die Finger auf das Schlüsselbein und bewegen sie nach innen zu der u-förmigen Vertiefung am Beginn des Brustbeins (da, wo ein Mann seine Krawatte binden würde). Führen Sie die Finger zum unteren Ende des Us und anschließend ein paar Zentimeter nach rechts und links und klopfen Sie. Die meisten Menschen haben dort eine kleine Delle oder empfindliche Stelle. Atmen Sie langsam und tief, während Sie diese Punkte kräftig 10–12 Sekunden klopfen oder massieren.

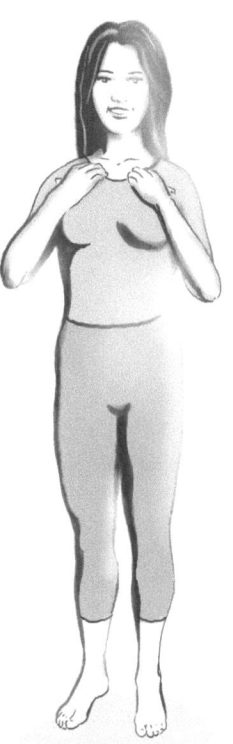

Abbildung 6
Die Ni-27-Punkte

B. Der Tarzanpunkt Das Klopfen auf die Brustmitte stimuliert allgemein Ihre Energien, gibt Ihrem Immunsystem Auftrieb und löst Stress. Diese Stelle wird auch als Thymuspunkt bezeichnet.

1. Legen Sie die Finger einer oder beider Hände auf die Mitte Ihres Brustbeins, wo sich die Thymusdrüse befindet.

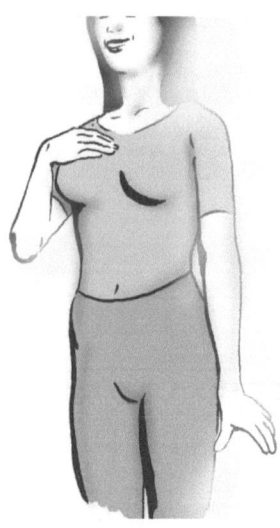

Abbildung 7
Der Tarzanpunkt

2. Klopfen Sie etwa 20 Sekunden mit dem Daumen und sämtlichen Fingern.
3. Atmen Sie beim Klopfen langsam und tief durch die Nase ein und den Mund wieder aus.

C. Milzpunkt Sie haben eine der beiden Varianten dieser Übung bereits bei der Grundtechnik kennengelernt. Das Klopfen des Milzpunktes gibt dem Immunsystem Auftrieb, bringt die chemische Zusammensetzung des Blutes und die Elektrolyte ins Gleichgewicht und unterstützt die Verstoffwechslung von Nahrung und die Entfernung von Schadstoffen und Stress.

1. Klopfen Sie etwa 15 Sekunden lang fest auf die *neurolymphatischen* Milzpunkte. Diese befinden sich eine Rippe unterhalb der Brust.
   Alternativ: Klopfen Sie etwa 15 Sekunden lang fest auf die Milzakupunkturpunkte. Diese befinden sich seitlich am Körper ungefähr zehn Zentimeter unterhalb der Achselhöhle.
2. Falls eine der beiden Stellen schmerzempfindlicher ist als die andere, sollten Sie diese nehmen, da Sie auf diese Weise eine größere Wirkung erzielen.
3. Atmen Sie während des Klopfens langsam und tief durch die Nase ein und den Mund wieder aus.

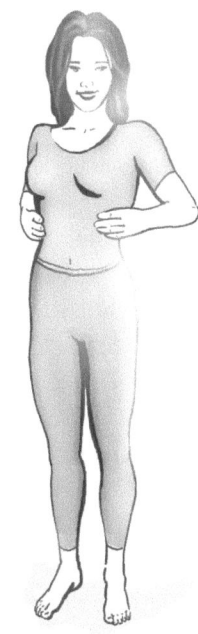
Abbildung 8
Die neurolymphatischen
Milzpunkte

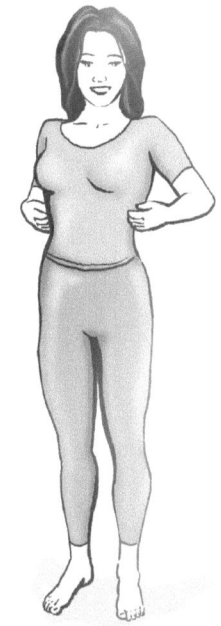
Abbildung 9
Die Milzakupunkturpunkte

2. Die Überkreuzbewegung

Diese einfache Übung unterstützt das Überkreuzmuster Ihrer körpereigenen Energien, das für die Koordination, Heilung und Vitalität notwendig ist. Dabei sollten Sie Folgendes beachten: Wenn die Überkreuzbewegung Sie nicht vitalisiert, sondern stattdessen ermüdet und Sie den Eindruck haben, als schwämmen Sie gegen den Strom, ist das ein Hinweis darauf, dass Ihre Energien sich möglicherweise nicht überkreuzen (also ein «homolaterales

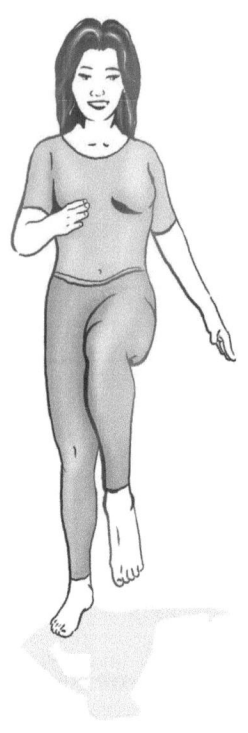

Abbildung 10
Die Überkreuzbewegung

Muster» bilden) und die Überkreuzbewegung wahrscheinlich wenig hilfreich ist. Eine Übung, die sogenannte homolaterale Überkreuzbewegung, kann Ihre Energien in ein Überkreuzmuster bringen, sodass die Überkreuzbewegung wie auch andere energetische Behandlungen ihre Wirkung anschließend besser entfalten können. Sollte dies also chronisch oder an einem bestimmten Tag auf Sie zuzutreffen scheinen, ersetzen Sie die Überkreuzbewegung in Ihrem täglichen Fünf-Minuten-Programm durch die homolaterale Überkreuzbewegung (Seite 283). Bei der Überkreuzbewegung marschieren Sie einfach auf der Stelle:

1. Heben Sie im Stehen gleichzeitig den rechten Arm und das linke Bein.
2. Dann senken Sie beide und heben nun den linken Arm und das rechte Bein. Falls Sie wegen einer körperlichen Behinderung dazu nicht in der Lage sind, gibt es folgende Alternative: Heben Sie im Sitzen ein Knie und berühren Sie es mit der gegenüberliegenden Hand. Verfahren Sie ebenso mit dem anderen Knie.
3. Wiederholen Sie die Bewegung, doch dieses Mal heben Sie das Bein höher und holen Sie mit dem Arm stärker aus, sodass Sie dabei die Mittellinie des Körpers zur anderen Körperseite hin überschreiten.

4. Setzen Sie dieses übertriebene Marschieren mindestens eine Minute lang fort und atmen Sie dabei tief durch die Nase ein und den Mund wieder aus.

3. Die Cook-Übung

Diese Übung wurde ursprünglich in den 60er Jahren des 20. Jahrhunderts für Menschen, die stottern, entwickelt. Sie hat sich auch bei Legasthenie, ADS (Aufmerksamkeitsdefizitstörung) und an-

Abbildung 11
Die Cook-Übung

Abbildung 12
Die Cook-Pyramide

deren Lernstörungen bewährt. Diese Übung korrigiert nicht nur Probleme, sondern ist auch eine der besten Techniken, die wir kennen, um Scharfsinn zu fördern und bei einer Leistung oder Auseinandersetzung das Beste aus Ihnen herauszuholen.

1. Setzen Sie sich aufrecht auf einen Stuhl und legen Sie den linken Fuß auf das rechte Knie. Umfassen Sie mit der rechten Hand das linke Fußgelenk und mit der linken Hand die Ferse des linken Fußes.
2. Atmen Sie langsam durch die Nase ein, sodass sich Ihr Brustkorb beim Einatmen spürbar hebt. Ziehen Sie gleichzeitig das Bein zu sich heran, bis eine Dehnung entsteht. Atmen Sie nun langsam durch den Mund wieder aus, und entspannen Sie Ihren Körper. Wiederholen Sie diesen Vorgang vier- oder fünfmal.
3. Wechseln Sie zum anderen Fuß. Legen Sie den rechten Fuß auf das linke Knie. Umfassen Sie mit der linken Hand das rechte Fußgelenk und mit der rechten Hand die Ferse des rechten Fußes. Atmen Sie wie beschrieben.
4. Stellen Sie nun die Beine wieder nebeneinander, und halten Sie die Fingerkuppen kirchturmartig gegeneinander, sodass sie eine Pyramide bilden. Legen Sie beide Daumen auf das «dritte Auge» genau über der Nasenwurzel. Atmen Sie langsam und tief drei- oder viermal durch die Nase ein und den Mund wieder aus. Beim letzten Ausatmen streichen Sie mit den Daumen seitlich rechts und links langsam über Ihre Stirn und dehnen Sie dabei sanft die Haut.
5. Senken Sie langsam die Hände vor den Körper. Atmen Sie dabei entspannt weiter.

4. Der Kronenzug

Aufgrund der geistigen Aktivität sammelt sich im Laufe eines Tages normalerweise Energie im Kopf an, ähnlich der elektrostatischen Ladung, die sich in Elektrogeräten aufbaut. Wenn diese Energie nicht durch das Energiezentrum auf dem Scheitel, das sogenannte Kronenchakra, austritt, staut sie sich an. Der Kronenzug sorgt dafür, dass diese Energie abfließen kann. Er regt die Durchblutung des Kopfes an, löst den mentalen Stau, hilft bei Schlaflosigkeit, stärkt das Gedächtnis und öffnet das Kronenchakra für die höhere Inspiration.

1. Legen Sie die Daumen an die rechte und linke Schläfe. Krümmen Sie die übrigen Finger und legen Sie die Fingerkuppen auf die Mitte der Stirn zwischen den Augenbrauen.
2. Ziehen Sie die Finger mit leichtem Druck in Richtung Schläfen, sodass die Haut oberhalb der Augenbrauen gedehnt wird.
3. Legen Sie die Fingerkuppen erneut auf die Mitte der Stirn, während die Daumen weiter auf den Schläfen ruhen, und wiederholen Sie die Dehnung.
4. Nun legen Sie die Fingerkuppen an den Haaransatz, während die Daumen in einer bequemen Stellung ruhen, und dehnen Sie erneut.
5. Wiederholen Sie diese Übung nach dem gleichen Muster an folgenden Stellen:
    a. Die Finger liegen oben auf dem Kopf, die kleinen Finger am Haaransatz. Üben Sie spürbaren Druck aus und bewegen Sie die Hände voneinander weg, als wollten Sie den Kopf auseinanderziehen.
    b. Die Finger liegen in Kopfmitte; ziehen Sie die Hände erneut mit Druck auseinander.
    c. Die Finger liegen auf der Rundung des Hinterkopfs; führen Sie die gleiche Dehnung aus.

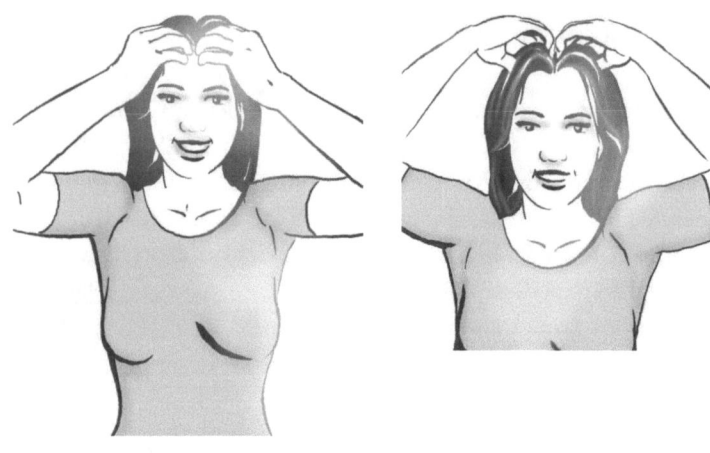

Abbildung 13
Der Kronenzug

Abbildung 14
Der Kronenzug, Fortsetzung

d. Fahren Sie den Nacken hinunter bis zu den Schultern fort. Die Daumen liegen jeweils dort, wo es bequem ist.
e. Wiederholen Sie jede dieser Dehnübungen einmal oder mehrmals.
6. Schließen Sie die Übung im hinteren Schulterbereich ab. Massieren Sie die Schultern leicht, streichen Sie mit den Fingern über die Schultern und senken Sie die Hände.

5. Die neurolymphatische Massage

Die neurolymphatischen Reflexpunkte, die über Ihren ganzen Rumpf verteilt sind, regulieren den Energiefluss zum Lymphsystem. Die Lymphe hat die entscheidende Aufgabe, Schadstoffe und abgestorbene Zellen zu beseitigen. Im Unterschied zum Blutkreislauf, der durch das Herz in Gang gehalten wird, verfügt der Lymphkreislauf über keine eigene Pumpe. Der Lymphfluss wird durch die normale tägliche Bewegung angeregt – wenn wir gehen, uns dehnen oder andere Bewegungen machen. Sammeln sich jedoch Toxine im Lymphsystem an, können sowohl physische Schadstoffe als auch blockierte Energien so verklumpen, dass sie durch körperliche Bewegung allein nicht mehr zum Fließen gebracht werden. Durch die Massage der neurolymphatischen Reflexpunkte regen Sie den Fluss der Lymphe an und lösen die verklumpten Schadstoffe, sodass sie ausgeschieden werden können. Mit der Beseitigung der Schlacken werden nicht nur physische, sondern auch energetische Blockaden gelöst, sodass der Körper letztlich energetisiert wird.

Obwohl es Schaubilder zur Lokalisation dieser Punkte gibt,[8] können Sie sie auch finden, indem Sie einfach den Rumpf zwischen den Rippen und entlang des Brustbeins massieren und darauf achten, wo es wehtut. Schmerzempfindliche Stellen zeigen verklumpte Energie an diesen Reflexpunkten an. Auch Verletzungen, Krankheiten oder Anstrengung können Schmerzen verursachen; lassen sie sich ausschließen, ist Schmerzempfindlichkeit im Allgemeinen ein Anzeichen für Reflexpunkte, denen Sie Beachtung schenken sollten. Es folgt eine Grundübung zur Massage dieser Punkte (wobei Sie jeden Punkt

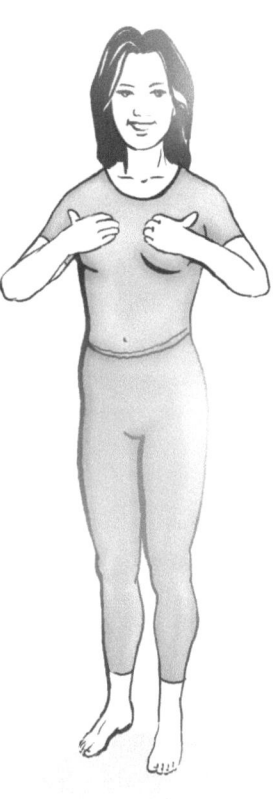

Abbildung 15
Massage der neurolymphatischen Punkte

mit großem Druck mindestens fünf Sekunden lang kreisförmig massieren sollten):

1. Gehen Sie zum Schlüsselbein und massieren Sie gründlich die unterhalb davon liegenden Punkte (Ni-27).
2. Gehen Sie anschließend zu den Schultern. Massieren Sie die Punkte entlang des Halbkreises, an dem die Schultern auf den Rumpf treffen. Durch die Ni-27-Punkte und die Armverbindungspunkte fließen so viele Informationen, dass die Energie häufig verklumpt. Daher ist es ratsam, sie täglich zu reinigen.
3. Machen Sie weitere empfindliche Punkte auf Ihrem Rumpf ausfindig, vermutlich entlang des Brustbeins, zwischen den Rippen oder unter der Brust. Massieren Sie diese mindestens fünf Sekunden lang. Suchen Sie jeden Tag zwei oder drei schmerzempfindliche Punkte und massieren Sie sie. Sie werden feststellen, dass bestimmte Punkte, die am Tag davor wehtaten, einen Tag später nicht mehr schmerzempfindlich sind, während andere regelmäßige Behandlung brauchen. Aber selbst diese tun auf Dauer weniger weh, wenn Sie sie täglich massieren.

6. Der Reißverschluss

Der Hauptmeridian (oder auch Zentralgefäß genannt), die Energiebahn, die in der Mitte der Vorderseite des Rumpfs verläuft, steht mit dem Blasenmeridian in Verbindung, um eine optimale Funktionsfähigkeit des zentralen Nervensystems zu gewährleisten. Der Hauptmeridian, der direkt fünf der sieben Chakren kreuzt und mit diesen in Verbindung steht, bildet auch die Brücke zwischen unseren körpereigenen Energien und denen der Umgebung. Wenn Sie sich traurig oder verletzlich fühlen, kann der Hauptmeridian die negativen Gedanken und Energien anderer Menschen wie eine Art Radioempfänger in Ihre eigenen Energiezentren leiten. Es ist, als seien Sie offen und ungeschützt. Indem Sie einfach mit der Hand an diesem Meridian hinauffahren, werden die Energien des Hauptmeridians geschlossen. Das ist ein natürlicher Selbstschutz. Der Hauptmeridian verläuft wie ein Reißverschluss vom Schambein bis zur Unterlippe, und Sie können ihn mit Hilfe der elektromagnetischen Energien Ihrer Hände «zuziehen». Der Reißverschluss hilft Ihnen,

➥ sich selbstsicherer zu fühlen,
➥ klarer zu denken,
➥ Ihre inneren Stärken anzuzapfen,
➥ sich gegen negative Umgebungsenergien zu schützen.

Der Reißverschluss hebt Ihre Energie und Ihre Stimmung. Er kann auch mit einer Affirmation oder einem positiven Bild kombiniert werden. Sie können die Affirmation oder das Bild sozusagen in Ihr Energiesystem «einschließen».

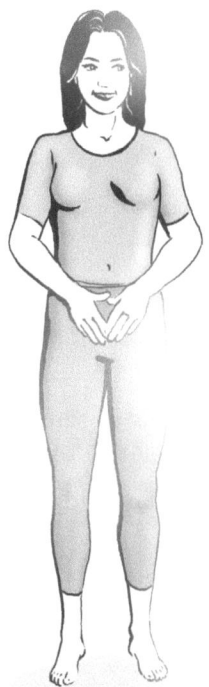

Abbildung 16
Reißverschluss,
Anfang

1. Klopfen Sie kräftig die Ni-27-Punkte, um sicherzustellen, dass die Energie in den Meridianen vorwärts fließt.
2. Legen Sie die Hände auf das untere Ende des Hauptmeridians am Schambein.
3. Atmen Sie tief ein, während Sie gleichzeitig Ihre Hände langsam und bedächtig genau in der Mitte des Körpers bis zur Unterlippe nach oben führen.

4. Setzen Sie die Aufwärtsbewegung fort und strecken Sie die Arme überschwänglich nach oben aus.
5. Führen Sie die Arme in einer Kreisbewegung zum Becken zurück.
6. Wiederholen Sie die Übung noch zweimal.

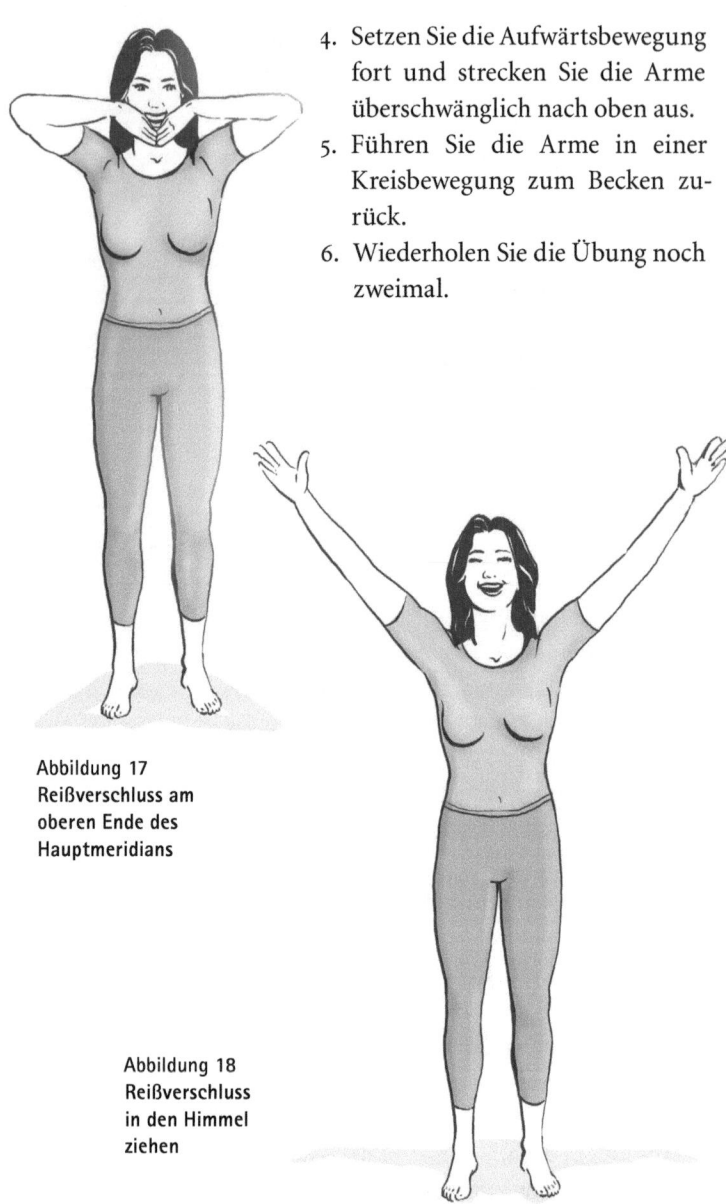

Abbildung 17
Reißverschluss am oberen Ende des Hauptmeridians

Abbildung 18
Reißverschluss in den Himmel ziehen

7. Der Hook-up

Diese einfache Übung verbindet den Hauptmeridian (oder auch Zentralgefäß) mit dem Gouverneursgefäß, verbessert die Koordination und stabilisiert das gesamte Energiesystem. Sie stärkt außerdem die Aura, indem sie Sie in einen schützenden Energiemantel hüllt. Aufgrund der neurologischen Kraft, die entsteht, wenn das Zentralgefäß und das Gouverneursgefäß verbunden werden, hilft der Hook-up Ihnen, klarer zu denken. Wir haben mehrfach Berichte darüber gehört, dass mit Hilfe des Hook-ups Krampfanfälle gestoppt werden konnten, vorausgesetzt, er wurde schon bei den ersten Anzeichen des Anfalls angewandt. Die Übung ist sehr einfach:

1. Legen Sie den Mittelfinger einer Hand auf das dritte Auge (zwischen den Augenbrauen über der Nasenwurzel).
2. Legen Sie den Mittelfinger der anderen Hand auf den Bauchnabel.
3. Üben Sie mit beiden Fingern sanften Druck aus, ziehen Sie die Haut nach oben und halten Sie diese Position 12 bis 30 Sekunden lang.

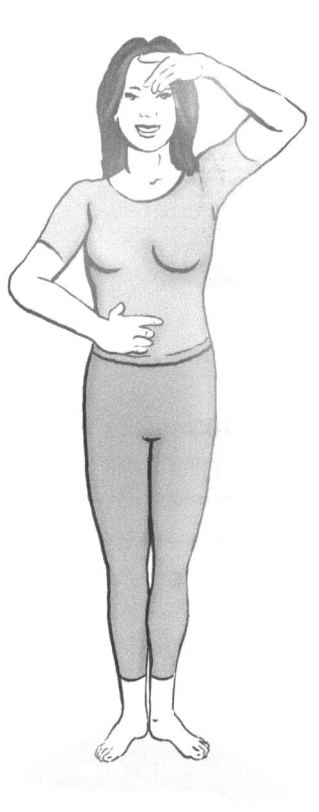

Abbildung 19
Der Hook-up

Wenn Sie das Fünf-Minuten-Programm täglich durchführen, besteht ein großer Gewinn für Ihren Körper darin, dass Sie sich bewusst um seinen Energiefluss kümmern. Das kann eine kumulative Wirkung haben, da bessere «energetische Gewohnheiten» in Gang gesetzt und verstärkt werden. Die energetische Medizin ist ein eigenständiges Gebiet (www.energymed.org), auf dem zunehmend verfeinerte Methoden entwickelt werden, um Gesundheit und Vitalität durch die Arbeit mit den körpereigenen Energien zu verbessern. Für unsere Zwecke geben wir Ihnen lediglich einige zusätzliche Grundtechniken an die Hand, die in direkter Verbindung mit der Energetischen Psychologie stehen. Sie sind für Folgendes nützlich: 1. wenn das Klopfen nicht wirkt oder eine «paradoxe Wirkung» hat, 2. bei psychologischer Erster Hilfe und 3. zur Schaffung neuer energetischer Gewohnheiten.

Wenn das Klopfen nicht wirkt

Nach Schätzungen von Therapeuten in verschiedenen Internetforen sprechen Klienten in etwa 5 bis 15 Prozent aller Fälle bei einem einfach strukturierten, richtig formulierten psychologischen Problem nicht auf die Klopftherapie an. Donna berichtet hingegen, dass alle ihre Klienten mittelfristig von der energetischen Behandlung profitiert haben. Der Schlüssel besteht darin, die für den Betreffenden im Augenblick richtige Technik anzuwenden. Die Mehrzahl der in Klopftherapie ausgebildeten Psychotherapeuten besitzt kein umfassendes Verständnis davon, wie man mit dem gesamten Energiekörper arbeitet, und wenn Energiesysteme, mit denen sie nicht vertraut sind, Störungen aufweisen, ist das Klopfen allein zu schwach, um ein hochgradig gestörtes Energiefeld zu durchdringen und den gewünschten Effekt zu erzielen.

Drei Hindernisse, die das Klopfen blockieren

In den meisten Fällen kann man mit dem täglichen Fünf-Minuten-Programm das Energiesystem wenigstens zeitweise wiederherstellen, sodass das Klopfen bei einem spezifischen psychologischen Problem wirksam sein kann. Die Energien mancher Menschen reagieren jedoch einfach nicht auf Klopfen. Bei den meisten Menschen wirkt ein sanftes Klopfen der Haut, weil es die Sprache des Körpers imitiert, für den der Herzschlag, der in den Adern pulsiert, einer der grundlegendsten und vertrautesten Rhythmen ist. In den Fällen, in denen der Körper aus irgendwelchen Gründen nicht auf das Klopfen anspricht, ist die auf S. 68 beschriebene Touch-and-breathe-Technik eine hervorragende Alternative. Eine weitere ist der auf S. 287 dargestellte neurovaskuläre Griff. Wenn Sie alle drei Methoden ergebnislos ausprobiert haben – oder den seltenen «paradoxen Effekt» erleben, dass das Problem nach dem Klopfen größeren Stress hervorruft als vorher –, dann sind die wahrscheinlichsten Gründe dafür, 1. dass ungelöste Aspekte des Problems zu einer Blockade führen, 2. dass psychologische Umkehrungen im Spiel sind oder 3. dass Ihre Körperenergien in einem homolateralen Muster verlaufen.

Die homolaterale Überkreuzbewegung

Unsere Energien sind so gestaltet, dass sie sich mehrfach überkreuzen und auf allen Ebenen des Körpers Muster in Form einer liegenden Acht bilden – von der Doppelhelix der DNS über die Zellen und Organe bis hin zur Aura, die uns umgibt. Wenn die Energien sich nicht richtig überkreuzen, sei es auf der Mikroebene der Zellen und Organe oder der Makroebene des Rumpfes, des Kopfes und der Gliedmaßen, bezeichnet man die Art ihres Verlaufs als «homolaterales» Muster. In einem solchen Fall ist die Leistungsfähigkeit beeinträchtigt. Sie können nicht klar denken. Ihre natürliche Koordination ist gestört. Ihre Heilung ist verlangsamt. Sie können Behandlungen, die Ihnen helfen sollen, wie etwa die Klopftherapie oder auch das tägliche Fünf-Minuten-Programm, nicht fruchtbar für sich einsetzen.

Wenn Sie krank sind, verlaufen Ihre Energien meistens homolateral. Dasselbe gilt bei chronischer Depression, Erschöpfung und Autoimmunerkrankungen. All das sind deutliche Zeichen, dass Sie das homolaterale Muster korrigieren müssen, bevor Sie von anderen Techniken profitieren können.

Die Umbildung homolateraler Energien ist tatsächlich eine der häufigsten Behandlungen, die in der energetischen Medizin vorgenommen werden. Was Sie auch sonst für Ihre Gesundheit tun mögen – wenn Ihre Energien homolateral verlaufen, wird der Erfolg wahrscheinlich nicht dauerhaft sein. Bei vielen Erkrankungen ist es unerlässlich, wieder das normale Überkreuzmuster der Energien herzustellen. Das Verfahren nimmt etwa drei Minuten in Anspruch und erfordert eine leichte Anstrengung. Es bewährt sich fast immer, aber da das homolaterale Muster eine tief verwurzelte energetische Gewohnheit sein kann, fallen die Energien unter Umständen leicht in das homolaterale Muster zurück. Donna kennt Fälle, in denen die Korrektur nur eine Minute angehalten hat. Doch auch hier macht sich Beharrlichkeit bezahlt. In fast allen Fällen bildet sich ein neues energetisches Muster heraus, wenn Sie das Drei-Minuten-Verfahren zwei- bis dreimal täglich über einen Zeitraum von zehn Tagen bis zu sechs Monaten anwenden. Wenn Sie ein homolaterales Muster aufweisen, stört das nicht nur Ihre Empfänglichkeit für die Grundtechnik, sondern auch Ihr allgemeines Energieniveau sowie Ihre Belastbarkeit und geistige Klarheit. Homolaterale Muster aufzulösen, kann ein Geschenk des Himmels sein. Sollten Sie sich nicht sicher sein, ob bei Ihnen homolaterale Energien vorliegen, kann es nicht schaden, die

Übung durchzuführen. Wenn Sie sich danach besser fühlen, war sie notwendig. Die homolaterale Überkreuzbewegung:

1. Beginnen Sie damit, die Ni-27-Punkte (S. 67) zu klopfen oder zu massieren, und dehnen Sie anschließend Ihren Körper so weit wie möglich, als wollten Sie «nach den Sternen greifen».
2. Führen Sie nun eine «homolaterale Überkreuzbewegung» durch, indem Sie gleichzeitig den rechten Arm und das rechte Bein anheben und danach den linken Arm und das linke Bein. Führen Sie die Bewegung etwa zwölfmal langsam und bedächtig durch, eher im Schritttempo als im Laufschritt. (Anmerkung: Diese Anweisungen gelten für die Ausführung der Übung im Stehen. Sie kann ganz einfach im Sitzen oder Liegen durchgeführt werden, indem Sie mit den Ellenbogen oder Händen Ihre Knie berühren. Im Liegen [und dies ist eine hervorragende Übung, wenn Sie krank sind] können Sie sich den Ablauf auch erleichtern, indem Sie sich ein Kissen unter die Knie legen.)
3. Marschieren Sie nun auf der Stelle und führen Sie die normale Überkreuzbewegung durch, indem Sie den rechten Arm und das linke Bein und anschließend den linken Arm und das rechte Bein anheben.
4. Beenden Sie die Übung nach etwa zwölfmaliger Wiederholung und führen Sie anschließend erneut zwölfmal die homo-

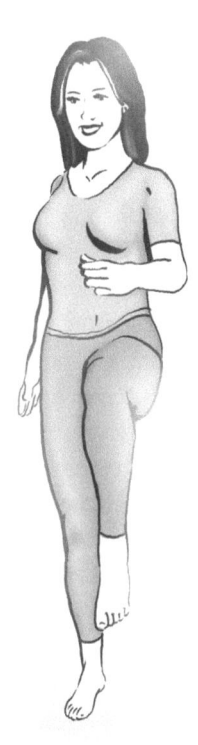

Abbildung 20
Die homolaterale Überkreuzbewegung

laterale Bewegung durch (Anheben des Arms und Beins auf derselben Seite).
5. Kehren Sie nun erneut zwölfmal zur normalen Überkreuzbewegung zurück (Anheben des gegenüberliegenden Arms und Beins).
6. Wiederholen Sie diese Übungsabfolge noch zwei- oder dreimal.
7. Verankern Sie sie mit Hilfe etwa zwölf weiterer normaler Überkreuzbewegungen (Anheben des jeweils gegenüberliegenden Arms und Beins). Beenden Sie die Übung, indem Sie nochmals die Ni-27-Punkte stimulieren. Die anschließende Durchführung der Cook-Übung (S. 273) hilft, das neue Muster zu verstärken.

In hartnäckigen Fällen von homolateralen Mustern kann sich die Verwendung von Poi-Bällen als nützlich erweisen. Damit erzielt man die gleiche Wirkung wie mit der homolateralen Überkreuzung. Es ist mindestens ebenso wirksam und macht mehr Spaß. Weitere Informationen darüber, wo Sie Poi-Bälle erhalten und wie Sie sie anwenden, finden Sie unter: www.EnergyMedicineDirectory.com/id8.html.

Psychologische Erste Hilfe

Wenn ein Ereignis Sie emotional aus der Bahn wirft, ist es mitunter sehr schwierig, sich rein gedanklich von dem Aufruhr zu befreien oder auch nur auf den konstruktivsten ersten Schritt zu kommen. Eine energetische Behandlung kann Körper, Geist und Emotionen beruhigen, was Ihnen erlaubt, die Lage gedanklich effektiver zu verarbeiten. Das tägliche Fünf-Minuten-Programm oder bestimmte Teile daraus, sofort angewandt, sind ein guter Ausgangspunkt. Wenn Ihre Energien ein homolaterales Muster aufweisen, ist die homolaterale Überkreuzbewegung der erste Schritt. Wir stellen Ihnen hier noch vier weitere Methoden vor: 1. den neurovaskulären Griff, 2. die Beruhigung des Dreifachen Erwärmers, 3. das dynamische Ausatmen und 4. die Verbindung von Himmel und Erde (für zusätzliche Methoden siehe Anhang 2).

1. Der neurovaskuläre Griff

Unsere Reaktionen auf Stress schlagen sich körperlich nieder. Wenn wir «ausrasten», hat unsere Reaktion häufig mehr mit Physiologie als mit Psychologie zu tun. Das ist die Schlinge, in der wir uns alle früher oder später einmal verfangen: Der alltägliche Stress löst in den primitiven Gehirnzentren eine Notfallreaktion aus, wobei bis zu 80 Prozent des Blutes aus den Vorderlappen abfließt; Stresshormone werden ans Blut abgegeben, primitive Stressemotionen überschwemmen uns, und wir reagieren mit der Biochemie eines tödlich bedrohten Neandertalers auf eine der Herausforderungen unserer modernen zivilisierten Welt. Letztlich nehmen wir die primitivsten Teile unseres Gehirns in Anspruch, um uns auf die komplexe Umwelt einzustellen, die den Stress verursacht hat. Unsere Wahrnehmungen werden verfälscht. Die Fähigkeit, kreativ oder auch nur angemessen zu reagieren, ist gefährdet. Um diese Dynamik zu wissen, erleichtert es uns, eine Extraportion Mitgefühl mit uns selbst und anderen zu haben.

Die Grundtechnik ist eine der Methoden, um unser autonomes Nervensystem so umzuprogrammieren, dass es angesichts von Alltagsstress nicht länger eine Krisenreaktion auslöst. Der neurovaskuläre Griff ist eine weitere. Während das Klopfen die Stressreaktion unterbricht, indem es Signale an den Mandelkern sendet, setzt der neurovaskuläre Griff direkt an der Hirndurchblutung an. Bei den neurovaskulären Punkten handelt es sich um bestimmte

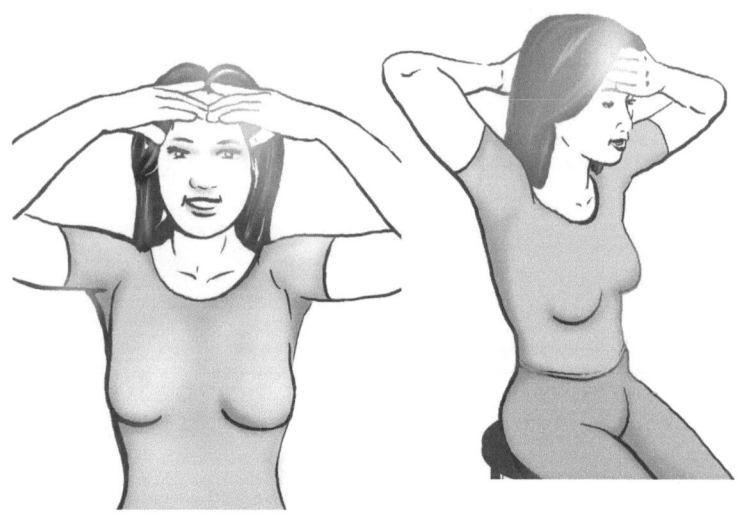

Abbildung 21
Der neurovaskuläre Griff

Abbildung 22
Der alternative neurovaskuläre Griff

Stellen auf dem Kopf, die den Blutfluss aktivieren. Wenn Sie an eine Stresssituation denken und gleichzeitig diese Punkte berühren, verhindern Sie, dass das Blut aus den Vorderlappen abfließt, und unterbrechen so einen der physiologischen Hauptkomponenten des Angriffs-oder-Flucht-Reflexes. Damit wird die Stressreaktion außer Kraft gesetzt, was Ihnen erlaubt, klarer zu denken und die Situation effektiver zu meistern, selbst mitten in den permanenten Spannungen des Lebens.

1. Stimmen Sie sich im Sitzen oder Liegen auf bereits bestehenden Stress ein oder konzentrieren Sie sich auf einen Gedanken, eine Erinnerung oder eine Situation, die Ihnen Stress bereitet.
2. Legen Sie die Daumen an Ihre Schläfen und die Fingerkuppen auf Ihre Stirn direkt über den Augen.

3. Halten Sie diese Position sanft etwa drei Minuten, während Sie tief durch die Nase ein- und den Mund ausatmen.

Alternativ: Legen Sie eine Hand auf die Stirn und die andere auf den Hinterkopf. Halten Sie auch diese Position sanft bis zu drei Minuten lang, während Sie tief ein- und ausatmen.

2. Beruhigung des Dreifachen Erwärmers

Der Dreifache Erwärmer ist das energetische System, das den Angriffs-oder-Flucht-Reflex, das Immunsystem und den eingefahrenen Umgang des Körpers mit Stress oder Bedrohung steuert. Er ist ständig auf der Hut. Sobald er eine tatsächliche oder potenzielle Bedrohung erkennt, mobilisiert der Dreifache Erwärmer die körpereigenen Energien, damit sie auf die Bedrohung reagieren, indem sie auf ererbte Abwehrstrategien, wie die Immunreaktion oder den Angriffs-oder-Flucht-Reflex, zurückgreifen. Seine grundlegende Aufgabe besteht darin, Bedrohungen zu erkennen und uns sowohl innerlich (Immunreaktion) als auch äußerlich (Kampf oder Flucht) dagegen zu schützen.

Der Dreifache Erwärmer verfügt in jeder Situation nur über zwei Möglichkeiten: mobil machen oder nicht mobil machen. Er war ursprünglich für eine Welt des «Kämpfens oder Untergehens» konzipiert, die so nicht mehr existiert. Aufgrund des Fortschritts der Zivilisation und insbesondere der Technik ist der Dreifache Erwärmer mit der Aufgabe, zwischen Freund oder Feind zu unterscheiden, heillos überfordert, sodass er sich bei vielen Menschen in ständiger Alarmbereitschaft befindet. In Nahrung und Klima wimmelt es heutzutage von Tausenden chemischer Stoffe, die es zu der Zeit, als der Dreifache Erwärmer sich entwickelte, nicht gab. Wir sind nicht nur vom magnetischen Feld der Erde umgeben, sondern auch von Frequenzen, die der Mensch künstlich erzeugt hat und die das gesamte elektromagnetische Spektrum umfassen. Die Aufgabe des Dreifachen Erwärmers besteht darin, zu entscheiden, welche davon uns schaden können, aber die meisten dieser Substanzen und atmosphärischen Bedingungen wurden in das Überwachungssystem, das sich über Jahrtausende entwickelt hat, nie einprogrammiert. Überdies spüren wir Tag für Tag den Stress, der damit einhergeht, das Hundertfache an Informationen verarbeiten und ein Vielfaches mehr an Entscheidungen treffen zu müssen als unsere Vorfahren. Bereits das Tempo des modernen Lebens reicht, dass der Dreifache Erwärmer eine Notfallreaktion in Gang setzt.

Der Dreifache Erwärmer übernimmt die Führung über das Meridiansystem und organisiert dessen Energien in einem Notfall, bei dem es um Leben oder Tod geht. Diese Reaktion kann nicht nur von einer realen Bedrohung, sondern auch von irgendeinem unerkannten Reiz ausgelöst werden, und durch Konditionierung kann es zu einer Reihe «falscher Alarme» kommen. Wenn Sie bei dem Gedanken, einen Fahrstuhl zu betreten, Schweißausbrüche bekommen oder zu zittern anfangen oder wenn Sie automatisch zurückschrecken, sobald jemand Ihnen nur ein wenig näher kommt, ist der Dreifache Erwärmer übersteuert. Dieser Mechanismus erklärt viele der psychologischen Leiden, von denen Menschen heimgesucht werden; und wie wir gesehen haben, können energetisch-psychologische Behandlungen sich auf diesem Gebiet besonders hervortun.

Ein übersteuerter Dreifacher Erwärmer ist die Wurzel so manches persönlichen und kulturellen Missstandes. Während sich die Grundtechnik auf bestimmte Probleme und Ziele konzentriert, können Sie auch direkt mit dem Dreifachen Erwärmer arbeiten, damit dieses fundamentale energetische System in seinen Reaktionen flexibler wird, statt nur in Habtachtstellung zu sein. Wir betrachten dies als «Entwicklung des Körpers», damit er sich erfolgreicher an eine Welt anpassen kann, in der der Wandel das

Leistungsvermögen der natürlichen Selektion, das unserer Spezies die Anpassung ermöglicht, weit überholt hat.

Wenn Sie einige oder alle der folgenden Techniken zu einem Bestandteil Ihrer täglichen energetischen Übung machen oder sie bei Angst oder Unruhezuständen anwenden, tragen Sie dazu bei, den Dreifachen Erwärmer zu beruhigen. Es ist, als ob sie ihm sagen würden: «Ich weiß ja, dass du nicht alle diese Substanzen und Bedingungen kennst, aber ich passe für uns beide auf. Du kannst dich beruhigen und dich auf das konzentrieren, was du am besten kannst, nämlich auf real existierende Gefahren zu reagieren, statt bei allem, was daherkommt und unserer genetischen Ausstattung fremd ist, in den Notfallmodus zu schalten.» Genau das geschieht nämlich auf emotionaler Ebene bei Phobien, Zwängen und allen anderen Angststörungen. Auf der körperlichen Ebene zeigt sich diese Dynamik bei Autoimmunkrankheiten, von Allergien über Fibromyalgie bis hin zu Krebs. Die folgenden vier Übungen sprechen den Dreifachen Erwärmer in seinem eigenen Vokabular, der Sprache der Energie, an und helfen ihm, sich zu entspannen, sich wieder zu zentrieren und ins Gleichgewicht zu kommen.

A. Der Hook-up: Diese einfache Übung (s. S. 281) ist eine grundlegende Methode, um das Nervensystem auszurichten, und dient auch dazu, den Dreifachen Erwärmer zu beruhigen.

B. Hinter den Ohren ausstreichen: Die Energiebahn des Dreifachen Erwärmers verläuft vom Ringfinger den Arm hinauf bis hinter das Ohr. Dann verläuft sie kreisförmig um das Ohr herum und endet an der Schläfe. Indem Sie einen Abschnitt dieses Meridians rückwärts mit den Händen abfahren, besänftigen Sie den Dreifachen Erwärmer und beruhigen Ihr Gemüt.

1. Legen Sie die Fingerkuppen an die Schläfen und atmen Sie tief durch die Nase ein und durch den Mund aus.

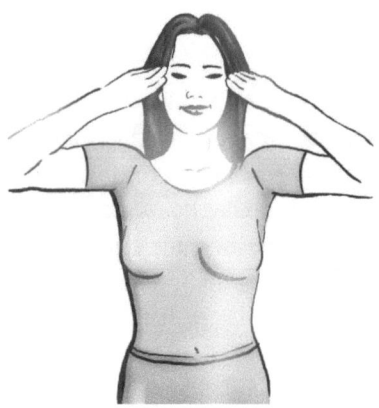

Abbildung 23
Hinter den Ohren ausstreichen

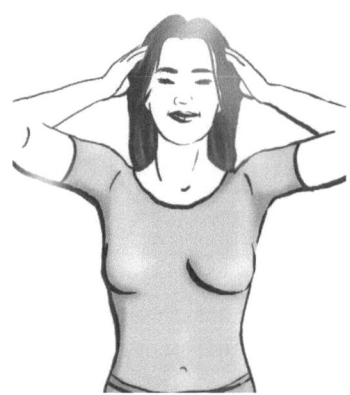

Abbildung 24
Hinter den Ohren
ausstreichen, Fortsetzung

Abbildung 25
Hinter den Ohren
ausstreichen, Fortsetzung

2. Atmen Sie nochmals tief ein und fahren Sie mit den Fingern an den Ohren vorbei langsam nach oben, während Sie einen leichten Druck ausüben.
3. Bewegen Sie die Finger beim Ausatmen um die Ohren herum.
4. Fahren Sie weiter den Hals hinunter, bis Ihre Finger schließlich auf den Schultern liegen.
5. Nun drücken Sie die Finger in die Schultern, ziehen sie über die Schultern nach vorn und lassen los.

C. Die Dreifache-Erwärmer-Milz-Umarmung: Der Dreifache Erwärmer und der Milzmeridian müssen harmonisch zusammenarbeiten. Diese einfache Technik wirkt beruhigend und reduziert emotionalen Stress, indem sie die Energien zwischen den beiden Meridianen ausgleicht. Der Kronenzug (S. 275) ist ein guter Einstieg für die folgende Übung.

a. Legen Sie den rechten Arm um die linke Körperhälfte, sodass sich die Finger auf der linken Seite des Brustkorbs befinden und der Arm auf dem Brustkorb liegt.
b. Legen Sie die linke Hand auf den rechten Arm, sodass der Mittelfinger in der Vertiefung über Ihrem Ellenbogen zu liegen kommt.
c. Bleiben Sie stehen, ohne sich zu bewegen, oder wiegen Sie sich sanft hin und her. Verharren Sie mindestens drei tiefe Atemzüge lang oder ungefähr zwei Minuten in dieser Position.
d. Wiederholen Sie die Übung mit der anderen Seite.

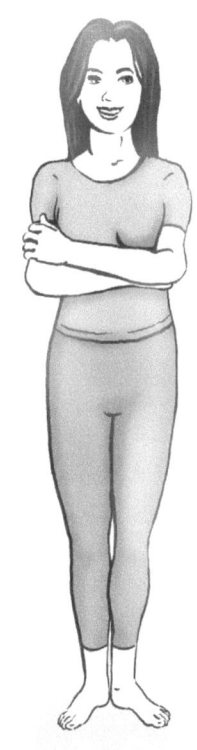

Abbildung 26
Die Dreifache-Erwärmer-Milz-Umarmung

D. Gegen die Angst klopfen Der Klopfpunkt, der bei der 9-G-Folge (S. 71) verwendet wird, gehört zum Dreifachen Erwärmer. Das ist die allereinfachste Übung in Ihrem Erste-Hilfe-Arsenal, wenn Sie einmal irrationale Angst empfinden.

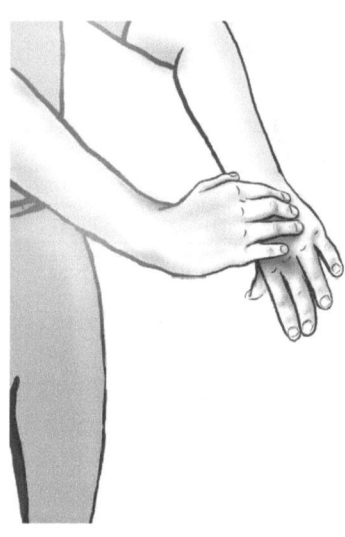

Abbildung 27
Gegen die Angst klopfen

1. Machen Sie die Einkerbung auf dem Handrücken ausfindig, die zwischen Ringfinger und kleinem Finger liegt.
2. Klopfen Sie diesen Bereich bis zu einer Minute mit zwei oder drei Fingern der anderen Hand und atmen Sie dabei durch die Nase ein und den Mund aus. Wiederholen Sie die Übung mit der anderen Hand.

3. Das dynamische Ausatmen

Während die vier oben beschriebenen Übungen für den Dreifachen Erwärmer bei Angst und Sorgen helfen, ist das dynamische Ausatmen dazu gedacht, aufgestauten Ärger oder Frustration loszulassen. Es ist ein wichtiger Bestandteil Ihres emotionalen Erste-Hilfe-Arsenals, weil es Sie dabei unterstützt, Wut oder Frustration aus dem Körper zu schaffen, gestaute Energien zu beseitigen und Ihre Seele zu befreien.

a. Stellen Sie sich aufrecht hin. Halten Sie die Arme mit leicht gebeugten Ellenbogen nach vorne, Handflächen nach oben, und machen Sie beidseitig eine Faust.
b. Atmen Sie tief ein, während Sie die Arme nach hinten und über den Kopf schwingen. Verharren Sie einen Augenblick in dieser Position.
c. Drehen Sie die Fäuste nun so, dass sie zu Ihnen zeigen, und las-

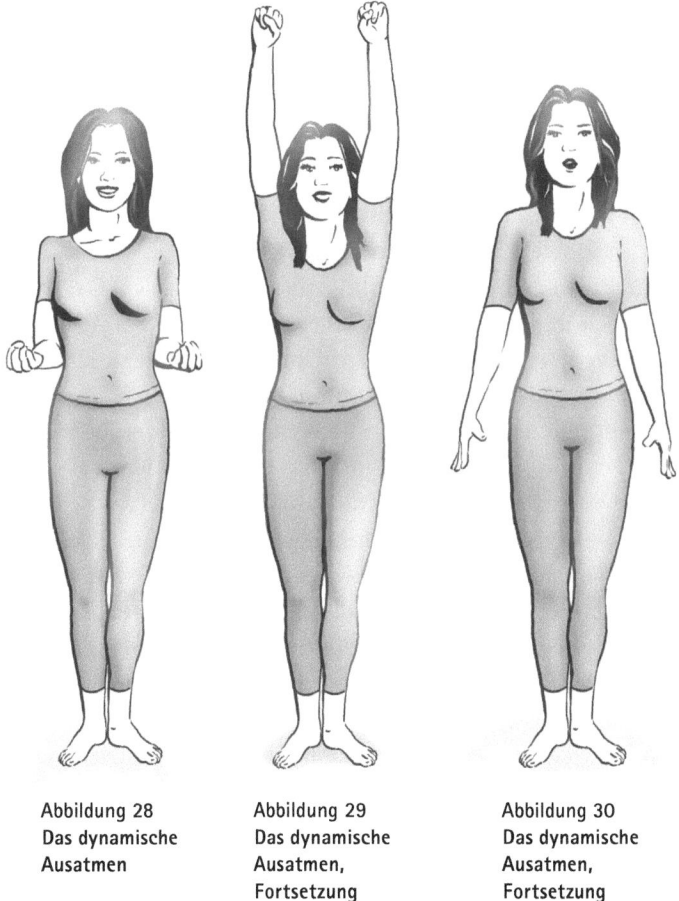

Abbildung 28
Das dynamische Ausatmen

Abbildung 29
Das dynamische Ausatmen, Fortsetzung

Abbildung 30
Das dynamische Ausatmen, Fortsetzung

sen Sie die Arme kraftvoll nach unten fallen, während Sie die Fäuste energisch öffnen und mit einem «Huh» (oder einem anderen natürlichen Geräusch) ausatmen.
d. Wiederholen Sie dies mehrmals. Es wird sich gut anfühlen. Beim letzten Mal senken Sie die Arme langsam und kontrolliert und stoßen Sie dabei die Luft durch den Mund aus. Beenden Sie die Übung mit dem Reißverschluss und dem Hook-up (s. S. 281 ff.).

4. Himmel und Erde verbinden

Obwohl wir gewöhnlich denken, wir bräuchten *mehr* Energie, besteht das Problem der meisten Menschen darin, dass sie *zu viel* Energie haben. Sie sammelt sich in unseren Gelenken, Organen, Meridianen und Chakren, gerät ins Stocken und kann dadurch nicht mehr frei in unserem Körper fließen. Dehnen ist eine der natürlichsten Methoden, die körpereigenen Energien im Fluss zu halten, und das wiederum ist eine der besten Methoden, für einen klaren Kopf zu sorgen. Von Katzen und Hunden, die sich beim Erwachen strecken, bis hin zu den Lehren, die das Dehnen zu einer Wissenschaft gemacht haben, wie zum Beispiel Yoga, gibt es dafür viele Vorbilder. Varianten der folgenden Übung finden sich in zahlreichen Kulturen, und sie ist nicht nur eine hervorragende Methode, um den Energiefluss in Ihrem Körper anzuregen. Sie soll auch die linke und rechte Gehirnhälfte zusammenkoppeln, Sie mit den Energien der Erde unter Ihnen und des Himmels über Ihnen verbinden, und nicht zuletzt aktiviert Sie Ihre strahlenden Energien (siehe 7. Kapitel), das grundlegendste Energiesystem, das mit Gefühlen der Freude einhergeht.

1. Stellen Sie sich aufrecht hin und legen Sie die Hände mit gespreizten Fingern auf die Oberschenkel.
2. Atmen Sie ein und heben Sie die Arme seitwärts und im Kreis nach oben, bis die Hände sich vor Ihren Oberkörper und in Gebetshaltung in Brusthöhe treffen. Atmen Sie aus.
3. Schauen Sie beim nächsten Atemzug nach oben, während Sie einen Arm nach oben, den anderen nach unten strecken. «Drücken» Sie mit Ihren Handflächen in beide Richtungen und halten Sie diese Position.
4. Atmen Sie aus und kehren Sie mit den Händen in die Gebetshaltung zurück.
5. Wiederholen Sie die Übung und strecken Sie nun den anderen Arm nach oben bzw. nach unten aus.
6. Wiederholen Sie diese Sequenz dreimal auf jeder Seite.
7. Lassen Sie nun die Arme fallen, beugen Sie sich aus der Taille heraus mit dem Kopf nach vorn und in Richtung Boden, beugen Sie leicht die Knie und atmen Sie zweimal tief ein und aus.
8. Richten Sie sich Wirbel für Wirbel langsam wieder auf.

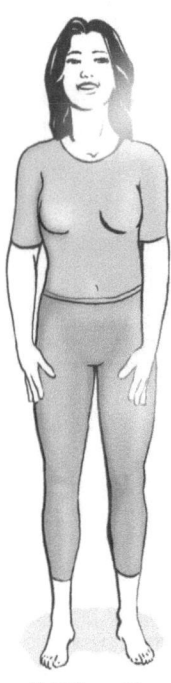

Abbildung 31
Himmel und Erde
verbinden

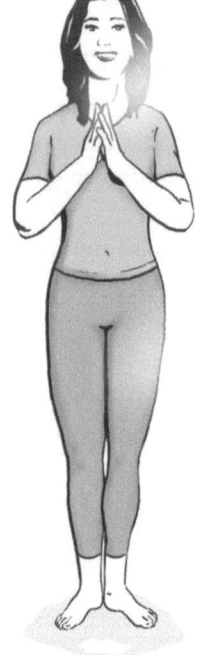

Abbildung 32
Himmel und Erde,
Fortsetzung

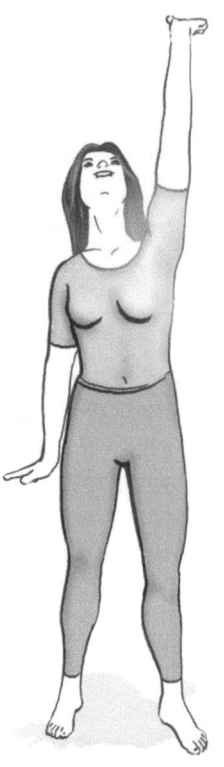

Abbildung 33
Himmel und Erde,
Fortsetzung

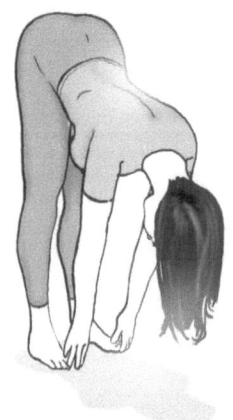

Abbildung 34
Himmel und Erde,
Fortsetzung

Neue energetische Gewohnheiten schaffen

Die Energie strömt auf festen Wegen durch den Körper, die der Körperanatomie entsprechen. Sie pulsiert auf vorgezeichneten Bahnen in den Nerven, Zellen, Synapsen, Organen, dem Rumpf, dem Kopf und den Gliedmaßen. Über diese festgelegten Muster hinaus passen sich die Energien *auch* außerordentlich kreativ an die Bedürfnisse des Körpers an. Aus wiederholten Anpassungen entstehen Gewohnheiten. Solche energetischen Gewohnheiten können mehr oder weniger vorteilhaft sein. Chronische Depression ist eine fehlgesteuerte energetische Gewohnheit. Ein fröhliches Naturell ist eine energetische Gewohnheit, die sich zu kultivieren lohnt.

Die Grundtechnik bietet eine kraftvolle Methode zur Änderung Ihrer energetischen Gewohnheiten. Die energetische Medizin bietet noch viele weitere an und verfügt über vielfältige Verfahren, um die Muster in allen acht Energiesystemen zu verändern und die ganze Bandbreite gesundheitlicher Probleme abzudecken. Es ist ein riesiges Forschungsfeld. Wir beschließen dieses Kapitel mit drei Übungen, die wir unter all diesen Verfahren ausgewählt haben und die die Grundtechnik hervorragend bei ihrer Aufgabe ergänzen, neue energetische Gewohnheiten zu schaffen, die die seelische Gesundheit unterstützen.

Das «Einbinden» eines positiven Zustands

Die Grundtechnik ist eine Methode, um Ihren psychischen Zustand zu verändern. Wenn Sie in einer bestimmten Art von Situation ängstlich sind – wenden Sie die Grundtechnik an. Sie werden feststellen, dass Sie das nächste Mal in der gleichen Situation die Ruhe bewahren. Wenn Sie sich unsicher sind, ob Sie ein bestimmtes Ziel erreichen – wenden Sie die Grundtechnik an, und Ihr

Selbstvertrauen steigt, zusammen mit der Tendenz, das Bild von sich zu erfüllen, die Aufgaben auf dem Weg zum Ziel erfolgreich zu meistern. Die Veränderungen in Ihrer Psyche vollziehen sich durch die Veränderung der Energien, die mit bestimmten Gedanken, Bildern oder Ereignissen einhergehen. Neurologische Veränderungen sind die fast unmittelbare Folge. Solche Veränderungen haben häufig eine Auswirkung auf Ihren Alltag. Ihr Energiesystem und Ihre Neurochemie können in einer einzigen Sitzung umprogrammiert werden. Bisweilen arbeiten Sie gegen schon lange bestehende energetische Gewohnheiten an. Sie können jedoch einiges tun, um ein neues Energiemuster zu unterstützen.

Das Überkreuzen der Arme

Wenn Sie einen erwünschten Zustand erreicht haben, ist der Kronenzug (S. 275 ff.) eine einfache energetische Technik, mit deren Hilfe Sie den neuen Zustand in Ihrem Energiesystem verankern können. Nach dem Kronenzug ist alles, was dazu beiträgt, dass die Energien von einer Körperseite quer zur anderen fließen, auch hilfreich, um eine neue Energiegewohnheit einzubinden. Legen Sie einfach die Finger der rechten Hand mit dem Daumen nach oben unter die linke Achselhöhle und die Finger der linken Hand unter die rechte Achselhöhle und üben Sie Druck auf die Stelle aus, an der die Arme in den Körper übergehen. Wenn Sie in dieser Stellung verharren und gleichzeitig Zuversicht empfinden, dass Sie imstande sind, eine bestimmte Rede zu halten oder einem schwierigen Menschen zu begegnen, wird der neue emotionale Zustand auf einer energetischen Ebene verstärkt. So einfach kann es sein.

Das Auraweben

Das Auraweben ist eine ausgefeiltere Technik als das Überkreuzen der Arme. Im Unterschied zum Überkreuzen der Arme können Sie diese Technik nicht nur anwenden, wenn Sie sich schon in einem positiven Zustand befinden, sondern auch, wenn Sie Ihren Zustand ins Positive verkehren wollen. Die Aura oder das menschliche Biofeld ist ein elektromagnetisches Feld, das mehrere Zentimeter über den Körper hinausragt und den ganzen Körper umgibt. Sie gleicht einer Hülle, die Ihre Energien *umfasst*. Sie *schützt* Sie vor bestimmten Umgebungsenergien, während sie Sie mit anderen *verbindet*. Sie beeinflusst auch tiefer im Körper gelegene Energien. Da unsere Hände elektromagnetisch geladen sind, können wir mit ihnen unsere Aura glätten, sie abfahren und stärken. Es ist, als würde man sie massieren. Am besten scheint die Aura auf eine Massage in Form einer liegenden Acht zu reagieren. Wenn die Überkreuzmuster in Ihrer Aura stark sind, werden die Überkreuzmuster in jedem anderen System des Körpers vertieft und verstärkt. Dadurch wird ein positiver Geisteszustand unterstützt. Ist bereits ein positiver Zustand da, führt das Auraweben meistens dazu, dass dieser positive Zustand einen Widerhall in Ihrem Energiefeld findet.

Das Auraweben ist im Grunde schwieriger zu beschreiben als auszuführen. Sie können es mit Musikuntermalung und viel freier gestalten, als die Anweisungen vermuten lassen. Je mehr Spaß es Ihnen macht, desto besser sind die Ergebnisse. Denken Sie sich alle möglichen Weisen aus, wie Sie Ihre Arme und Hüften in Achterfiguren bewegen können. Die folgenden Anweisungen geben Ihnen eine Vorstellung davon.

1. Stellen Sie sich aufrecht hin mit den Händen auf den Oberschenkeln. Während der gesamten Übung atmen Sie langsam und tief durch die Nase ein und durch den Mund wieder aus.

2. Heben Sie die Arme seitwärts und kreisförmig nach oben, bis die Hände sich vor Ihrem Oberkörper und in Gebetshaltung in Brusthöhe treffen.
3. Reiben Sie sich die Hände, schütteln Sie sie aus, halten Sie die Handflächen einander gegenüber und versuchen Sie, die Energie dazwischen zu spüren. Seien Sie nicht beunruhigt, wenn Sie nichts spüren; die Sensibilität dafür wird mit der Zeit größer.
4. Reiben Sie sich erneut die Hände, schütteln Sie sie aus, halten Sie sie ungefähr in einem Abstand von 8 cm über Ihre Ohren und atmen Sie tief ein.
5. Führen Sie beim nächsten Einatmen die Ellenbogen zusammen.
6. Kreuzen Sie beim Ausatmen die Arme über der Brust.
7. Schwingen Sie die Arme zur Seite.
8. Kreuzen Sie sie wieder über der Brust und schwingen Sie erneut zur Seite.
9. Wiederholen Sie diesen Vorgang, doch während Sie die Arme zur Seite schwingen, beugen Sie sich nach vorn.
10. Kreuzen Sie nun die Arme vor Ihren Beinen.
11. Bleiben Sie vornübergebeugt. Schwingen Sie die Arme nochmals zur Seite und kreuzen Sie sie dann vor Ihren Fußknöcheln.
12. Beugen Sie leicht die Knie. Strecken Sie die Arme, drehen Sie die Handflächen nach vorn und schöpfen Sie die Energie auf.
13. Richten Sie sich auf und strecken Sie die Arme gerade über den Kopf nach oben.
14. Drehen Sie die Handflächen nach unten und gießen Sie die Energie nach vorn, zur Seite und hinten über Ihren Körper aus.

Abbildung 35
Das Auraweben

Abbildung 36
Das Auraweben, Fortsetzung

Abbildung 37
Das Auraweben, Fortsetzung

Abbildung 38
Das Auraweben, Fortsetzung

Die Freude «hineinklopfen»

Freude ist ein Geschenk der Natur. Aber die Augenblicke der Freude gehen allzu rasch vorbei, und wie William Blake uns ermahnt, ändert sich daran selbst dann nichts, wenn man sich an solche Augenblicke klammert:

> *Der Flügelschlag des Lebens schwindet,*
> *Für den, der sich an eine Freude bindet.*

Sie können jedoch einen Moment der Freude *nutzen*, um Ihr Nervensystem so umzustrukturieren, dass es mit freudiger Energie harmonischer wird! Das Nervensystem wird vom Blasen- und Zentralmeridian regiert. Der erste Akupunkturpunkt auf dem Blasenmeridian ist das «dritte Auge», das in vielen Traditionen als kraftvoller Punkt für die mediale und spirituelle Öffnung gilt.

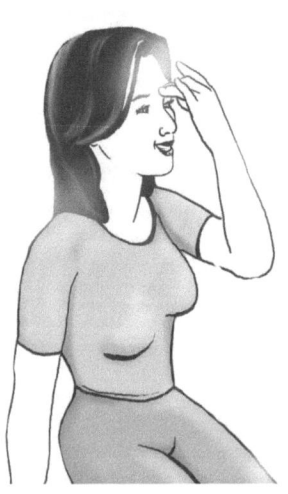

Abbildung 39
Die Freude «hineinklopfen»

Indem Sie auf das «dritte Auge» klopfen, während Sie Freude empfinden, strukturieren Sie das Nervensystem nach diesem Gefühl neu. Dadurch wird, um mit Blakes berühmten Worten zu sprechen, «die Freude im Fluge geküsst», was ihr zu einem stärkeren Widerhall in Ihrem Gedächtnis und Ihrer Neurochemie verhilft.

Wenn Sie das nächste Mal Freude empfinden, wenn der Kelch Ihres Lebens überfließt und das Leben nicht besser sein könnte, dann «klopfen» Sie es in Ihr drittes Auge «hinein». Stimmen Sie sich auf Freude ein und klopfen Sie mit dem Mittelfinger der rechten oder linken Hand zwischen den Augenbrauen über der Nasenwurzel. Das hilft Ihnen, die guten Momente Ihres Lebens in Ihr Nervensystem einzuprägen und Ihr Denken so zu programmieren, dass es vom Positiven angezogen wird. Zwei Varianten dieser Übung fördern überdies eine ausgezeichnete körperliche und geistige Hygiene:

1. Ihren Körper wertzuschätzen, ist eine starke energetische Medizin. Danken Sie Ihrem Körper für seinen hervorragenden Dienst, und wenn Sie diesen Zustand der Dankbarkeit erreichen, «klopfen Sie ihn hinein».
2. Die guten Augenblicke in Ihrem Leben wertzuschätzen, ist starke Energetische Psychologie. Erinnern Sie sich an einen Augenblick, den Sie geschätzt haben, und «klopfen Sie ihn hinein».

Emotionale Intelligenz, energetische Begabung und die Fähigkeit zur Freude

Im letzten Kapitel lag der Schwerpunkt auf «emotionaler Intelligenz», in diesem auf «energetischer Begabung», und im folgenden werden wir uns mit der «Fähigkeit zur Freude» befassen. Statt Sie mit der Empfehlung zu überfordern, drei separate und komplexe Themen auf die Tagesordnung Ihrer persönlichen Entwicklung zu setzen, möchten wir betonen, dass alle drei verschiedene Speichen desselben Rades sind. Die Ausbildung emotionaler Intelligenz, energetischer Begabung und der Fähigkeit zur Freude ist ein lebenslanger Weg, und wenn Sie sich in einem der Bereiche bemühen, werden alle drei davon profitieren. Die Entwicklung der Fähigkeit, Freude zu empfinden, ist keine unseriöse Angelegenheit; es nährt die Seele. Wie schon der emotionalen Intelligenz liegt auch der Fähigkeit zur Freude eine energetische Dimension zugrunde, und darum geht es im 7. Kapitel.

> **In Kurzform:** In diesem Kapitel haben Sie ein Fünf-Minuten-Programm kennengelernt, um Ihre Energien tagtäglich im Gleichgewicht und Fluss zu erhalten. Sie haben alternative Methoden kennengelernt, falls die Grundtechnik nicht die gewünschte Wirkung erzielt. Sie haben auch eine Reihe von «Erste-Hilfe-Maßnahmen» kennengelernt, die Sie verwenden können, wenn Sie aufgewühlt sind oder andere Signale Ihnen melden, dass Sie Ihren Energien Beachtung schenken sollten. Sie haben Techniken kennengelernt, um positive emotionale Muster zu verstärken und sie mehr zur Gewohnheit zu machen. Diese Werkzeuge können Ihnen bis an Ihr Lebensende dienen.

7
Die Kreisläufe der Freude

> Freude ist unser Naturzustand ... Glückseligkeit ist fest einprogrammiert.
>
> CANDACE PERT, PH. D., *Moleküle der Gefühle*

Die *neurologische Tatsache,* dass unser Gehirn auf Freude gepolt ist,[1] und die *soziale Realität,* der zufolge unsere Welt uns auf passive Unterhaltung, Konsum und abstrakte Sorgen umgepolt hat, bildet den Hintergrund für unser letztes Kapitel. Bedenken Sie bitte, dass es alles andere als ein kindischer Wunsch ist, die Freude und Unbeschwertheit zurückgewinnen zu wollen, die unser natürliches Erbe sind. Wenn Ihre Arbeit von Freude durchdrungen ist, strahlt das Ergebnis. Wenn etwas Spielerisches in Ihre Beziehungen einfließt, blüht die Liebe auf. Wenn Sie Ihren Herausforderungen mit Unternehmensgeist begegnen, kommen Sie besser durch. Innere Freude ist sicherlich ein anderer Maßstab für Wahrheit als weltliches Wissen, ein anderer Maßstab für Erfolg als materieller Besitz, ein anderer für Gesundheit als Abwesenheit von Krankheit und ein anderer Maßstab für einen guten Bürger als Gehorsam. Sie ist der goldene Maßstab, der bewirken kann, dass alles, was Sie anfassen, zu Gold wird. Und auch wenn wir Ihnen weder ein Leben ununterbrochener Freude versprechen noch garantieren können, dass Sie mit dem Klopfen mühelos all Ihre Probleme lösen werden, so können wir Ihnen doch Wege aufzeigen, um den Fluss freudiger Energie in Ihrem Körper zu erhöhen.

Es gehört zu den traurigsten Widersprüchen unserer modernen Zeit der fortgeschrittenen Technologie, dass Menschen, die einen Komfort und Luxus genießen, um die Könige in nicht allzu ferner Vergangenheit sie beneidet hätten, häufig weniger Freude empfinden als jene, die in einfachsten Verhältnissen leben. Während unsere materialistischen Werte, das gnadenlose Tempo und der stressbeladene Lebensstil offensichtlich unsere Freude dämpfen, hat sich auch die *Fähigkeit* zur Freude in unseren Energiesystemen vermindert. Die Energie richtet sich nach Gewohnheiten, und mit unserem gewohnten Verhalten schaffen wir meist Energiemuster, die verhindern, dass Freude frei durch unseren Körper fließt. Doch selbst wenn der Stress und das Tempo unseres Lebens zu diesen abstumpfenden Energiemustern beitragen, können wir gegensteuern, indem wir direkte Schritte unternehmen, um jene Energiekanäle, die die Freude fördern, wieder zu stärken. Viele der Beschäftigungen, denen wir nachgehen – von zu viel Konsum über zu viel Internet bis hin zu übermäßigem Essen –, sind ein sinnloser Ersatz für die Freude und tiefe Befriedigung, die uns, wie wir wissen, fehlen. Den Fluss der natürlichen körpereigenen Energien der Freude anzuregen, ist ein direkterer und einfacherer Weg und kostet nichts.

Die Fähigkeit zur Freude steigern

Um Ihre Fähigkeit zur Freude zu steigern, müssen Sie die natürlichen Kanäle öffnen, die sich im Laufe der Zeit verschlossen haben. Selbst angesichts von stresserfüllten Tagen können Sie diese Fähigkeit wiederherstellen, so sicher, wie Sie Ihre Muskeln entwickeln oder Ihre Computerkenntnisse erweitern können. In diesem Kapitel bekommen Sie Mittel an die Hand, mit denen Sie Ihre natürliche innere Freude wieder wecken können. Auch wenn dazu ähnlich wie bei einem körperlichen Fitnessprogramm Bereitwilligkeit und Einsatz erforderlich sind, vergessen Sie nie, dass die Fähigkeit zu kindlicher Freude Ihr Geburtsrecht ist. Haben Sie die

Zeit, es wieder zu beanspruchen? Das liegt bei Ihnen. Doch wenn Sie später einmal auf Ihr Leben zurückblicken, wird die Freude, die Sie empfunden haben, sehr viel mehr wiegen als die Anzahl der beantworteten E-Mails.

Die Übungen, die Sie kennenlernen werden, nähren Ihre «strahlenden Kreisläufe». Die strahlenden Kreisläufe sind aktiv, sobald wir Freude empfinden. Die alten chinesischen Ärzte nannten sie auch die «außerordentlichen Meridiane». Sie transportieren eine Energie, die nicht nur größere Freude und eine positivere Einstellung fördert, sondern uns auch gesund erhält und heilen kann, wenn wir krank sind. Sie sind die «erste Waffe» unseres Immunsystems.[2] Während die Prozesse, die vom Dreifachen Erwärmer gesteuert werden, uns nach dem vertrauten Muster des Aufspürens und Vernichtens schützen, folgen die strahlenden Kreisläufe einer fundamentaleren Schutzstrategie, um uns dynamisch, gesund und glücklich zu erhalten. Ein gesunder Organismus wehrt alle potenziellen Eindringlinge durch seine Widerstandskraft ab, bevor er spezielle Eindringlinge bekämpfen muss, die seine Schwachstellen angreifen. Der Erhalt der körperlichen und seelischen Widerstandsfähigkeit ist die Aufgabe des strahlenden Energiesystems.

Wenn Sie Ihre kindliche Fähigkeit, Freude zu empfinden, verloren haben, können Methoden, die diese Fähigkeit wiedererwecken, Ihnen buchstäblich ein völlig neues Lebensgefühl geben. Der erste Schritt besteht einfach darin, dass Sie sich auf die strahlenden Energien einstimmen, die bereits durch Ihren Körper fließen. Mit einer lebhaften Einstimmung beginnen Sie, die Kanäle zwischen *deren* Fluss und *Ihrer* Wahrnehmung zu öffnen. Das erlaubt Ihnen nicht nur, sich an dem zu freuen, was in Ihnen bereits *vollkommen richtig läuft*; sondern Sie erhöhen buchstäblich die Kraft Ihrer strahlenden Energien, *wenn Sie sich an ihnen erfreuen*. Je mehr Sie in ihnen schwelgen, desto stärker fließen sie. So funktionieren sie.

Vielen Menschen fällt die Einstimmung auf die strahlenden

Energien und die Öffnung für sie leichter, wenn sie die Punkte stimulieren, die ihren Fluss aktivieren. Das kann dazu beitragen, dass Sie das strahlende Pulsieren empfinden, das Sie durchströmt. Achten Sie auf die sehr angenehme Woge, die von dem Bereich ausgeht, auf den Sie sich bei der jeweiligen Übung konzentrieren. Zu Beginn kann sie sehr schwach sein, aber die neurologische Reaktion auf das Halten, Streicheln oder Massieren der entsprechenden Stellen ist das verstärkte Strömen der Energien. Die strahlenden Kreisläufe aktivieren die Endorphine. Je unbehinderter sie durch den Körper fließen, desto mehr Glückshormone werden vom Körper produziert. Es ist ein großer Gewinn, diesen Mechanismus anzukurbeln.

Anders als beim Klopfen der Meridiane im Rahmen der Grundtechnik, bei dem Ihre Überzeugungen keinen Einfluss auf das Ergebnis haben, ist es bei den Übungen für die strahlenden Kreisläufen hilfreich, wenn Sie daran *glauben*, dass sie wirksam sind. Um Missverständnissen vorzubeugen: Die Übungen werden die strahlenden Kreisläufe aktivieren, unabhängig davon, ob Sie daran glauben oder nicht. Aber *wenn* Sie daran glauben oder zumindest Ihre Zweifel zeitweise zurückstellen können, werden Sie ihr subtiles Fließen leichter wahrnehmen und sich auf jenes, das bereits da ist, einstimmen. Das hat einen Schnellstart des Systems zur Folge. Je mehr Sie die strahlenden Kreisläufe spüren, desto mehr fließen sie. Bevor präzise Anweisungen folgen, geben wir Ihnen einen kurzen Abriss des Systems der strahlenden Energien.[3]

Das Wesen der strahlenden Kreisläufe

Erstmals vor 4500 Jahren im *Neijing Suwen* beschrieben (auf Deutsch «Der Klassiker des Gelben Kaisers zur Inneren Medizin»), werden die strahlenden Kreisläufe immer noch innerhalb der Akupunktur, des Jin Shin Do, Qi Gong und Shiatsu verwendet.[4] Wie die Meridiane, die Chakren und die Aura sind die strahlenden Kreisläufe ein unabhängiges Energiesystem mit besonderen Funktionen. Sie dienen dazu, alle anderen Energiesysteme des Körpers miteinander zu verbinden. Den Stellen, zu denen die strahlenden Energien gelangen, schenken sie Kraft und Belastbarkeit, Freude und Vitalität.

Auch wenn sie in der traditionellen chinesischen Medizin als «Sammel- oder Kollektormeridiane» oder «außerordentliche Gefäße» bezeichnet werden, sind sie nichts in dieser Art. Eher mit einem Hyperlink im Internet vergleichbar, bewegen sie sich umgehend dorthin, wo sie am meisten gebraucht werden, was ein Grund dafür ist, dass die Chinesen sie sowohl seltsam als auch außerordentlich fanden. Alle Energiesysteme des Körpers stehen durch sie untereinander in Verbindung, und energetische Mängel und Überschüsse werden von ihnen reguliert. Sie leisten nicht nur Reparaturarbeiten, sondern sind auch die wesentlichen Energien beim Hochgefühl, der Verliebtheit, dem Orgasmus, der Hoffnung, Dankbarkeit, Verzückung und spirituellen Ekstase. Da sie auch mit dem Erwachen übersinnlicher Fähigkeiten und der Kraft in Verbindung gebracht werden, Heilenergien in den Körper zu leiten, werden sie manchmal auch «Wundermeridiane» genannt.

Angesichts der Vielzahl von Begriffen für ein und dasselbe Energiesystem suchte Donna nach einem zutreffenden und allgemeinen Namen zur Beschreibung dieser überaus bedeutenden Energie. Sie hatte den Eindruck, dass diese Energien weitgehend missverstanden und unterbewertet wurden. Sie wählte den Begriff *strahlend*, weil sie sie als von einem strahlenden Glanz umgeben sieht (andere Menschen, die Energie wahrnehmen können, bestätigen dies), und *Kreisläufe*, weil eine ihrer wichtigsten Funktionen darin besteht, blitzartig Schaltkreise herzustellen, die Energien dorthin verteilen, wo sie gebraucht werden. So wie sie für Menschen, die Energien sehen können, im wahrsten Sinne des Wortes strahlen, übertragen sie auch auf alles, womit sie in Berührung kommen, eine strahlende, freudige und aufbauende Qualität.

Die strahlenden Kreisläufe scheinen älter als die Meridiane zu sein, und sie sind der erste Energiekreislauf im sich entwickelnden Fötus.[5] Tatsächlich glauben wir, dass ein Meridian eine Energiebahn ist, die sich im Laufe der Evolution aus einem strahlenden Kreislauf entwickelt hat. Donna, die acht menschliche Energiesysteme in unterschiedlichen Farben, Stärken und geometrischen Mustern sieht, nimmt die Meridiane und die strahlenden Kreisläufe bei Mensch und Tier als jeweils separate Energien wahr, aber in einfacheren Organismen stellt sie keine Meridiane, sondern nur strahlende Kreisläufe fest. Mit zunehmender Komplexität der Organismen scheinen die strahlenden Energien, die sich Tag für Tag und Generation für Generation auf denselben Bahnen bewegten, zu den Meridianen geworden zu sein. Meridiane sind das energetische Äquivalent zu Flussbetten – Energieströme, die sich im Körper bestimmte Bahnen gegraben haben. Ein Meridian ist hocheffizient bei bestimmten, immer wiederkehrenden Aufgaben. Die strahlende Energie hingegen bewegt sich spontan dorthin, wo sie gebraucht wird.

Eine in China durchgeführte Studie wurde angeblich unterdrückt, weil sie ergab, dass Behandlungen, die sich auf die strahlenden Energien konzentrierten, «weitaus wirkungsvoller waren als jene nach traditionellen chinesischen Vorgehensweisen durchgeführten».[6] Eine fundierte Studie an der Florida International University in Miami, bei der die Wirkung von Akupunktur zur Stimulation der strahlenden Kreisläufe bei der Behandlung von schweren klinischen Depressionen untersucht wurde, erbrachte 1. vielversprechende Ergebnisse bei sieben von acht Patienten,[7] 2. ein klinisches Handbuch für Akupunkteure, die Depressionen behandeln, und 3. ein Übungsprogramm, das Laien die Verwendung von Magneten und andere Methoden zur Aktivierung der strahlenden Energien vermittelt.[8] Donna hat von ihren Schülern und Patienten um die hundert unverlangt eingesandte Briefe erhalten, die bezeugen, dass sie aus der Arbeit mit den strahlenden Kreisläufen großen emotionalen Nutzen gezogen haben. Ihre sensibleren Schüler können die Bewegung der strahlenden Kreisläufe sowohl in ihrem eigenen Körper als auch in dem ihrer Klienten problemlos spüren. Es gibt auch eine wissenschaftliche Website, die sich mit den strahlenden Energien befasst und ein breites Spektrum klinischer, neurologischer, philosophischer und praktischer Themen untersucht (www.rebprotocol.net).[9] Bei der Darstellung der strahlenden Energien in diesem Kapitel haben wir auf eine Kombination der traditionellen chinesischen Darstellungen mit Donnas Aussagen zurückgegriffen, die diese Energien sehen und spüren kann und über persönliche und klinische Erfahrungen bei der Arbeit mit ihnen verfügt.

Klinische Beispiele

Zwei Fallberichte vermitteln einen Eindruck von der potenziellen Kraft der strahlenden Kreisläufe. Donna war in beiden Fällen die behandelnde Therapeutin und schildert sie mit ihren Worten.

Der Zusammenbruch eines Mannes und seiner Ehe

Der Pastor einer großen progressiven Kirchengemeinde in meiner Stadt machte einen Termin mit mir aus, zu dem er seine beiden Söhne mitbrachte, die im Wartezimmer blieben. Was ihn bedrückte, war, dass er sich bei seiner seelsorgerischen Tätigkeit ausgebrannt fühlte. Er war verzweifelt und im Umgang mit anderen schroff und reizbar geworden. Besonders in Gegenwart von Menschen, die ihm nahestanden, ging er leicht in die Luft. Gleich in der ersten Sitzung kam seine Geschichte ans Licht. Er hatte noch einen dritten Sohn, der im Alter von zwei Jahren gestorben war. Von seiner Frau lebte er getrennt, und sie überlegten, ob sie sich scheiden lassen sollten. Er versuchte, sich wieder aufzuraffen und vom Schmerz und der Wut loszukommen, die er mit sich herumtrug. Obwohl er seiner Ehe keine Chance mehr gab, wusste er, dass er mit seiner Wut seinen beiden Söhnen wehtat.

Er redete wie ein Wasserfall. Wenn die Energie so herausströmt, kann der Betreffende nichts aufnehmen; die hineinströmenden Energien werden von dem Redeschwall buchstäblich blockiert. In einem solchen Fall beginne ich meist mit dem «Entwirren» der Kraftfelder. Doch in diesem Fall fing ich instinktiv an, direkt mit seinen strahlenden Energien zu arbeiten. Ich begann damit, Punkte zu halten, die die strahlenden Kreisläufe anregen und miteinander verbinden, um das strahlende Energiesystem in seiner Gesamtheit zu aktivieren. Er hörte sofort auf zu reden und begann, sich zu entspannen. Es war, als nähme er eine ungemein besänftigende Nahrung auf. Nach einiger Zeit begann er, haltlos zu weinen.

Aus Sorge, ich könne ihrem Vater wehtun, platzten die Söhne in das Behandlungszimmer. Doch als sie eintraten, war er so weich – so anders als der schroffe Mensch, den sie die ganze Zeit erlebt hatten –, dass sie ohne Ende zu lachen begannen. Ihr Lachen steckte den Vater an. Ich hatte nichts weiter getan, als Akupunkturpunkte zu halten. Alle drei entspannten sich. Ich schickte die Söhne wieder ins Wartezimmer hinaus. Dann begann der Mann zu zittern. Das Zittern war so stark, dass ich beschloss, in den natürlichen Prozess einzugreifen – was selten vorkommt. Ich wollte ihm helfen, sich zu beruhigen. Als er mich davon abhielt, ließ ich ihn. Er fuhr einfach fort, zu zittern und sich von Druck zu befreien. Dann wurde er ruhig, und es sah aus, als sei er in einem Zustand der Glückseligkeit.

In den folgenden Sitzungen arbeiteten wir weiter mit den strahlenden Energien, doch seit jener ersten Sitzung hatte sich sein Benehmen, besonders seiner Frau gegenüber, verändert. Ihm war nie klar gewesen, warum er so zornig auf sie war. Als er nun weicher wurde und sie miteinander zu reden begannen, entdeckte er, dass er sie (ganz irrational) für den Tod ihres gemeinsamen Sohnes verantwortlich gemacht hatte. Er hatte diesen Gedanken nie ausgesprochen, nicht einmal laut gedacht, und diese unterdrückte Schuldzuweisung und Wut hatten dazu geführt, dass er sich von ihr abgewandt und in sein Schneckenhaus verkrochen hatte. Von da an war der Weg zu seiner Heilung und zur Rettung seiner Ehe frei.

Eine hartnäckige Depression

Eine Frau, die unter periodischen Anfällen schwerer Depression litt, war jahrelang erfolglos mit einer Gesprächs- und medikamentösen Therapie behandelt worden. Sie glaubte, dass ihre Depression verschwinden würde, wenn sie imstande wäre, ihre vergangenen Qualen zu heilen. Sie sprach gut auf den energetischen Ansatz an, insbesondere auf die Arbeit mit den Chakren. Über Monate tauchten scheußliche oder vergessene Szenen aus ihrer Kindheit auf, und während der Behandlung wurden die damit verbundenen traumatischen Energien gereinigt.

Wie es schien, waren energetisch ganze Zentnerlasten von üblen Erinnerungen von ihr abgefallen, die sie in der Gesprächstherapie nicht losgeworden war, und dennoch war sie vom Ergebnis außerordentlich enttäuscht. Obwohl die Traumata der Vergangenheit sie nicht mehr so stark im Bann hielten, empfand sie kein Glücksgefühl. Solange sie in ihrer alten Geschichte gefangen war, hatte sie wenigstens Leidenschaft gekannt, wenn sie weinend und heulend zusammenbrach. Nun löste nichts mehr in ihr ein Gefühl der Lebendigkeit aus.

Ich sah, dass ihre Energien festgefahren waren. Mit den Jahren waren sie in ein extrem lebensverneinendes Muster abgeglitten. In ihren strahlenden Kreisläufen zeigte sich kaum noch Bewegung, und bei der Betrachtung ihrer Körperenergien konnte ich nirgendwo mehr ein Strahlen feststellen. Ihre Energien boten einen gleichmäßig trüben Anblick. Selbst nach der wichtigen und wünschenswerten Heilung ihrer Kindheitswunden war ihr Körper einfach unfähig, aus seiner Erstarrung herauszufinden. Chronische Spannung und negative Gedanken waren zur Gewohnheit geworden und hatten sich tief eingenistet. Tatsächlich hasste sie die Vorstellung des «positiven Denkens» und ärgerte sich über Menschen wie mich, die ihr «übermäßig glücklich» erschienen.

Sie wollte sich nicht lächerlich machen, indem sie sich glücklich gab, aber sie sehnte sich nach mehr Leidenschaft und einem Gefühl der Lebendigkeit. Als die innere Starre anhielt, geriet sie in die allergrößte Verzweiflung. Die Behandlung stagnierte. Ihre Enttäuschung und ihr negatives Denken begannen, die Sitzungen zu beherrschen. Wir erreichten einen Punkt, an dem ich ihr während der Behandlungen das Sprechen verbot, damit sie der Energiearbeit nicht mit ihrem ständigen negativen Wortschwall entgegenarbeitete. Das liegt 25 Jahre zurück, und ich hatte damals nicht viel Erfahrung, mit den strahlenden Energien zu arbeiten, aber ich entschied mich zu experimentieren.

Als ich Techniken zur Aktivierung der strahlenden Kreisläufe anwandte, wich als Erstes die Spannung aus ihrem Körper. Das erlaubte den strahlenden Energien, in Bewegung zu kommen, und das spülte die negativen Energien buchstäblich aus ihrem Körper. Danach fühlte sie so etwas wie Glück in sich aufwallen. Es war ein eigenartiges Gefühl für sie. Sie kannte flüchtige Glücksmomente, die durch äußere Ereignisse ausgelöst wurden – wenn jemand ihr beispielsweise ein Kompliment machte oder etwas Gutes in ihrem Leben geschah –, aber diesmal war es anders. Es kam von innen. Von einer Sitzung zur nächsten hielt das Gefühl länger an. Sie hatte Marihuana und andere Drogen genommen, um sich glücklich und lebendig zu fühlen. Die strahlenden Energien gaben ihr nun dasselbe Gefühl, was sie in Erstaunen versetzte.

Ich muss betonen, dass es keine Sofortheilung war. Jahre der Depression hatten tiefe Spuren in ihren Energien, ihrem Lebensstil und ihrem Denken hinterlassen. Es ist notwendig, die strahlenden Bahnen wieder aufzubauen, wenn Energien zu tief eingefahrenen negativen Mustern neigen; und es ist schwierig, keine negativen Gefühle zu haben, wenn unsere Emotionen auf diesem energetischen Fundament beruhen. Durch Beharrlichkeit bauten sich die Bahnen wieder auf. Ihre depressiven Anfälle wurden allmählich seltener, ihr Pessimismus schwand, und sie wurde insgesamt fröhlicher.

Während der neue Ansatz einer «positiven Psychologie» innerhalb der Psychotherapie besagt, dass eine *optimistische Einstellung* zu besseren Entscheidungen, einer besseren Stimmung und besserer Gesundheit führt,[10] besagt die Energetische Psychologie, dass eine Optimierung des Flusses der strahlenden Energien *zu* einer optimistischeren Einstellung *führt*.

Warum Sie Ihre Bemühungen auf die strahlenden Energien konzentrieren sollten

Die strahlenden Kreisläufe, die in der chinesischen Medizin für «innere Brunnen der Freude» gehalten werden, unterstützen Lebendigkeit und Harmonie in unserem gesamten Körper und seinen Energiesystemen. Mit den strahlenden Kreisläufen polen wir den Körper auf Freude statt auf Verzweiflung. Mit ihrer Hilfe können Selbstsabotage und negatives Denken überwunden werden. Sie bringen uns mit unserem «innersten Selbst» in Kontakt und zeigen uns, wie sich ein gesundes Funktionieren anfühlte, bevor uns das Leben unvermeidlich Wunden geschlagen hat.[11] Als Gegenspieler des Dreifachen Erwärmers, der an den gewohnten Gedanken und Verhaltensmustern festhält, können sie Menschen, die in gestörten Gewohnheiten gefangen sind, helfen, diese zu verändern. Wenn es Ihnen gelingt, Ihre strahlenden Energien beständiger zu aktivieren, werden Sie größere Lebensfreude empfinden. Sie können mit den strahlenden Energien nicht nur arbeiten, um Ihre Fähigkeit zur Freude zu steigern, sondern sollten ihnen auch besondere Aufmerksamkeit schenken,

➡ *wenn Depressionen oder negative Gedanken ein Dauerthema in Ihrem Leben sind.* Da mit den strahlenden Kreisläufen eine deutlich «positive» Energie einhergeht, verbannen sie die Negativität allmählich und hinterlassen einen positiven, optimistischen und hoffnungsvollen psychologischen Abdruck.
➡ *wenn Sie eingefleischte Gewohnheiten überwinden wollen.* Als Teil der Überlebensstrategie des Körpers gehen energetische Gewohnheiten sehr tief. Das gilt auch für die strahlenden Kreisläufe. Sie durchdringen die Zellen. Die Informationen, die sie mit sich führen, verbreiten sich mit einer stimmgabelähnlichen Resonanz. Die Arbeit mit den strahlenden Kreisläufen kann Veränderungen in den Energiegewohnheiten des Körpers in Gang setzen; und Sie werden diese Veränderungen an der Gesundheit und den Verhaltensmustern wahrnehmen, die sie reflektieren.
➡ *wenn Sie in der Vergangenheit gefangen sind.* Auch wenn in Ihrem Energiesystem noch veraltete Gewohnheiten, Überzeugungen oder Träume stecken, machen Sie den Weg für eine neue Wahrheit frei, wenn Sie an diese überholten Dinge denken, während Sie gleichzeitig mit den strahlenden Kreisläufen arbeiten.
➡ *wenn andere Korrekturen nicht zu dauerhaften Ergebnissen führen.* Kommen mit Hilfe energetischer Behandlungen Besse-

rungen zustande, die jedoch nicht dauerhaft sind, liegt es möglicherweise daran, dass ältere Energiegewohnheiten den Sieg davongetragen haben. Das Aktivieren der strahlenden Kreisläufe kann die Korrekturen in das größere energetische System einbinden. Wenn es Ihnen dauerhaft und beständig gelingt, die strahlenden Energien zu einer immer durchdringenderen Kraft zu machen, sind Sie weniger anfällig für andere Einflüsse, die alte Gewohnheiten oder vergangene Ängste und Traumata aktivieren.

Wie Sie Ihre strahlenden Kreisläufe strahlend erhalten

Vieles von dem, was Sie natürlich und spontan tun, aktiviert die strahlenden Kreisläufe. Freude erzeugt Freude. Die heilenden Eigenschaften des Lachens sind seit langem erwiesen. Ein natürliches, spontanes Lächeln lässt Freude tief in Ihr Innerstes dringen und wieder nach außen strahlen. Ein echtes Lächeln ist nicht bloß eine Zierde oder Maske; es lässt Ihre Energien erstrahlen. Das gilt auch, wenn Sie Ihre Lieblingsmusik hören, tief von Schönheit berührt werden, sich an der Natur erfreuen, aus vollem Herzen lachen, sich dem Spiel, dem Tanz oder der Liebe hingeben – es gilt für alles, was negative Gedanken, schmerzhafte Emotionen oder stagnierende Energien beseitigt: körperliche Bewegung, Lachen oder energetische Techniken wie die aus dem täglichen Fünf-Minuten-Programm.

Doch ebenso gilt der Satz: «Wer rastet, der rostet.» Die strahlenden Energien können auch stocken und nicht mehr in der Lage sein, sich mühelos dorthin zu bewegen, wo sie gebraucht werden. Das ist die Misere, in der viele Menschen in der heutigen Zeit stecken, in der Geschäftigkeit, Computer und Konsum den Platz tieferer Freuden einnehmen. Die gute Nachricht lautet, dass unser Körper darauf eingerichtet ist, die strahlenden Kreisläufe in gutem Zustand zu erhalten, und viele unserer normalen Aktivitäten sie ebenfalls unterstützen. Je mehr die strahlenden Energien angeregt werden, desto mehr stehen sie uns zur Verfügung. Die strahlenden Energien werden regelmäßig stimuliert und gepflegt durch:

➥ jede Aktivität, die im Körper Platz schafft, wie Dehnen, Strecken oder Yoga,
➥ jede Aktivität, die für eine Überkreuzung der Energien sorgt, wie Gehen oder Schwimmen,
➥ jede Aktivität, die Ihre Stimmung hebt, wie das Betrachten eines schönen Sonnenaufgangs oder das Hören einer inspirierenden Geschichte,
➥ alles, was Ihre persönliche Umgebung verbessert, sogar etwas so Einfaches wie ein Spaziergang, mit dem Sie für Luft und Weite um sich sorgen.

Wenn Sie bereits so viel tun, um Ihre strahlenden Energien zu unterstützen, fragen Sie sich sicher, warum wir Ihnen vorschlagen, das noch zu intensivieren. Es ist so ähnlich wie mit der Einnahme von Vitamintabletten. So wie Ihre Nahrung Sie im Idealfall mit allen notwendigen Vitaminen versorgt, lassen Ihre Aktivitäten im Idealfall auch die strahlenden Energien gedeihen. Bei den meisten Menschen ist jedoch weder das eine noch das andere der Fall. Wir können uns gesünder erhalten, indem wir bestimmte Vitamintabletten einnehmen, und wir können unser Glück erhalten, wenn wir unsere strahlenden Energien pflegen.

Wie zu erwarten, stärken mehrere der Übungen im täglichen Fünf-Minuten-Programm (S. 267) neben anderen positiven Wirkungen auch die strahlenden Kreisläufe. Dazu gehören der Kronenzug, der Reißverschluss und der Hook-up. Andere im letzten Kapitel vorgestellte Methoden, einschließlich des dynamischen

Ausatmens, der Dreifachen-Erwärmer-Milz-Umarmung und des keltischen Geflechts aktivieren die strahlenden Energien auch direkt. Die folgenden sechs zusätzlichen Techniken wirken unmittelbar und stehen Ihnen jederzeit zur Verfügung – sie sind natürliche Stimmungsaufheller. Machen Sie nach jeder Übung eine kurze Pause und begeben Sie sich in einen kontemplativen Zustand, atmen Sie tief ein und aus und beobachten Sie sorgfältig, was Sie erleben. Vielleicht spüren Sie, wie Wärme oder eine andere Empfindung durch Ihren Körper strömt, vielleicht merken Sie, dass Ihre Intuition zunimmt, dass Ihnen schöpferische Gedanken oder Bilder kommen, oder Sie fühlen sich einfach tief und angenehm entspannt.

Sie werden einige Übungen sympathischer finden als andere, und diejenigen, die Sie sympathisch *finden, funktionieren* auch besser. Diese Übungen haben die beste Wirkung, wenn Sie sie gern machen. Das gehört zum Wesen des strahlenden Energiesystems. Es lohnt sich, einige dieser Techniken für den täglichen Gebrauch, aber auch für jene Augenblicke bereitzuhalten, in denen Sie in schlechte Stimmung geraten.

Beginnen Sie mit dem Kronenzug (S. 275). Führen Sie ihn langsam und bedächtig durch, indem Sie durch die Nase ein- und den Mund wieder ausatmen. Registrieren Sie anschließend die Empfindungen im Kopfbereich. Der Kronenzug ist ein guter Anfang, weil wir alle entsetzlich viel denken, sodass die Energien in unserem Kopf stagnieren, was die strahlenden Kreisläufe blockiert, die mit dem zentralen Nervensystem zu tun haben. Konzentrieren Sie sich nach der Übung auf die Empfindungen, die Sie in Kopf, Nacken und Schultern spüren, und betrachten Sie sie als Vorboten von Gefühlen der Freude. Führen Sie anschließend eine beliebige Kombination der folgenden sechs zusätzlichen Übungen durch:

1. Strahlende Imagination

Denken Sie daran, wie Sie plötzlich anfangen zu strahlen, wenn Sie jemanden attraktiv finden. So rasch können Ihre strahlenden Energien auf den Plan gerufen werden. Auch Ihre inneren Bilder können den strahlenden Energien einen sofortigen Auftrieb geben. In jedem beliebigen Augenblick können Sie Frieden und Glück erleben oder in Besorgnis oder Trauer verfallen, je nachdem, was sich in Ihrem Kopftheater abspielt. Indem Sie Ihre Imagination gezielt einsetzen, können Sie die Übungen nicht nur angenehm gestalten, sondern auch zu einer Kraft machen, die Ihren strahlenden Energien Auftrieb verleiht. Verwenden Sie folgende Vorschläge oder schreiben Sie Ihr eigenes Drehbuch:

1. Stellen Sie sich vor, dass jemand, der bei Ihnen ein Gefühl von Lebendigkeit und Glück hervorruft, Sie gerade begrüßt hat.
2. Denken Sie an eine Ihrer Lieblingsfarben und stellen Sie sich vor, wie die Energie dieser Farbe jede Körperzelle durchdringt.
3. Denken Sie an etwas in Ihrem Leben, das in Ihnen Dankbarkeit weckt (Dankbarkeit gehört zu den größten spirituellen Heilkräften und ist der Glücksbringer der strahlenden Energien).

Lassen Sie das Gefühl der Dankbarkeit durch Ihren Körper fließen. Danken Sie Ihrem Herzen, der Lunge, den Nieren und sämtlichen Organen; danken Sie Ihren Beinen dafür, dass sie Sie tragen; danken Sie Ihrer Umgebung und den Ihnen nahestehenden Menschen für Ihre Unterstützung.

2. Bauchdehnung

Genauso wie der Kopf häufig mit Ballast verstopft ist, der die strahlenden Energien daran hindert, sich ungestört mit dem Geist zu verbinden, neigen energetische Rückstände auch dazu, sich in der Körpermitte anzusammeln. Menschen sammeln speziell Stresshormone, wie Cortisol, im Bauchraum an. Das hat nicht nur überschüssige Fettpolster in diesem Bereich und eine zusätzliche Belastung des Herzens zur Folge, sondern auch eine Abstumpfung der Gefühle. Die Bauchdehnung löst diese Rückstände auf und ermöglicht es den strahlenden Kreisläufen, zwischen der oberen und unteren Körperhälfte zu zirkulieren.

1. Stellen Sie sich gerade hinter einen Stuhl und halten Sie sich an der Rückenlehne fest.

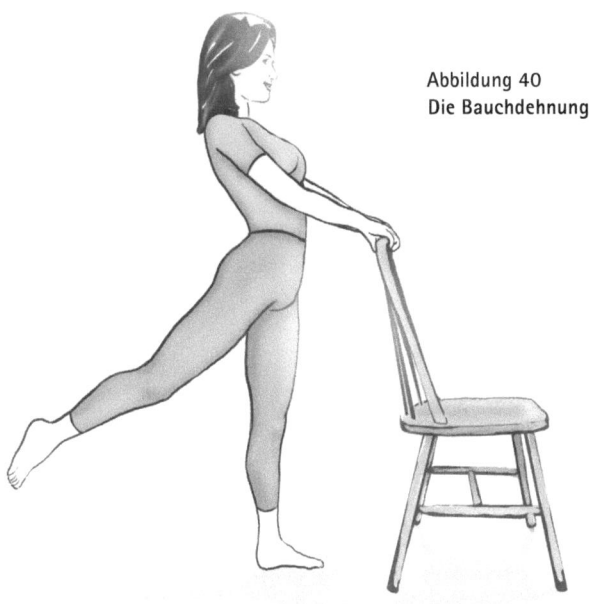

Abbildung 40
Die Bauchdehnung

2. Atmen Sie ein und heben Sie gleichzeitig ein Bein mit durchgestrecktem Knie so weit nach hinten, wie es Ihnen bequem möglich ist. Sie werden ein Ziehen im Bauchbereich spüren.
3. Senken Sie das Bein, während Sie ausatmen.
4. Wiederholen Sie den Vorgang mit dem anderen Bein.

Führen Sie diese Übung mehrmals durch und dehnen Sie dabei jedes Mal den Bauch, wenn Sie das Bein heben. Beenden Sie diese und alle folgenden Übungen wieder damit, dass Sie sich auf die Empfindungen, die auftreten, einstimmen und sie als Vorboten der Freude betrachten.

3. Gesäß nach oben

Mit dieser Übung sorgen Sie auf ruhige und entspannende Weise für eine strahlendere Präsenz.

1. Knien Sie sich auf alle viere, schieben Sie das Gesäß nach hinten, bis es auf den Fersen ruht, und platzieren Sie die Arme parallel zu den Beinen seitlich neben den Körper, während Sie den Kopf vorsichtig auf den Boden legen.

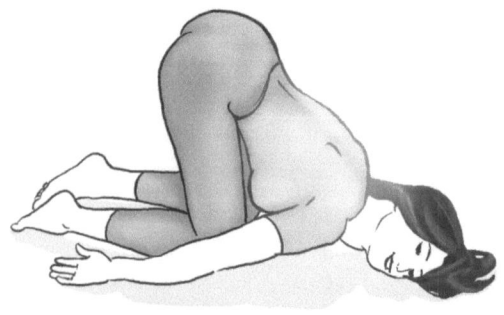

Abbildung 41
Gesäß nach oben

2. Wenn es bequem ist – und nur dann –, schieben Sie den Körper und den Kopf mit dem Gesicht zur Seite nach vorn und heben das Gesäß an. Lassen Sie das Körpergewicht auf dem Brustkorb ruhen und entspannen Sie in dieser Haltung wie ein Baby.

4. Strecken und hüpfen

Die strahlenden Energien befinden sich in einem natürlichen Fluss, aber Anspannung oder Stress können sie blockieren. Einfache körperliche Aktivitäten genügen häufig, um sie wieder in Fluss zu bringen. Eine gute Übung, um den Tag zu beginnen, ist diese: Rutschen Sie im Bett in Richtung Fußende und strecken Sie die Arme so weit wie möglich nach hinten, während Sie gleichzeitig die Beine, Füße und Zehen nach vorne strecken. Strecken Sie sich beim Einatmen; entspannen Sie sich beim Ausatmen. Wiederholen Sie die Übung noch zweimal.

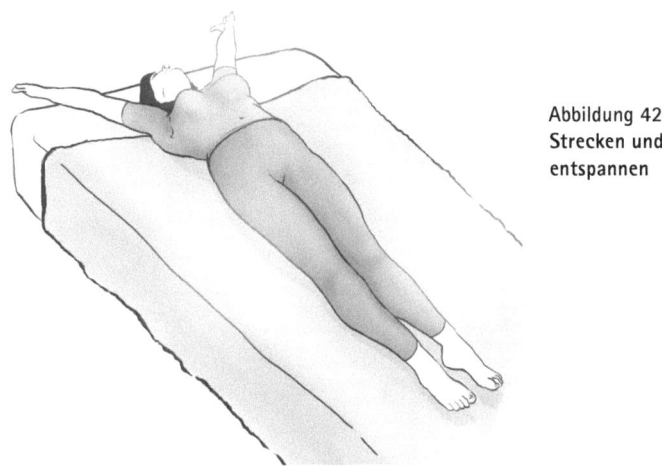

Abbildung 42
Strecken und entspannen

Sie können sich auch jederzeit tagsüber hinstellen und strecken. Hunde oder Katzen, die erwachen, machen es uns vor. Stellen Sie sich vor, dass Sie «Platz schaffen», damit Ihre Energien fließen können. Strecken Sie sich in alle Richtungen. Atmen Sie tief ein und aus. Dehnen Sie sich nach oben und unten. Als Alternative können Sie Ihre Energien «schnell starten», indem Sie hüpfen – springen Sie mit lockerem und entspanntem Körper auf und ab. Eine Art Trampolin ist eine große Hilfe dabei, Ihre strahlenden Energien in Schwung zu bringen, und hilft außerdem, das Lymphsystem zu reinigen (s. S. 276).

Wenn David sich gestresst oder abgespannt fühlt, geht er am liebsten mit zwei Hanteln von 2,5 Kilo auf ein Trampolin und bewegt sich frei zu Tanzmusik.

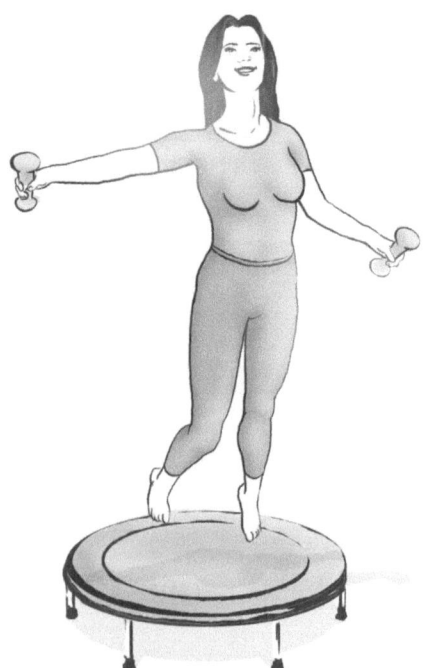

Abbildung 43
Hüpfen und atmen

5. Abtrocknen

Sie können beim Baden oder Duschen oder beim anschließenden Abtrocknen Ihre Meridiane tagtäglich abfahren und Ihre strahlenden Energien aktivieren.

1. Beginnen Sie an einem Fuß mit der Fußsohle, gehen Sie mit dem Handtuch oder dem Waschlappen an der Innenseite des Beines hoch, über den Vorderkörper nach oben über die Schulter und an der Innenseite des Armes hinunter bis über die Fingerkuppen hinaus.
2. Wiederholen Sie dasselbe auf der anderen Seite.
3. Dann beginnen Sie auf dem Handrücken der rechten oder linken Hand, gehen Sie die Finger hinauf an der Außenseite des Armes entlang bis zu den Schultern.
4. Wiederholen Sie dasselbe auf der anderen Seite.
5. Beginnen Sie nun so weit oben auf dem Rücken wie möglich und reiben Sie den ganzen Rücken ab, gehen Sie dann an den Außenseiten der Beine entlang nach unten bis über die Füße hinaus.
6. Beenden Sie die Übung, indem Sie Gesicht und Hals von oben nach unten waschen oder abtrocknen. Dann legen Sie die leicht gekrümmten Finger über die Schultern und ziehen diese nach vorn vom Körper weg.

6. Der Himmel tritt ein

Diese Technik ist halb Gebet, halb Energiearbeit. Sie verbindet Sie mit den höheren Kräften, von denen Sie umgeben sind, spendet Ihnen Trost, wenn Sie sich einsam oder verzweifelt fühlen, und erlaubt Ihnen, an bestimmte Körperstellen Heilenergien zu schicken. Auch wenn Sie diese Übung überall und jederzeit durchführen können, ist sie in freier Natur oder nachts unter freiem Himmel besonders kraftvoll.

1. Stellen Sie sich aufrecht hin und legen Sie die Hände mit gespreizten Fingern auf die Oberschenkel.
2. Atmen Sie tief ein und vollständig wieder aus.
3. Führen Sie Ihre Hände beim nächsten Atemzug langsam in einer Gebetshaltung vor die Brust und atmen Sie langsam aus.
4. Während Sie einen weiteren tiefen Atemzug nehmen, heben Sie die Arme gerade nach oben. Kurz bevor sie die höchste Position erreichen, breiten Sie die Arme etwa einen Meter weit aus, während die Handflächen nach oben zeigen, und greifen Sie nach dem Himmel.
5. Schauen Sie in den Himmel und spüren Sie die Weite über Ihnen und die Energie um Sie herum. Empfangen Sie die Energien des Himmels. Öffnen Sie sich für einen größeren Zusammenhang. Sie sind nicht allein. Fühlen Sie, wie die Energien durch Ihren Körper pulsieren, oder stellen Sie sich einfach vor, dass sie da sind – sie sind es. Sammeln Sie die Energie in den Händen.
6. In der Brustmitte auf der Höhe des Herzens befindet sich ein Akupunkturpunkt, der traditionell als «Der Himmel tritt ein» bekannt ist. Wenn Sie so weit sind, schöpfen Sie die in den Händen angesammelte Energie in diesen Akupunkturpunkt und legen Sie beide Hände auf die Mitte der Brust. Erlauben Sie Ihrem Herzen, diese Energie zu empfangen. Anschließend können Sie mit Ihren Händen die Energie in jeden Teil des Körpers lenken, der müde ist, schmerzt oder der Stärkung braucht.

Sie verfügen nun über ein Dutzend Techniken zur Unterstützung Ihrer strahlenden Energien. Wir empfehlen Ihnen, zu experimentieren. Finden Sie heraus, welche sich am besten eignen,

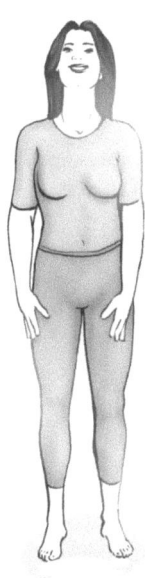

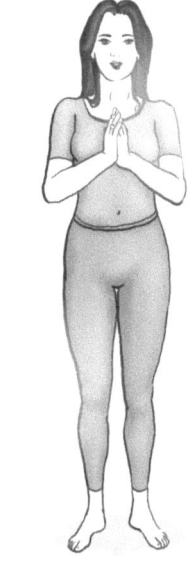

Abbildung 45
Der Himmel tritt ein,
Fortsetzung

Abbildung 44
Der Himmel
tritt ein

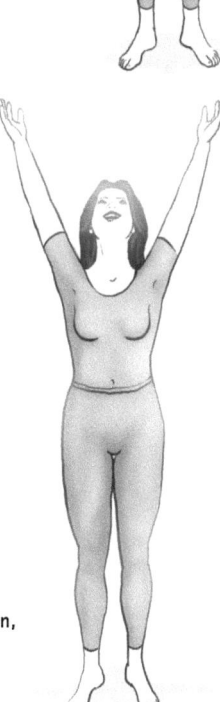

Abbildung 46
Der Himmel tritt ein,
Fortsetzung

Abbildung 47
Der Himmel tritt ein,
Fortsetzung

und verwenden Sie sie häufig oder nehmen Sie sie in Ihr tägliches energetisches Trainingsprogramm auf. Vergessen Sie nicht, nach jeder Übung innezuhalten und empfänglich zu sein für die Empfindungen, Gefühle und Eingebungen, die auftreten. Neben der Kenntnis der Techniken, die Ihr gesamtes strahlendes Energiesystem stärken, ist es auch nützlich, alle einzelnen strahlenden Kreisläufe zu verstehen, sowohl, was ihre Funktion angeht, als auch, wie man sie stärkt.

Die Anatomie der strahlenden Kreisläufe

Warum ist es nützlich, Genaueres über die einzelnen strahlenden Kreisläufe zu wissen, wenn es doch einfach genügt, Ihr Gesäß nach oben zu strecken, um sie alle zu aktivieren? Ein Grund lautet, dass das strahlende Energiesystem durch eine regelmäßige Aktivierung seiner schwächsten Glieder gestärkt werden kann. Ein weiterer Grund ist, dass jene strahlenden Energiekreisläufe, die bei psychischen Problemen in Mitleidenschaft gezogen werden, zur Lösung der Probleme gezielt angeregt werden können – so wie Sie es beim Klopfen der Endpunkte der Meridiane gelernt haben. Ein dritter Grund ist, dass die Kenntnis der Struktur dieses Energiesystems, das die Freude vermehrt, an sich schon eine verstärkende und kräftigende Wirkung hat.

Acht eigenständige strahlende Energien haben sich im Lauf der Evolution des menschlichen Körpers entwickelt und spezifische Rollen und Funktionen übernommen (die vorderen und hinteren Regulatorkreisläufe, die vorderen und hinteren Brückenkreisläufe, der Gürtelkreislauf, der durchdringende Fluss, der zentrale Kreislauf, der Gouverneurskreislauf, der Milzkreislauf und der Kreislauf des Dreifachen Erwärmers). Man kann Veränderungen von Gewohnheiten herbeiführen, die sich in Psyche oder Körper verankert haben, indem man sich auf den entsprechenden strahlenden Kreislauf konzentriert und ihn stärkt. Wir beschreiben im Folgenden kurz jeden strahlenden Kreislauf einzeln sowie seine Hauptfunktionen und zwei oder mehr Techniken, um ihn zu unterstützen und seine Energien zu aktivieren. Während Sie andernorts ausgeklügeltere Methoden finden werden, um die Energien eines jeweiligen strahlenden Kreislaufs einzuschätzen,[12] können Sie anhand der folgenden Ausführungen fundierte Vermutungen darüber anstellen, auf welchen Sie Ihr Augenmerk richten müssen, und ausprobieren, wie Sie mit den jeweiligen Techniken zurechtkommen.

Die Regulatorkreisläufe

Die hinteren und vorderen Regulatorkreisläufe beeinflussen nicht nur die Hormone, die Körperchemie und den Blutkreislauf, sondern auch die Verbindungen zwischen allen körpereigenen Systemen. Sie helfen dem Körper, sich auf die unablässigen Attacken infolge innerer und äußerer Veränderungen einzustellen. Das hormonelle Ungleichgewicht und der emotionale Aufruhr, den diese Veränderungen zur Folge haben können, lassen sich durch die Arbeit mit den Regulatorkreisläufen behandeln. Die folgende Übung hilft, sie zu aktivieren.

1. Reiben Sie sich die Hände, legen Sie sie beidseitig an den Kopf, sodass die Fingerkuppen den Scheitel berühren, und ziehen Sie die Hände langsam nach unten, während Sie dabei den Bereich über dem Ohr und um das Ohr herum «glätten».
2. Fahren Sie den Hals hinunter bis zu den Schultern fort, wobei die rechte Hand die rechte Schulter und die linke Hand die linke Schulter berührt.

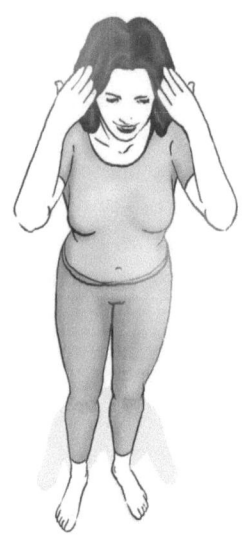

3. Nun fahren Sie mit gespreizten Händen an Ihrem Körper herunter, und glätten Sie dabei die Energie.
4. Wenn Sie bei den Knöcheln angekommen sind, streichen Sie mit den Händen über beide Fußrücken, drücken Sie die Fußseiten und ziehen Sie die Energie dann kräftig von ihnen weg.
5. Wiederholen Sie diese Übung mindestens zweimal.

Abbildung 48
Aktivierung der Regulatorkreisläufe

Für die folgende Technik zur Aktivierung der Regulatorkreisläufe brauchen Sie einen Partner.

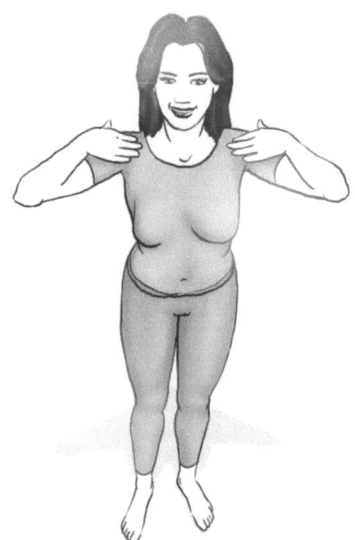

Abbildung 49
Regulatorkreisläufe,
Fortsetzung

1. Legen Sie sich mit dem Rücken auf ein Bett oder einen Massagetisch. Ihr Partner steht am Fußende.
2. Ihr Partner legt seine Daumen jeweils auf die Fußsohle zwischen den großen und dem zweiten Zeh und lehnt sich allmählich nach vorn, wobei er Ihre Füße so in den Gelenken bewegt, dass Ihre Zehen zu Ihnen hinzeigen.
3. Dann umfasst Ihr Partner Ihre Fußrücken mit den Händen und lehnt sich zurück wie beim Wasserski, wobei er Ihre Beine dehnt.
4. Ihr Partner führt diese Bewegungsabfolge langsam und stetig weiter, bis sie zu einer Wellenbewegung wird.

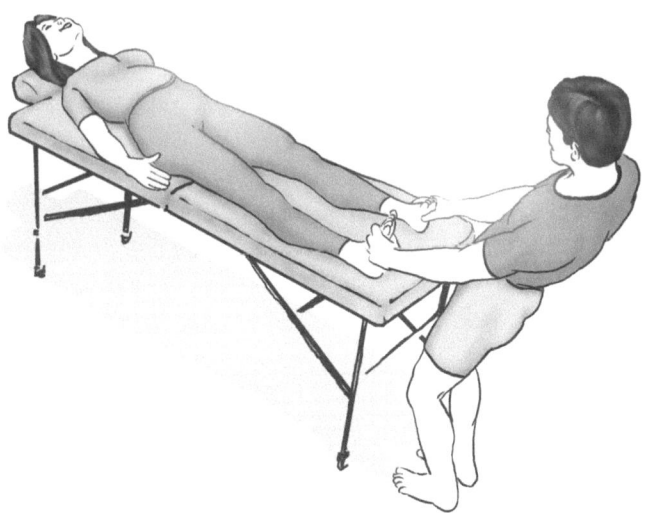

Abbildung 50
Regulatorkreisläufe mit Partner

Die Brückenkreisläufe

Die Brückenkreisläufe verbinden die Vorder- und Rückseite des Körpers miteinander sowie seine energetischen Pole: die positiven und negativen Ladungen, die passiven und aktiven Impulse, die männlichen und weiblichen Qualitäten, Yin und Yang. Wenn eine Energie stagniert, schlagen diese Kreisläufe die Brücke zum anderen Pol und stellen so den Fluss im System wieder her. Innere Spaltungen – die Entfremdung von Körper und Geist, Herz und Kopf, Liebe und Sex – können mit der Arbeit an den Brückenkreisläufen behandelt werden. Im Äußeren unterstützen die Brückenkreisläufe Harmonie und den Informationsaustausch unter Menschen, besonders das intuitive Wissen über andere. Es folgen Übungen für die vorderen und hinteren Kreisläufe.

1. Um die Brückenkreisläufe an der Körpervorderseite zu aktivieren, legen Sie Ihre beiden Mittelfinger zwischen die Brüste und malen Sie gleichzeitig und langsam ein «Herz», indem Sie die Brüste von oben nach unten umkreisen (Sie müssen den Körper dabei nicht berühren). Die Hände treffen sich am Nabel.
2. Wiederholen Sie diese Bewegung noch zweimal.
3. Wenn Ihre Hände sich zum dritten Mal am Nabel treffen, fahren Sie sehr bedächtig an den Innenseiten der Beine nach unten fort.
4. Beugen Sie anschließend die Knie so weit, dass Sie mit den Händen unter die Fußsohlen fassen können, und legen Sie Ihre Finger so unter die Innenseite der Füße, dass die Fingerknöchel einander gegenüberliegen. Ziehen Sie Ihren Körper nun nach oben und machen Sie dabei die Arme gerade. Sie werden auch im Rücken eine Dehnung spüren.

Eine weitere wirkungsvolle Methode zur Aktivierung der vorderen Brückenkreisläufe besteht darin, wie beim Auraweben Achterfiguren über Ihrem Gesicht und dann vorne und seitlich am Körper entlang bis nach unten zu den Füßen zu malen.

1. Um die hinteren Brückenkreisläufe zu aktivieren, lassen Sie die Arme mit nach hinten gedrehten Handflächen zunächst an beiden Seiten herabhängen, und drehen Sie dann die Hände in Achterfiguren nach vorne und zurück.
2. Wenn Sie einen Partner zur Verfügung haben, kann er mit den Händen Achterfiguren längs und quer über Ihren gesamten Rücken bis hinunter zu den Füßen malen. Wenn Sie keinen

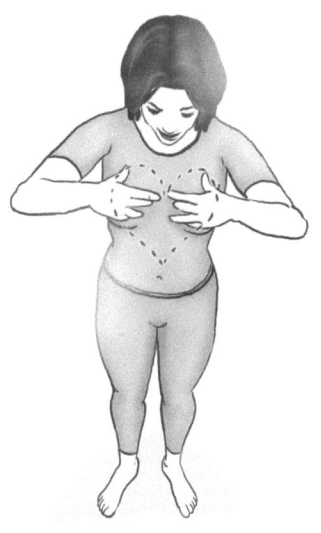

Abbildung 51
Aktivierung der
Brückenkreisläufe

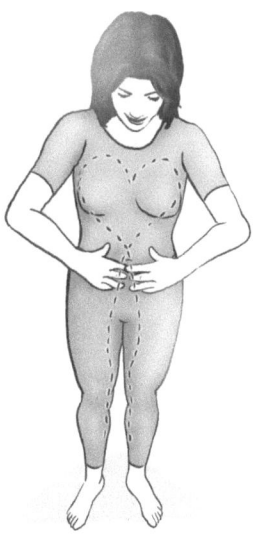

Abbildung 52
Brückenkreisläufe,
Fortsetzung

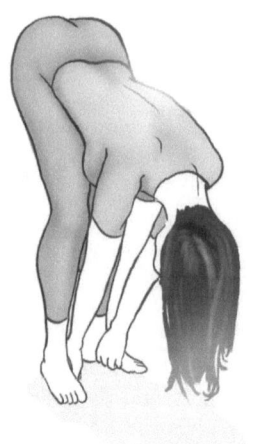

Partner haben, genügt es, Achterfiguren mit beiden Armen gleichzeitig seitlich am Körper durchzuführen, um eine Brücke zu den Energien in Ihrem Rücken zu schlagen.

Abbildung 53
Brückenkreisläufe, Fortsetzung

Der Gürtelkreislauf

Der Gürtelkreislauf oder Gürtelfluss verläuft um Ihre Taille und verbindet die Energien der oberen und unteren Körperhälfte. Diese vertikale Verteilung der Energien ist für die körperliche Gesundheit unerlässlich und sorgt für den Energiefluss in den Meridianen und Chakren. Vieles von der Torheit und dem Leiden des menschlichen Daseins ist ein Abbild der Störung, die entsteht, wenn wir uns energetisch vor allem in den oberen Regionen (Menschen, die im Kopf leben) oder den unteren Regionen (Menschen, die in ihren Instinkten und Gefühlen gefangen sind) aufhalten. Der Gürtelfluss bestimmt, wie geerdet Sie bleiben, wenn Sie nach spirituellen Höhen streben, und welche Höhen

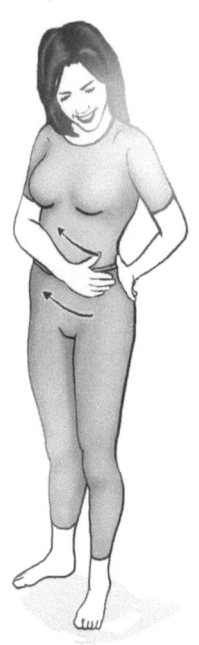

Abbildung 54
Aktivierung
des Gürtelflusses

Sie erreichen können, während Sie geerdet bleiben. Probieren Sie diese Übung aus, um den Gürtelfluss zu aktivieren.

1. Spreizen Sie die Finger der rechten Hand und legen Sie sie auf die linke Taille.
2. Legen Sie die linke Hand hinter die rechte und ziehen Sie die rechte Hand anschließend mit Druck von der Taille über den Magen auf die andere Seite.
3. Lassen Sie die linke Hand der rechten folgen mit einem ebenso festen Zug.
4. Wiederholen Sie das mehrmals. Ziehen Sie die Hände nicht nur in der Taille, sondern auch oberhalb und unterhalb der Taille entlang.
5. Beim letzten Mal erweitern Sie die Bewegung über den Magen hinaus und streichen Sie mit gespreizten Fingern fest am Körper über die Vorderseite des rechten Beins hinunter und über den Fuß hinaus.
6. Wiederholen Sie die Bewegung auf der anderen Körperseite.

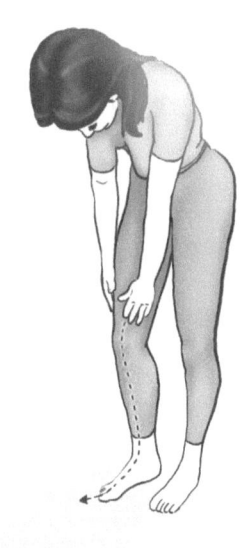

Abbildung 55
Der Gürtelfluss,
Fortsetzung

Die meisten Menschen empfinden diese Übung als sehr wohltuend; und sie stellt im Körper wieder die Harmonie zwischen oben und unten her. Wenn Sie mit einem Partner arbeiten, können Sie sich auch auf ein Bett oder einen Massagetisch legen, sodass Ihr Partner den Taillenzug von hinten ausüben kann, was eine größere Hebelkraft und eine tiefere Stimulation bewirkt.

Eine weitere Technik, um den Gürtelfluss zu aktivieren, regt auch den Durchdringenden Fluss (siehe unten) an und bewährt sich besonders, wenn die Energie oben an den Beinen abgeschnitten ist. Für diese Übung brauchen Sie einen Partner.

1. Legen Sie sich mit dem Rücken entweder auf den Fußboden, ein Bett oder einen Massagetisch. Ihr Partner steht am Fußende.
2. Stemmen Sie einen Fuß gegen den Bauch Ihres Partners.
3. Fassen Sie einander an den Händen; halten Sie die Beine gestreckt, während Sie und Ihr Partner sich nach hinten lehnen. Halten Sie diese Dehnung ungefähr zehn Sekunden lang.
4. Wiederholen Sie die Übung mit dem anderen Bein.

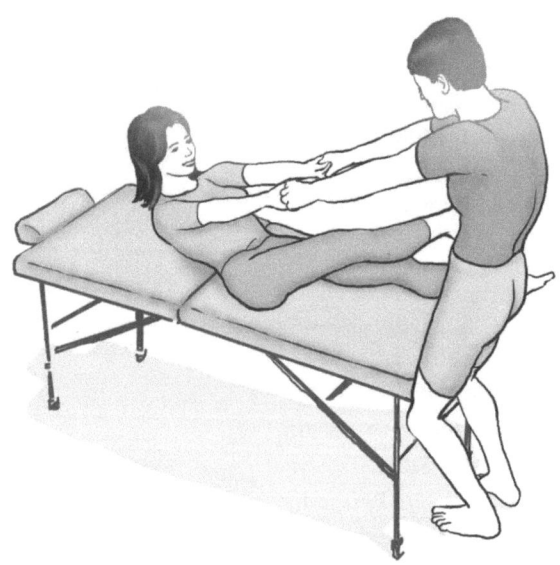

Abbildung 56
Der Gürtelfluss/Der Durchdringende Fluss

Der Durchdringende Fluss

Während die Gürtel- und Brückenkreisläufe die oberen und unteren und vorderen und hinteren Energien verbinden, lenkt der Durchdringende Fluss die Energie tiefer ins Innere. Wenn er unbehindert strömt, dringt er in die Chakren, Muskeln, Knochen, Genitalien und tief in die Zellen. Wie es in der traditionellen chinesischen und japanischen Medizin heißt, führt der Durchdringende Fluss im Embryo die Energien der Vorfahren mit sich und legt fest, wie kräftig die energetische Konstitution eines Menschen ist. Diese Energie manifestiert sich intensiv in der strömenden Wärme des Orgasmus, während man eine klassische mystische Erfahrung als einen Augenblick betrachten kann, in dem der Betreffende die durchdringenden Energien des Universums empfängt. Gefühle der Niedergeschlagenheit oder inneren Leere sind oft auf einen schwachen oder blockierten Durchdringenden Fluss zurückzuführen. Die Aktivierung des Durchdringenden Flusses stellt eine Verbindung zu einer Energie her, die ein tiefes Gefühl der Sinnhaftigkeit und Bedeutung mit sich bringt. Die nächste Übung hilft Ihnen, diese Verbindung herzustellen.

Abbildung 57
Die Aktivierung des
Durchdringenden Flusses

1. Legen Sie sich auf den Rücken, ziehen Sie die Beine an und kreuzen Sie die Füße in Höhe der Knöchel.
2. Umfassen Sie mit der rechten Hand den linken Fuß und umgekehrt.
3. Ziehen Sie die Füße mit gestreckten Armen über den

Kopf und schaukeln Sie hin und her, sodass sich das Gesäß vom Boden hebt.
4. Schaukeln Sie so lange, wie Sie sich wohl fühlen, und ruhen Sie dann in dieser Position aus.

Bei der folgenden Übung brauchen Sie einen Partner.

1. Legen Sie sich auf den Bauch. Ihr Partner legt eine Hand auf Ihr Kreuzbein, die andere ans obere Ende Ihrer Wirbelsäule und schaukelt Sie drei bis fünf Minuten lang hin und her.
2. Am Ende der Übung hebt Ihr Partner beide Hände gleichzeitig hoch.
3. Genießen Sie das Gefühl noch eine Minute. Diese Methode aktiviert sowohl die Gouverneurs- als auch die Durchdringenden Kreisläufe.

Die Zentral- und Gouverneurskreisläufe

Vier der strahlenden Kreisläufe des Körpers sind gleichzeitig Meridiane. Im Unterschied zu den anderen strahlenden Kreisläufen bewegt sich ihre Energie auf festen Bahnen und kann durch elektromagnetisch sensible Punkte auf der Haut – die Akupunkturpunkte – beeinflusst werden. Gleichzeitig führen sie strahlende Energie mit sich und sind in der Lage, diese Energie umgehend dorthin zu lenken, wo sie gebraucht wird. Die Bahn des Hauptmeridians (Zentralgefäß) führt vorne in der Körpermitte von unten nach oben und versorgt das Gehirn mit Energie. Das Gouverneursgefäß fließt in der Mitte des Rückens nach oben und versorgt die Wirbelsäule und einen Großteil des Nervensystems mit Energie. Die beiden Meridiane treffen sich hinten in der Kehle und bilden dort ein gemeinsames Kraftfeld. Dort beginnen sie auch, sich wie strahlende Kreisläufe zu verhalten. Dieses Kraftfeld strahlt nach innen und außen und versorgt die Meridiane, die Chakren und die Aura mit Kraft und Vitalität. Wenn jemand unter Verwirrung oder Selbstzweifel leidet, kann die Aktivierung des Zentral- und Gouverneursgefäßes den Liquor in das Gehirn ziehen und das Nervensystem beruhigen, was Klarheit und Selbstvertrauen zur Folge hat. Wenn jemand auf andere Menschen oder die Umgebung hypersensibel reagiert, bewirkt die Aktivierung des Zentral- und Gouverneursgefäßes oft einen Schutz, weil dadurch die Aura gestärkt wird. Die folgende Übung kann diese Kreisläufe aktivieren.

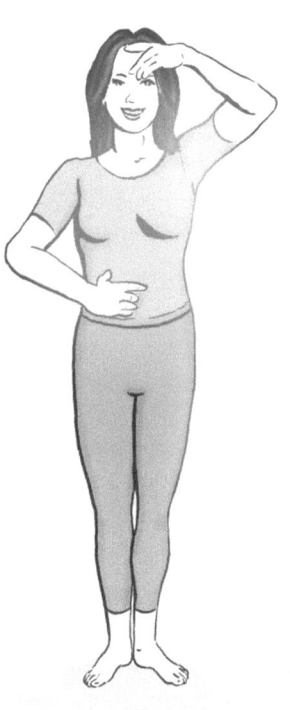

1. Beginnen Sie mit dem Hook-up, indem Sie den Mittelfinger einer Hand auf den Nabel und den Mittelfinger der anderen Hand auf das «dritte Auge» legen.
2. Drücken Sie fest mit beiden Fingern und ziehen Sie die Haut nach oben in Richtung Kopf.
3. Halten Sie die Position etwa eine halbe Minute.

Dies genügt meistens, um beide Kreisläufe zu aktivieren, auch wenn der Rücken-Hook-up eine angenehme Ergänzung ist. Dafür brauchen Sie einen Partner.

1. Legen Sie sich bäuchlings an den Rand eines Betts oder Massagetischs.
2. Ihr Partner kreuzt die Arme und

Abbildung 58
Die Aktivierung der Zentral- und Gouverneurskreisläufe

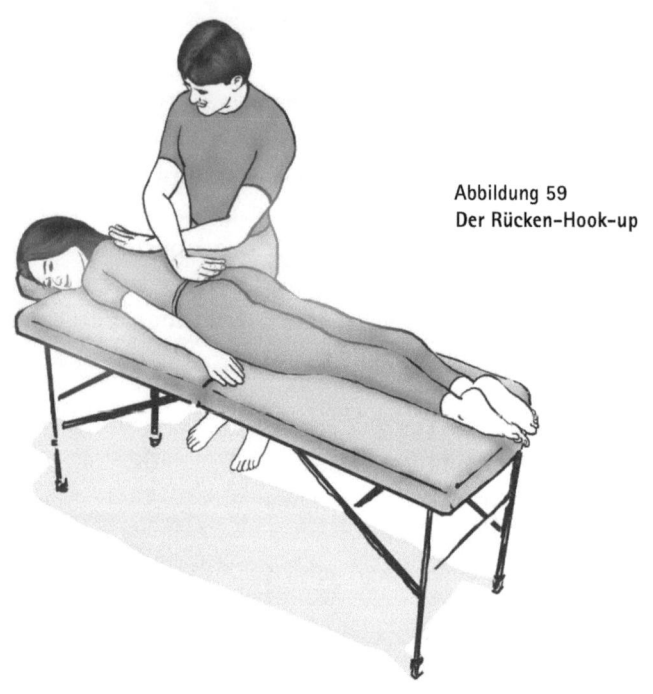

Abbildung 59
Der Rücken-Hook-up

legt seine Hände in der Mitte Ihrer Wirbelsäule so gegeneinander, dass die Finger der einen Hand zu den Füßen und die der anderen Hand zum Kopf zeigen.
3. Nun dehnt Ihr Partner Ihre Wirbelsäule, indem er die Hände mit Druck voneinander wegzieht.
4. Er führt eine weitere Dehnung durch, wobei er die Hände etwas weiter auseinanderlegt.
5. Ihr Partner fährt so lange fort, bis der Rücken an beiden Enden gedehnt ist.
6. Ihr Partner sollte jede Position mindestens 15 Sekunden halten.

Der Milz- und der Dreifache-Erwärmer-Kreislauf

Die zwei anderen strahlenden Kreisläufe, die die Eigenschaft von Meridianen besitzen, sind ebenfalls sich ergänzende Gegensätze – der Dreifache Erwärmer und der Milzmeridian. Die feste Bahn des Dreifachen Erwärmers verläuft direkt vom rückwärtigen zum vorderen Gehirn. Das rückwärtige Gehirn ist der ältere Teil und hat die Überlebensstrategien von Jahrmillionen der Evolution gespeichert. Der Dreifache Erwärmer versorgt das rückwärtige Gehirn, während er primäre Überlebensinformationen zum vorderen Gehirn transportiert. Er kann Energie von jedem anderen Meridian (außer dem Herzmeridian) zwangsverpflichten, um das Überleben des Körpers zu sichern. Dies ist eine sehr wichtige Aufgabe; der Dreifache Erwärmer ist der einzige strahlende Kreislauf, der eher einem General in der Schlacht als einer engagierten Mutter gleicht. Unterdessen geht von der Mutter aller Mütter – dem Milzkreislauf – die Lebensenergie selbst aus. Dieses Energiesystem, das durch die Bauchspeicheldrüse verläuft, in der Kohlenhydrate und Zucker verstoffwechselt werden, sorgt ebenso für die Verarbeitung von Gedanken, Erfahrungen und Emotionen wie von Nahrung. Tatsächlich steht die Milzenergie mit allen anderen Körperenergien im Körper in Resonanz, verstoffwechselt diese und harmonisiert sie miteinander. Der Dreifache Erwärmer und der Milzkreislauf beherrschen das Immunsystem durch das Zusammenspiel militärischer und mütterlicher Werte, und wenn wir diese Energien im Gleichgewicht halten, bilden sie ein schlagkräftiges Team, das unser Leben im Gleichgewicht hält. Aktivieren Sie sie mit den folgenden Übungen.

1. Klopfen Sie den Milzpunkt (S. 271), indem Sie mit Daumen, Zeigefinger und Mittelfinger den neurolymphatischen Punkt unterhalb der Brust (auf gerader Linie unterhalb der Brustwar-

ze – bei Frauen eine Rippe unterhalb der Unterkante des BHs) oder den Milzakupressurpunkt ungefähr zehn Zentimeter unterhalb der Achselhöhle klopfen.

Die Regel für die Aktivierung des Dreifachen-Erwärmer-Kreislaufs lautet: *Finger weg!* Er ist wahrscheinlich durch die Zivilisation, in der Sie leben, bereits hyperaktiv. Das Ziel besteht darin,

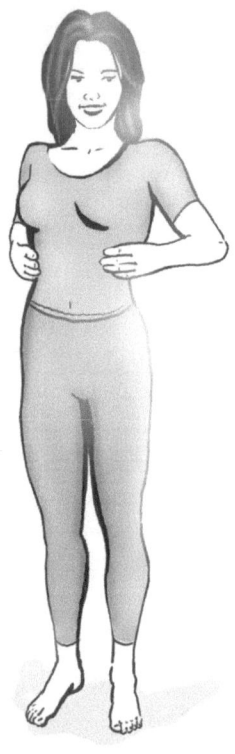

Abbildung 60
Der neurolymphatische
Milzpunkt

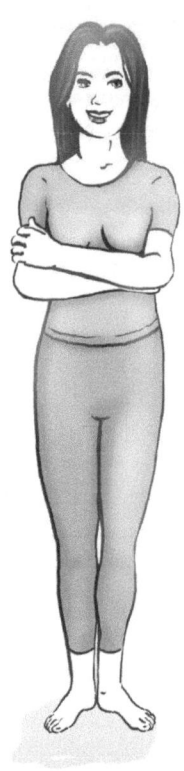

Abbildung 61
Die Dreifache-Erwärmer-
Milz-Umarmung

ihn so umzuprogrammieren, dass seine Energien bei einer realen Bedrohung, sei es der Gesundheit, der Sicherheit oder der inneren Verfassung, zur Verfügung stehen. Anstelle einer Aktivierung muss der Dreifache Erwärmer gewöhnlich eher mit dem Milzkreislauf harmonisiert werden. Diese Wirkung hat die Dreifache-Erwärmer-Milz-Umarmung (siehe gegenüberliegende Seite) wie auch die folgende Methode:

1. Spreizen Sie die Hand so stark, dass Sie den Daumen an die eine Schläfe und den Ringfinger an die gegenüberliegende legen können. Ihr Zeige- und Mittelfinger liegen dabei automatisch auf dem Scheitel.
2. Legen Sie die andere Hand auf den Solarplexus oberhalb des Bauchnabels.
3. Halten Sie diese Position ein bis zwei Minuten lang und atmen Sie dabei tief durch die Nase ein und den Mund wieder aus.

Gewohnheiten und die strahlenden Energien

Gewohnheiten schleifen sich tief ein! Unterhalb der gedanklichen und Verhaltensgewohnheiten liegen die Gewohnheiten des Körpers und seines Energiesystems. Viele der Entwicklungen in der Energetischen Psychologie beinhalten eine Neukonditionierung der gewohnheitsmäßigen Reaktionen des Meridiansystems auf störende Stimuli, wie Sie es bei der Grundtechnik gelernt haben. Eine andere Möglichkeit, gegen die Macht überholter oder auf andere Weise störender Gewohnheiten anzusteuern, besteht darin, es mit Hilfe der strahlenden Energien zu tun:

1. Stimulieren Sie regelmäßig das System der strahlenden Energien mit Hilfe der oben beschriebenen *allgemeinen* Techniken.

2. Machen Sie diejenigen strahlenden Energiekreisläufe ausfindig, die Ihre Schwachstellen sind (entweder indem Sie die Beschreibungen ihrer Funktion durchlesen oder indem Sie darauf achten, bei welchen Übungen es Ihnen am besten geht) und benutzen Sie dann die oben beschriebenen *speziellen* Techniken, um diese Kreisläufe stark zu erhalten.
3. Konditionieren Sie das strahlende Energiesystem neu, indem Sie anfällige Kreisläufe aktivieren, während Sie sich die störende Gewohnheit oder die emotionale Reaktion in den Sinn rufen. Verwenden Sie dieselbe allgemeine Methode und den Erinnerungssatz wie in der Grundtechnik.

Die Arbeit mit den strahlenden Kreisläufen kann selbst Energiewogen freisetzen, die sich gut anfühlen. Gleichzeitig verbinden sie die Meridianlinien, unterstützen das Wirbeln der Chakren und setzen alle anderen Energien ein. Aber man kann nicht schematisch mit ihnen umgehen; daher sollten Sie die oben gegebenen Anweisungen nach Ihren spontanen Eingebungen abwandeln. Eigentlich besteht die «Formel» darin, dass Sie sich selbst im Sinne des strahlenden Energiesystems ummodeln, und das bedeutet, frei und spontan zu sein. Die strahlenden Kreisläufe sind buchstäblich und im übertragenen Sinn das Gegenstück zu den Meridianen, die «in der Spur bleiben». Denken Sie an eine aufwallende Erregung, Verliebtheit oder Bezauberung. Das ist die Art von Energie, die Sie kultivieren.

In diesem Kapitel haben wir allgemeine Techniken zur Stärkung des strahlenden Energiesystems dargelegt; Techniken zur Arbeit mit speziellen strahlenden Kreisläufen und eine Strategie zur Veränderung von Gewohnheiten mit Hilfe einer Neukonditionierung der energetischen Reaktionen des Körpers auf stressbeladene Situationen, Gedanken und Bilder. Wenn die strahlenden Kreisläufe so trainiert sind, dass sie unter Bedingungen von Stress stark bleiben, nähren sie auch jene Meridiane, die zu chronischer

Schwäche neigen. Sie sind ein ungemein wertvolles und weithin unterschätztes System, um positive innere Veränderungen herbeizuführen.

Während die Vielzahl der hier dargebotenen Techniken auf den ersten Blick schematisch und unübersichtlich erscheinen könnte, sind sie tatsächlich einfacher durchzuführen, als zu lesen, nehmen nicht viel Zeit in Anspruch und werden Ihnen helfen, Quellen der Freude anzuzapfen. Wir hoffen, dass Sie mit ihnen experimentieren werden. Das Wissen, wie man die strahlenden Energien aktiviert, sollte unserer Meinung nach zur Bildung jedes Menschen gehören.

> **In Kurzform:** Die strahlenden Kreisläufe sind ein eigenständiges Energiesystem. Sie verbinden und harmonisieren alle anderen körpereigenen Energien; und wenn dies geschieht, wird es subjektiv als Leidenschaft und Freude erfahren. Wenn Ihre strahlenden Energien beeinträchtigt sind, ist Ihr Körper nicht in der Lage, Sie dabei zu unterstützen, Lebensfreude oder Leidenschaft zu empfinden, und auch Ihre Gesundheit insgesamt ist bedroht. In diesem Kapitel haben Sie sechs Übungen aus vorhergehenden Kapiteln wiederholt, die dem strahlenden Energiesystem Auftrieb geben, und sechs neue Übungen kennengelernt. Neben diesen allgemeinen Techniken haben Sie etwas über die acht strahlenden Kreisläufe erfahren, was ihre Aufgabe und Wirkung angeht, und mindestens zwei Methoden, um den Fluss und die Funktion eines jeden zu optimieren.

Epilog
Die Zukunft der Energetischen Psychologie

> Energetische Medizin ist die Zukunft der gesamten Medizin.
> DR. C. NORMAN SHEALY, GRÜNDUNGSPRÄSIDENT DER AMERICAN HOLISTIC MEDICAL ASSOCIATION

Aus einem bestimmten Blickwinkel betrachtet, ist die menschliche Geschichte die Geschichte vom Umgang mit unserer Verwundbarkeit. Von Obdach, ausreichender Ernährung und kommunaler Sicherheit bis hin zu Fortschritten wie Sanitäranlagen, moderner Medizin und Telekommunikation hat das 20. Jahrhundert vielen Menschen Sicherheit, Geborgenheit und Annehmlichkeiten gebracht, die für frühere Generationen noch undenkbar waren.

Das 21. Jahrhundert hat uns jedoch gleich zu Beginn unausweichlich an unsere Verwundbarkeit erinnert. Uns ist schmerzlich bewusst geworden, dass wir mit dem unvorstellbaren Leid von biologischen oder nuklearen Terroranschlägen konfrontiert werden könnten, dass wir uns auf Messers Schneide zwischen dem Erhalt unseres hartverdienten Lebensstils und der Umweltzerstörung bewegen und dass die jetzige Generation wenig anzubieten hat, um unsere Kinder verlässlich auf eine ungewisse Zukunft vorzubereiten.

Wenn wir Sie so spät in diesem Buch an unser aller Verwundbarkeit erinnern, dann nicht, um verbissen, streng oder dramatisch zu sein. Vielmehr könnte das Schicksal unserer Kultur buchstäblich davon abhängen, *wie wir* mit unserer Verwundbarkeit und den damit verbundenen Ängsten *umgehen*. Die Energetische

Psychologie könnte eine bedeutende Rolle in dieser globalen Herausforderung spielen.

Energetische Psychologie ist unter anderem eine Methode, mit unseren Ängsten umzugehen. Damit wollen wir nicht sagen, dass Energetische Psychologie der Weg zum Weltfrieden oder zur Rettung der Menschheit ist. Doch wir meinen, dass Menschen bessere Entscheidungen treffen können, wenn sie die Rolle, die die Angst bei unguten persönlichen und kollektiven Entscheidungen und Gewohnheiten spielt, erkennen und Mittel zur Verfügung haben, um die Angstreaktion im Körper zu reduzieren, nachdem sie verstanden haben, was die Angst ihnen sagen will. Das ist ein wesentlicher Beitrag zu einem besseren Leben und einer besseren Welt.

Die Stellung der Energetischen Psychologie

Ein heißdiskutiertes Thema unter Psychologen ist, inwieweit die Wirksamkeit einer neuen Therapie durch empirische Forschung belegt sein muss, bevor Fachleute sie guten Gewissens der Öffentlichkeit anbieten können.[1] Einige vertreten den Standpunkt, dass ein hundertprozentiger wissenschaftlicher Nachweis ein unerfüllbares Kriterium ist – ein Standard, den nicht einmal Medikamente erfüllen – und ein völliges Ding der Unmöglichkeit auf einem Gebiet mit so vielen Unwägbarkeiten wie der Psychotherapie. Andere hingegen glauben, dass der Stand der empirischen Forschung die Erfüllung solcher Normen erlaubt und die Öffentlichkeit ein Recht darauf hat. Die Wahrheit liegt, wie wir glauben, irgendwo in der Mitte. Unserer Einschätzung nach gibt es genügend Material aus Tausenden von klinischen Berichten, systematischen klinischen Vorversuchen und frühen Untersuchungen (siehe Anhang 3), das darauf hindeutet, dass die Stimulierung bestimmter Akupunkturpunkte bei energetisch-psychologischen Behandlungen

1. sicher und nicht invasiv ist,
2. bei bestimmten psychischen Störungen ebenso wirksam oder wirksamer ist als andere verfügbare Therapien und
3. auch ein wirksames Mittel für den Umgang mit Emotionen und Verhalten in Eigenregie ist.

Gründe für Fehlschläge bei der Behandlung

Eine der vernünftigsten Methoden, um einen Therapieansatz weiterzuentwickeln, besteht darin, die Fälle zu untersuchen, in denen er nicht funktioniert. Basierend auf seinen eigenen klinischen Untersuchungen und ausgedehnten Kontakten mit Therapeuten und führenden Köpfen auf diesem Gebiet, hat Dr. David Gruder, Gründungspräsident der Association for Comprehensive Energy Psychology, fünf Gründe herausgefiltert, aus denen seiner Ansicht nach energetisch-psychologische Behandlungen mitunter fehlschlagen.[2] Diese Übersicht ist nicht nur lehrreich für jemanden, der beginnt, die Methode anzuwenden, sie liefert auch ein Grundgerüst dafür, in welche Richtung sich die zukünftige Forschung bewegen muss. Zu den fünf Faktoren gehören:

1. Falscher Behandlungsschwerpunkt

Wir haben betont, wie wichtig es ist, die *Aspekte* eines Problems zu bestimmen und jeden für sich zu behandeln, wenn Ihre Arbeit an einem Problem oder einer Zielvorgabe nicht die gewünschte Wirkung hat. Neben der Einkreisung aller spezifischen Aspekte eines Problems unterstreicht Gruder auch, wie wichtig es ist, 1. das Hauptproblem anfangs korrekt zu definieren, 2. sich als Erstes auf Ziele zu konzentrieren, die das Potenzial haben, größere erwünschte Veränderungen herbeizuführen (mit Gruders Worten «das Problem mit der obersten Priorität» identifizieren) und 3. emotional und energetisch ausreichend mit dem Problem in Kontakt zu sein.

2. Mangelnde Voraussetzungen

Wenn das energetische System eines Menschen so schwer gestört ist, wie im 6. Kapitel beschrieben, ist die Stimulation von Akupunkturpunkten, während man sich auf ein psychisches Problem einstimmt, wahrscheinlich weniger wirksam. Die Empfehlungen im 6. Kapitel zielen auf die Schaffung besserer energetischer Voraussetzungen ab, um sich auf bestimmte emotionale Probleme konzentrieren zu können. Wenn Sie ein Behandlungsziel wählen, das bei Ihnen widerstreitende Gefühle auslöst – ein Teil von Ihnen möchte das Problem überwinden, ein anderer Teil möchte den Status quo bewahren (siehe Erörterung der «psychischen Umkehrung», S. 85) –, ist es ebenfalls nicht wahrscheinlich, dass Sie Ihr erklärtes Ziel erreichen, bevor Sie nicht den zugrunde liegenden Konflikt gelöst haben. Auch hier können relativ simple Methoden oft eine Lösung bringen, zumindest so weit, dass die Behandlung erfolgreich fortgesetzt werden kann.

3. Falsche Behandlungsmethode

Einige Probleme scheinen besser auf energetische Maßnahmen anzusprechen als andere, und dann gibt es solche, die sich am besten mit energetischen Maßnahmen begleitend zu einer Therapie behandeln lassen (siehe die Erörterung in Anhang 3). Überdies gibt es innerhalb der Energetischen Psychologie eine große Bandbreite von Methoden. In dem vorliegenden Buch werden

Grundtechniken vorgestellt, die – korrekt angewendet – bei einem überraschend hohen Prozentsatz von Menschen und Problemen Wirkung zu zeigen scheinen. Wo dies nicht der Fall ist, kann ein erfahrener Therapeut häufig einen Weg zu dem gewünschten Ergebnis finden, weil er auf ein breiteres Spektrum von Methoden zurückgreifen und besser mit den beteiligten klinischen Problemen umgehen kann.

4. Vorzeitige Beendigung der Behandlung

Wenn Ihre Bewertung auf der Stressskala bei 0 oder nahe 0 angekommen ist, besteht der nächste Schritt darin, die Ergebnisse einem Test zu unterwerfen (S. 57), um festzustellen, ob das Problem völlig gelöst ist, zusätzliche Aspekte des Problems Beachtung erfordern und die positiven Ergebnisse, die Sie erleben, sich auf ähnliche Situationen in der Zukunft übertragen lassen. Indem Sie sich mental in eine Situation hineinversetzen, die früher eine äußerst problematische Reaktion Ihrerseits hervorgerufen hätte, testen Sie das Ergebnis und festigen es entweder oder entdecken, worauf sich die weitere Behandlung konzentrieren sollte.

5. Fehlende Schaffung eines neuen Musters nach Eliminierung des alten

Wenn Sie ein problematisches Gedanken- oder Verhaltensmuster erfolgreich überwinden, es aber nicht durch ein neues ersetzen, das ein besseres Funktionieren gewährleistet, besteht eine größere Wahrscheinlichkeit, unter Stress wieder in das alte Muster zurückzufallen. «Frieden ist nicht bloß die Abwesenheit von Krieg» – dies trifft auf die Psyche ebenso zu wie auf Nationen. Während manchmal das Behandlungsziel schon erreicht ist, wenn eine

Phobie verschwindet, geht es mit zunehmender Komplexität der angestrebten persönlichen Veränderung nicht mehr bloß um die Eliminierung problematischer Reaktionen, sondern auch darum, Visionen von neuen Weisen des Seins und Verhaltens zu entwickeln und diese energetisch und psychisch zu integrieren. Diesbezügliche Methoden wurden im 4. Kapitel erläutert.

Energetische Behandlung durch Laien

Einem Laienpublikum wirksame psychologische Methoden an die Hand zu geben, ist hoch umstritten. Mit diesem Buch haben wir eindeutig Stellung bezogen. Es gibt zu dieser Frage zwei widersprüchliche Auffassungen. Der einen zufolge gehört jede wirkungsvolle psychologische Maßnahme, die die Neurochemie, die Gedanken und den emotionalen Zustand eines Menschen verändert, in den «Arzt-Patient-Rahmen». Der anderen zufolge stellt der energetische Ansatz bei psychischen Problemen ein neues Modell dar, wonach Menschen die Energien, die ihrer physischen und mentalen Gesundheit schaden, leicht in Eigenregie beeinflussen können – was bedeutet, dass die entsprechenden Methoden eine möglichst weite Verbreitung finden sollten. Ebenso wie Menschen gewöhnlich nicht ihren Arzt konsultieren müssen, wenn sie sich proteinreicher ernähren, ins Fitnessstudio gehen oder Dehnübungen gegen ihre Rückenschmerzen machen wollen, sollten nach Ansicht der Vertreter der zweiten Auffassung auch die Techniken für einen besseren Umgang mit den eigenen Energien und Emotionen einer breiten Masse zugänglich gemacht werden.

Die erste Überlegung, wenn man guten Gewissens eine neue Methode empfehlen will, lautet: «Richte keinen Schaden an.» Ungeachtet der Nebenwirkungen von Operationen, Bestrahlungen und Medikamenten ist dieses hippokratische Gebot ein Ideal, das jeder heilerisch Tätige und jeder energetische Therapeut anstreben sollte. Obwohl noch keine formellen Forschungsergebnisse vorliegen, ist die Selbstanwendung der Grundtechnik von mehr als Zehntausenden von Menschen «in einer Feldstudie» getestet worden; und allem Anschein nach hat sie sich als nichtinvasive Maßnahme erwiesen, die bei einem breiten Spektrum emotionaler Probleme behutsam, sicher und häufig erfolgreich wirkt. Der medizinische Grundsatz, wonach man bei der Behandlung einer Erkrankung zunächst mit der am wenigsten invasiven Maßnahme beginnen soll, legt in der Tat die Schlussfolgerung nahe, dass die Anwendung der Grundtechnik in Eigenregie in vielen Fällen eine sehr angemessene Erstmaßnahme darstellt, bevor Psychotherapie oder Medikamente eingesetzt werden. Sie ist leicht zu erlernen, leicht anzuwenden und kostet nichts.

Laien den Zugang zu energetischen Methoden zu öffnen, wird professionelle Psychotherapeuten überdies kaum arbeitslos machen. Die Fachleute könnten stattdessen richtungsweisend darin sein, Normen für den verantwortungsvollen Einsatz energetischer Maßnahmen aufzustellen. Menschen, die in der Therapie emotionaler Probleme ausgebildet sind und darüber hinaus mit den Energien arbeiten können, die die Emotionen eines Menschen beeinflussen, bringen einfach das bessere Rüstzeug mit. Wenn die Grundlagen der Energetischen Psychologie sich in der Allgemeinheit stärker durchsetzen, wird es zunehmend wichtiger, einen Stamm von Fachleuten zu haben, die man konsultieren kann, wenn es darum geht, sie effektiver und auf schwierigere Probleme anzuwenden. Die Grundtechnik als eines der diversen populären Verfahren ist aufs Wesentliche reduziert. Die fachmännische Sicht und Hilfestellung können in vielen Fällen für die zwischenmenschliche Unterstützung und kompetente Anwendung sorgen, die darüber entscheiden, ob der Ansatz die gewünschte Wirkung erzielt oder nicht. Überdies ist die Fähigkeit des Fachmanns, den energetischen Ansatz mit einem breiten Spektrum anderer psychologischer Methoden zu kombinieren, von unschätzbarem Wert.

Doch selbst wenn sie in Eigenregie oder von Laien angewendet werden, sind die Grundtechnik und ähnliche Verfahren häufig so wirksam, dass dies paradoxerweise eine ihrer Gefahren unterstreicht. Der Umstand, dass jeder sich mühelos Zugang zu diesen wirkungsvollen Methoden verschaffen kann, sollte nicht verhindern, dass Menschen, falls notwendig, professionelle Hilfe in Anspruch nehmen. Wenn Sie ein Problem mit den vorhandenen Mitteln nicht lösen können, sollten Sie sich nicht scheuen, andere Hilfen in Anspruch zu nehmen. Psychotherapie ist eine der in Betracht kommenden Möglichkeiten, mit der Sie sich nicht unbedingt als psychisch krank einstufen. Therapeuten behandeln ein breites Spektrum an Lebensproblemen, die nichts mit psychischer Krankheit zu tun haben.

Die andere Gefahr, die der hohen Wirksamkeit energetischer Behandlungen innewohnt, ist, dass viele Menschen versucht sind, sie auf andere Menschen in Bereichen anzuwenden, die ihre Kompetenz weit überschreiten. Gary gibt seinen Schülern kurz und bündig den Rat: «Schuster, bleib bei deinem Leisten.» Das unterstreicht, dass Sie die Komplexität emotionaler Probleme und psychischer Anliegen erkennen und den Rahmen Ihrer Ausbildung und Kompetenz nicht überschreiten sollten. Dass Sie Ihrer Nachbarin mit der Grundtechnik über die Depression nach dem Tod ihres Kanarienvogels hinweggeholfen haben, macht Sie noch nicht zu einem Berater in Trauerarbeit oder qualifiziert Sie dafür, schwere Depressionen zu behandeln. Dass Sie Ihrem Schwiegervater geholfen haben, seine Überempfindlichkeit gegen Erdbeeren in den Griff zu bekommen, heißt noch nicht, dass Sie Allergologe sind. Und nur weil Sie Ihr Kind nach einem Albtraum beruhigen konnten, sind Sie deswegen noch lange nicht qualifiziert, ein Zentrum zur Behandlung posttraumatischer Belastungsstörungen zu eröffnen.

Hüten Sie sich auch vor dem Helfersyndrom, bei dem Menschen, die eine innovative Methode kennengelernt haben, anderen zwanghaft und aufdringlich helfen oder einfach mit ihrem neuen Wissen prahlen wollen. Ihre Einstellung ist ein wichtiger Faktor in der Beziehung zu anderen, und wenn Sie die Methoden gegen den Willen anderer oder selbstherrlich anwenden, mindert das ihren Wert und kann zu allen möglichen ungewollten Verwicklungen führen.

Im Endeffekt ist es nicht möglich, Laien daran zu hindern, anderen Menschen energetische Grundtechniken zur Bewältigung ihrer Emotionen zu vermitteln. Während dabei viel Gutes entstehen kann und auch entstanden ist, wurde auch Schaden angerichtet. Einige Therapeuten haben in verschiedenen Internetforen von Fällen berichtet, in denen sie die Scherben aufsammeln mussten, nachdem ein Amateurberater mit Hilfe energetischer Techniken emotionale Wunden bei jemandem aufgerissen hatte, mit denen er anschließend nicht umgehen konnte. Man kann etwas tun, um solchen unglückseligen Vorkommnissen – wo bei jemandem, der Hilfe sucht, noch mehr Schaden und Kummer angerichtet wird – gegenzusteuern. Die Association for Comprehensive Energy Psychology (www.energypsych.org) beispielsweise ist gerade dabei, Richtlinien und Ausbildungsprogramme für die gefahrlose Anwendung der Methoden der Energetischen Psychologie durch Laien zu erarbeiten.

Vorhersagen

Da die Grundmethoden der Energetischen Psychologie zu alltäglichen Mitteln bei der eigenen Bewältigung von Emotionen werden, können wir einige Vorhersagen treffen.

Vorhersage 1: Empirische Untersuchungen werden belegen, dass die Methoden der Energetischen Psychologie eine neurologisch wirksame Maßnahme sind, um erwünschte Persönlichkeitsveränderungen herbeizuführen. Es wird sich zeigen, dass diese Techniken mentale Gewohnheiten und Einstellungen stärken, die psychisches Wohlbefinden fördern, und jene Gewohnheiten und Einstellungen schwächen, die es beeinträchtigen. Das umfasst folgende Punkte:

➡ Die mentale Aktivierung negativer Erinnerungen bei gleichzeitiger Stimulation ausgewählter Akupunkturpunkte oder anderer Energiezentren reduziert die neuralen Verbindungen im Mandelkern und anderen Gehirnzentren, die problematische Reaktionen auslösen.

➡ Die Aktivierung positiver Bilder oder Affirmationen bei gleichzeitiger Stimulation anderer Akupunkturpunkte oder Energiezentren ermöglicht die Bildung neuraler Verbindungen, die diesen Bildern und Affirmationen Kraft geben.

Vorhersage 2: Besonders Letzteres wird dazu führen, dass Laien und Fachleute mit energetischen Behandlungen in allen Lebensbereichen experimentieren werden – von Psychotherapie, Medizin und Erziehung über Sport, geschäftliche und soziale Bereiche bis hin zu Spiritualität. Durch die dabei gesammelten Erfahrungen werden allmählich die Techniken verfeinert, die notwendigen und ausreichenden Bedingungen für effektive Behandlungen aufgezeigt und die Stärken und Grenzen der Methode erkannt.

Vorhersage 3: Kinder werden energetische Techniken als vernünftige Methode zum Umgang mit ihren Gefühlen lernen – genauso selbstverständlich, wie vor einem Wutausbruch bis zehn zu zählen.

Vorhersage 4: Wenn die energetischen Methoden Allgemeingut werden, wird man von Erwachsenen größere Kompetenz im Umgang mit problematischen Gefühlen, wie irrationale Wut, Sorge, Eifersucht und Selbsthass, erwarten. Kurse zur Entwicklung solcher Kompetenzen werden so selbstverständlich werden wie Kurse in Wiederbelebungsmaßnahmen und Erster Hilfe beim Roten Kreuz.

Vorhersage 5: Bei vorehelichen Beratungen werden Paare regelmäßig lernen, gereizte Reaktionen aufeinander zu vermindern, vergangene Verletzungen und Groll zu heilen, die sich auf die Ehe auswirken könnten, und Muster der Herkunftsfamilie zu verändern, die ihre jetzige Beziehung stören.

Vorhersage 6: In Krankenhäusern wird man Patienten vor einer Operation mit Hilfe energetischer Behandlungen routinemäßig helfen, ihre Ängste zu reduzieren und eine positive Einstellung gegenüber dem Eingriff zu entwickeln. Das ist nur eine der vielen medizinischen Anwendungen, mit denen zu rechnen ist.

Vorhersage 7: Anstatt «energetische Psychotherapeuten» zu werden, werden die meisten klinischen Psychologen energetische Methoden in ihr bestehendes Repertoire einfließen lassen und ihre Behandlungsmethoden auf diese Weise flexibler, wirkungsvoller und präziser gestalten. So werden zum Beispiel energetische Interventionen zur Steigerung des Mitgefühls regelmäßig eingesetzt werden, um *emotionale Intelligenz* zu fördern, wie im 5. Kapitel erörtert; energetische Behandlungen, die selbstabwertende Gedanken mindern, werden zu Standardmethoden in der *kognitiven Psychologie*; und energetische Interventionen zur Steigerung von Optimismus werden zu einer wichtigen Komponente der neuen *Positiven Psychologie*.

Vorhersage 8: Auf dem Gebiet der Energetischen Psychologie werden zunehmend wirkungsvollere Methoden entwickelt, wie zum Beispiel Garys *Borrowing-Benefits-Prozess*[3], wodurch die Methoden mit größerer Wirksamkeit sowohl in großen Gruppen als auch allein zu Hause angewendet werden können.

Vorhersage 9: Es werden sich ethische Fragen ergeben im Hinblick auf die Kompetenz der jeweiligen Anwender wie auch auf unverfroren manipulative Anwendungen der Methode. Darunter würde beispielsweise fallen, wenn energetische Techniken von Schulen benutzt würden, um Gehorsam gegenüber Autoritäten zu fördern, von Firmen, um bei Verkäufern die Hemmschwelle bei der Ausübung von Druck zu senken, oder beim Militär, um bei Soldaten größere Kaltblütigkeit beim Töten zu fördern. Auch subtilere ethische Fragen werden sich stellen, zum Beispiel, ob Eltern, die übermäßig häufig ihr Kind mit einfachen physischen Maßnahmen beruhigen, nicht von Familienproblemen ablenken, die direkter angesprochen werden sollten.

Vorhersage 10: Ebenso wie die konservativen Kräfte innerhalb der etablierten psychotherapeutischen und medizinischen Kreise wird die Pharmaindustrie energetische Interventionen nur langsam akzeptieren und mit Sicherheit versuchen, Forschungsergebnisse zu diskreditieren, die deren Wirksamkeit belegen. Unterstützung seitens des Gesundheitssystems wird allerdings aus einer unerwarteten Richtung kommen: Krankenkassen, die an effektiven Behandlungen mit geringen Kosten interessiert sind, werden energetische Behandlungen als ersten Behandlungsweg für eine ganze Reihe von Krankheiten zum Standard machen. Wie die 5000 Jahre alte direkte Vorläufermethode – die Akupunktur – werden die Methoden der Energetischen Psychologie überdauern.

Anhang 1

Die Grundtechnik im Überblick

Vorbereitung: Energien ausgleichen, Problem wählen, Problem auf einer Skala von 1 bis 10 einordnen, Erinnerungssatz formulieren.

1. Schritt – **Eröffnung:** Massieren Sie die wunden Punkte auf der Brust oder klopfen Sie die Karatepunkte und sagen Sie dabei dreimal: «Auch wenn ich [benennen Sie Ihr Problem], liebe und akzeptiere ich mich von ganzem Herzen.»

2. Schritt – **Klopfen**: Klopfen Sie die unten genannten Punkte und sprechen Sie dabei laut Ihren Erinnerungssatz.

3. Schritt – **9-G-Folge:** Klopfen Sie den Punkt zwischen dem Knöchel von Ringfinger und kleinem Finger und führen Sie dabei folgende Anweisungen aus: 1. Augen schließen, 2. Augen öffnen, 3. nach rechts unten schauen, 4. nach links unten schauen, 5. Augen kreisen im Uhrzeigersinn, 6. Augen kreisen entgegen dem Uhrzeigersinn, 7. Liedanfang summen, 8. bis fünf zählen, 9. nochmals summen. Wahlweise schließen Sie die Übung ab, indem Sie den Blick vom Boden an die Decke wandern lassen und dabei Energie durch die Augen wegschicken.

4. Schritt – **Klopfen:** Wiederholen Sie den 2. Schritt.

Wiederholen Sie diese Abfolge, bis Sie Ihr Problem auf der Skala mit 0 oder nahe 0 bewerten. Prüfen Sie das Ergebnis, indem Sie versuchen, die störende Emotion hervorzurufen. Wenn Sie die unerwünschte emotionale Reaktion nicht mehr hervorrufen können, können Sie das Ergebnis im «wirklichen Leben» überprüfen.

Wenn das Problem nicht weggeht, bestimmen und behandeln Sie 1. weitere Aspekte des Problems, 2. psychische Umkehrungen, 3. wirre Energien oder 4. energetische Schadstoffe.

Die Klopfpunkte:

Augenbrauenpunkt
Seitlich der Augen
Jochbein (unter den Augen)
Unterhalb der Nase
Kinn
Ni-27-Punkte
Arm-Körper-Verbindungspunkt (freigestellt)
Thymuspunkt (wahlweise)
Unter dem Oberarm
Außenseiten der Beine (freigestellt)
Karatepunkte

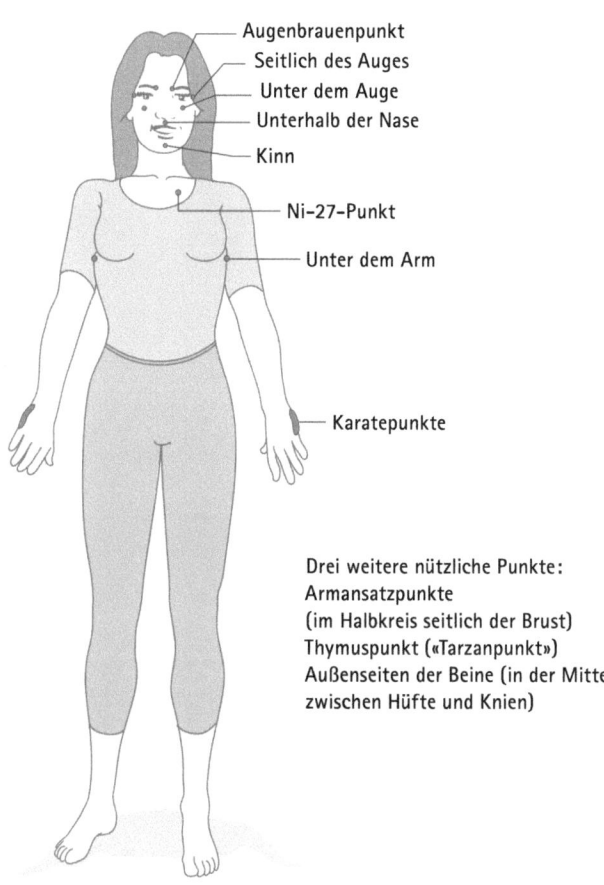

Abbildung 62
Die Klopfpunkte

Anhang 2

Wenn das Programm Verunsicherung auslöst

Ein heikles Thema bei der Darlegung der wirksamen Methoden in diesem Buch ist, dass jede nützliche psychologische Technik starke Emotionen aufrühren oder latente psychische Probleme aufdecken kann. Klopfmethoden scheinen an sich keine nachteiligen Wirkungen zu haben. Nach vorsichtigen Schätzungen haben Zehntausende von Menschen sie anhand eines ausschließlich auf Garys Website erhältlichen Trainingshandbuchs (über 150 000 verzeichnete Downloads) an sich selbst ausprobiert. Gary hat Tausende von verlangten und unverlangt eingesandten Erfahrungsberichten erhalten und ist der Sache oft nachgegangen, wenn jemand nicht die angestrebten Resultate erzielte. Auch wenn die Techniken nicht bei allen Menschen oder jeder Situation die erwünschte Wirkung zeigen und der Besserung gelegentlich erst eine Verschlechterung der Symptome vorausgeht, wurde die generelle Ungefährlichkeit der Methoden durch diesen Erfahrungsaustausch überzeugend bestätigt.

Über Garys Website hinaus diskutieren Psychotherapeuten, die zur vordersten Reihe der Energetischen Psychologie gehören, seit mehreren Jahren klinische Probleme in diversen Internetforen. Der eindeutige Konsens in den Foren, an denen wir uns beteiligen, ist, dass die überwiegende Mehrzahl der Klienten, mit denen diese Therapeuten gearbeitet haben, keine nachteiligen emotionalen Reaktionen infolge der Klopfbehandlungen verzeichnen konnte. Wenn die Behandlung nicht wie geplant verläuft, deckt die Analyse fast immer einen der folgenden Punkte auf:

1. Schon der Prozess der Einstimmung auf das Problem aktivierte eine starke oder überwältigende Reaktion, auch Abreaktion genannt. Das kann bei jeder therapeutischen Methode passieren und trifft besonders dann zu, wenn das Problem auf einem frühen Trauma oder einer Körperverletzung durch Unfall, physischen Missbrauch oder anderer Gewalt beruht.
2. Eine psychische Umkehrung (S. 85 ff.) – ein innerer und oft unbewusster Konflikt bezüglich des Behandlungsziels – kann die Behandlung so lange blockieren, bis der Konflikt erkannt und gelöst wird. Dazu gehören möglicherweise mit den Symptomen verbundene sekundäre Gewinne (zum Beispiel eine Berufsunfähigkeitsrente, Mitgefühl oder eine Ausrede, um sich vor Verantwortung zu drücken) oder eine tiefe Furcht davor, sich mit dem Problem auseinanderzusetzen und es zu überwinden (wenn das Problem beispielsweise zu einem Teil der Identität geworden ist oder dem Menschen ein Gefühl von Sicherheit gibt).
3. Andere Hindernisse für den Behandlungsfortschritt können «wirre» Energien (S. 88), bisher unbeachtete Aspekte des Problems (S. 80 ff.), energetische Schadstoffe (S. 89 ff.) oder eine übermäßig starke oder mechanische (d. h. ohne emotionale Verbindung erfolgte) Anwendung des Klopfens sein.

Der erste Punkt ist von größter Bedeutung bei der Vermittlung energetischer Methoden zur Selbsthilfe, denn abgesehen davon, dass das Problem sich nicht bessert, kann die Aktivierung eines alten Traumas den Eindruck erwecken, dass das Problem eher schlimmer wird. Schon die Vergegenwärtigung eines seelischen Problems, einer unangenehmen Erinnerung oder eines physischen Traumas kann das Vertrauen erschüttern, eine alte Wunde aufreißen oder überwältigende Gefühle aufrühren. Auch wenn das Klopfen keine neuen emotionalen Probleme verursacht, so kann doch jede starke Erfahrung unterschwellige ungelöste Probleme an die Oberfläche bringen. Wenn unterdrückte Emotionen kurz davor sind, die innere Abwehr zu durchbrechen, kann eine heftige Reaktion durch Verschiedenes ausgelöst werden: einen eindrucksvollen Film, den Beistand, den man seinem Kind in einer schwierigen Zeit leistet, einen Streit mit einem nahestehenden Menschen, die harsche Kritik seitens eines Freundes, den Beginn einer Psychotherapie, die Öffnung für die dunkleren Seiten der Psyche, wenn man Traumarbeit macht, die Teilnahme an einem intensiven Selbsterfahrungsseminar oder die Verwendung von Techniken, wie sie in diesem Buch beschrieben werden. Was zu tun ist, wenn das geschieht, wollen wir hier erörtern.

Zuerst möchten wir betonen, dass intensive emotionale Reaktionen keinen Rückschritt bedeuten. Es ist jedoch von höchster Wichtigkeit, dass Sie – wenn solche Reaktionen eintreten – sich die nötige Unterstützung und Hilfe suchen, um eine Lösung herbeizuführen und gestärkt aus der Sache hervorzugehen, statt durch ein weiteres ungelöstes Trauma noch schwächer oder mit einer noch größeren Abwehr dazustehen. Es ist keine Frage, dass Energiearbeit wie jede andere psychologische Methode und viele andere Lebenserfahrungen auch alte emotionale Wunden an die Oberfläche bringen kann. Auch wenn dies zuerst sehr belastend sein kann, so erschöpfen unterschwellige emotionale Probleme häufig die Vitalität des Betreffenden und fördern von Angst bestimmte Gedanken und Verhaltensmuster. Wenn Ihnen diese zu Bewusstsein kommen, tun sich Wege zur Heilung auf. Durch diese Heilung können die Energien, die in die Verdrängung der alten Wunden geflossen waren, für eine dynamischere Lebenseinstellung eingesetzt werden.

Wir haben uns sehr bemüht, die Techniken in diesem Buch so zu präsentieren, dass Sie sie Ihren eigenen Bedürfnissen, Ihrer Bereitschaft und Ihrem Tempo anpassen können. Wenn Sie sich dennoch bei der Anwendung der Übungen unwohl oder verunsichert fühlen und wenn dieser Zustand anhält, nachdem Sie die weiter unten angeführten Vorschläge angewandt haben, sollten Sie sich unbedingt Unterstützung von Ihrer Familie und Ihren Freunden holen oder professionelle Hilfe in Anspruch nehmen (siehe S. 397). Dieses Übungsprogramm stellt keinen Ersatz für Psychotherapie dar (bitte lesen Sie noch einmal den Abschnitt «Möglichkeiten und Grenzen dieses Buches», S. 44–46), und es sei nochmals betont, dass es Zeiten gibt, in denen Lebenserfahrungen uns in einen Zustand der psychischen Empfänglichkeit versetzen, in dem die Arbeit mit einem guten Therapeuten außerordentlich nutzbringend sein kann.

Wenn das Programm Sie verunsichert, können Sie zunächst eine der folgenden Erste-Hilfe-Maßnahmen ergreifen. In den meisten Fällen werden eine oder mehrere davon genügen. Aber vergessen Sie nicht, dass eine länger andauernde Krise auch eine Chance, eine Öffnung für einen höchst fruchtbaren Weg der Heilung und des Wachstums sein kann, der durch konzentrierte Bemühung, Psychotherapie, eine spirituelle Disziplin oder eine andere Heilmethode eröffnet wurde. Zu den Sofortmaßnahmen, die Sie ergreifen können, wenn Sie anfangen, sich unwohl zu fühlen, gehören:

Wenden Sie die Grundtechnik auf die akute Reaktion an. Die Grundtechnik ist eine kraftvolle Weise, sich zu beruhigen. Wenn die Beschäftigung mit Ihren persönlichen Problemen emotionales Unbehagen hervorruft, treten Sie einen Schritt zurück und wenden Sie die Grundtechnik auf die hochgekommenen Gefühle an. Da Sie mitten in der Emotion stecken, fangen Sie einfach mit der Klopfsequenz an. Es ist nicht notwendig, einen Erinnerungssatz zu formulieren, da Sie bereits auf das Gefühl eingestimmt sind. Bei intensiven emotionalen Reaktionen können 20 bis 30 Klopfsequenzen nötig sein. In der Phase, in der Gefühle stark sind, können Sie die 9-G-Folge oder den Eröffnungssatz weglassen.

Halten Sie die neurovaskulären Punkte. Diese Maßnahme (S. 287) kann eine ähnliche Wirkung hervorrufen, indem sie Ihren Körper entspannt und Ihre Emotionen beruhigt. Bei einer Stressreaktion wird Blut in Arme, Beine, Brust und andere Körperteile bzw. Organe gepumpt, die am Angriffs-oder-Flucht-Reflex beteiligt sind. Das Halten dieser Punkte wirkt der Stressreaktion entgegen, indem sie das Blut ins Gehirn zurückschickt. Legen Sie einfach eine Hand auf die Stirn und die andere auf den Hinterkopf über dem Nacken. Halten Sie die Position entspannt 2–3 Minuten lang, während Sie durch die Nase ein- und den Mund ausatmen.

Bringen Sie Ihre Energien ins Gleichgewicht. Führen Sie das Fünf-Minuten-Programm für den Alltag durch (S. 267) oder eine spezielle Erste Hilfe für die Seele, die aus einigen oder allen der folgenden Übungen besteht: dem Hook-up (S. 281), der Cook-Übung (S. 273), der homolateralen Überkreuzbewegung (S. 283), der Übung zur Beruhigung des Dreifachen Erwärmers (S. 289), dem dynamischen Ausatmen (S. 294) und der Übung «Himmel und Erde verbinden» (S. 296).

Beruhigen Sie Ihr Denken. Tun Sie etwas Beruhigendes: Hören Sie Musik, arbeiten Sie im Garten, rufen Sie einen Freund oder eine Freundin an, machen Sie einen Spaziergang in der Natur, meditieren Sie, schauen Sie sich einen netten Film an, machen Sie Yoga oder Dehnübungen, atmen Sie tief.

Gönnen Sie Ihrem Körper Ruhe. Machen Sie eine Pause. Nehmen Sie ein Bad. Machen Sie ein Nickerchen. Nehmen Sie sich ein paar Tage frei. Gönnen Sie Ihrem Körper Ruhe. Gönnen Sie Ihrem Geist Ruhe.

Bringen Sie Ihren Körper in Schwung. Tun Sie etwas, was Sie in Schwung bringt, wie schwimmen, laufen, tanzen, Trampolin springen, das Haus putzen oder das Auto polieren. Das regelmäßige Ablassen aufgestauter oder stagnierender Energien ist eine exzellente Form emotionaler Hygiene.

Benutzen Sie Ihre Imagination. Experimentieren Sie mit Phantasiereisen, in denen Sie sich an einen geschützten, schönen, Ihnen heiligen Ort begeben – einen Wald, einen Bergbach, ein Versteck aus Ihrer Kindheit. Kultivieren Sie anschließend Ihre Fähigkeit, sich in Gedanken jederzeit dorthin zu begeben, wenn Sie das Bedürfnis nach Sicherheit, Unterstützung oder Erneuerung verspüren.

Zapfen Sie Ihre innere Führung an. Archetypen sind Kräfte der Psyche, denen eine größere Weisheit zur Verfügung steht als der Verstand. Häufig finden Sie Zugang zu ihnen, indem Sie sich einen inneren Führer vorstellen, der Sie umsorgt und Ihnen Ratschläge gibt. Stellen Sie sich diese Wesenheit lebhaft vor, vielleicht an dem oben erwähnten schönen und geheiligten Ort. Bitten Sie um die Führung, die Sie brauchen. Hören Sie aufmerksam auf die Antwort. Kultivieren Sie eine Beziehung mit dem Symbol Ihrer inneren Weisheit.

Suchen Sie Unterstützung bei einem anderen Menschen. Vertrauen Sie sich jemandem an, dem Sie etwas bedeuten. Nutzen Sie diesen Menschen als Resonanzboden und Quelle der Unterstützung.

Seien Sie geduldig mit sich selbst. Indem Sie Energetische Psychologie in Ihrem eigenen Leben und auf Ihre Probleme anwenden, bejahen Sie Ihre Fähigkeit, sich zu verändern und zu entwickeln. Danken Sie sich selbst für Ihre Absicht und Ihre Bemühungen *und* verwenden Sie die Grundtechnik, um Ihrer Selbstverurteilung entgegenzuwirken und sich mehr so zu akzeptieren, wie Sie sind.

Betrachten Sie Ihre Schwierigkeiten konstruktiv. Wenn sich tiefgreifende Veränderungen ereignen, verwandeln sich alte und vertraute Sicht-, Denk- und Verhaltensweisen. Dies ist natürlicherweise desorientierend und kann Sie destabilisieren. Geben Sie sich Zeit und nehmen Sie Unterstützung in Anspruch, um sich auf neue Informationen und eine neue Seinsweise einzustellen. Verwenden Sie die Grundtechnik, um Ihren Optimismus zu fördern, eine neue Sicht zu begrüßen, Ihre Kreativität zu nutzen und den Humor, die Ironie und die Lektionen wahrzunehmen, die in dem Prozess enthalten sind.

Erschließen Sie neue Quellen der Inspiration. Ob durch inspirierende Literatur, großartige Filme, heilige Zeremonien, Gottesdienste, Gebete oder Meditation – wir werden alle mit Erfahrungen versorgt, die unser Verständnis von den unsichtbaren Mustern hinter der sichtbaren Welt erweitern, die uns Vorbilder für den Mut und die Größe des menschlichen Geistes bieten und uns zu einer leidenschaftlicheren Beziehung zu uns und unserer Umgebung auffordern. Widmen Sie solchen Aktivitäten Zeit. Eine sehr einfache energetische Meditation, die Ihnen Quellen der Inspiration eröffnen kann, die über das übliche Denken hinausgehen, ist die Übung «Der Himmel tritt ein» auf S. 327.

Auch wenn wir uns in diesem Abschnitt mit den möglichen Gefahren einer Selbsterforschung auf eigene Faust befasst haben, möchten wir am Schluss noch einmal betonen, welchen großen Nutzen Sie aus der direkten Arbeit mit den Energien ziehen können, die unseren Gewohnheiten, Gedanken und Gefühlen zugrunde liegen. Unser Leben, so heißt es, wird von *Schicksal*, *Zufall* und *Wahl* bestimmt. Die Energetische Psychologie bietet Mittel, mit denen Sie den Anteil der Wahl unter den dreien optimieren können, indem Sie Ihre inneren Reaktionen und äußeren Handlungen selbst bestimmen.

Anhang 3

Forschungsberichte [1]

Die Energetische Psychologie verwendet Prinzipien und Techniken, um mit den physischen Energien des Körpers zu arbeiten und auf diese Weise angestrebte Veränderungen in Emotionen, Gedanken und Verhalten zu erleichtern. Der Begriff «Energetische Psychologie» kann gleichbedeutend mit «Energetischer Psychotherapie» oder «energetischer Therapie» verwendet werden und ist auch der Oberbegriff für eine Reihe von spezifischen Methoden wie Thought Field Therapy (Gedankenfeldtherapie), Emotional Freedom Techniques (EFT), Energy Diagnostic and Treatment Methods und mehr als zwei Dutzend weiterer Methoden.

Frühe empirische Studien auf dem Gebiet der Energetischen Psychologie konnten sich auf eine große Anzahl von wissenschaftlichen Artikeln über Akupunktur in mehr als zwei Dutzend Fachzeitschriften stützen, die sich weitestgehend oder ausschließlich mit Akupunktur beschäftigen.[2] In diesem Rahmen steht die wissenschaftliche Untersuchung der manuellen (ohne Nadeln durchgeführten) Stimulation der Akupunkturpunkte (zusammen mit der Verwendung der kognitiven und imaginativen Methoden in der Energetischen Psychologie) noch am Anfang. Auch wenn die diesbezügliche Forschung noch in den Kinderschuhen steckt, gibt es vorläufige Hinweise, dass die untersuchten Methoden eine wirksame Hilfe bei einem breiten Spektrum psychischer Störungen bieten.

In der ersten Testphase vor Einführung einer neuen Therapie werden Fallstudien und Berichte von Einzelfällen gesammelt. Hier sind die Daten eindrucksvoll, wobei Berichte von Hunderten von Therapeuten stammen, die das gesamte Spektrum der psychologischen Richtungen und theoretischen Orientierungen abdecken. Eine Auswahl dieser Fälle findet sich in Büchern, wie Fred Gallos Anthologie *Energy Psychology and Psychotherapy*,[3] und auf Websites, die sowohl schriftliche Dokumentationen als auch Videoaufnahmen von Behandlungen bieten, wie www.emofree.com. Nach Schätzungen auf der Grundlage von informellen Befragungen, die David stichprobenartig unter den über 700 Mitgliedern der Association for Comprehensive Energy Psychology durchgeführt hat, sind allein mehr als 5000 Fälle von «beeindruckenden Behandlungserfolgen» (raschere *und* günstigere Ergebnisse, als der Therapeut sie bei einer Behandlung der Störung mit einer konventionellen Therapie vorhergesagt hätte) in den klinischen Berichten der Mitglieder verzeichnet.

Systematische Beobachtung

Der nächste Schritt, um eine neue Therapie einzuführen – der nach den Fallstudien und vor der formellen wissenschaftlichen Untersuchung erfolgt –, ist die systematische Beobachtung. Diese kann im Zusammenhang damit stattfinden, dass ein Therapeut erste Daten über die Wirkungen einer neuen Behandlung sammeln will oder dass eine bestimmte Klinik eine neue Therapie einführt und anhand der Behandlungsfortschritte der Patienten ihre Effektivität mit der Effektivität der konventionellen Therapien vergleicht, basierend auf Auswertungen und den Eindrücken der Therapeuten. Es kann auch sein, dass eine neue Therapieform bei einer bestimmten Population unter bestimmten Bedingungen getestet wird. Da man Energetische Psychologie für besonders wirksam bei der Traumabehandlung hält, wurden mehrere nach diesen Methoden ausgebildete Helferteams in Katastrophengebiete geschickt, wie im 1. Kapitel erwähnt.

Erste Untersuchungen auf dem Gebiet, die den Kriterien für eine Publikation in Fachzeitschriften nicht genügen (weil sie beispielsweise nicht alle Variablen berücksichtigten, die bei einer formellen Untersuchung berücksichtigt werden müssen, oder sich hauptsächlich auf die subjektiven Berichte der Klienten über Besserungen statt auf objektivere Maßstäbe stützten), können dennoch als systematische Beobachtungen gelten, die bei der Einschätzung einer neuen Therapie sehr lehrreich sein können. Bei einer im Rahmen einer Krankenversicherung durchgeführten Untersuchung der klinischen Ergebnisse bei 714 Patienten, die von sieben Therapeuten mit TFT (Thought Field Therapy) behandelt wurden, stellte sich heraus, dass die Senkung des subjektiven Stresses infolge der Behandlung weit über der Zufallsquote lag bei 31 von 31 psychiatrischen Diagnosekategorien[4], darunter Angst, schwere Depression, Alkoholsucht und PTBS.[5] Daten wie diese, die an sich noch nicht beweiskräftig sind, ermutigen zu weiterem Experimentieren mit der Methode und weiterer Forschung.

Empirische Untersuchungen

Nach Einzelfällen und systematischer Beobachtung folgt die formelle Untersuchung, die festen wissenschaftlichen Standards entspricht und in einem Fachorgan erscheint. Während es eine respektable Forschungsliteratur auf verwandten Gebieten wie Akupunktur und Therapeutic Touch[6] gibt, existierten bei Drucklegung dieses Buches nur eine Hand voll publizierter empirischer Studien, in denen die Energetische Psychologie direkt untersucht wurde. Eine Reihe von fundamentalen Fragen über Energetische Psychologie harrt der weiteren wissenschaftlichen Untersuchung. Sind ihre Behandlungen so rasch und effektiv, wie ihre ersten Befürworter berichten? Bei welchen Störungen sind sie am effektivsten? Welche Vorgehensweisen genau bilden die «notwendigen und ausreichenden Bedingungen» für eine therapeutische Veränderung? Worin bestehen die präzisen Mechanismen, die beteiligt sind, wenn das Klopfen der Akupunkturpunkte zu einer Reduktion oder Eliminierung eines psychischen Symptoms führt? Verschiedene Therapeuten geben verschiedene Antworten auf diese und verwandte Fragen, und weitaus mehr Untersuchungen sind notwendig, um die Konfusion und Widersprüche in vielen Punkten anzuschauen und schließlich zu klären. Einige wenige erste Studien werfen ein Licht auf grundlegende Fragen.

Effizienz

Sind beispielsweise die berichteten klinischen Ergebnisse auf irgendwelche in den energetischen Verfahren enthaltene Eigenschaften zurückzuführen, oder sind sie einfach ein Placeboeffekt, der darauf gründet, dass das Problem mit einem zugewandten Therapeuten angeschaut wurde? Das ist eine fundamentale Frage, die geklärt werden muss, bevor sich eine neue Behandlungsmethode glaubwürdig etablieren kann. Dissertationen sind oft die ersten Forschungen bei neuen Therapien. Während ihre Befunde oft nicht zur Veröffentlichung in wissenschaftlichen Zeitschriften gelangen, verwenden viele Dissertationen dennoch ein strenges Untersuchungsdesign.

Drei Dissertationen, die die Effizienz von energiepsychologischen Verfahren untersuchten, stellten positive Behandlungsergebnisse fest, zwei auf der Basis der systematischen Untersuchung der behandelten Personen und eine dritte auf der Basis eines kontrollierten Experiments. Bei der ersten, die objektive Maßstäbe wie standardisierte Angstlisten verwendete, ergab sich eine signifikante Besserung nach nur einer Therapiestunde mit TFT bei 48 Personen, die Angst vor öffentlichem Reden hatten. Nach der Behandlung berichteten die Versuchspersonen von weniger Schüchternheit und Verwirrung und mehr Selbstsicherheit und einem größeren Interesse, zukünftig eine Rede zu halten. Die Behandlungserfolge waren nach einer Befragung nach vier Monaten stabil.[7] Bei einer zweiten Dissertation wurden 20 Patienten untersucht, die aufgrund einer massiven Nadelphobie bestimmte medizinisch notwendige Behandlungen nicht erhalten konnten. Nach einer Stunde mit TFT zeigten sie eine signifikante sofortige Besserung, die bei einer Nachuntersuchung einen Monat später angehalten hatte.[8] Bei einer dritten Dissertation wurden die Wirkungen von TFT auf das Selbstbild von 28 Personen untersucht, die unter einer Phobie litten. Zwei psychologische Tests zum Selbstbild wurden einen Monat vor der Untersuchung und zwei Monate nach der Untersuchung durchgeführt. Erneut konnten die Phobien durch die TFT-Behandlung massiv zum Abklingen gebracht werden, und bei dieser Studie wurden auch signifikante Fortschritte in der Selbstakzeptanz, dem Selbstwert und der Selbstübereinstimmung zwei Monate nach der Behandlung festgestellt. Eine Kontrollgruppe von 25 Personen zeigte keine Besserung.[9]

Untersuchungsgegenstand einer im *Journal of Clinical Psychology* veröffentlichten Studie war, ob die Wirkungen der energiepsychologischen Verfahren auf einem Placeboeffekt beruhten und wie hoch der Fortschritt war, den man in einer *einzigen Sitzung* bei Freiwilligen erzielen konnte, die irrationale Angst vor Insekten oder kleinen Tieren, wie Ratten, Mäusen, Spinnen und Schaben, hatten. Der Ansatz der Energetischen Psychologie wurde mit einer Entspannungstechnik verglichen, die mit Zwerchfellatmung arbeitet. Signifikant größere Erfolge wurden auf der Basis genormter Phobieskalen und anderer Messverfahren bei der Gruppe festgestellt, die eine energetische Behandlung erhalten hatten. Bei Nachuntersuchungen sechs bis neun Monate später hatten die Besserungen angehalten.[10] Eine Studie, die am Queens College in New York durchgeführt wurde, um festzustellen, ob diese

Resultate wiederholbar waren, brachte im Wesentlichen ähnliche Ergebnisse.[11] Weitere Studien sind in Gang, und die neuesten Resultate werden auf www.energypsych.org/research.htm, www.eftupdate.com/ResearchonEFT.html und www.emofree.com/res.htm veröffentlicht.

Vorgehensweisen

Nachdem vorläufiges Beweismaterial belegt, dass die in der Energetischen Psychologie benutzten Verfahren effektiver als keine Behandlung und bei Phobien effektiver als ein Entspannungstraining sind, erhebt sich als nächste logische Frage, ob es eine Rolle spielt, welche Punkte geklopft werden. Hat allein das simple Klopfen von Punkten auf dem Körper eine heilende Wirkung oder ist wirklich etwas Besonderes an den alten chinesischen Akupunkturpunkten?

Hier sind die Ergebnisse gemischt. Eine erste Untersuchung dieser Frage bei 49 Personen mit einer Höhenphobie ergab, dass bei jenen, die die traditionellen Punkte klopften, eine signifikant größere Besserung eintrat als bei jenen, die «Placebo»-Punkte klopften.[12] In einer späteren Studie, die in der medizinischen Fachzeitschrift *Anesthesia & Analgesia* veröffentlicht wurde, wurden Behandlungen nach einer leichten Verletzung, bei denen Sanitäter Akupunkturpunkte stimulierten, mit Behandlungen verglichen, bei denen man Hautbezirke stimulierte, auf denen keine bekannten Akupunkturpunkte liegen. Erneut erwiesen sich die Behandlungen mit den traditionellen Punkten als effektiver und führten zu einer signifikant höheren Abnahme von Angst, Schmerzen und einem erhöhten Puls.[13]

Bei einer dritten Studie wurden in einem randomisierten kontrollierten Doppelblindverfahren 38 Frauen mit klinischer Depression untersucht.[14] Die Forscher verglichen Patientinnen, bei denen (in zwölf Behandlungen über einen Zeitraum von acht Wochen) speziell für die Behandlung von Depression ausgewiesene Akupunkturpunkte angeregt wurden, mit Patientinnen, bei denen Akupunkturpunkte verwendet wurden, die gewöhnlich bei anderen Beschwerden stimuliert werden (auch zwölf Sitzungen in acht Wochen), und einer Kontrollgruppe, die keine Behandlung erhielt. Nach den Akupunkturbehandlungen zeigten 50 Prozent der Patientinnen, die an den Depressionspunkten behandelt worden waren, keine Anzeichen einer Störung mehr, während nur 27 Prozent der Patientinnen in den beiden Kontrollgruppen eine Symptomlinderung erfuhren. Nach diesem ersten Versuch erhielten auch die Frauen in den beiden anderen Gruppen über einen Zeitraum von acht Wochen die gleiche Behandlung. 70 Prozent erlebten ein *Nachlassen* der depressiven Symptome, wobei nach *konventionellen psychiatrischen Kriterien* bei 64 Prozent eine *vollständige Genesung* eintrat. Diese Ergebnisse belegen nicht nur, dass der potenzielle Placebo- oder Erwartungseffekt im Zusammenhang mit der Akupunkturbehandlung nicht ausschlaggebend für die Genesung war, sondern auch, dass das Ansprechen der richtigen Punkte einen wichtigen Bestandteil der Behandlung bildete.

Eine vierte Studie hingegen deckte keinen Unterschied zwischen dem Klopfen der Standard-EFT-Punkte und Nicht-EFT-Punkte bei der Behandlung von Angst auf, obwohl beide Klopfverfahren wirksamer waren als keine Behandlung.[15] Während man einige der Schlussfolgerungen, die die Autoren dieser Studie gezogen haben, ernsthaft hinterfragen muss,[16] gibt es auch klinische Beweise, denen zufolge die Stimulation bestimmter Punkte, die in der traditionellen Akupunktur nicht identifiziert wurden, einen therapeutischen Effekt haben kann. Auch wenn das ein Gebiet ist, auf dem eindeutig weitergeforscht werden muss, belegen Untersuchungen in China, dass viele traditionelle Akupunkturpunkte – diese weisen einen geringeren elektrischen Widerstand und eine höhere Konzentration von Rezeptoren auf, die auf mechanische

Stimulation reagieren – bei der Stimulation stärkere elektrochemische Signale produzieren. Man glaubt auch, dass zahlreiche Akupunkturpunkte spezifische Wirkungen haben, wie etwa eine Erhöhung des Serotoninspiegels oder eine Stärkung oder Beruhigung des Energieflusses zu einem bestimmten Organ.

Fast alle energetisch orientierten Psychotherapeuten sind übereinstimmend der Auffassung, dass die Stimulation mindestens eines von mehreren Standardsets bestimmter Behandlungspunkte, während man gleichzeitig ein psychisches Problem mental aktiviert, das Problem in einem gewissen Prozentsatz der Fälle lösen wird. Ist das nicht der Fall, gehen die Meinungen über den nächsten Schritt auseinander. Die einen versuchen, mit einem manuellen «Muskeltest» zu bestimmen, ob andere Klopfpunkte besser geeignet wären; andere konzentrieren sich auf eine präzisere Formulierung des Problems; die nächsten versuchen, das Problem in seine Aspekte aufzugliedern; wieder andere überprüfen mögliche Störfaktoren wie psychische Umkehrungen, eine neurologische Desorganisation oder «energetisch toxische Substanzen». Die Therapeuten, die mit Hilfe von Muskeltests bestimmen, welche Meridiane am Problem beteiligt sind, haben ausgefeilte Verfahren entwickelt, um herauszufinden, mit welchen der vielen Punkte auf diesen Meridianen das Problem höchstwahrscheinlich korrigiert werden kann,[17] und sie benutzen diese Punkte bei der nächsten Behandlung.

Mechanismen

Jeder, der schon einmal miterlebt hat, wie eine Person, die Angst vor Schlangen oder Höhen hat, nach 20-minütigem Klopfen ruhig eine Schlange streichelt oder an das Geländer eines hoch gelegenen Balkons tritt, fragt sich, was geschehen ist. Die Abbildungen eines Gehirns auf der vorletzten Seite des Buches liefern eine beeindruckende, wenn auch nur vorläufige wissenschaftliche Antwort auf diese Frage. Sie basieren auf Aufzeichnungen, die mit einem digitalen Elektroenzephalogramm (EEG) gemacht wurden.

Ein EEG liefert eine graphische Aufzeichnung der elektrischen Aktivität des Gehirns und zeigt Veränderungen in der Frequenz, Amplitude und der elektrischen Spannung der Impulse an, bekannt als Alpha-, Beta-, Theta- und Deltarhythmus. Die Farben repräsentieren das *Verhältnis* der Gehirnfrequenzen (besonders Alpha-, Beta- und Thetawellen) und der Subfrequenzen in bestimmten Gehirnarealen. In jedem Augenblick operieren verschiedene Teile des Gehirns auf verschiedenen Frequenzen, und verschiedene mentale Zustände sind durch die spezifischen Muster der Gehirnfrequenzen gekennzeichnet.[18] Angst hinterlässt eine solche elektronische «Signatur» (linkes Bild oben); Depression eine andere.

Wie aus den Bildern ersichtlich wird, änderte sich das Verhältnis der Gehirnfrequenzen bei der Person, die unter einer generalisierten Angststörung litt, im Laufe von zwölf Sitzungen erheblich. Als sich die Wellenfrequenzen in den zentralen und vorderen Abschnitten des Gehirns normalisierten (von Rot zu Blau), nahmen die Angstsymptome sowohl an Intensität als auch an Häufigkeit ab. Ähnliche Bilder und Symptomminderungen waren bei dieser Untersuchung auch kennzeichnend für weitere Patienten mit einer generalisierten Angststörung, die energetische Behandlungen erhielten, und diese Befunde wurden in anderen Untersuchungen bestätigt.[19]

Auch wenn belegt werden konnte, dass die Stimulation spezifischer Akupunkturpunkte elektrochemische Impulse an Gehirnareale sendet, die die Angst- und Stressreaktion regulieren,[20] erhebt sich die Frage, auf welche Weise diese Impulse die Phobie heilen. Ein evolutionärer Trick scheint es möglich zu machen. Es genügt, sich einfach ein Bild *zu vergegenwärtigen*, das eine emotionale Reaktion auslöst, um neurologische Veränderungen herbeizuführen.

Je nachdem, was geschieht, wenn das Bild und die emotionale Reaktion aktiviert werden, können die neuralen Verbindungen zwischen dem angstauslösenden Bild und der emotionalen Reaktion zunehmen oder abnehmen – was zu einer Stärkung oder Schwächung der Reaktion führt, sobald man dem Auslöser das nächste Mal begegnet.[21] Diese Fähigkeit des Gehirns, seine Struktur seiner Aktivität anzupassen, nennt man «neurale Plastizität».

Der offensichtliche Überlebenswert dieses Mechanismus – bei dem es genügt, sich das angstbesetzte Objekt in Erinnerung zu rufen, um die Alarmreaktion neu zu schalten – besteht darin, dass in Urzeiten die Reaktion des Gehirns auf etwas Lebensbedrohliches auf diese Weise leicht auf den neuesten Stand gebracht werden konnte. Der Geruch eines in einer bestimmten Gegend seltenen Tieres wurde vielleicht als mäßig gefährlich eingestuft. Aber dann erblickt unser Vorfahr das Tier. Es sieht furchtbarer aus als erwartet. Er erinnert sich an ein Tal in einiger Entfernung von der Höhle, wo ihm der Geruch zum ersten Mal begegnet ist. Zwischen dem Bild von dem Tal und der Alarmreaktion werden sofort neurale Verbindungen aufgebaut. Die Neuprogrammierung kann aber auch in die andere Richtung gehen. Wenn sich das Tier nicht als bedrohlich erweist, verliert der Geruch seine Eigenschaft, eine Stressreaktion auszulösen. Jedes Mal, wenn eine angstbesetzte Erinnerung ins Gedächtnis gerufen wird, wird das Gedächtnis «labil» und empfänglich dafür, neu programmiert zu werden. Energetische Behandlungen üben ihre Wirkung offensichtlich in einem Augenblick der *neuralen Plastizität* aus und beruhigen die Reaktion auf das innere Bild. Ein Aufsatz von Dr. Ron Ruden, der dieselbe These vertritt, aber die neurologischen Mechanismen detaillierter darstellt, ist nachzulesen auf www.energypsych.org/article-ruden.htm.

Eine Reihe von spannenden Befunden legt nahe, dass noch weitere elektrochemische Mechanismen an energiepsychologischen Behandlungen beteiligt sind. Mit elektronischen Geräten hat man zum Beispiel «energetische Systeme» entdeckt, die in den Heiltraditionen zahlreicher Kulturen beschrieben wurden, aber im Westen im Allgemeinen nicht anerkannt sind, darunter die *Meridiane*,[22] die *Chakren*[23] und die *Aura* bzw. das *Biofeld*.[24] Auch Menschen beeinflussen sich gegenseitig elektromagnetisch. Wenn man sich in der Nähe eines anderen Menschen aufhält, beeinflusst das elektromagnetische Feld des eigenen Herzens das elektromagnetische Feld des Gehirns des anderen Menschen in einer Art, die man mit einem EEG leicht nachweisen kann.[25] Das elektromagnetische Feld des Herzens ist 60-mal stärker als das elektromagnetische Feld des Gehirns und dehnt sich über einen Meter weit über den Körper aus.[26] Möglicherweise wird die Energetische Psychologie diese Anomalitäten weiter untersuchen, während sie nach Erklärungen der Mechanismen hinter den dargestellten klinischen Befunden forscht.

Elektrochemische oder feinstoffliche Energie?

Die EEG-Daten vor und nach der Behandlung ergeben in Verbindung mit dem neuen Verständnis von der «neuralen Plastizität» des Gehirns eine plausible Erklärung, was die elektrochemischen Mechanismen der Klopfbehandlung angeht. Viele energetische Therapeuten haben jedoch den Eindruck, dass die Darstellung der neurologischen Reaktionen während der Behandlung nicht alles ist. Sie glauben, dass energetische Behandlungen noch ein anderes Reich eröffnen als nur die materielle Welt der Moleküle, Neuronen und elektromagnetischen Impulse.

Auch wenn ein bereits suspekter Bereich durch solche Überlegungen in Gefahr gerät, von empirisch gesinnten Forschern endgültig abgetan zu werden, sind klinische Berichte, die sich mit herkömmlichen neurologischen und elektrochemischen Mechanismen nicht erklären lassen, gar nicht so selten. Es ist ebenso unwissenschaftlich, solche Berichte einfach abzutun, nur weil sie nicht in unsere Paradigmen passen, wie sie unkritisch zu akzeptieren.

Oft geht es dabei um «Fernheilung». Die Macht der Gedanken zur Beeinflussung der physischen Welt ist inzwischen gut dokumentiert. Zahlreiche Laborversuche haben zum Beispiel bewiesen, dass einige Menschen mental auf das Wachstum von Pflanzen, Pilzen und Bakterien einwirken können.[27] Der Physiker William Tiller von der Stanford University hat gezeigt, dass der menschliche Wille elektronische Instrumente beeinflussen kann.[28] Andere Studien belegen mit hoher wissenschaftlicher Zuverlässigkeit,[29] dass einige Menschen willentlich einen Menschen in einem anderen Raum beeinflussen können. Durch beruhigende oder aktivierende Vorstellungen können sie auf den Grad der Entspannung oder der Angst bei dem Probanden einwirken, der davon nicht weiß und sich an einem anderen Ort aufhält. Das ließ sich aus spontanen Veränderungen im subjektiven Zustand der Probanden wie auch aus ihrem galvanischen Hautwiderstand ableiten. Gebete und konzentrierter Wille konnten nachweislich den medizinischen Zustand von Patienten unter unterschiedlichsten Rahmenbedingungen verändern.[30] Auch wenn glaubwürdige Berichte von solchen Fernheilungen (die man auch als stellvertretende Heilung bezeichnet, wenn eine Mutter eine energetische Behandlung anstelle ihres kranken Kindes bekommt, das bei der Behandlung nicht anwesend ist) den Rahmen des herkömmlichen Verständnisses sprengen, kommen sie bei energetischen Therapeuten zu häufig vor, um sie ignorieren zu können.[31]

In dem Versuch, zu erklären, auf welche Weise das Denken die physische Welt beeinflussen kann, sind verschiedene Begriffe, wie «Gedankenfelder» oder «feinstoffliche Energien», vorgeschlagen worden. Feinstoffliche Energien und Kräfte lassen sich definitionsgemäß nicht von mechanischen oder elektrischen Messinstrumenten erfassen, doch sind sie durch ihre Wirkungen bekannt.

Die Schwerkraft ist eine solche Kraft. Der Einfluss des Geistes auf die physische Welt und insbesondere auf die Heilung wird – falls weitere Untersuchungen die schon bestehende Forschung bestätigen – einen erklärenden Mechanismus notwendig machen. Feinstoffliche Energien oder andere Kräfte könnten sich dafür anbieten. All dies wird möglicherweise in die Domäne der Energetischen Psychologie fallen. Wir fangen gerade erst an, die Wege zu erkunden, in die der Wille gelenkt werden kann, um angestrebte Veränderungen nicht nur in unseren Neuronen und unserer Gesundheit, sondern auch in unserer Umgebung hervorzubringen. Auch wenn es weder notwendig ist, an die Existenz feinstofflicher Kräfte zu glauben, noch dass sie eine Rolle bei der Wirksamkeit energetischer Behandlungen spielen, ist ein geringer Prozentsatz der beobachteten Heilungen nicht mit Hilfe von Erklärungen innerhalb allgemein akzeptierter Modelle verständlich.

Energetische Behandlungen im Vergleich zu anderen Therapien

Auch wenn es wenig systematische Vergleiche zwischen den Resultaten von energiepsychologischen Behandlungen und anderen Psychotherapien gibt,[32] stammen die Gehirnbilder auf der letzten Seite des Buches aus einer großangelegten Studie, bei der die Verfahren der Energetischen Psychologie, eine medikamentöse Therapie und die kognitive Verhaltenstherapie miteinander verglichen wurden. (Bei der kognitiven Verhaltenstherapie handelt es sich um eine handlungsorientierte Therapie, die den Schwerpunkt auf die Änderung der Gedanken oder kognitiven Muster des Klienten legt, um sein Verhalten und seinen emotionalen Zustand zu ändern). Patienten, die mit kognitiver Verhaltenstherapie erfolgreich gegen Angst behandelt wurden (ein Standardansatz bei Angststörungen), zeigten einen Fortschritt in ihren Gehirnbildern, die dem

Fortschritt auf der letzten Seite des Buches gleicht. Aber es waren mehr Sitzungen nötig, um die Besserung zu erzielen. Und noch wichtiger: Bei einer Nachuntersuchung nach einem Jahr war der Zustand der Gehirnwellen bei Patienten, die mit kognitiver Verhaltenstherapie behandelt worden waren, stärker auf das Niveau vor der Behandlung zurückgefallen als bei den Patienten, die energetische Behandlungen erhalten hatten.

Bei einer anderen vergleichenden Studie wurden die Gehirnbilder von Patienten, deren hauptsächliche Behandlung in der Verabreichung von angstlösenden Medikamenten bestand, mit Patienten verglichen, die mit der Stimulation energetischer Punkte behandelt wurden, während sie sich auf die angstbesetzten Bilder einstimmten. Beide Gruppen zeigten ein Nachlassen der Symptome. Aber die Gehirnscans bei der Medikamentengruppe zeigten keine bemerkenswerten Veränderungen in Muster der Gehirnwellen, obwohl die Angstsymptome während der Medikamentengabe nachließen! Das legt nahe, dass die Medikation die Symptome unterdrückte, *ohne die* zugrunde liegenden Ungleichgewichtigkeiten der Wellenfrequenz *auszugleichen*. Für diese Interpretation spricht, dass – zusätzlich zu den Nebeneffekten, über die viele in der Medikamentengruppe klagten – die Symptome meist zurückkehrten, wenn die Medikamente abgesetzt wurden.

Empirische Forschung in anderen Kulturen

Der größte Teil der medizinischen Forschung in nichtwestlichen Ländern ist nicht ins Englische übersetzt, doch es besteht eine engagierte wissenschaftliche Forschung über Akupunktur in China. Der Arzt Dr. Joaquín Andrade, der die südamerikanischen Studien leitete, die im Weiteren dargestellt werden, wendet Akupunktur an und besucht des Öfteren das chinesische Festland für weitere Forschungen. Wie er berichtet, haben promovierte Wissenschaftler auf dem Gebiet der Physiologie, Biochemie und anderen verwandten Gebieten in den größeren Krankenhäusern traditionelle Heilmethoden untersucht. Ihrer Ansicht nach sind die alten Theorien wertvolle Vorläufer, die man mit großer Achtung behandeln soll, aber sie erkennen auch an, dass die Gedanken im kulturellen Kontext und der Epoche ihrer Entstehung betrachtet werden und wissenschaftlich bestätigt werden müssen, bevor man sie glaubwürdig anwenden kann. Andrade schätzt, dass man bei ungefähr 15 Prozent der Akupunkturpunkte spezifische, messbare Funktionen festgestellt hat (die Stimulation des Punktes führt zur Ausschüttung der chemischen Substanz X, sendet Impulse an die Hirnstruktur Y etc.).

Er war beispielsweise persönlich bei einer fundierten Studie zugegen, die an einem der großen Krankenhäuser von Peking mit zwölf Patienten mit schwerer Panikstörung durchgeführt wurde. Verschiedene medikamentöse und Akupunkturanwendungen wurden über einen Zeitraum von zwei Wochen gegeben. Die Biochemie jedes Patienten sowie die emotionalen Reaktionen wurden sorgfältig verfolgt. Drei Tage lang bestand die hauptsächliche Behandlung darin, sechs Akupunkturpunkte anzuregen, die angeblich das Serotonin erhöhen, einen Neurotransmitter, der bei einem zu niedrigen Spiegel Depression und andere Verstimmungen auslöst. In dieser Zeit nahm die Intensität und Häufigkeit der Panikattacken bei allen zwölf Patienten ab (acht waren am Ende symptomfrei), ihr Serotoninspiegel stieg an (das ist die klinisch erwünschte Richtung), und ihr Noradrenalinspiegel sank, ebenfalls wunschgemäß.

Die erste großangelegte vorläufige klinische Untersuchung der Energetischen Psychologie

Die bis heute größte Untersuchung von Behandlungen mit Energetischer Psychologie umfasste 14 Jahre und 31400 Patienten. Sie fand unter der Oberaufsicht von Dr. Andrade statt, der energiepsychologische Methoden an einem Verbund von elf Kliniken in Argentinien und Uruguay einführte, nachdem er in den USA eine Ausbildung in der Methode absolviert hatte. Dr. Andrade hat als junger Mann lange Zeit in China gelebt, wo er traditionelle Akupunktur studierte, und er hatte sie 30 Jahre lang in seiner medizinischen Praxis angewandt. Er war beeindruckt von der Effektivität dieser neuen Anwendung, die sich direkt auf Angst und andere psychische Störungen konzentrierte und zur Stimulation der Akupunkturpunkte ohne Nadeln auskam.

Das Team in den elf Kliniken begegnete dem neuen Verfahren ebenso interessiert wie skeptisch. Auch wenn der Gruppe keine Forschungsgelder zur Verfügung standen, beschlossen sie, die Behandlungsresultate mit diesen neuen Methoden zu verfolgen und sie mit den üblichen Behandlungen zu vergleichen.

In den üblichen Krankenakten wurden bereits die Anamnese des Patienten bei der Aufnahme, die durchgeführten Behandlungen und die Behandlungsergebnisse festgehalten. Dr. Andrades Team ergänzte dies durch das einfache Verfahren einer kurzen Patientenbefragung, meistens per Telefon, am Ende der Behandlung und dann nach einem, drei, sechs und zwölf Monaten. Die Interviewer hatten die Patienten nicht therapiert. Sie kannten die Diagnose und die Anamnese, aber nicht die Behandlungsmethode. Ihre Aufgabe bestand darin festzustellen, ob die anfänglichen Symptome zum Zeitpunkt der Befragung noch bestanden, aber sich leicht gebessert hatten, oder ob der Patient symptomfrei war.

In dem gesamten Zeitraum von 14 Jahren hatten 36 Therapeuten die 29000 Patienten behandelt, deren Fortschritte man verfolgte (auch wenn die Antwort auf die Ausgangsfrage, ob die energetische Behandlung erfolgreich gewesen war, positiv ausfiel, wurden die späteren Telefonanrufe durchgeführt, weil sie klinischen Wert zu haben schienen und manchmal noch zu weiterer Behandlung führten). Dem Eindruck der Interviewer zufolge, der von dem von ihnen erhobenen Datenmaterial gestützt wurde, waren die energetischen Behandlungen bei einer Reihe von Störungen effektiver als die konventionellen Behandlungen. Die Kliniken führten auch eine Reihe von Substudien durch, die präzisere Schlussfolgerungen erlaubten.

Bei der Gesamtuntersuchung wurde nicht mit einer Kontrollgruppe gearbeitet. Eine Kontrollgruppe erhält eine andere oder gar keine Behandlung, um eine Vergleichsbasis bei den Ergebnissen herzustellen, die die untersuchte Methode hervorbringt. Bei den Substudien wurde hingegen mit Kontrollgruppen gearbeitet, wobei energetische Interventionen mit den in den Kliniken bereits angewendeten Methoden verglichen wurden. Bei den Substudien wurde auch ein «randomisiertes Design» (ein Forschungsstandard, mit dem man Behandlungsmodalitäten vergleicht) verwendet, was bedeutet, dass ein Patient X die gleiche Chance hat, in die Gruppe zu gelangen, die mit energetischer Therapie behandelt wurde, wie in die Kontrollgruppe.

Die größte dieser Substudien, die über fünfeinhalb Jahre ging, untersuchte den Verlauf der Behandlung bei ungefähr 5000 Patienten mit diagnostizierten Angststörungen. Die Hälfte von ihnen erhielt eine energietherapeutische Behandlung und keine Medikamente. Die andere Hälfte erhielt die in den Kliniken angewandte Standardbehandlung bei Angststörungen, nämlich kognitive Verhaltenstherapie, die, wenn notwendig, von Medikamenten unterstützt wurde. Die Befragungen am Ende der Behandlung zusammen mit den Folgebefragungen einen, drei, sechs und zwölf Monate später ergab, dass die energetische Therapie signifikant effektiver war als die Behandlung mit kognitiver Verhaltenstherapie (VT) und Medikamenten, sowohl was den Anteil der Patienten anging, der eine leichte Besserung erfuhr, als auch den Anteil, der komplett symptomfrei wurde (siehe Tabelle 1).

Während die Durchführung von telefonischen Befragungen, um Menschen in eine der drei Kategorien einzuordnen (keine Besserung, leichte Besserung, völliges Abklingen der Symptome), nicht die stringenteste Art und Weise ist, klinische Ergebnisse zu messen, unterstützten verschiedene andere Messungen diese Befunde, wie etwa Bewertungen vor und nach der Behandlung mit standardisierten psychologischen Tests, darunter das Beck-Auxitie Investory, der Spielberger State Trait Auxitie Index nach Spielberger und die Yale-Brown-Obsessive-Compulsive-Skala. Aufnahmen vom Gehirn vor und nach der Behandlung, wie oben erörtert, stimmten auch mit den Bewertungen der Interviewer überein. Während diese objektiveren Maßstäbe die Bewertungen der Interviewer bestätigten, wurden sie jedoch nicht konsequent angewandt oder zurückverfolgt.

Tabelle 1
Vergleich der Ergebnisse bei 5000 Angstpatienten am Ende der Therapie

	VT/Medikation	Nur energetische Therapie
Leichte Besserung	63%	90%
Komplettes Abklingen der Symptome	51%	76%

Bei einer anderen Substudie war die Dauer der Behandlung mit energetischer Therapie beachtlich kürzer als mit einer medikamentös gestützten kognitiven Verhaltenstherapie, wie in Tabelle 2 ersichtlich wird.

Eine weitere Frage, die sich erhebt, wenn man mit den Methoden in diesem Buch experimentiert, lautet, ob das Klopfen genauso effektiv ist wie die herkömmliche Stimulierung der Akupunkturpunkte mit Nadeln. Als Akupunkteur war das von besonderem Interesse für Dr. Andrade. Eine dritte Substudie, wenn auch von geringem Umfang, hatte ein überraschendes Ergebnis und legte nahe, dass das Klopfen von Punkten bei der Behandlung von Angststörungen möglicherweise *effektiver* ist, als Nadeln zu setzen (siehe Tabelle 3).

Tabelle 2
Länge der Behandlung – Vergleiche bei einer Stichprobe von 190 Angstpatienten

	VT / Medikation	Nur energetische Therapie
Typische Anzahl der Sitzungen	9 bis 20	1 bis 7
Durchschnittliche Anzahl der Sitzungen	15	3

Tabelle 3
Klopfen vs. Akupunktur – Vergleiche bei der Behandlung von 78 Angstpatienten

	Nadeln	Klopfen
Positive Reaktion	38 Patienten 50 %	40 Patienten 77,5 %

Während die Ergebnisse der Gesamtstudie wie auch der verschiedenen Substudien den energetischen Ansatz substanziell stützen, müssen wir betonen, dass, was die wissenschaftliche Etablierung der Methoden der Energetischen Psychologie angeht, diese Ergebnisse höchst vorläufig sind. Die Studie war ursprünglich als klinikinterne Einschätzung einer neuen Methode konzipiert und nicht im Hinblick auf eine Veröffentlichung entwickelt worden. Nicht alle Variablen, die man bei seriöser Forschung kontrollieren muss, wurden verfolgt, nicht alle Kriterien wurden mit rigoroser Präzision definiert, die Aufzeichnungen waren relativ informell, Quellendaten wurden nicht immer aufgehoben, und das Ausmaß, in dem die gültigen Schlussfolgerungen sich auf andere Rahmenbedingungen übertragen lassen, ist unbekannt. Klinische Erprobungen dieser Art werden als «heuristisch» oder vorläufig betrachtet; sie sind nicht beweiskräftig.

Dennoch wurde bei den Substudien mit randomisierten Stichproben, Kontrollgruppen und Blindbewertungen gearbeitet, und die klinischen Ergebnisse waren beeindruckend. Wenn die spätere Forschung diese ersten Ergebnisse stützt, wird die Energetische Psychologie zu einem geläufigen Begriff.

Danksagung

Bei einem Buch, dessen Methode sich auf eine 5000 Jahre alte Heilkunst beruft, ist die Liste derer, denen wir Dank schulden, lang. Nach einer achtungsvollen Verbeugung vor unseren Vorfahren möchten wir vier Zeitgenossen erwähnen, die den Weg geebnet haben. George Goodheart, der die energetische Sicht der alten Heilkünste in die westliche und moderne Form der Angewandten Kinesiologie gegossen hat, lieferte das Fundament, auf dem die vorliegende Methodik beruht. Dank John Tie, der die Grundsätze der Angewandten Kinesiologie verbreitet und sie als «Touch for Health» Hunderttausenden von Menschen in über 40 Ländern vermittelt hat, wurden Zweifel ausgeräumt, dass wirksame Heilverfahren von Laien verantwortlich und effektiv angewandt werden können. Der Psychiater John Diamond und der Psychologe Roger Callahan haben unabhängig voneinander die Prinzipien der Angewandten Kinesiologie auf emotionale Probleme übertragen und damit erste Modelle für den hier dargestellten Ansatz entwickelt.

Dieses Buch basiert auf einem Lehrwerk für Psychotherapeuten und andere Fachleute mit dem Titel *Energy Psychology Interactive: Rapid Interventions for Lasting Change.* Wir haben hier einige der wichtigsten und praxisbezogenen Überlegungen und Verfahren aus diesem Lehrwerk zusammengestellt, das David Feinstein über einen Zeitraum von vier Jahren unter Mitwirkung von Donna Eden und Dr. Fred Gallo und einem beratenden Gremium aus 24 der führenden Köpfe auf dem Gebiet der Energetischen Psychologie erarbeitete. Dazu gehörten Dr. Joaquín Andrade, Dr. Den Benor, Dr. Patricia Carrington, Dr. Asha Nahoma Clinton, Dr. John Diepold, Dr. Jim Durlacher, Dr. Charles R. Figley, Tapas Fleming, Dr. Rebecca Grace, Dr. David Gruder, Dorothea Hover-Kramer, Dr. Warren Jacobs, Dr. Martin Jerry, Dr. Peter Lambrou, Dr. Greg

Nicosia, Dr. Larry Nims, Dr. Gary Peterson, Dr. George Pratt, Dr. Lee Pulos, Mary Sise, Dr. Larry Stoler, Dr. Judith Swack, Dr. Sharon Cass Toole und Dr. Helen Tuggy.

Inzwischen haben viele hundert Laien und professionelle Therapeuten die klinischen Ergebnisse der Methoden sorgfältig beschrieben und auf Gary Craigs EFT-Website veröffentlicht. Auch wenn wir nicht allen namentlich danken können, ist diese umfassende Dokumentation ein wichtiger Beitrag zu einem noch jungen Gebiet, und einige der Fälle werden im Buch dargestellt.

Wir danken den namentlich erwähnten Fachleuten ebenso wie der wachsenden Zahl der Therapeuten, die energetische Verfahren mutig und einfallsreich auf alle Arten von Situationen, Probleme und Ziele anwenden. Ein besonderer Dank geht an Peg Elliott Mayo, MSW, Ron Ruden, M. D., und Joaquín Andrade, M. D., für ihre wertvollen Kommentare zu den ersten Fassungen dieses Manuskripts. Die Verantwortung für den Inhalt des Buches liegt dennoch wie immer einzig und allein bei den Verfassern.

Über die Autoren

David Feinstein, Dr. phil., ist klinischer Psychologe und Leiter des Energy Medicine Institute. Er ist Autor von sechs Büchern und über 50 Fachaufsätzen und hat an der Johns Hopkins University School of Medicine und am Antioch College gelehrt. Sein Multimedia-Lehrgang *Energy Psychology Interactive* bekam den Preis für einen herausragenden Beitrag von der Association for Comprehensive Energy Psychology. Zu seinen weiteren Büchern gehören *Persönliche Mythologie* und *Energy Medicine*, verfasst gemeinsam mit seiner Frau Donna Eden (www.EnergyPsych.Ed.com).

Donna Eden lehrt seit mehr als 25 Jahren Menschen darin, die körpereigenen Energien zu verstehen. Wie Caroline Myss im Vorwort zu Donnas Klassiker *Energy Medicine* schrieb: «Der Beitrag, den Donna Eden geleistet hat, wird eine der Stützpfeiler bleiben, während wir eine gesunde Grundlage für das Gebiet der holistischen Medizin legen.» Donna ist weit bekannt für ihre angeborene Fähigkeit, die Energien des Körpers medial sehen zu können, die Ursachen von physischen und psychischen Problemen aufgrund des Zustands dieser Energien ermitteln zu können und hocheffektive Behandlungen zu ersinnen. Mit ihrer zutiefst liebevollen und fröhlichen Persönlichkeit hat Donna mehr als 10 000 Klienten einzeln behandelt und Hunderte von Seminaren gehalten und vor vollen Sälen in den USA, Europa, Australien, Neuseeland und Südamerika gesprochen (www.EnergyMed.info).

Gary Craig, geboren 1940, hat einen Abschluss in Metallurgie von der Stanford University (1962). Doch seine Liebe gilt seit jeher dem Gebiet der psychologischen Persönlichkeitsverbesserung. Er ist der Begründer von EFT (Emotional Freedom Techniques), der am meisten verwendeten Technik auf dem expandierenden neuen Feld der Energetischen Psychologie.  Er ist der Autor des *EFT Manual* und sechs ausführlicher Lehrvideo-Sets über EFT, die fast in jedes Land der Welt verkauft wurden. Er unterhält eine sehr große, informative Website über EFT und gibt *EFT-Insights* heraus, einen bekannten E-Mail-Newsletter (www.emofree.com).

Literaturhinweise und Adressen

Nach diesem Buch – weitere Empfehlungen
Gary Craig: *EFT-Handbuch zum freien Download in englischer Sprache:* www.emofree.com/downloadeftmanual.htm
–: *Basic and Advanced Video Training Programs* unter: www.emofree.com
Fred Gallo: *Energetische Psychologie,* VAK Verlag, Kirchzarten 2000
–: *Handbuch der energetischen Psychotherapie*, VAK Verlag, Kirchzarten 2002
–: *Energetische Psychotherapie I und II (engl. Videofilme mit deutscher Übersetzung)*, Steinhardtverlag, Karlsruhe 2005
Peter Lambrou / Georg Pratt: *Emotionale Befreiung*, Rowohlt Verlag, Reinbek 2005

Websites
www.emofree.com (Gary Craigs Website)
www.eftsupport.com (Pat Carringtons Website)
www.EnergyPsych.Ed.com (mit kostenlosen Aufsätzen, Trainingsprogrammen etc.)

Adressen von Psychotherapeuten
Deutscher Psychotherapeutenverband siehe
www.psychotherapeutenverband.org

Anmerkungen

Einleitung: Ein revolutionärer Ansatz zur persönlichen Veränderung

[1] Die Aussagen in diesem Abschnitt werden durch Berichte von mehreren hundert Therapeuten gestützt. Die empirische Forschung steht noch am Anfang, aber die ersten Befunde bestätigen diese Eindrücke tendenziell auch (siehe Anhang 3).

[2] Zu den klassischen Apparaten, die elektromagnetische Energien der Meridiane oder Akupunkturpunkte messen, gehören der AMI (Apparat für Meridianidentifikation), der in Japan von Hiroshi Motoyama entwickelt wurde (der Apparat und Motoyamas Buch *Measurements of Ki Energy Diagnosis and Treatments: Treatment Principles of Oriental Medicine from an Electrophysiological Viewpoint*, 1997, sind erhältlich über www.cihs.edu) und Reinhold Volls EAV-Gerät für die Elektrodiagnose und Elektroakupunktur (siehe www.eavnet.com). Viele weitere Instrumente sind inzwischen entwickelt worden und werden experimentell geprüft. Siehe beispielsweise das Centre for Biofield Sciences (www.biofieldsciences.com) und Med-Tronik (www.med-tronik.de/home.html).

[3] David Feinstein und Stanley Krippner: *Persönliche Mythologie. Die psychologische Entwicklung des Selbst*, Heyne Verlag 1998.

[4] Phil Mollon «Review of Energy Psychology Interactive», *Clinical Psychology* 42 (2004), S. 37–39.

[5] Die Besprechung von Ilene Serlin erschien in der Ausgabe von *PsychCRITIQUES* am 2. März 2005 [The American Psychology Association's online *Review of Books*, 50 (9), Article 12].

Kapitel 1: Die elektrische Aktivität des Gehirns

[1] Im ganzen Buch sind die Namen der in den Fallstudien erwähnten Personen verändert worden, außer in den Fällen, in denen uns die ausdrückliche Erlaubnis gegeben wurde, den tatsächlichen Namen zu nennen.

[2] Erhältlich als Teil des EFT-Grundkurses bei www.emofree.com.

[3] Carl Johnson, Mustafe Shala, Xhevdet Sejdijaj, Robert Odell und Kadengjika Dabishevci: «Thought Field Therapy – Soothing the Bad Moments of Kosovo», *Journal of Clinical Psychology* 57 (2001), S. 1237 – 1240.

[4] Der angesehene amerikanische Psychologenverband (American Psychological Association) beispielsweise machte 1999 den ungewöhnlichen, an Zensur grenzenden Schritt, seinen Fortbildungsanbietern zu untersagen, Psychologen Punkte für Kurse in Energetischer Psychologie zu geben.

[5] Es spricht für den amerikanischen Psychologenverband, dass sechs Jahre nach dieser Maßnahme mehrere Kurse in Energetischer Psychologie als von der APA anerkannte Fortbildung zugelassen wurden und der Verband sich über *Energy Psychology Interactive* in seinem offiziellen Online-Journal *PsychCRITIQUES* lobend äußerte (siehe S. 25).

[6] Zehn Jahre nach Garys Arbeit am Kriegsveteranenhospital in Los Angeles veranstaltet Marilyn (Lynn) Garland, L. I. C. S. W., vom Veteran's Health Care System in Boston Kurse in Energetischer Psychologie für andere klinische Mitarbeiter in ihrer Region. Viele von ihnen, so berichtet sie, erzielen «beeindruckende Resultate bei der Linderung von akuten und chronischen Symptomen von Kampftraumata sowie anderen Angststörungen».

[7] Paul B. Fitzgerald u. a.: «Transcranial Magnetic Stimulation in the Treatment of Depression: A Double-Blind, Placebo-Controlled Trial», *Archives of General Psychiatry* 60 (2003), S. 1002 – 1008.

[8] Michael Rohan u.a.: «Low-Field Magnetic Stimulation in Bipolar Depression Using an MRI-Based Stimulator», *American Journal of Psychiatry* 161 (2004), S. 93 – 98.

[9] Joan Arehart-Treichel: «Efficacy Evidence Builds for Vagus Nerve Procedure», *Psychiatric News* 38, Nr. 17 (2003), S. 26.

[10] James R. Evans und Andrew Abarbanel (Hg.): *Introduction to Quantitative EEG and Neurofeedback*, Academic Press, New York 1999.

[11] O. Bergsmann und A. Wooley-Hart: «Differences in Electrical Skin Conductivity between Acupuncture Points and Adjacent Skin Areas», *American Journal of Acupuncture* 1 (1973), S. 27 – 32.

[12] Lee Pulos: «The Integration of Energy Psychology with Hypnosis», in: Fred P. Gallo (Hg.): *Energy Psychology in Psychotherapy*, Norton, New York 2002, S. 167 – 178.

[13] Zu den psychischen Störungen, die laut Weltgesundheitsorganisation auf Akupunktur ansprechen, gehören Angst, Depression, Stressreaktionen und Schlaflosigkeit. Energetische Psychologen berichten über Erfolge bei einer Reihe von Störungen, die auf S. 42–44 aufgeführt sind. Ein exzellentes populärwissenschaftliches Buch darüber, welche Punkte bei bestimmten emotionalen Problemen stimuliert werden sollten, ist Michael Reed Gach und Beth Ann Henning: *Acupressure for Emotional Healing*, Bantam, New York 2004, deutsch: *Akupressur für emotionale Probleme*, München 2005, Goldmann Verlag.

[14] Z. H. Cho u.a.: «New Findings of the Correlation Between Acupoints and Corresponding Brain Cortices Using Functional MRI», *Proceedings of National Academy of Science* 95 (1998), S. 2670–2673.

[15] K. K .S. Hui u.a.: «Acupuncture Modulates the Limbic System and Subcortical Gray Structures of the Human Brain: Evidence from MRI Studies in Normal Subjects», *Human Brain Mapping* 9, Nr. 1 (2000), S. 13–25.

[16] Diese Studie wird besprochen in *Energy Psychology Interactive: Rapid Interventions for Lasting Change*, Inner Source, Ashland/Ore. 2004, S. 199–214.

[17] Viele der vermutlichen neurologischen Mechanismen wurden aufgezeichnet von Dr. Ron Ruden. Siehe www.energypsychology.org/article_ruden.htm.

[18] Martin Lotze u.a.: «Activation of Cortical and Cerebellar Motor Areas During Executed and Imagined Hand Movements: An MRI Study», *Journal of Cognitive Neuroscience* 11 (1999), S. 491–501.

[19] K. A. Martin, S. E. Moritz und C. Hall: «Imagery Use in Sport: A Literature Review and Applied Model», *Sport Psychologist* 13 (1999), S. 245–268.

[20] Fred P. Gallo (Hg.): *Energy Psychology in Psychotherapy*, Norton, New York 2002.

Kapitel 2: Die Grundtechnik

[1] Die grundlegenden Vorgehensweisen in diesem und den folgenden beiden Kapiteln sind Gary Craigs Emotional Freedom Techniques (EFT) entnommen. EFT ist eine überarbeitete Form der Thought Field Therapy (TFT) von Roger Callahan, die sich besonders zur Selbsthilfe eignet. Callahans Methode geht zurück auf George

Goodhearts Angewandte Kinesiologie, die eine der ersten westlichen Systeme war, bei der die Stimulation von Akupunkturpunkten zu Heilungszwecken eingesetzt wurde. Auch wenn seither zahlreiche Ansätze erschienen sind, die die Akupunktstimulation auf psychische Probleme anwenden, ist EFT das bekannteste und am häufigsten verwendete System.

[2] Der australische Psychiater John Diamond, ein weiterer Pionier der Energetischen Psychologie, sagt, dass er dieses Phänomen eigenständig entdeckt hat.

[3] Callahans Bericht von der Entdeckung der psychischen Umkehrung ist dargestellt in Gary Craig: *Emotional Freedom Techniques: The Manual*, 4. Aufl. 2002, S. 49.

[4] Wer mehr erfahren möchte, sei verwiesen auf die Websites des International College of Applied Kinesiology (www.icak.com), der Association of Energy Kinesiology (www.energyk.org), des Kinesiology Network (www.kinesiology.net) oder der Touch for Health Kinesiology Association (www.tfhka.org).

[5] Bei kontrollierten Laboruntersuchungen wurde mit Hilfe mechanischer Mittel Druck auf den Muskel ausgeübt. Dabei wurde festgestellt, dass unter verschiedenen Bedingungen ein verschieden hoher Druck aufgewendet werden muss, um den Muskel zu überwinden. Beispielsweise ist ein höherer Druck notwendig, wenn die Versuchsperson einen Satz sagt, den sie für wahr hält, als wenn sie einen Satz sagt, den sie für falsch hält. Siehe beispielsweise Dan Monti u.a.: «Muscle Test Comparisons of Congruent and Incongruent Self-Referential Statements», *Perceptual and Motor Skills* 88 (1999), S. 1019-1028.

[6] Entwickelt von dem Psychologen Dr. John Diepold, www.tftworldwide.com.

[7] Fred Gallo nannte sie «kriterienbezogene psychische Umkehrungen» und hat sie in einiger Ausführlichkeit in seinem Buch *Energy Diagnostic and Treatment Methods*, Norton, New York 2000, verzeichnet.

[8] Mehr über diesen Ansatz steht unter www.eft-innovations.com/Articles/collection.htm.

[9] Doris Rapp: *Our Toxic World: A Wake-up Call*, Environmental Research Foundation, Buffalo, New York 2003.

[10] Siehe beispielsweise www.allergyantidotes.com.

Kapitel 3: An Problemen arbeiten

[1] Da energetische Behandlungen sehr gezielte neurologische Veränderungen bewirken können, wollen wir nicht ausschließen, dass eines Tages energetische Methoden entwickelt werden, die ähnliche positive Wirkungen wie Medikamente gegen Psychose haben könnten, aber ohne deren Nebenwirkungen. Aber zurzeit ist uns kein Fall bekannt, in dem chronische Schizophrenie mit energetischen Behandlungen permanent geheilt wurde.

[2] Der Therapeut war Alan Batchelder.

[3] Die Therapeutin war Betty Moore-Hafter.

[4] Blair Hornbuckle war der Anwender.

[5] Für die Darstellung dieser Technik siehe www.emofree.com/tutorial/tutorltwelve.htm.

[6] Stephani Fried war die Therapeutin.

[7] Die positiven Wirkungen von Optimismus auf Erfolg, Gesundheit und Glück sind ein zentraler Grundsatz innerhalb des neueren Trends der «positiven Psychologie» (www.positivepsychology.org).

[8] Avshalom Caspi u.a.: «Influence of Life Stress on Depression: Moderation by a Polymorphism in the 5-HTT Gene», *Science* 301 (2003), S. 386–389.

[9] Auch hier möchten wir nicht ausschließen, dass eines Tages energetische Interventionen entwickelt werden, mit denen man lang anhaltende endogene Depressionen überwinden kann. Zurzeit kennen wir keine Therapeuten, die diese Störung mit stetigen positiven Resultaten nur auf energetischem Wege behandelt haben.

[10] M. B. Keller u.a.: «A Comparison of Nefazodone, the Cognitive Behavioral-Analysis System of Psychotherapy, and Their Combination for the Treatment of Chronic Depression», *New England Journal of Medicine* 342 (2000), S. 1462–1470.

[11] R. M. Hirschfeld u.a.: «Does Psychosocial Functioning Improve Independant of Depressive Symptoms? A Comparison of Nefazodone, Psychotherapy and Their Combination», *Biological Psychiatry* 51 (2002), S. 123–133.

[12] Berichtet in Patricia Carringtons «Divide and Conquer with EFT: A New Way of Handling Major Depression», *EFT News & Innovations*, March 2002, www.eft-innovations.com.

[13] Die verwendeten Listen finden sich in Dennis Greenberger und Christiane A. Pedasky: *Mind over Mood: Change How You Feel by Changing the Way You Think,* Guilford, New York 1995.

[14] Ron Ruden: *The Craving Brain*, Harper Collins, New York 2003, ist eine ausgezeichnete Einführung in die Neurochemie und Behandlung von Sucht. Unsere Darstellung folgt Rudens Modell.

[15] Ebda.

[16] Ebda., siehe Kapitel 6 für eine Einführung der Verwendung des Neurofeedback-Trainings bei der Behandlung von Süchten.

[17] Persönliche Kommunikation, 21. Februar 2005.

[18] Ein vielversprechendes Fünf-Stufen-Modell, um EFT bei Süchten anzuwenden, findet sich bei www.emofree.com/addictions/five-stages-addictions.htm.

[19] Siehe www.carollook.com für Dr. Looks Übungsbücher und Trainingsvideos im Umgang mit diesen Problemen.

[20] In einer Untersuchung von Krankenhauspatienten ließen sich «nur 16% der Beschwerden durch biophysische Krankheitsparadigmen erklären», (S. S-4), in *Academic Medicine* 66, Nr. 9, S. S4–S6, 1991.

[21] Die Therapeutin war Silvia Hartmann.

[22] Der Erfahrungsbericht stammt von Mary Kuriger.

[23] Der Ehemann war Larry Stewart.

[24] Die Frau war Pamela Ney-Noyes.

Kapitel 4: An Potenzialen arbeiten

[1] Über die Fallberichte in diesem Buch hinaus können Sie diese Fähigkeiten noch weiter entwickeln, wenn Sie sich tatsächliche Sitzungen von Behandlungen anschauen. Der EFT-Grundkurs (www.emofree.com) beinhaltet Dutzende von Vorführbehandlungen in Form von Tonband- und Videoaufzeichnungen. Eine weitere Quelle ist das aus 2 DVDs bestehende Set *Introduction to Energy Psychology,* erhältlich bei www.EnergyPsychEd.com.

[2] Diese Sitzung fand telefonisch statt. Ein komplettes Transkript der 45-minütigen Sitzung findet sich auf der *Energy-Psychology-Interactive*-CD (siehe «Em-

bedded Topics» EFT Session Transcript). Es ist interessant, zu verfolgen, welche Fragen Gary stellte und welche Sätze er formulierte, wobei er manchmal vom genauen Schema der Grundtechnik abwich. Auch wenn man ohne diese spontanen Modifikationen das erwünschte Ergebnis erreichen kann, führen sie dennoch zu einem rascheren Ergebnis. Das ist der Teil der Kunst bei der Anwendung der Technik durch einen fortgeschrittenen Anwender.

[3] Robert Kegan: *The Emerging Self: Problem and Process in Human Development*, Harvard University Press, Cambridge, Mass., 1982.

[4] Brian Reid: «The Nocebo Effect: Placebo's Evil Twin», *Washington Post* vom 30. April 2002. Die verschiedenen wissenschaftlichen Publikationen, die in diesem und dem folgenden Absatz erwähnt werden, werden in diesem Artikel dargestellt.

[5] Norman Cousins: «Beliefs Become Biology», *Advances in Mind-Body Medicine* 6, S. 20–29, 1989.

[6] Die Therapeutin ist Deborah Mitnick.

[7] Edmund J. Bourne: *The Anxiety & Phobia Workbook,* 3. Aufl., New Harbinger, Oakland/Kalifornien 2000. Das 9. Kapitel dieses hervorragenden Selbsthilfe-Leitfadens beschäftigt sich mit dem Selbstgespräch.

[8] Ebda., S. 174–175.

[9] Ebda., S. 220.

[10] Variationen dieses Forschungsdesigns sind öfter verwendet worden und haben ähnliche Resultate erbracht. Siehe zum Beispiel K. A. Martin, S. E. Moritz und C. Hall: «Imagery Use in Sport: A Literature Review and Applied Model», *Sport Psychologist* 13 (1999), S. 245–268.

[11] Nach dem «Outcome Projection Procedure», entwickelt von Dr. Fred Gallo. Siehe sein Buch *Energy Diagnosis and Treatment Methods*, Norton, New York 2000, S. 175–177.

[12] Eingeführt von Ryan Harrison, wird das Turboklopfen beschrieben unter www.emofree.com/articles/turbo-tapping.htm.

Kapitel 5: «Emotionale Intelligenz» ausbilden

[1] Drei Studien, bei denen das Leben von 95 Harvard-Absolventen, 450 Jungen von Schulen in Bezirken mit geringem Einkommen im nahegelegenen Somerville, Massachusetts, und 81 Absolventen mit dem besten und zweitbesten Notendurchschnitt ihres Jahrgangs bis ins mittlere Alter verfolgt wurde, kamen alle zu dieser Schlussfolgerung. Siehe Daniel Goleman: *Emotionale Intelligenz*, dtv, München 1997.

[2] Die Psychologen Peter Salovey und John D. Meyer – die den Begriff in ihrem Artikel «Emotional Intelligence», *Imagination, Cognition, Personality* 9 (1990), S. 185–211, verwendeten, haben ein detailliertes Modell von emotionaler Intelligenz entwickelt. Ein damit verwandter Begriff, soziale Intelligenz, wurde schon 1920 von dem bedeutenden Psychologen E. L. Thorndike verwendet, aber nicht im breiten Rahmen akzeptiert. Der Psychologe Robert J. Sternberg ließ den Begriff in seinem Buch *Beyond IQ*, Cambridge University Press, New York 1985, wiederaufleben, in dem er den «Umgang mit Menschen» und die «praktische Intelligenz» betonte.

[3] Goleman, a.a.O.

[4] Ebda.

[5] Jeffrey Sachs: *The End of Poverty: Economic Possibilities for Our Time*, Penguin, New York 2005.

[6] Aus der Website des Resolving Conflict Creatively Program unter www.esrnational.org/about-rccp.html.

[7] Für eine Darstellung des Child Development Project und einen Überblick über die Forschungslage siehe www.devstu.org/cdp/index.html.

[8] Daniel J. Siegel: *The Developing Mind: How Relationships and the Brain Interact to Shape Who We Are*, Guilford Press, New York 2001.

[9] Aus einem Vortrag von Ann Adams: «Using EFT for Emotionally Disturbed Children», enthalten auf der CD «EFT Specialty Series I» und zu beziehen über www.emofree.com.

[10] Anders Ericsson: «Expert Performance: Its Structure and Acquisition», *American Psychologist* 49 (1994), S. 725–747.

[11] Die Therapeutin war Denise Wall.

[12] Martin Seligman: *Authentic Happiness,* Free Press, New York 2002.

[13] Der Name des Therapeuten wird aus Gründen der Vertraulichkeit nicht genannt.

[14] Der Therapeut war Michael Carr-Jones.

[15] Der Therapeut war James Sharon.

[16] Siehe beispielsweise die Wahlmethode, www.eft-innovations.com/Articles/collection.htm.

Kapitel 6: Die körpereigenen Energien

[1] Caroline Myss: *Energy Anatomy,* Audio CD-Set, Sounds True, Boulder, Colorado, 2002.

[2] Donna Eden: *Energy Medicine,* Tarcher/Penguin, New York 1999, S. 31–34.

[3] Richard Gerber: *Vibrational Medicine,* 3. Aufl., Bear & Co., Santa Fe 2001.

[4] Siehe Einleitung, Fußnote 1, und Anhang 3, Fußnote 5 und 19–21.

[5] Die meisten Kulturen haben Begriffe für feinstoffliche Energien, die gleichgesetzt werden mit der «Lebenskraft», wie etwa in China das *Chi,* in Japan *ki,* in Indien und Tibet *prana,* im Sufismus *baraka,* in der Tradition der Lakota-Sioux *wakan,* in der Kultur der Ituri-Pygmäen des nordöstlichen Kongo *megbe* und in der jüdischen kabbalistischen Tradition *ruach.*

[6] Eden, a.a.O.

[7] Valerie Hunt: *InfiniteMind: The Science of Human Vibrations,* Malibu Publishing, Malibu/Calif. 1995.

[8] Eden, a.a.O., S. 84 f.

Kapitel 7: Die Kreisläufe der Freude

[1] Die Fähigkeit zur Freude steht auf der evolutionären Skala höher als die Neigung, Schmerz zu vermeiden. Nach der Neurochemikerin Candace Pert wurden wir Menschen bei der Evolution mit einer größeren Konzentration von Endorphinrezeptoren – der chemischen Grundlage für die Lusterfahrung – ausgestattet als

jedes andere Lebewesen, und diese Rezeptoren sind glänzend gepaart mit unserer Fähigkeit, zu lieben und zu lernen. Wie Pert zusammenfasst: «Wir sind auf Lust gepolt!» (aus: «Your Body is Your Subconscious Mind», 1 CD, publiziert bei Sounds True 2004, www.soundstrue.com).

[2] Eden, a.a.O., Kapitel 8.

[3] Damit soll nicht gesagt werden, dass Glück einfach nur dadurch erreicht werden kann, dass man seine Energien ordnet. Während die Stärkung der strahlenden Energien das Glück unterstützt, zählt zu den psychologischen Faktoren, die von Forschern und klinischen Psychologen entdeckt wurden, eine Mentalität, «die es ermöglicht, sich an kleinen Dingen zu erfreuen; die es erleichtert, sich selbst zu mögen; die erfüllendere Beziehungen, lohnendere soziale Aktivitäten und größere soziale Unterstützung fördert; die körperliche Fitness, Ruhephasen, das Alleinseinkönnen und ein gegenwartsbezogenes Eintauchen in den Fluss des Lebens verbessert; die das betont, was uns realistisch größere Kontrolle über unser Schicksal gibt, [und] ‹gelernten Optimismus› statt ‹angelernte Hilflosigkeit› unterstützt» (aus: David Feinstein und Stanley Krippner: *Persönliche Mythologie. Die psychologische Entwicklung des Selbst*, Heyne Verlag 1998).

[4] Für weitere Verweise zusammen mit einer detaillierteren Darstellung der strahlenden Kreisläufe siehe Donna Eden und David Feinstein: «Radiant Circuits: The Energies of Joy», in Fred P. Gallo (Hg.): *Energy Psychology in Psychotherapy*, Norton, New York 2002.

[5] Jerry Alan Johnson: *Chinese Medical Quigong Therapy: A Comprehensive Clinical Text*, International Institute of Medical Qigong, Pacific Grove, Calif. 2000, S. 157.

[6] Ebda., S. 157

[7] L. E. Blitzer, Daniel J. Atchinson-Nevel und Maureen C. Kenny: «Using Acupuncture To Treat Major Depressive Disorder: A Pilot Investigation», *Clinical Acupuncture and Oriental Medicine* 4 (2004), S. 144–147.

[8] Für weitere Informationen kann Dr. Laura E. Blitzer von der Florida International University in Miami kontaktiert werden unter blitzer@fiu.edu.

[9] Der Ersteller der Website, Philip W. Warren, schreibt: «Bei der Teilnahme an einer Konferenz in Energetischer Psychologie im Frühjahr 2001 hatte ich eine Erleuchtung. Ich entdeckte, dass Donna Edens strahlende Kreisläufe die effek-

tivste Methode sind, um mit dem Energiesystem des Körpers zu arbeiten. Mit meiner Kollegin Janet Nestor erforschte, entwickelte und verfeinerte ich in den folgenden drei Jahren ein Verfahren, das ich REB (Verfahren zum Ausgleichen der strahlenden Energien) nenne. REB kann man als ausgefeiltes psychologisches System benutzen, das konventionelle und unkonventionelle therapeutische Methoden und einfach zu benutzende Selbsthilfeverfahren umfasst. Es ist eine der benutzerfreundlichsten Ansätze auf dem Gebiet der Energetischen Psychotherapie.»

[10] Siehe www.positivepsychology.org.

[11] Arnold Porter: «Recipes for Magic», in: Iona M. Teeguarden (Hg.): *A Complete Guide to Acupressure*, Japan Publications, New York 1996, S. 122–129.

[12] David Feinstein: *Energy Psychology Interactive: Rapid Interventions for Lasting Change* (CD), siehe www.EnergyPsychologyInteractive.com.

Epilog: Die Zukunft der Energetischen Psychologie

[1] Gerald P. Koocher: «Three Myths about Empirically Validated Therapies», *Independent Practitioner* (Bulletin of Psychologists in Independent Practice, American Psychological Association Division 42), S. 24 (2).

[2] Diese Gedanken, die Dr. Gruder in seinem Vortrag bei der Ersten Europäischen Konferenz für Energetische Psychologie am 6. Juli 2001 in Fürigen, Schweiz, darlegte, werden weiter ausgeführt in einem Referat mit dem Titel «Five Keys to Successful Treatment», das auf der CD von *Energy Psychology Interactive* zu finden ist. Für weiteres Material von Dr. Gruder siehe www.willingness.com.

[3] Für einen Überblick des Konzepts des «Geborgten Nutzens» (Borrowing Benefits) siehe www.emofree.com/tutorial/tutorkeleven.htm. Eine Studie, die das Phänomen erforscht hat, ergab eine statistisch signifikante Abnahme (p> 0,0005) bei allen Messungen von psychischem Stress, basierend auf Bewertungen nach einem standardisierten Test, der 105 Versuchspersonen vor und nach der Erfahrung vorgelegt wurde. Bei einer Nachuntersuchung nach sechs Monaten hatten die Veränderungen angehalten. Siehe Jack E. Rowe: «The Effects of EFT on Long-Term Psychological Symptoms», *Counseling and Clinical Psychology* (im Druck).

Anhang 3: Forschungsberichte

[1] Dieser Anhang beruht zum größten Teil auf David Feinsteins Lehrgang für professionelle Psychotherapeuten *Energy Psychology Interactive: Rapid Interventions for Lasting Change*, Inner Source, Ashland / Ore. 2004.

[2] Zu den englischsprachigen Fachblättern gehören *Acupuncture & Electro-Therapeutics*, *American Journal of Acupuncture*, *Acupuncture in Medicine*, *Clinical Acupuncture & Oriental Medicine*, *International Journal of Clinical Acupuncture*, *Journal of Chinese Medicine*, *Journal of Traditional Chinese Medicine*, *Medical Acupuncture* und *Oriental Medical Journal*.

[3] Fred P. Gallo (Hg.): *Energy Psychology in Psychotherapy*, 2. Aufl., Norton, New York 2002.

[4] Die berichteten Besserungen erreichten ein Signifikanzniveau von 0,0001 bei 28 Störungen und 0,01 bei den drei anderen.

[5] Die positiven Veränderungen in der Behandlungsgruppe (n = 714) erreichten ein sehr hohes statistisches Signifikanzniveau (0,001). Ohne Begutachtung von Kollegen wurde ein Bericht darüber im *Journal of Clinical Psychology* veröffentlicht. Caroline Sakai u. a.: «Thought Field Therapy Clinical Applications: Utilization in an HMO in Behavioral Medicine and Behavioral Health Services», *Journal of Clinical Psychology* 57 (2001), S. 1215 – 1227.

[6] Dorothea Hover-Kramer: *Healing Touch: A Guide Book for Practitioners*, 2. Aufl., Delmar, Albany, N.Y., 2001.

[7] Beverly Schoninger: *TFT in the Treatment of Speaking Anxiety*. Unveröffentlichte Dissertation, Union Institute, Cincinnati 2001.

[8] Dale Darby: *The Efficiency of Thought Field Therapy as a Treatment Modality for Individuals Diagnosed with Blood-Injection-Injury Phobia*. Unveröffentlichte Dissertation, Walden University, Minneapolis 2001.

[9] Joel F. Wade: *The Effects of Callahan Phobia Treatment on Self Concept*. Unveröffentlichte Dissertation, Professional School of Psychological Studies, San Diego 1990.

[10] Steve Wells u. a.: «Evaluation of a Meridian-Based Intervention, Emotional Freedom Techniques (EFT) for Reducing Specific Phobias of Small Animals», *Journal of Clinical Psychology* 59 (2003), S. 943 – 966.

[11] A. Harvey Baker und Linda S. Siegel: «Can a 45 Minute Session of EFT Lead to Reduction of Intense Fear of Rats, Spiders and Water Bugs? - A Replication and Extension of the Wells et al. (2003) Laboratory Study». Zur Veröffentlichung eingereichter Aufsatz, 2005.

[12] Joyce Carbonell: «An Experimental Study of TFT and Acrophobia», *The Thought Field* 2, Nr. 3 (1997), S. 1-6.

[13] A. Kober u. a.: «Pre-hospital Analgesia with Acupressure in Victims of Minor Trauma: A Prospective, Randomized, Double-Blinded-Trial», *Anesthesia & Analgesia* 95 (2002), S. 723-727.

[14] John J. B. Allen u. a.: «The Efficacy of Acupuncture in the Treatment of Major Depression in Women», *Psychological Science* 9, Nr. 5 (1998), S. 397-401.

[15] Wendy L. Waite und Mark D. Holder: «Assessment of the Emotional Freedom Technique: An Alternative Treatment for Fear», *Scientific Review of Mental Health Practice* 2, Nr. 1 (2003).

[16] A. Harvey Baker und Patricia Carrington: «A Comment on Waite and Holder's Research Supposedly Invalidating EFT», Aufsatz wurde 2005 zur Veröffentlichung eingereicht.

[17] Fred P. Gallo: *Energy Diagnostic and Treatment Methods*, Norton, New York 2000.

[18] Daniel G. Amen: *Images into Human Behavior: A Brain SPECT Atlas*, Mind-Works, Newport Beach, Calif., 2003.

[19] Eine von Peter Lambrou und George Pratt bei der Elften Jahreskonferenz der International Society for the Study of Subtle Energy & Energy Medicine am 15. Juni 2001 in Boulder, Colorado, vorgelegte Untersuchung vor und nach der Behandlung ergab eine signifikante Besserung der Funktion des autonomen Nervensystems, basierend auf Computer-Biofeedback, bei vier Patienten, die mit TFT gegen Klaustrophobie behandelt wurden. Ein unveröffentlichter Bericht von John H. Diepold und David Goldstein, *Thought Field Therapy and QEEG Changes in the Treatment of Trauma: A Case Study*, zeigte, dass sich die Hirnwellenmuster des Patienten nach der Behandlung mit TFT normalisierten und bei einer Nachuntersuchung 18 Monate später immer noch im Normalbereich lagen. Eine weitere unveröffentlichte Studie von Paul G. Swingle und Lee Pulos zeigte, dass sich die Hirnwellenmuster von vier Patienten, die nach einem Autounfall unter PTBS litten,

nach einer EFT-Behandlung im sensomotorischen Kortex, dem rechten Frontalkortex und im Bereich des Hinterkopfs normalisierten.

[20] K. K. S. Hui u.a.: «Acupuncture Modulates the Limbic System and Subcortical Gray Structures of the Human Brain: Evidence from MRI Studies in Normal Subjects», *Human Brain Mapping* 9, Nr. 1 (2000), S. 13–25.

[21] Diese Beobachtung geht aus einem Forschungsprogramm hervor, das an der New York University von Joseph LeDoux geleitet wurde. Siehe z.B. Karim Nader, Glenn E. Schafe und Joseph E. LeDoux: «The Labile Nature of Consolidation Theory», *Nature Neuroscience Reviews* 1, Nr. 3 (2000), S. 216–219. Wir sind Dr. Joaquín Andrade zu Dank verpflichtet, dass er auf die Bedeutung von LeDoux' Arbeit zur Erklärung einiger der neurologischen Mechanismen der Energetischen Psychologie hingewiesen hat.

[22] Eine Darstellung verschiedener Untersuchungen des Meridiansystems beispielsweise durch die Injektion radioaktiver Isotope in die herkömmlichen Akupunkturpunkte, die ergaben, dass der Verlauf der Flüssigkeit den beschriebenen Meridianbahnen folgte, findet sich in Richard Gerber: *Vibrational Medicine*, 3. Aufl., Bear &Co, Santa Fe 2001, S. 122–1227.

[23] Die Neurophysiologin Valerie Hunt führte über einen Zeitraum von 20 Jahren eine Reihe genauer Untersuchungen am Energy Field Laboratory der University of California durch. Bei einer Untersuchung hatten elektrische Oszillationen der Haut über den Stellen, an denen man von alters her die Chakren ansiedelt, eine Frequenz von 100 bis 1600 Schwingungen pro Sekunde im Gegensatz zum Gehirn mit einer Frequenz von 0 bis 100 (gewöhnlich im Bereich von 0 bis 30), den Muskeln bis zu 225 und dem Herzen mit einer Schwingungsfrequenz von 250. Berichtet bei Gerber, a.a.O., S. 133.

[24] Eine andere Studie aus dem Energy Field Laboratory der University of California verglich Aussagen von Auralesern mit neurophysiologischen Messungen. Die Darstellungen der acht Auraleser stimmten nicht nur miteinander überein, sondern korrelierten *exakt* mit den elektromyographischen Schwingungsmustern, die von den Elektroden an dem beobachteten Hautbezirk gemessen wurden. Valerie Hunt: *Infinite Mind: The Science of Human Vibrations*, Malibu Publishing, Malibu, Calif., 1995.

[25] Rollin McCraty: «The Energetic Heart: Bioelectromagnetic Communication

Within and Between People», in: Paul J. Rosch und M. S. Markov (Hg.): *Bioelectromagnetic Medicine*, Marcel Dekker, New York 2004, S. 541–562.

[26] Ebda.

[27] Daniel Benor: *Spiritual Healing: Scientific Validation of a Healing Revolution*, Vision Publications, Southfield, Mich., 2001.

[28] William A. Tiller: *Science and Human Transformation: Subtle Energies, Intentionality and Consciousness*, Pavior, Walnut Creek, Calif., 1997.

[29] William G. Braud: «Human Interconnectedness: Research Indications», *ReVision: A Journal of Consciousness and Transformation* 14 (1992), S. 140–149. Die Signifikanzhöhe war $2,6 \times 10^{-14}$.

[30] Larry Dossey: *Healing Words: The Power of Prayer and the Practice of Medicine*, Harper, San Francisco 1993.

[31] Eine Fallstudie, die die Heilung einer Mutter stellvertretend für ihren Sohn dokumentiert, ist in «Embedded Topics» auf der *Energy Psychology Interactive* CD zugänglich. Siehe auch Nick Arrizza, «A Shared Memory Case Study: The Mind Resonance Process and Evidence for Non-Local Consciousness», *International Journal of Healing and Caring* (online), Januar 2005, Vol. 4, Nr. 1.

[32] Eine erste Studie von Joyce Carbonell und Charles R. Figley verglich vier Behandlungen, die für PTBS benutzt wurden: TFT, EMDR (Eye Movement Desensitization and Reprocessing), «Traumatic Incident Reduction» und «Visual/Kinesthetic Dissociation» (V/DK). Alle vier Behandlungen führten nach Selbstzeugnissen der Patienten zur Besserung, wobei EMDR, V/DK und TFT erheblich stärkere Resultate zeigten als «Traumatic Incident Reduction». TFT war die effizienteste Methode, dauerte nur eine Stunde und schien bei labilen Patienten zu wirken, bei denen das EMDR-Team eine Behandlung abgelehnt hatte. Diese Studie wird besprochen in John G. Hartung und Michael D. Galvin: *Energy Psychology and EMDR: Combining Forces to Optimize Treatment*, Norton, New York 2003, S. 71f.

Ein Bild der Wirkungen
der Energetischen Psychologie

Die Bilder auf S. 414 zeigen eine Serie von Gehirnaufnahmen über einen Zeitraum von vier Wochen bei einem Patienten, der unter einer generalisierten Angststörung litt. Basierend auf Messungen mit einem digitalen Enzephalogramm (EEG), stellen die Farben das Verhältnis der Frequenzen (Alpha-, Beta- und Thetawellen) und Subfrequenzen in bestimmten Bereichen des Gehirns dar. Die Farbe Blau zeigt ein normales Verhältnis an, während Rot das Profil der generalisierten Angststörung ausdrückt. Diese Bilder wurden freundlicherweise von Dr. Joaquín Andrade zur Verfügung gestellt.

Sie sind das Ergebnis einer vorläufigen, in Anhang 3 beschriebenen Untersuchung über energiepsychologische Behandlungen. Auf der Basis einer begrenzten Anzahl von Gehirnaufnahmen wurden nach einem Vergleich energiepsychologischer Behandlungen mit anderen Therapien von Angststörungen folgende vorläufige Schlussfolgerungen gezogen:

Im Vergleich zu erfolgreichen Behandlungen mit kognitiver Verhaltenstherapie: Es wurden ähnliche Aufnahmen für diejenigen auf S. 414 produziert, aber zur Herbeiführung der Veränderung waren gewöhnlich mehr Sitzungen notwendig, und die Ergebnisse waren bei einer Folgeuntersuchung nach einem Jahr nicht so anhaltend wie bei energiepsychologischen Behandlungen.

Im Vergleich zu erfolgreichen Behandlungen mit Medikamenten: Das Verhältnis der Gehirnwellen änderte sich nicht (die Gehirnaufnahmen vor der Behandlung ähnelten den Aufnahmen nach der Behandlung), was die Schlussfolgerung nahelegt, dass die Medikamente die Symptome unterdrückten, ohne das zugrunde liegende Ungleichgewicht der Wellenfrequenzen zu korrigieren. Es wurde von unerwünschten Nebenwirkungen berichtet. Die Symptome kehrten nach dem Absetzen der Medikamente tendenziell zurück.

Gehirnaufnahmen über 12 Behandlungen mit energetischer Therapie

Vor der Behandlung einer schweren Angststörung

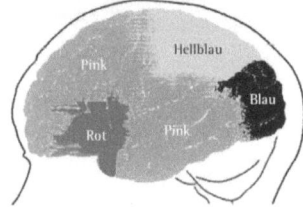

Nach 4 Behandlungen

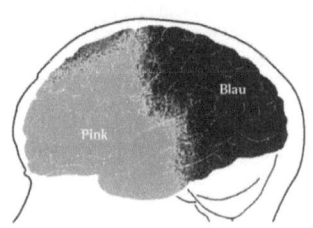

Nach 8 Behandlungen

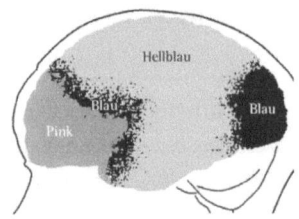

Nach 12 Behandlungen

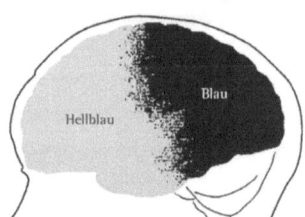

Blau = Normales Verhältnis der Wellenfrequenzen (gemäß Datenbestand)

Hellblau = Leicht gestörtes Verhältnis

Pink = Mittleres gestörtes Verhältnis

Rot = Stark gestörtes Verhältnis